RENATE BREUSS

DAS MASS IM KOCHEN

MENGEN- UND MASSANGABEN IN KOCHREZEPTEN
VON DER ANTIKE BIS ZUR EINFÜHRUNG DER METRISCHEN MASSE
IM 19. JAHRHUNDERT UND DEREN PARALLELITÄT
ZU KÜNSTLERISCHEN GESTALTUNGSPRINZIPIEN

MIT EINEM VORWORT VON
PETER KUBELKA UND FOTOS VON
FRANZISKA WÄCHTLER

löwenzahn

INHALT

WORTE ZUR NEUAUFLAGE

1999 ist im Haymon Verlag das Ergebnis meiner kunsthistorischen Auseinandersetzung mit Kochrezepten erschienen. Dank einer steten Nachfrage wird nun, nach 20 Jahren, „Das Maß im Kochen“ im Löwenzahn Verlag neu aufgelegt – im Inhalt unverändert und der Erstauflage verpflichtet.

Die Sammlung von Aussagen und Methoden aus 2000 Jahren abendländischer Kochkultur hat an Signifikanz nichts verloren. Messpraktiken, wie sie über Jahrhunderte die Welt des Kochens, des Denkens und Fühlens bereicherten, sind – richtig interpretiert – auch im 21. Jahrhundert relevant. Es geht weder um Ernährungsweisen, noch um Ideologien. Sowohl Veganer als auch Vegetarier, sowohl Fleischliebhaber als auch Anhänger einer 5-Elemente-Küche – alle können eine neue Beziehung zum Kochen finden, solange sie sich ihren sinnlichen Erfahrungen nicht verschließen, im Denken und im Tun.

In den vergangenen 20 Jahren erlebte das Kochen eine regelrechte Renaissance. Führten nach Gutenberg die Bibel und die Kochbücher die Bestsellerlisten an, so sind die heutigen Quotenbringer die Kochshows und Kochduelle der privaten Fernsehsender. Eine passive Lust bedienend, wird dabei das in audiovisuellen Vorführungen steckende Potential nur wenig ausgeschöpft. Jeder kochbegeisterte Zuseher kennt den unvermeidlichen Kameraschwenk, der immer just in jenem Moment erfolgt, wenn es wirklich zur Sache geht. Nur wenigen TV-Köchen gelingt es so, eine direkte Nähe zum Kochgut herzustellen und die Menschen wieder selbst an den Herd zu bringen. „Und machs nach deinem Belieben“ oder „ist köstlich“, „so ist es recht“ – so lauten die ermunternden Nachsätze in historischen Kochrezepten. Die Sprache suggeriert Spielraum und Wahlfreiheit, ohne unverbindlich zu sein. Das Lesen ist vergnüglich und lehrreich zugleich. Kommuniziert werden Ideen, angeregt wird ein Vorstellungsvermögen, wie es zu Beginn eines jeden kreativen Aktes steht. Die sinnlich-anschaulichen Beschreibungen in der Handhabung von Zutaten und zeitlichen Abläufen schaffen eine körperliche Nähe, die uns mehr und mehr abhanden zu kommen scheint. Messen mit allen Sinnen heißt, in jedem Vorgang eine Wahl zu treffen. Technische Geräte mögen für sich genommen genauer sein, der Mensch aber ist zutreffender in der Verbindung, im Prozess des Zusammenführens.

Im Sinne eines direkten Einlassens auf Materialien, Zustände und Umstände plädiere ich für das einfache Kochen im Alltag. Lassen Sie sich dabei nicht durch ein Zuviel verleiten, konzentrieren Sie sich auf das Wesentliche und lassen Sie sich von der Haltung der Urahnen inspirieren. Sowohl aus der Sicht der Ästhetik als auch jener der Bekömmlichkeit haben sie etwas zu sagen. Wie mein großer Mentor, der Philosoph, Filmemacher und Koch Peter Kubelka, in seinem Vorwort sagt: „Eine Menschheit, die nur ernährt wird, aber keine steuernde Weltanschauung besitzt, kann sicherlich nicht überleben. Deswegen ist die Kunst unverzichtbar und deswegen ist die Botschaft der Speisen unverzichtbar.“
Ihm und der von mir ebenso geschätzten Fotografin Franziska Wächtler möchte ich danken, für ihre Worte und Bilder, für ihre Unterstützung. Seit Jahren verfolgen wir dieselben Anliegen, jeder auf seinem Gebiet. Das Wissen und die Freude am Kochen eint uns.

Dem Verlag danke ich für die Möglichkeit, das Buch Lesern und Leserinnen in neuem Gewand wieder zugänglich zu machen.

Ich wünsche Ihnen allen viel Vergnügen und Erkenntnis, bei der Lektüre und beim Kochen.

Renate Breuß

PETER KUBELKA: VORWORT

Als die archaische Köchin über eine eßbare Welt herrschte, die aus Wald und Weide bestand, gebar sie die Speise HIMBEEREN IN DER MILCH – eine Darstellung ihres Machtbereiches. BEIDE Komponenten, Himbeeren und Milch, in EINEM Bissen, ZUGLEICH, im Mund zur Kenntnis genommen, gelesen, verkündeten dem triumphierenden Esser: „Oh Mensch, der du bist Gebieter des Waldes mit seinen eßbaren Beeren und Gebieter deiner milchgebenden Kühe: Es ist Sommer!" Die neolithische Köchin machte aus diesem Gericht HIMBEEREN MIT OBERS (verdichtete Milch). Als sich zu Wald und Weide noch der Getreideacker gesellte, wurde die Waldfrucht mit staubfein zerriebener Feldfrucht über gezähmtem Feuer verbunden: HIMBEERKOCH MIT OBERS. Im Barock wird der Frucht mit Zucker übernatürliche Süße verliehen und darüber schwebt, durch virtuose Schläge in die Luft getrieben, die verdichtete Muttermilch der Kuh als federleicht weiße Wolke: ROTE GRÜTZE MIT SCHLAGOBERS.

Von Menschen bereitete Speisen bestanden seit Anbeginn aus mindestens ZWEI Komponenten. Kochen bedeutete immer Speisen bauen, zusammensetzen, komponieren. ZWISCHEN den Komponenten artikuliert sich die Aussage als ESSBARE METAPHER. Im Mund wird sie lesbar.

Speisen enthalten immer und unvermeidbar eine Mitteilung im künstlerischen Sinn, genauso wie Architektur, Dichtung, Malerei, Skulptur, Tanz oder Musik. Das WELTBILD des Herstellers wird zum Ausdruck gebracht. Weltbilder erzeugen WELTANSCHAUUNG. Weltanschauungen lenken die Geschicke der Menschen.

Das Dunkel in der Geschichte der kulturellen Evolution aufzuhellen ist heute ein immer dringender werdendes Anliegen. Wir müssen unseren Weg zurückverfolgen, um zu verstehen, wohin es nun immer schneller geht. Archäologie, Ethnologie und eng mit ihnen verbunden die Kunstgeschichte, versuchen unser Herkommen zu verstehen. Nicht mehr die virtuosen, professionellen Großleistungen des neueren Kunstgeschehens sind aufschlußreich, sondern Erscheinungen aus jener Zeit, in der die Kunst als WERKZEUG von jedermann zum Erreichen eines Zweckes benutzt wurde. Das Honiglied der Pygmäen wird nicht vor oder nach dem Honigsammeln gesungen, sondern während dieser Tätigkeit. Es steuert die Aktionen der Teilnehmer und ist vom Gesamtvorgang nicht zu trennen. Ohne Gesang kann man nicht Honigsammeln. Ohne Honigsammeln hat das Lied keinen Sinn. Die Holzplastiken der westafrikanischen Lobi werden nicht von professionellen Bildhauern, sondern in jeder Familie selbst erzeugt. Sie sind Gerät einer zeremoniellen Arbeit zur Einflußnahme auf die Zukunft. Wenn sie nicht gebraucht werden, teilen sie den Abstellraum mit Haue und Speer. Musik und Skulptur sind wie alle anderen Künste als notwendige Werkzeuge für einen bestimmten Zweck entstanden.

Im heutigen Kunstbetrieb wird das Nützliche in der Kunst als Belastung und als abträglich gesehen – ein bedauerlicher Irrtum. Die zeitgenössische Kunst dient wie eh und je der Lebensbewältigung, aber sie entsteht aus Spezialisten für Spezialisten. Sie bedarf der Interpretation für den Nichtfachmann, genauso wie die Grundlagenforschung in der Wissenschaft und Technik. Kochen, die älteste bildende Kunstgattung der Menschheit, kann ihre Nützlichkeit gar nicht ablegen, weil man die Speisen essen muß, um sie lesen zu können. Auch die nächstälteste Kunst, die Architektur, kann nur benützend verstanden werden.

Die Wissenschaft betrachtet das Essen als rein physiologisch-chemischen Vorgang, der die fehlerfreie Energiezufuhr für die MASCHINE Mensch gewährleisten soll. Die Ethnologen zeichnen bei ihrer Feldforschung täglichen und jährlichen Kalorienverbrauch ihres Anschauungsmaterials auf, sie berichten, daß die Männer bei den Aborigines auf die Jagd gehen, um den „Proteinanteil an der Diät zu verbessern", während die Frauen mit dem Grabstock „für Kohlehydrate sorgen".

Und keiner interessiert sich für den Speisenbau. Niemand zeichnet Kochpartituren auf. Niemand erlernt sorgfältig die tänzerischen Gesten, die zur Herstellung der wohltemperierten Skulpturen notwendig sind. Kein Ethnograph interessiert sich dafür, daß die eigene Großmutter für jeden Rollknödel, genau wie der japanische Sushimacher für seinen Reisquader, eine immer gleiche, minimale Anzahl von Griffen anwendet, daß jedes

Werkstück die gleiche, richtige Größe haben muß, daß die Herstellungszeit, immer gleich, genau festgelegt ist, daß ZWISCHEN den Bauelementen der Speisen festgelegte MASSVERHÄLTNISSE bestehen.

Ein Gleichschwerkuchen besteht aus GLEICH Ei, GLEICH Butter, GLEICH Mehl, GLEICH Zucker. 1 : 1 : 1 : 1. Der allerheiligste innerste Raum des alten Tempels in Jerusalem war GLEICH hoch, GLEICH breit, GLEICH lang.

Es ist an der Zeit, das Kochen als Kunstgattung neu zu untersuchen. DAS MASS IM KOCHEN untersucht den jüngsten Teil der Speisengeschichte, nämlich die schriftlich festgehaltenen Rezepte. Beim Studium dieser Kochpartituren muß man beachten, daß historische Notationen nur das festhielten, was NICHT selbstverständlich war. Zum Beispiel ist die Klangform der griechischen Musik aus ihrer alten Notation nicht rekonstruierbar, die Neumenschrift der Gregorianik gibt keine Auskunft über die rhythmischen Werte der Töne, die älteren Formen der ägyptischen oder chinesischen Bildschriften geben keine Auskunft über den Sprachklang. Für die Rekonstruktion der vormittelalterlichen Speisen wird man ähnlich aufwendig verfahren müssen wie bei der Rekonstruktion alter Musiken: Studium der tatsächlichen Überlieferung in der Küche der Hausfrauen aller noch existierenden Ethnien und Kulturstufen, Rekonstruktion der Werkzeuge, Gefäße, Feuerstellen, Herstellungsmethoden, Konservierungsmethoden, aber auch der Eßereignisse selbst – soweit uns dies heute möglich und erlaubt ist.

Bewußtes Messen von Proportionen gab es von allen Kunstarten zuerst beim Kochen. Das Kochen ist jene Kunst, bei der ein einziger Fehler lebensbedrohend sein kann, jede Maßlosigkeit sofort erkennbar ist. „Mach es recht!“ ist die archaische Anweisung. Die Allegorie der Gerechtigkeit, die JUSTITIA, wird immer mit einer Küchenwaage in der Hand dargestellt. Ihr Vorbild ist die KÖCHIN, die kennt das RICHTIGE MASS.

Eine Menschheit, die nur ernährt wird, aber keine steuernde Weltanschauung besitzt, kann sicherlich nicht überleben. Deswegen ist die Kunst unverzichtbar und deswegen ist die Botschaft der Speisen unverzichtbar.

Für alle, die das Kochen als Kunstgattung betrachten wollen, schuf Renate Breuß ein Standardwerk.

DAS MASS IM KOCHEN

EINLEITUNG

Kochen zählt zu den ältesten Tätigkeiten der Menschheit. Lebte der Urmensch als Sammler und Jäger noch von der Hand in den Mund, so führte erst die Aufbewahrung und Konservierung von Nahrungsmitteln zur Seßhaftigkeit und ließ eine Urbanisierung zu. Die Bereitung von Speisen steht somit an den Anfängen der Kultur überhaupt und zieht das Bauen von Häusern, Formen und Bilden von Figuren oder das Malen von Bildern erst nach. Über die Jahrtausende und Jahrhunderte hat sich ebenso wie in anderen Kunstgattungen auch im Kochen und Essen ein steter Wandel vollzogen, überliefert in unterschiedlichsten Quellen, die entwicklungsgeschichtlich einer behutsamen und sorgfältigen Interpretation bedürfen. Die Bereitung von Speisen stellt bekanntlich eine vergängliche Kunstform dar, als Forschungsgegenstand verbleiben lediglich die entsprechenden Anweisungen in den Rezepten oder anderen Aufzeichnungen. Über die grundsätzliche Schwierigkeit, Kochkunst verbal zu erklären, debattierten schon die Griechen: „Schriftliche Anweisungen sind schlimmer als unbrauchbar. Nein, die Kunst des Kochens läßt sich nicht erklären.“[1] Trotzdem sind in den Kochbüchern als „Büchern des Lebens“ all jene Ideen und Botschaften gerettet, die ohne Zweifel Auskunft über den Entwicklungsstand eines Menschen und eine bestimmte kulturelle Epoche geben.

Nach Peter Kubelka ist ein Kriterium für Kunst, „daß die Kunst Kulturen auszudrücken imstande ist. Barock, Gotik, französische Renaissance, italienische Renaissance, genau das kann das Kochen auch. (…) Kulturepochen drücken sich durch das Kochen aus. Aber auch Individuen, vergleichbar am Unterschied zwischen Bach und Händel oder zwischen Rembrandt und Jan Steen. Genauso ist es beim Kochen.“[2]

Kochen als Gegenstandsbereich der Kunstgeschichte zu betrachten ist nach Paul v. Naredi-Rainer, Vorstand am Institut für Kunstgeschichte in Innsbruck, in etwa so umstritten wie im Mittelalter bzw. der angehenden Neuzeit die Zurechnung der um Nobilitierung bemühten bildenden Künste zu den artes liberales. Spätestens seit den Experimenten zahlreicher Künstler aus unserem Jahrhundert und der Etablierung eines Lehrstuhls für Film und Kochen als Kunstgattung im Jahre 1980 durch Peter Kubelka an der Städel-Kunsthochschule in Frankfurt scheint diese Zuordnung für die zeitgenössische Kunstszene außer Frage zu stehen.[3]

Allein aus der Verbindung kochender Maler, Musiker und Architekten[4] oder der Verknüpfung schöner Bilder und Rezepte in kostspieligen Büchern möchte ich die Anerkennung von Kochen als eigener Kunstgattung nicht herleiten. Das Kochen folgt wie jede andere schöpferische Tätigkeit eigenen Gesetzlichkeiten, deren Grundlage im Wechselspiel zwischen dem historisch gegebenen Ausgangspunkt und einer kochimmanenten Entwicklung liegt. Die künstlerische Gestaltung folgt einer polaren Vorstellungswelt, wo Gegensatzpaare von fest und flüssig, trokken und naß, jung und alt, kalt und warm gegenübergestellt sind. Die formale Ordnung trifft auf formloses Chaos, welches den Ausgangspunkt der allgemeinen und individuellen Kreativität darstellt. In der Wechselwirkung des materialimmanenten Triebs im Stoff begegnet dieser im künstlerischen Tun dem Trieb zur Form und gestaltet so den Prozeß. Dabei vermittelt der Stofftrieb die Tendenz des Lebendigen, wo der Formtrieb strukturieren möchte. Der Komposition liegt die Vorstellung vom Ganzen, die Idee zugrunde, die es in der Folge zu kultivieren gilt. So wie der bildende Künstler wählt die Köchin oder der Koch aus den zur Verfügung stehenden Materialien aus, stellt sie zusammen und bringt sie in eine bestimmte Anordnung oder Reihenfolge. Die Mischung und die Menge, ebenso wie die Größe und die Form der Zutaten werden festgelegt, der zeitliche Ablauf überlegt, das nötige Werkzeug und andere Prozeduren vorbereitet. Hierin, in derVorbereitung, liegt bereits jener Moment, welcher der Inspiration wichtige Impulse verleiht und das Schöpferische einleitet. Eine solche Vorgangsweise entspringt dem Willen, die äußerste Präzision des Ausdrucksmittels auszubeuten, das Zusammentreffen der Zutaten zu strukturieren und somit eine Speise zu artikulieren. Zum Thema Kochen als Kunstgattung hat sich Prof. Kubelka, langjähriger Leiter einer Kochklasse am Städel in Frankfurt, eingehend geäußert, auf seine der Konservierung gedient haben sollen, stand neben dem schlechten Ruf einer ausschweifenden römischen Küche, die sich mit Vorliebe und ausschließlich dem Luxus und der Exotik hingab.[7] Fehleinschätzungen dieser Art entstanden nicht zuletzt aus dem mangelnden Verständnis für Mengen- und Maßangaben, interpretiert aus der heutigen Sicht. Wichtig ist das Erkennen von Maßen, die sich zwar einer heutigen Umrechnung großteils entziehen (eine Umrechnung auf ihr metrisches Äquivalent ist problematisch, läßt sich in der Praxis meist gar nicht durchführen), deshalb aber nicht eines Maßes im Sinne einer Proportionierung oder eines bestimmten Verhältnisses entbehren. Diese Vorgangsweise verlangte in den meisten Fällen die Bearbeitung der Primärliteratur, da Fehler in Übersetzungen und Übertragungen geradezu in den die Maße betreffenden Angaben besonders häufig auftraten und dadurch das Erkennen einer ursprünglichen Proportionierung verlorenging. Es war aus diesen Gründen keineswegs eine Entwicklungsgeschichte des Maßes im Kochen angestrebt, es läßt sich aber anhand der angestellten Untersuchungen in Schlüsselwerken der Kochbuchliteratur, schwerpunktmäßig mit der sich wandelnden Kompetenz nach Ländern und Regionen erfaßt, eine Entwikklungslinie ziehen, die bestimmte Maßstränge oder Zäsuren sichtbar macht.

Bei den methodischen Überlegungen gehe ich von einer Kunstgeschichte als einer Sozial-, Kultur- und Geistesgeschichte aus, welche einer Erweiterung des Kunstbegriffs nicht entgegenwirkt und das Aufgreifen eines über die Disziplin Kunstgeschichte hinausreichenden Themas gestattet.

QUELLEN

Forschungsstand

Ich bewege mich auf ungesichertem Terrain, die Forschung hat diesen Gegenstand bislang vernachlässigt. Kochbücher sind als Primärquellen von der Kultur- und Geistesgeschichte bisher kaum aufgearbeitet. Im Fach Kunstgeschichte ist mir lediglich eine diesbezügliche Untersuchung bekannt, wo Sabina Leßmann in von Frauen verfaßten Kochbüchern und Stickereibüchern des 17. und 18. Jahrhunderts die Einführungen auf das Selbstverständnis von Köchinnen und Künstlerinnen prüft.[8]

Einerseits ist eine teils inkompetente und meist unsachgemäße historistische Veröffentlichung von Rezepten im Gange (dies steht in einer langen Tradition, schon seit Beginn des Buchdrucks gehören Kochbücher neben der Bibel zu den beliebtesten Buchtiteln), die im Zuge einer Mode, nämlich historisch oder kaiserlich/monarchisch oder künstlerisch/literarisch angehaucht zu kochen, erscheinen. Von der Erfassung des Geistes der Kochkunst einer bestimmten Epoche ist wenig zu spüren, die Abkoppelung der Form vom eigentlichen Inhalt meist das Ergebnis. Daneben lassen sich jedoch auf dem Gebiet der Geschichtswissenschaft für die vergangenen Jahre zahlreiche Forschungen festmachen, die in Frankreich und Italien ihren Ausgang nahmen.[9] Auf dem Gebiet der Quellenforschung der deutschen Sprach- und Literaturgeschichte liegen hervorragende Wiedergaben von Kochbuchtexten vor. Aus dem nordamerikanischen Raum sind eingehende Bearbeitungen früher französischer Quellen bekannt, die wissenschaftliche Auseinandersetzung mit der Kochkunst des Mittelalters scheint dort im allgemeinen besondere Aufmerksamkeit zu erfahren.[10] Auffallend ist dabei die Verbindung von praktischer und theoretischer Annäherung. In dieser Hinsicht bahnbrechend ist die erstmals 1936 publizierte englische Apicius-Übersetzung von J. D. Vehling, Koch und Philologe in einer Person.[11] Die einhergehende Beschäftigung mit Sekundärquellen oder übertragenen Kochbüchern machte besonders deutlich, wie wichtig die gastronomische Kompetenz für die Übertragung oder Interpretation solcher Dokumente ist. Heute entstehen die meisten einschlägigen Publikationen[12] unter Mitarbeit von Köchinnen, dennoch ist schon bei der Rezeptauswahl diese Kompetenz auch vom Historiker gefordert. Besonders wertvoll erweisen sich die von den SprachwissenschaftlerInnen zugänglich gemachten wort- und buchstabengetreuen Wiedergaben. Brauchbare deutsche Übersetzungen von frühen italienischen oder französischen Quellen sind nur in Auszügen vorhanden, weder Taillevent, Chiquart, Martino noch Platina fanden bisher eine vollständige deutsche Übertragung.[13]

Quellenauswahl

Meine Quellen sind neben den Kochbüchern, wobei ich mich auf Schlüsselwerke konzentrierte, auch bildnerische Darstellungen und literarische Quellen, die als Hilfsmittel herangezogen wurden. Zudem wird mündlich überliefertes Wissen, das sich der schriftlichen Festsetzung gerne verweigert, aus der ständigen Befragung von Personen, die tagtäglich mit Lebensmitteln zu tun haben, sei es in der Herstellung, im Handel oder im Kochen, mit einbezogen.

Mein Forschungsschwerpunkt lag in der Erfassung der frühesten Kochbücher, im besonderen der italienischen an der Schwelle zur Neuzeit, da der italienischen Küche (wie schon nach Rumohr und Vollenweider[14]) auch heute noch der Rang einer Lehrmeisterin für die späteren Entwicklungen zugesprochen werden kann. Um diese mittelalterliche Küche zu verstehen, bedurfte es der Auseinandersetzung mit der römischen Küche, welche wiederum die griechischen Einflüsse nicht außer acht lassen kann. Dazu habe ich die englische Übersetzung des Athenaeus von Gulick[15] herangezogen sowie von den zahlreichen Apicius-Übertragungen die von gastronomischer Kompetenz charakterisierte englische Übersetzung „Cookery and dining in Imperial Rome“ von Vehling[16] ausgewählt.

Die portugiesischen und spanischen Quellen, die über den Hof von Neapel in die italienischen einfließen und ihrerseits das über die Araber erhaltene Wissen der Griechen mit einbeziehen, konnte ich im Rahmen dieser Arbeit aufgrund der wenigen Vorarbeiten auf diesem Gebiet nicht berücksichtigen. Bei den Franzosen habe ich einen Chiquart dem Viandier vorgezogen, da er offensichtlich bezüglich der Mengen und Garprozesse besondere Sensibilität zeigte. Die frühesten deutschsprachigen handschriftlichen Quellen sind meist klösterlich geprägt und aus dieser Hinsicht sehr wertvoll, so das „Würzburger Kochbuch", vermutlich für die Sammlung eines wohlhabenden Klerikers verfaßt.[17] Auch die beiden bisher nur in Auszügen veröffentlichten Handschriften aus der Nationalbibliothek in Wien, das „Mondseer Kochbuch" und das „Wiener Kochbuch" (Dorotheenkloster), stammen aus klösterlichen Bibliotheken. Eine diätetische Behandlung erfahren die Speisen im Kochbuch des Meister Eberhard von Landshut, Koch von Herzog Heinrich dem Reichen, Herzog von Bayern-Landshut, zu datieren in die erste Hälfte des 15. Jahrhunderts.

Unter den für das wohlhabende Bürgertum gedruckten Kochbüchern ist die „Kuchenmeysterey" als ältestes gedrucktes deutsches Kochbuch im Vergleich mit einer 100 Jahre später von Meister Sebastian vor allem in Hinblick auf die Sprache und Maße veränderten Version besonders aussagekräftig. Das „Libro de arte coquinaria" vom Maestro Martino ist als ein Werk des Kochs des Patriarchen von Aquileia bereits im humanistischen Umfeld anzusiedeln. Noch ausgeprägter kommt dieser Zug bei Bartolomeo Sacchi, genannt il Platina, zum Ausdruck, der Martinos Rezepte zum Großteil seinem „De honesta voluptate et valetudine" einverleibte. Platina steht mit seinem Werk in einer Tradition und darf als wichtiger Vertreter des frühen Renaissance-Epikureismus gelten. Die Berücksichtigung antiker Dokumente ist hier von Bedeutung. Dieser Entwicklung folgen mit Messisbugo und Bartolomeo Scappi, Leibkoch mehrerer Päpste, Standardwerke der italienischen Kochkunst (Raggionamenti, Ratgeber für Hofhaltung, Tranchierkunst) und sind ein Spiegelbild damaliger höfischer Bankette und Tischsitten. Mit Katharina von Medici gelangen Elemente nach Frankreich, wo im 17. Jahrhundert die Franzosen mit La Varenne und dem weniger bekannten Pierre de Lune eine führende Position übernehmen, die ihren Höhepunkt in den großen Küchenmeistern Carême und Escoffier im 19. Jahrhundert findet. Im deutschsprachigen Raum stehen die Aufzeichnungen von Marx Rumpolt gegen Ende des 16. Jahrhunderts exemplarisch für eine nördlich der Alpen gepflegte Hofküche, die sich um eine standesgemäße Abhaltung von Banketten der „KeyserlichenMaiestat/ der Königen/ Churfürsten/ Ertzhertzogen/ Graffen/ Edelleut/ Burger vnd Bauwren" bemühte. Für das in den kulinarischen Reisebeschreibungen des 18. Jahrhunderts so gut beurteilte Österreich habe ich von den ersten hier entstandenen Kochbüchern die aufeinander aufbauenden „Wienerisch bewährten Kochbücher" von Ignaz Gartler und Barbara Hikmann sowie „Nicht mehr als sechs Schüsseln" von A. Zenker herangezogen. Aus dem böhmisch-süddeutschen Einflußbereich fiel die Auswahl auf das Kochbuch der Patriziertochter Philippine Welser aus Augsburg (Mitte 16. Jh.) und das „Vollständige Nürnbergische Kochbuch" von 1691, die sich beide durch ihre fachliche Kompetenz auszeichnen. Dieser Faden wird von Katharina von Prato im 19. Jahrhundert in der überaus weitverbreiteten „Süddeutschen Küche" weitergeführt. Der „Granatapfel" der Eleonora von Liechtenstein, Hertzogin zu Troppau und Jägerndorff, erstmals 1697 in Wien herausgegeben, beherrschte nahezu über zwei Jahrhunderte als populärmedizinisches Werk die Koch- und Arzneikunst im deutschen Sprachraum und diente als Vorlage für viele Kochbücher, wenn auch die Kochkompetenz stellenweise zu wünschen übrigläßt.

Eine mit den Studien der Schlüsselwerke einhergehende Lektüre exemplarischer Handschriften aus dem deutschen Sprachraum des 17. und 18. Jahrhunderts (Bludenzer Kochbuch St. Peter, Nürnberger Handschrift 1609, Apothekerkochbücher aus Innsbruck) versucht die im Alltag vorherrschende Küchenpraxis privater Haushalte punktuell mit einzubeziehen. Sprachlich meist holperiger als ihre höfischen Pendants, vermittelt der persönliche

Charakter handgeschriebener Kochbücher anschauliche Küchenpraxis, die sich kaum an großen Leserkreisen oder ökonomischen Interessen, umso mehr aber an der Sache selbst orientiert.

Auswahlkriterien

Nach Möglichkeit wurde die Primärquelle herangezogen, was im besonderen für die deutschen, italienischen und französischen Kochbücher gilt. Bei den griechischen und lateinischen Quellen berufe ich mich auf diverse Übersetzungen unter Vergleich der unterschiedlichen Übertragungen. Fallweise wurden auch „schlechte" Beispiele als Vergleich herangezogen, um eine falsche Umrechnung oder andere Übertragungsfehler aufzuzeigen. Ein weiteres Kriterium bildete die klare sprachliche Formulierung sowie der Stellenwert eines Rezepts im Entstehungsgebiet und zur Entstehungszeit. Im ersten Teil (A) der Arbeit über das Maß, die Form und die Zeit wurden punktuell entsprechende Beispiele aus verschiedensten Rezepten herangezogen, im zweiten Teil (B) werden großteils vollständige Rezepte aus den wichtigsten Werken chronologisch wiedergegeben.

DAS REZEPT

Definition

Bei einem Rezept handelt es sich im Optimalfall um das schriftliche Festhalten oder die mündliche Mitteilung einer Komposition, die von der Vorstellung eines bestimmten Kochs oder einer bestimmten Köchin über die Auswahl eßbarer Materialien, in einer gewünschten und einzuhaltenden Reihenfolge zusammengestellt, berichtet. Diese Aufeinanderfolge von Zutaten, ihre Art und Weise des Zusammentreffens ist hinsichtlich ihrer Gestik, Größe und Proportionierung von einem Maß bestimmt, das sich im Rezept bloß quantitativ nicht benennen läßt. Festgehalten oder dokumentiert ist die Wirklichkeit eines Kochs für einen anderen Koch, heute auch für Anfänger und andere Interessierte. Diese Vorstellung von einer Speise erscheint in diesem Stadium noch nicht in präziser Form. Für den Leser gilt es, diese erst zu kultivieren, eine inspirative Anleitung oder Handlungsanweisung schöpferisch umzusetzen. Voraussetzung dabei ist, daß das Rezept klar und kompetent formuliert sowie die Absicht des Autors, seine Auffassung von einer Speise anschaulich vermittelt sind. Die Möglichkeiten sind unzählig, oft kann ein sehr kurz und knapp gehaltenes Rezept diese Idee, die Inspiration, durch ein richtiges Wort an der richtigen Stelle unvermittelt auslösen. Zu viele Worte wiederum können auch ein Hindernis sein, den kreativen Prozeß nicht einleiten oder diesen von vornherein zu sehr bestimmen und somit einengen. Eine detaillierte und die genauen Mengen vorschreibende Anweisung ist demnach für die Erfassung dieser Idee noch lange kein Garant oder gar Voraussetzung. Sachkenntnis und eigene Erfahrungswerte treten hinzu. Wer die Grundregeln des Kochens nicht beherrscht, wird mit dem besten Rezept kein brauchbares Ergebnis erzielen. In älterer Zeit waren Kochbücher „keineswegs Lehrbücher, in denen Anfängern das Kochen beigebracht wird", schreibt Peter Kubelka im Vorwort des Riegersburger Kochbuchs. Es handelte sich vielmehr um „Partituren, in denen von MeisterIn zu Meisterin, so wie von Musiker zu Musiker, nur dasjenige mitgeteilt wird, was nicht selbstverständlich ist."[18] Die untersuchten Beispiele wenden sich auch meist, wie aus den Vorworten hervorgeht, an Berufsgenossen oder an den Nachwuchs und erst mit dem ausgehenden 19. Jahrhundert zunehmend auch an Anfängerinnen. Auch nicht mitgeteilte Selbstverständlichkeiten gilt es zu erfassen.

Methodik

Es stellt sich die Frage, wie gehe ich an die Rezepte und die darin enthaltenen Maßangaben heran? Um eine Speise oder deren Konstellation über ein Rezept zu lesen, bedarf es zunächst einer formalen Beschreibung des Gegenstandes. In der Frage nach seiner Bedeutung ist die Kenntnis bestimmter kultureller Erscheinungsformen, ihrer unterschiedlichen regionalen Prägungen, unerläßlich. Ein Rezept und in der Folge auch die Kochkunst lassen sich nur aus der Zeit ihres Entstehens interpretieren. Die Fragen sind somit nach den gestaltenden Absichten des Kochs, etwaigen Vorlieben oder gemachten Auflagen durch den Rezipienten, nach dem weiteren Kontext, Umfeld und Wirkungsbereich zu stellen. Stellt der Gegenstand dieser Untersuchung auch nur einen Teilaspekt im Rezept dar, nämlich die primäre Darstellung der quantitativ faßbaren Mengen und Garzeiten, so gilt es diese in ihrem qualitativen Zusammenhang zu erfassen und daher im Rezept nicht isoliert zu betrachten. Um eine ganzheitliche Interpretation einer Speise über das Rezept zu ermöglichen, kann die Herausarbeitung der Maß- und Meßgewohnheiten, etwaiger zugrundeliegender Maßsysteme erst aus der Synthese einer formalen Analyse mit der Suche nach dem eigentlichen Gehalt hervorgehen.

Ich möchte im folgenden die ikonographisch-ikonologische Methode von E. Panofsky auf ein Rezept, im weiteren Sinn auf die Speise selbst umsetzbar, übertragen.

1. In der vorikonographischen Beschreibung findet die Identifikation der in den Rezepten beschriebenen reinen Formen statt. Die dargebotenen Zutaten werden als Fleisch, Fisch, Gemüse, Früchte usw. hinsichtlich ihrer Tatsächlichkeit und als süß, salzig,

bitter oder sauer in ihrem emotionalen Ausdruck erfaßt. Ihre formalen Beziehungen werden als Träger eines Themas untersucht und erkannt. Dazu benötigt der Interpret praktische Erfahrung, d. h. Vertrautheit mit den Lebensmitteln oder Materialien, den technischen Geräten, den mechanischen Prozessen und den Geschmäckern. Er weiß also, was süß oder sauer ist oder welche Zutaten in welcher Verbindung diesen oder jenen Geschmack erzeugen. (So wie er in der Malerei einen lachenden Engel von einem weinenden zu unterscheiden weiß.)

2. In der ikonographischen Analyse wird das, was er als primäres oder natürliches Sujet festgestellt hat, nun einer näheren Untersuchung unterzogen. Die Kenntnis aller Gegebenheiten, Vorlagen und Richtlinien für den Koch läßt Grundprinzipien der Kochkunst in der betreffenden Zeit hervortreten, die Auswahl und Zusammenstellung der Zutaten, die Mengenverteilung sowie der Einsatz bestimmter Würz- und Nahrungsmittel den Machtbereich des Kochs oder seines Auftraggebers erkennen. Auch die regional unterschiedliche Benennung einer Speise kann in dieser zweiten Stufe die mit einer Speise ausgedrückte Vorstellung enthüllen und reflektiert somit auch eine zeitgenössische Auffassung (z. B. Forelle Müllerin – Romantik; Kartoffelpüree, üppige Füllungen, Süßspeisen, Wiederholungen – Barock; monumentale Verhältnisse – Renaissance; musikalische Verhältnisse – Hellenismus; Fastenspeisen – Kirchengebote; Zuckerarchitektur, Aufbauten – Rokoko, Carême; Suppen – 19. Jahrhundert usf).
3. In der ikonologischen Interpretation läßt es sich jenseits der bloßen ikonographischen Benennung weiterfragen und versuchen, sich dem eigentlichen Sinn, dem Wesen des Werkes zu nähern und auch auf geistige Zusammenhänge hinzuweisen. Im Vergleich zur zweiten Stufe wirft diese dritte Stufe eine andere Perspektive auf das Gericht. Die Interpretation zeigt nun auch noch die zeitliche Differenz, die zum Interpreten gegeben ist. Der eigentliche Gehalt einer Speise, überliefert durch das Rezept, dessen Stellenwert dem Koch selbst nicht immer bewußt ist, soll jetzt, im nachhinein sichtbar gemacht werden.

In dieser methodischen Herangehensweise an ein Rezept, im Verfügbarmachen desselben als authentisch ausgewiesenes Dokument einer historischen Epoche, einer bestimmten Region und eines Individuums im sozialen Kontext mache ich die grundsätzlich mögliche Annäherung an dieses Sachgebiet deutlich.

Lesbarkeit

Hinsichtlich der Maße stellt sich die Frage, inwieweit diese die Lesbarkeit eines Rezeptes beeinflussen und ob diese Einfachheit möglicherweise mit der Umstellung auf ein metrisches Maß, welches den Menschen und das Lebensmittel als Bezugsgröße außer acht läßt, verlorengegangen ist. Die Frage nach der absoluten Größe einer Maßeinheit in den alten Rezepten hat im Versuch einer äquivalenten Übertragung in metrische Maße die Transparenz vorhandener Strukturen eines funktionierenden Maßsystems oft zunichte gemacht oder verdeckt und somit der besseren Lesbarkeit eines Rezeptes mehr geschadet als gedient. Als Beispiel sei das Apiciusrezept, Nr. 136 bei Vehling[19], Nr. 9 bei Maier[20], genannt. Hier passieren gleich mehrere Fehler: „Patina de rosis" als Titel des Rezeptes wird bei Maier zu Patina decoris: ein Schaugericht. Die ursprünglichen Angaben in „Gläser" werden von Lister, Gollmer (S. 70), Maier (S. 51) allesamt in metrische Hohlmaße umgerechnet, was für eineinhalb Gläser bei Maier 0,068 l ergibt, nahezu verdoppelt bei Gollmer, der einen halben Cyathus daraus macht und zu 0,1 l umrechnet. Vehling bleibt bei einem Glas voll für alle Angaben der Flüssigkeiten (1 : 1 : 1) und gibt kein Äquivalent. Nachdem es sich um einen Auflauf oder Pudding handelt, wird wohl die Konsistenz für die Menge der Flüssigkeit in ihrer Beziehung zu den Eiern bestimmend sein. Letztere sind in Zahl angegeben. Hier gilt es, auch die anderen Rezepte in diesem Kapitel, das unter dem Kapitel „Verschiedenes" hauptsächlich die Bereitung von Aufläufen abhandelt, zu berücksichtigen. Immer wieder stoßen wir auf die Beschreibung der gewünschten Konsistenz, läßt z. B. das Garen im Wasserbad auf eine auflaufartige lockere Konsistenz, die nicht zu heiß und fest werden darf, schließen. Es gilt stets zu bedenken, daß uns zwar die Bezeichnungen für Größen erhalten geblieben sind, aber in den seltensten Fällen die tatsächlichen Größen. Umrechnungen in heutige Maße können daher nur äußerst vorsichtig, am besten auf eigener Erfahrung fußend, unter Einbeziehung der im Rezept vermittelten Vorstellung durchgeführt werden. Diesen Spielraum und ein Vorstellungsvermögen zu schaffen, ist meist wichtiger als das Festmachen über detaillierte Maßangaben. Zur besseren Verständlichkeit der speziellen Küchentermini und Maßbegriffe befindet sich im Anhang ein Glossar mit speziellen Begriffen der Küchensprache.

Zur Kochbuchsprache[21]

Spielraum und Wahlfreiheit können über das Verb (mögen, dürfen), die Anredeform und den Schreibfluß ohne Berücksichtigung der Rechtschreibfehler ausgedrückt werden. Für spätmittelalterliche Rezepte ist die Herstellung einer Gesprächssituation zwischen Autor und Rezipient, häufig im Imperativ der 2. Person singular, typisch. Erst im 19. Jahrhundert treten Sprecher und Rezipient in den Hintergrund, liegt im Rezept, welches den Infinitiv mit Aufforderungscharakter bevorzugt, der Akzent nur mehr auf der Handlung. Die zuvor häufig am Ende eines Rezepts gemachten Aussagen „so ist es recht“ oder „ist köstlich“ verschwinden und damit auch ein indirekt vermittelter Anreiz zum Nachkochen.[22] Nicht selten wirken sich fremdsprachliche Hörfehler auf die Benennung einer Speise aus oder sind etymologische Aspekte zu berücksichtigen. Im Wort verdichtet ist ein Merkmal, eine Charakteristik ausgedrückt, die eine sachliche Beschreibung erübrigen kann, ja vielleicht in dieser Form gar nicht möglich wäre. Auffallend sind hier die im Dialekt erhaltenen Speisebenennungen (Pflutta, Riebel, Knöpfle)[23], aber auch die größere Vielfalt an Begriffen in den alten Rezepten, wo heute geradezu eine Verarmung an solchen Termini eingetreten ist. Die Vielfalt von Verben, die, richtig eingesetzt, stets auch Hinweise zu Mengen, Temperaturen und Garzeiten bergen, ist im Vergleich zu den heutigen Standardverben – machen, nehmen, geben – verblüffend. Oft ist allein die Benennung eines Rezepts verdichteter Ausdruck des Hauptmerkmals eines Gerichts, hergeleitet von seiner Zubereitung. Dies drückt in erster Linie die Form aus, bietet unter Umständen auch einen Hinweis auf die Garzeit (Paternosterringel, die Teigwaren Ave Maria und Paternoster), auf die Essenszeit (Gebetswürstel) oder wird von ihrer Entstehungsgeschichte (symbolisch oder mythisch) Mitteilung machen (Capelli d’angelo). Die Benennung eines Rezeptes kann aber auch Auskunft über die Herkunft der Speise, die Autorenschaft, die schriftliche Quelle oder den speziellen Bestimmungszweck und die Persönlichkeit, für welche die Speise gedacht ist, geben.[24]

diesbezüglichen Vorträge und Seminare möchte ich in diesem Zusammenhang verweisen.[5]

In den achtziger und neunziger Jahren ist eine vermehrte theoretische Auseinandersetzung mit kulinarischen Themen zu verzeichnen[6], die Diskussion über „Kunst und Küche" ist im Vormarsch. Damit einhergehend ist eine fortschreitende Vernachlässigung des handwerklichen Kochens in der Praxis zu beobachten, einer ehemals tagtäglich in jedem Haushalt ausgeführten Tätigkeit. Mein Interesse an diesem Wissensgebiet läßt sich nicht zuletzt auch auf diese Entwicklung zurückführen, verbunden mit dem Bedürfnis, Antworten darauf zu finden. Das stete Verlangen, die aus den alten Rezepten aufgenommenen Anregungen auch praktisch umzusetzen, hat letzten Endes zu einer mehrere Jahre dauernden Beschäftigung mit diesem Thema geführt.

Allen, die an der Realisierung dieses Buches mitgewirkt haben, möchte ich an dieser Stelle danken, ganz besonders meiner Familie und meinen Freunden. Prof. Peter Kubelka bin ich als Mentor und Auslöser dieser Arbeit zu besonderem Dank verpflichtet, ebenso Prof. Paul Naredi-Rainer, der sich in einer fächerübergreifenden Betreuung meiner Sache angenommen hat. Der Fotografin Franziska Wächtler und dem Grafiker Benno Peter danke ich für die Berücksichtigung der vielen Wünsche und die kooperative Zusammenarbeit. Für wertvolle Hinweise, anregende Einwände und die freundliche Hilfe bei der Beschaffung von Quellen danke ich Christoph Bertsch, Hellmut Bruch, Birgit Humpeler, Elisabeth Meyer-Renschhausen, Alois Niederstätter, Katharina Pfleger-Siess, Harry Schraemli, Franziska Schulz, Max Siller, Stefan Sonderegger, Renate Sparr, Hugo Tiefenthaler, Alice Vollenweider, Claudia Wedekind und Andreas Winkler.

Zielsetzung

Ich habe mir in dieser Arbeit die Aufgabe gestellt, auf die in alten Rezepten steckenden und bislang wenig notierten Maßangaben hinzuweisen, deren Lesbarkeit durch die Auseinandersetzung mit diesem nicht zu unterschätzenden Teilaspekt, dem Maß im Kochen, zu erleichtern. Bei der Untersuchung des Maßes in den uns über die Jahrhunderte im Abendland erhaltenen Rezepten lag neben der Erfassung quantitativer Angaben das Hauptaugenmerk auf der Auseinandersetzung mit deren qualitativem Gehalt. Eine gegebene Quantität im Kochen ist dann von Interesse und Bedeutung, wenn sie gleichzeitig eine Qualität ausdrückt. Dabei treten die in der Vergangenheit an Maße oder Messungen gebundenen Überzeugungen, ein am Menschen orientiertes und nicht vom Gegenstand abstrahiertes Messen ebenso wie die den Maßen innewohnenden Eigenschaften als Träger von Macht und Prestige, zutage. Es geht neben den in konkreten Zahlen ausgedrückten Quantitäten und den über die Sinne wahrgenommenen Größen auch um die Gestalt und Form der Zutaten, um die Berücksichtigung eines Maßes, das von der Qualität des Objektes hergeleitet auch einen sozialen Gehalt, der sich hinter der Heterogenität der Angaben verbirgt, zum Vorschein bringt.

Die in der Fachliteratur häufig anzutreffende Behauptung, daß in mittelalterlichen Rezepten jegliche Mengen- oder Zeitangaben fehlten, fußend auf einer rein quantitativen Beurteilung in Zahlen ohne Rücksicht auf die über die Sinne gesteuerten Messungen, sollte in diesem Zusammenhang einer Klärung oder zumindest einem besseren Verständnis zugeführt werden. Nicht immer sind die vorgefundenen Maße sofort nachvollziehbar, erst die genauere Kenntnis des quantitativen Denkens, der religiösen oder diätetischen Auffassungen, des sozialen Umfeldes und der wirtschaftlichen Bedingungen läßt eine Systematik oder Struktur erkennen. Auch ist aus dem Fehlen einer Angabe nicht voreilig auf deren Bedeutungslosigkeit oder gar auf eine Unfähigkeit im Umgang mit Mengen zu schließen, es kann das Gegenteil der Fall sein. Allgemein bekanntes und weit verbreitetes Grundwissen einer Zubereitung, beispielsweise Brot oder Gemüse, bedurfte keiner schriftlichen Erwähnung, und entsprechend rar sind die Rezepte dafür. Die über Jahrzehnte gültige Auffassung völlig überwürzter Speisen im Mittelalter, die der angeblichen Übertünchung eines verdorbenen Fleischgeschmackes oder ausschließlich dem Zwecke

MASS,

FORM

UND

ZEIT

Jede Art von Messen bedeutet ein Vergleichen zwischen einer bestimmten und einer zu bestimmenden Größe. Dieser Vergleich kann mathematisch oder empirisch durchgeführt werden. Im Kochen ist dieser Vorgang des Messens und Abschätzens unerläßlich und stützt sich primär auf die bloße Empirie. Mathematische Proportionen sind jenen Maßen nachgefolgt, die der Mensch zuvor von seinem Körper, den Nahrungsmitteln und den Gegenständen, die ihn täglich umgaben, herleitete. Maßgebend für das Hervorbringen einer Speise sind somit der Mensch, das Nahrungsmittel, die Gefäße, Geräte und Heizquellen sowie das historische Umfeld, die wirtschaftlichen und sozialen Bedingungen ebenso wie geltende religiöse oder diätetische Vorschriften. Diese qualitativen Aspekte in ihrer Auswirkung auf Maß und Form einer Speise habe ich im zeitlichen Ablauf zu erfassen versucht.

I. DER MENSCH

Über die Sinne, die Glieder des menschlichen Körpers sowie die Körpersprache nimmt der Mensch maßgeblichen Einfluß auf Gestaltungsprinzipien im Kochen. Nebst Form und Größe der Zutaten kann der Mensch mit seinem Körper über die Wahrnehmung von Konsistenzen und Farben auf Mengen und Garzeiten kontrollierend einwirken und diese gestisch und rhythmisch strukturieren. Über die anschauliche Wahrnehmung hinaus steuert er Messungen intellektuell, indem er sich in der quantitativen Erfassung der Zahl bedient, die es auch in ihrer qualitativen Größe zu erfassen gilt.

1. DIE SINNE

Über die Sinnesorgane[25] subjektiv erfaßte Meldungen werden im Gehirn augenblicklich in bewußte Wahrnehmungen umgesetzt. „Im selben Augenblick, in dem wir das Gesicht eines berühmten Schauspielers erblicken, den Duft einer Lieblingsspeise einziehen oder die Stimme eines Freundes hören, haben wir das Wahrgenommene auch schon erkannt. Nur Sekundenbruchteile nach der Reizung von Augen, Nase, Ohren, Zunge oder Haut wissen wir, daß es sich um vertraute Dinge handelt, und sind uns klar darüber, ob sie angenehm oder gefährlich sind.“[26] An diese Fragen, wie das Gehirn dabei die Sinneswahrnehmungen mit früheren oder erwarteten Eindrücken verbindet und so den Reiz und seine Bedeutung für die jeweilige Person oder Sache erkennt, tastet sich die Forschung erst langsam heran. Erste Ergebnisse deuten auf ein chaotisches System, dessen Aktivität sich „aber nur erkennen, messen und erklären läßt, wenn man dem mikroskopischen Ansatz eine makroskopische Betrachtungsweise an die Seite stellt.“[27] In früheren Rezepten stoßen wir oft auf Informationen oder Angaben, die versuchen, den reichen Schatz von Sinneserfahrungen wiederzugeben. In neueren Rezepten, wo Mengen- oder Zeitangaben überwiegend in Verbindung mit Zahlen gebracht werden, sozusagen der Impetus eines Rezeptes auf der Erfassung exakter Mengen liegt, gehen die anschaulichen Angaben unter Einbeziehung der Sinne meist ganz unter. In den älteren Rezepten, die sich an den erfahrenen Koch, sozusagen den Berufsgenossen richteten, war diese Art von Angaben besonders ausgeprägt. Im Gegensatz dazu sind abstrakt ausgedrückte Mengen- oder Zeitangaben rar oder fehlen zur Gänze. Vielfach sind erstere auch nur für denjenigen verständlich, der mit dem Rezept als Anregung oder Ideenspender mehr denn als Gebrauchsanleitung arbeitet. Andererseits können sie aber einem experimentierfreudigen Anfänger sehr wohl auch hilfreich und fundiert zur Seite stehen.

Was kann nun mit den Augen, Ohren, Händen, der Nase und der Zunge im Kochen quantitativ erfaßt werden?
Messen über sinnliche Erfahrung, was weniger einen Meßvorgang als eine Fähigkeit, Größen räumlich, haptisch, olfaktorisch oder akustisch zu vergleichen, darstellt, läßt auch das Erkennen von Proportionen oder Verhältnissen zu, ohne diese in Zahlen auszudrücken. Dazu müßten erst die Analogien geschaffen werden. Ein dünnes Blatt Papier kann von der Zunge oder den Fingern sehr wohl rein sensorisch von einem dickeren und festeren unterschieden werden, ohne den Unterschied in Gramm zu kennen. Wird das Gewicht sowohl für das dünne als auch für das dickere Papier in Zahlen erfaßt und bekanntgemacht, läßt es sich auch entsprechend einordnen. Wahrgenommen werden die feinsten Unterschiede aber auch ohne Kenntnis der Zahl. In dieses Reich zurückzuführen ist ein Anliegen dieser Arbeit und nicht den Fundus an einmal vorhandenen Bezügen noch weiter zu abstrahieren, indem man versucht, diese vorhandene Gesetzmäßigkeit mittels mathematischer, in Zahlen ausgedrückten Analogien herzustellen. Messen über die Sinne bedeutet auch, auf kein Hilfsgerät angewiesen zu sein, also unmittelbar und schnell reagieren und handeln zu können.

1.1 Der Sehsinn – die Farbe

Über den Sehsinn können beim Kochen visuelle Attribute wie Farbe, Form und Bewegung analysiert werden. Die Farben geben uns Auskunft über die Menge eines Gewürzes. Die gewünschte Menge Zimt im Zimtzucker, die nötige Menge Kräuter für eine Kräuterbutter kann ich am Grad der Farbe ablesen: „Ziemlich viel Zimt, so daß es die Farbe von Zimt annimmt, …“[28]. Oder bei Rumpolt: „… thu auch nit zu viel daran/ daß man es nicht sihet/ daß dürre Kräuter darunter seindt“[29]– soviel, daß man es noch nicht sieht!

Im Mittelalter bestand eine Hauptaufgabe des Kochs darin, einer Speise Farbe zu verleihen. Saucen waren nach ihrem Hauptbestandteil, ausgedrückt über die Farbe, benannt. In der anglo-normannischen Rezeptsammlung findet sich am Ende eines Saucen-Rezepts stets die Farbangabe: „die Farbe gelb“ oder „die Farbe blau“. Die Bedeutung der Saucen ist primär aus medizinischer Sicht zu beurteilen. So gesehen lag in der Farbe der Kürzel für die richtige Begleitung zu Braten, Huhn, Fisch oder Wild aus medizinischer Sicht, in der Farbe war sozusagen eine Ernährungsvorschrift enthalten.

Dem Farbwert kommt oft auch symbolische Bedeutung zu, so nimmt die Farbe Gold, ausgedrückt auch durch intensives Gelb, einen hohen Rang in der Küche ein. Einerseits verweist die goldene Farbe auf eine typische medizinische Vorgangsweise[30] jener Zeit, kann aber auch als „Symbol der Allmacht Gottes oder als Zeichen für die göttliche Offenbarung“[31]gelesen werden. So wie Giotto in der Malerei die Farbe wieder an die formale Gestaltung einer neuen Wirklichkeit gebunden hat und Farbe somit Stofflichkeit und Räumlichkeit einer realen Welt charakterisiert, kann auch der wenig später erfolgte Übergang von mit Blattgold überzogenen Speisen hin zur goldbraunen Panier oder Kruste als Verdrängen des Symbolwertes und Betonen des Realwertes interpretiert werden. In der allgemeinen Freude am Goldbraun, gewonnen durch engste Berührung mit der Glut, ist aber auch eine Huldigung an das Feuer zu sehen.

Und der Reiz des goldenen Glanzes wird wohl immer in der Küche erstrebenswert bleiben, einerseits, um dem Auge Genüge zu tun, andererseits, um eine Abhebung in der Konsistenz, nämlich der Kruste, zu erzielen. Scully schreibt: „Eine beliebte Verzierung mittelalterlicher Speisen ist das Anbringen eines farbigen Überzugs – meist bei Braten oder Pasteten – gegen Ende der Garzeit oder knapp vor dem Auftragen. Oftmals kommt dieser Vorgang einem richtigen Vergolden gleich, das heißt einer goldgelben Glasur. Diese zur Veredelung einer Speise gedachte Farbe erzielte man normalerweise mit Eidotter oder Safran, oder auch beidem zusammen. Während Petersilie und Salbei gelegentlich zerstoßen werden, um einen grünen Überzug zu bekommen, war der Einsatz von Gelb für solche Zwecke derart verbreitet, daß der französische Begriff für jeglichen Überzug ganz einfach mit ‚dorure‘ beschrieben wurde.“[32]

Für die oft in Gerichten angestrebte weiße Farbe finden sich wunderschöne Beispiele bei den Klarissinnen in Montegiorgio, die in Beziehung zur dortigen Herstellung von Klöppelspitzen, aber auch zu den aus weißen Haaren gefertigten Stickereiarbeiten stehen. Weiß steht auch als Synonym für jungfräulich, sauber und rein. Auch die Benennung „Manus Christi“ könnte über die weiße Farbe bei der Herstellung von Marzipan hergeleitet werden. Im Klosterkochbuch St. Peter ist der „Zucker Penäth“ dann lange genug gezogen, wenn er eine ganz weiße Farbe angenommen hat.[33] Fleisch wird so lange im Wasser gewässert, bis es weiß ist, vor allem die von Blut und Unreinheiten durchzogenen Innereien und das Hirn. Als Herrenbrot galt das weiße Brot, was nicht nur repräsentative Gründe hatte, sondern auch haltbarer war. Das Hausbrot der Bauern ist daher oft aus weißem und keimfreien Mehl.

Werden die Farben einer Speise akkordiert, „… / Du magst dieselbige Brüh weiß lassen/ oder gelb machen/ denn die Füll im Magen ist gelb/ daß sichs vergleichet mit der Farb …“[34], ist auch eine ästhetische Komponente enthalten. Im Barock sah man in der Farbakkordierung auch eine magische Übereinstimmung. So wurde in der Arzneiküche das gelbmilchige Schöllkraut gegen Gelbsucht und Leberleiden, rote Rosen und Bocksblut bei Blutflüssen usf. angewendet.[35]

Die Farbe tritt als Mengenmesser in Schokoladegerichten (braune Torten- und

Schmarrenteige), im Zimtzucker, in der Kräuterbutter und in anderen von Farben bestimmten Gerichten hervor, kann aber auch einen Hinweis auf den geringen Fettgehalt der Milch, wenn bspw. von der blauen Milch die Rede ist, enthalten.[36]

Bei der Präsentation von Fleisch bedient man sich gerne der grünen Farbe als Grund und lenkt dadurch mitunter von einer nicht mehr einwandfreien Fleischqualität ab. Unter Ausnutzung des Komplementärkontrastes rot/grün lenkt die visuelle Wirkung von der tatsächlichen Fleischfarbe ab.

In der Farbe finden wir auch Informationen über den richtigen Zeitpunkt der Ernte von Früchten und Gemüse und deren Reifegrad. Oft ist von grünen Zitronen die Rede, die ebenso ihre Vorzüge wie die reiferen gelben hatten. Ihre Verwendung ist dann eben eine andere. Bei der Olivenernte ist die Farbe der Oliven ebenso wie der heitere Himmel von Relevanz, überliefert in den Landwirtschaftsbüchern von Cato: „Aus jeder Olivenart läßt sich grüneres und gutes Öl machen, wenn du es rechtzeitig machst …“[37] oder Columella: „… sobald Pausea- oder Orchitaoliven die weiße Farbe verlieren und gelblich werden, nimmt man sie bei heiterem Himmel mit der Hand ab …“[38]. Qualitätsmerkmale der Morchel werden über Farbe und Form definiert (Spitzmorchel, hohe Morchel, runde Morchel, gerippte Morchel, graue Morchel, gelbe Morchel). Bei Quitten spielt der Reifegrad und die nachfolgende Ablagerung, erkennbar über die Farbe, eine maßgebliche Rolle hinsichtlich des Geschmacks.

Mit dem Augenmaß erfaßte Größen und Formen können untereinander verglichen werden, ebenso wie mit dem Auge aufsteigende Wasserdämpfe, rauchendes Öl, brodelnde, schmorende, lächelnde oder stürmische Bewegungen an Oberflächen wahrgenommen werden. In einem toskanischen Kochbuch aus dem 14. Jahrhundert heißt es im Rezept Nr. XXXVII: „… und bring es in einem Gefäß zum Kochen, daß es ordentlich sprudelt und aufwallt.“[39] Gleichzeitig können daraus Rückschlüsse auf die Temperatur gezogen werden oder lassen Materialveränderungen wie Stocken, Gerinnen oder Fließen die Konsistenz verraten. Am Glanz einer Speise läßt sich die richtige Menge Fett ablesen. Auch die Vollendung von Garzeiten kann ich visuell kontrollieren, immer vorausgesetzt, es ist empirische Kenntnis im Spiel. Der Sehsinn zählt zu den Fernsinnen, weil er dem Menschen eine sichere räumliche Orientierung in der Umwelt ermöglicht, und dies über weite Strecken hinweg. Entfernungsmessungen „so weit das Auge reicht“, „vom Buckel eines Kameles aus“ waren je nach Örtlichkeit verbreitete, auf die Blickweite ausgerichtete Maße.

1.2 Tast- und Spürsinn

Temperatur (heiß-kalt), Konsistenz (fest-flüssig), Material- und Oberflächenbeschaffenheiten (rauh-glatt), Ausdehnung (rund-eckig), Bewegung, Druck, Schmerz, Vergnügen oder Irritationen können über den Tastsinn wahrgenommen werden. Die Palette der Empfindungen ist überaus reichhaltig, das vorhandene Vokabular umfaßt Begriffe wie fest, flüssig, rauh, körnig, spröde, glatt, hart, weich, fett, dürr, klebrig, samtig usw. Der Tast- und Spürsinn kann wie jedes andere Sinnesorgan auch trainiert und ausgebildet werden. Der Tastsinn ist ein nahes und unter Umständen auch ein aufdringliches Sinnesorgan.

In den Rezepten finden sich viele Vorschriften unter Einbeziehung dieses Sinnes. So dürfen für bestimmte Teigarten die Hände nicht zu warm sein, vor allem im Sommer bei fetthaltigen Teigen. Die Hand eines Bäckers wiederum soll feucht und warm sein. Ein Quittenrezept enthält den Hinweis, die Früchte bis zu jenem Punkt gar zu kochen, „daß die Quitten sich noch greiffen lassen“[40]. Philippine Welser überprüft die Wassertemperatur eigenhändig: „so nim ain hays waser das dus kom leyden kanst am finger“.[41]

Zenker beschreibt die Beschaffenheit und Konsistenz einer Fleisch-Sulz: „… in einer halben Stunde muß selbe gesulzt seyn und dem Druck des Fingers leicht widerstehen, so wie von dem Löffel sich nicht herabschnellen lassen, …“[42] oder die Bereitung von Semmelknödeln als Suppeneinlage: „Nach einer halben Stunde wird ein Knödel versucht, es muß nach einigen Minuten etwas aufgelaufen, körnig, unter dem Druck des Fingers spröde weichen; wäre dieses nicht, so müßte man nachzuhelfen suchen. Im Falle es zu fest ist, kömmt noch ein Ey oder etwas Milch hinzu, im Falle es zu weich ist, kommt noch Semmel hinein, und wird auf's neue genau abgearbeitet.“[43] Zenker gibt zahlreiche Beispiele, die eine genaue Kenntnis und Vorstellung über die mit den Sinnen wahrgenommene Beschaffenheit von Konsistenzen erkennen lassen.

Auch im handgeschriebenen Nürnberger Kochbuch von 1609 heißt es: „so greiff den fisch an, ob er mürb sey, ist er mürb, so würtz in wol, …“[44]

1.3 Hörsinn

Geräusche wie Knistern, Brutzeln, Prasseln, aber auch eintretende Stille lassen auf das Ende von Prozessen oder Garzeiten schließen. Brot ist dann gut gebacken, wenn es beim Beklopfen des Bodens hohl tönt. Größe und Konsistenz (knusprig, knackig, knirschend) eines Bissens können aufgrund seiner geräuschmachenden Qualität beim Essen (großer oder kleiner Kartoffelchip) mitbestimmender Faktor bei der Zubereitung sein. Der Hörsinn ist ein quantitativer Sinn und Fernsinn.

Athenaeus zitiert den Komödiendichter Eubulus aus den „Titanen“: „Die Kasserolle lacht mich an und zischt mit barbarischem Geplapper; der Fisch hüpft mitten in der Pfanne.“[45] Das im Barock kursierende Rezept vom singenden Schwan, der während des grausamen langsamen Tötens singende Laute von sich gibt und mit Ende der Garzeit verstummt, findet schon bei Athenaeus Erwähnung. Der als streitsüchtig ausgewiesene Schwan wird als Sänger gepriesen: „… sobald ihr Ende näher rückt, heben sie zum Singen an.“[46]

Im Würzburger Kochbuch heißt es in einem Rezept für gefüllte Teigtaschen, welche aufgespießt am Feuer fertig gebraten werden, „also lange biz daz ez singe und rot werde und gibz hin“.[47]

1.4 Geruchssinn

Mittels aufsteigender Duftstoffe und Aromen, den unterschiedlichen Reifestufen und Garpunkten eines Lebensmittels, wahrgenommen und identifiziert durch das Riechen, können Erkenntnisse über Garzeiten und Mengen abgeleitet werden. „… wanns schön riecht / ist es genug gebachen …“, die Rede ist von einer „Schokolade-Dorten“ im Salzburgischen Kochbuch von Conrad Hagger.[48] Auch der aufsteigende Geruch eines Bratens signalisiert Stufen seines Garprozesses. Das in der Antike bevorzugte Rühren mit einem Kräuterstrauß läßt bei Aufsteigen des Duftes auf eine ausreichend zugeführte Quantität schließen. Der Geruchssinn nimmt ein großes Spektrum von Qualitäten wahr und ist ein Fernsinn.[49]

Bei Athenaeus wird beim Fischeinkauf auf die Bedeutung des Riechens hingewiesen. Ein stinkender Fisch werde meist von einem freundlichen Fischhändler präsentiert, ein arroganter Händler lasse hingegen frische Ware erwarten.[50] In den Rezepten finden sich viele Hinweise mit der Aufforderung, die Verderbtheit eines Lebensmittels über den Geruchssinn zu prüfen. Heute geht diese Fähigkeit zusehends verloren, der Blick auf das Ablaufdatum genügt und tritt an die Stelle eines ursprünglich als Warn- und Schutzsystem fungierenden Organs. Ein Küchenkonzept 2010 sieht über die Barcode-Kennzeichnung der Lebensmittel eine Kontrolle des Verfallsdatums mit automatischer Ersatzbestellung vor.[51] Hersteller für Elektroherde bieten absolut geruchsichere Produkte an, in Kochbüchern finden sich Anleitungen zur Zubereitung von Fischen ohne Geruch.[52] Hier klingt die Gleichsetzung von Geruch mit Gestank an, was mit einer zunehmenden Überempfindlichkeit gegenüber „schlechten" Gerüchen bis zur Verdrängung von Körpergerüchen einhergeht.

1.5 Geschmackssinn – Das Probieren

Beim Geschmack handelt es sich um den nächsten, vielleicht intimsten Sinn, da wir nichts aus der Distanz schmecken können. Innigste Berührung, nämlich im Mund, ist unerläßlich. Daher steht Schmecken auch in unmittelbarer Beziehung zu probieren, prüfen, versuchen. Das Italienische „sapere", übersetzt mit wissen und können, heißt auch schmecken und riechen, zwischen Schmecken und Wissen besteht ein unmittelbarer Zusammenhang.[53] Wie wir Dinge schmecken, dürfte individuell so verschieden sein, wie es die Fingerabdrücke sind, eine objektive und äquivalente Beschreibung scheint nicht möglich zu sein, was im Streit um die Geschmacksfragen immer wieder deutlich zum Ausdruck kommt.[54] Im Zusammenspiel mit dem in der Nase liegenden Geruchssinn nimmt die Zunge unter Zuhilfenahme von Speichel über papillare Erhebungen den Geschmack wahr. Es können die vier Geschmacksqualitäten süß, sauer, salzig und bitter grob wahrgenommen werden.[55] Für nuanciertere Genüsse ist die Beteiligung des Geruchs unerläßlich. Zudem wird ein Bissen auf der Zunge über Verrühren, Rollen und Umwenden, Zerdrücken, Auspressen und Verschlucken auch in seiner Form und Konsistenz vermessen. Den Grad der Temperatur werden das Auge und der Tastsinn schon geprüft haben, letzten Endes wird aber im Mund die letzte Analyse vor dem Schlucken stattfinden. Die Zunge reagiert äußerst temperaturempfindlich, und wenn ein Bissen im Mund zum Schlucken freigegeben wird, so kann Hals und Magen vor Verbrennungen sicher sein. Daß Temperaturempfindlichkeit im Mund auch trainiert werden kann, belegt Philoxenus, ein bei Athenaeus beschriebener Feinschmecker: „Ich entsinne mich eines gewissen Gourmands, welcher bar aller Schamgefühle in Gegenwart seiner Kollegen im öffentlichen Bad zwecks Gewöhnung an große Hitze seine Hand in heißes Wasser tauchte und seinen Rachen mit heißem Wasser gurgelte, auf daß ihn heiße Speisen nicht abschrecken mochten. Man sagte, daß er die Köche schließlich dazu überreden konnte, die Speisen sehr heiß aufzutragen, mit der Absicht, alles alleine aufessen zu können, da niemand in der Lage sein würde, seinem Beispiel zu folgen."[56] Als weitere Faktoren beeinflussen Schmerzempfindungen oder Irritationen wie Schärfe, Stechen, Prickeln den Geschmack.

Während des Kochens ist der Geschmackssinn ein wichtiger Regulator und Kontrolleur mittels Probierens. Diane Ackermann[57] leitet das englische Wort „taste" vom mittelenglischen „tasten" ab, worunter berühren, testen oder versuchen zu verstehen war und auf das lateinische „taxare", heftiges Berühren, zurückzuführen ist. Geschmack ist demnach stets vom Prüfen und Probieren begleitet und im Kochen unerläßlich. Rumpolt verlangt im Rezept für ein eingedämpftes Wildbret: „… /laß widerumb darmit sieden/ versuch es wie es schmecket. Denn man muß ein Speiß kochen/ kosten/ unnd versuchen. Denn es kocht offt mancher Koch/ unnd versucht es nicht/ wie es auch schmeckt/ ob es süß oder saur sey/ Mancher Koch ist faul unnd treg/ weiß nicht obs gut oder böß sey/ was er kocht."[58] Der Komödiendichter Machon[59] läßt einen Koch zu seinem Schüler sprechen: „Ich bin ein Gourmand; das ist der Eckstein unserer Kunst. Nie könne er die ihm anvertrauten Materialien schlecht behandeln oder gar verderben, er müsse sie leidenschaftlich lieben. Der Koch, der auf seinen eigenen Geschmacksinn baut, wird nie ein schlechter Koch sein. Du wirst auch niemals fehlschlagen, wenn deine Sinnesorgane klar und in Ordnung sind. Koche und schmecke oft ab! Nicht genug Salz; gib etwas hinzu. Noch etwas fehlt; probiere, schmecke ab, bis es paßt, bis der Geschmack stimmt; ziehe an, wie bei einer Harfe, bis sie gestimmt ist. Und wenn du glaubst, daß alles in Harmonie ist (im Sinne einer Vereinigung von Verschiedenartigem zu einer Ganzheit), dann bring deinen Chorus von Speisen, in singendem Einklang herbei …"[60] Auch Apicius verlangt, daß man eine Speise probieren soll. Der Anonimo Veneziano schreibt in einem Rezept für Hühner in weißer Brühe soviel Rosenwasser vor, daß man es schmecke.[61] In nahezu allen mittelalterlichen bildnerischen Darstellungen von Köchen ist dieser mit seinem Löffel als dem Attribut des Koches, meist beim Probieren, zu sehen. Auffallend ist, daß nach meiner Kenntnis ab dem 17. Jahrhundert keine probierenden Köche mehr dargestellt werden. Auf eine Vernachlässigung des Probierens weist bereits die von Rumpolt mehrmals wiederholte Forderung in diesem Zusammenhang.

Die Auswirkung der Form auf den Geschmack ist für passionierte Esser offenkundig und läßt sich am Beispiel Nudeln mit Salbei gut nachvollziehen. Nimmt man die flachen Linguine di passero und vereint sie mit Butter und Salbei, so schmeckt das ganz anders als mit den vergleichsweise runden Spaghettini, die ungleiche Form der Teigwaren überträgt denselben Geschmack unterschiedlich.[62] Bei völlig gleicher Zusammensetzung der Zutaten nimmt letztendlich auch die Form Einfluß auf den Geschmack. Formale Qualitäten gilt es demnach hinsichtlich des Geschmacks zu berücksichtigen. Wenn vorausgesetzt werden darf, daß die gleiche Substanz – bestehend aus mehr oder weniger gleichen Ingredienzen – allein durch die unterschiedliche Formgebung auch verschiedenartig schmeckt, dann stellt sich die zunächst alles andere als metaphysische Frage, ob es einen spezifischen Formgeschmack der Geschmackswerkzeuge gibt. Der Philosoph Lichtenberg war dieser Meinung: „So wie das Ohr Verhältnisse misst, so berechnet vielleicht die Zunge Flächen an Körpern." Das könnte der Prolog eines Plädoyers für Formen sein, die man zu schmecken vermag.[63]

Der Physiker Davide Cassi aus Parma untersucht Teigwaren aus molekular-physikalischer Sicht. Die Zugabe von Öl ins Nudelwasser lehnt er ab, da dieses die Teigwaren schlüpfrig und glatt mache und die Sauce oder das „Intingolo" nicht mehr daran haften könne. In der industriellen Nudelherstellung bewirken Stanzformen aus Teflon eine glatte Oberfläche der Teigwaren und somit eine abweisende Reaktion zur Sauce. Die herkömmlichen Formen waren aus Bronze, brachten eine aufgerauhte Nudel hervor und garantierten die Aufnahmefähigkeit der Sauce. Ebenso betont er die Form der Teigwaren in ihrer Beziehung zur Sauce und kritisiert die als Designer-Nudel gepriesene Muschelform, die über eine kürzere Garzeit zwar einen besseren Nährwert aufweise, aber nur für wenige Saucen die passende Form aufweise.

Über die Bekanntgabe einer Geschmacksvorstellung, es soll etwas süß-sauer schmecken oder das „Saure darf ein wenig vorschlagen", mache ich auch Angaben zur Menge, die dem Koch eine Vorgabe sein soll, letzten Endes aber von ihm selbst nach seinem Gutdünken und Belieben entschieden wird. Beim Abschmecken einer Hechtsülze empfiehlt Rumpolt: „/Gelb Hecht in einer Gallrat … / vnnd versuchs offt /obs recht gesaltzen ist /pfeffers /gelbs vnd zuckers doch nicht viel / daß nur ein wenig nach dem Zucker schmeckt."[64]

1.6 Das Zusammenspiel aller Sinne

Die Beobachtung von Garzeiten, der richtige Moment der Vollendung, des Einschreitens, Abbrechens, sozusagen der richtige Zeitpunkt erfordert die Einbeziehung aller fünf Sinne. So kann ich über Fingerdruck den gewünschten Grad der Garzeit beim Braten eines Stücks Fleisch überprüfen[65], das

Austreten des Fleischsaftes, die kleinen Saftperlen machen mir schon visuell eine Mitteilung, das Geräusch des brutzelnden Fettes gibt akustisch Signale ab, und am aufsteigenden Duft ist ein geübter Koch über die ablaufenden Prozesse bestens im Bilde. Letzten Endes ist es das Zusammenspiel aller Sinnesorgane, ein Abschmecken ermöglicht dabei eine letzte Kontrolle, die in ihrer Verknüpfung eingesetzt, zu höchster Perfektion führen.

Einhergehend mit der Einführung des metrischen Systems ist auch in den Kochrezepten ein Abstraktionsprozeß spürbar, der den Abstand des Menschen zum eigenen Körper vergrößert. Vor allem die Nahsinne verkümmerten, die Fernsinne, besonders das Auge, wurden bevorzugt, dies wiederum vermehrt beim männlichen Geschlecht.[66] Dazu schreibt die französische Psychoanalytikerin Luce Irigaray: „Die Investition in den Blick ist bei Frauen nicht so privilegiert wie bei Männern. Mehr als jeder andere Sinn objektiviert und meistert der Blick. Er setzt Distanz und hält Distanz. In unserer Kultur hat die Vorherrschaft des Blicks über Riechen, Tasten, Hören die körperlichen Beziehungen verarmen lassen. Sobald der Blick dominiert, verliert der Körper seine Materialität."[67] Auch in der feministischen Kunstgeschichte wird für das 18./19. Jahrhundert die Nähe als weibliche Ästhetik formuliert (z. B. Rosalba Carriera, Mary Cassat).

Nachdem das Schreiben von Kochbüchern lange Zeit eine Domäne der Männer darstellte, erst ab dem 17. Jahrhundert kommen auch von Frauen geschriebene oder zusammengestellte Kochbücher dazu, ließe sich die Vernachlässigung sinnlich gesteuerter Gestaltungsprinzipien auch aus dieser Sicht erklären, kann aber an dieser Stelle nicht genauer untersucht werden.

1.7 Zeiterfahrung über die Sinne

Zeiterfahrung über die Sinne sowie über die Sinne ausgelöste Erinnerungen sind im Kochen sehr wichtig. So arbeitet bekanntermaßen das Gedächtnis, beim Kochen ein unerläßlicher Fundus, über die Sinne und ist besonders über die Gerüche und Geschmäcker ausgeprägt.[68] Die Verbindung von Wahrnehmung und Erinnerung setzt dabei einen Prozeß in Gang, der es vermag, uns blitzartig an einen Schauplatz der Vergangenheit zurückkehren zu lassen. In der Literatur ist dieses mögliche Aufleben einer vergangenen Wirklichkeit von Marcel Proust in der Episode mit der Madeleine (dickes ovales Törtchen aus Sandteig) nachhaltig beschrieben: „Gleich darauf führte ich, bedrückt durch den trüben Tag und die Aussicht auf den traurigen folgenden, einen Löffel Tee mit dem aufgeweichten kleinen Stück Madeleine darin an die Lippen. In der Sekunde nun, als dieser mit dem Kuchengeschmack gemischte Schluck Tee meinen Gaumen berührte, zuckte ich zusammen und war wie gebannt durch etwas Ungewöhnliches, das sich in mir vollzog. Ein unerhörtes Glücksgefühl, das ganz für sich allein bestand und dessen Grund mir unbekannt blieb, hatte mich durchströmt. (…) Sicherlich muß das, was so in meinem Inneren in Bewegung geraten ist, das Bild, die visuelle Erinnerung sein, die zu diesem Geschmack gehört und die nun versucht, mit jenem bis zu mir zu gelangen. Aber sie müht sich in zu großer Ferne und nur allzu schwach erkennbar ab; kaum nehme ich einen gestaltlosen Lichtschein wahr, in dem sich der ungreifbare Wirbel der Farben vermischt und verliert; aber ich kann die Form nicht unterscheiden, nicht von ihr als dem einzig möglichen Dragoman erbitten, daß sie mir die Aussage ihres Begleiters, ihres unzertrennlichen Gefährten, des Geschmacks übersetzt, sie nicht fragen, um welche Begebenheit, um welche Epoche der Vergangenheit es sich handeln mag. Wird sie bis an die Oberfläche meines Bewußtseins gelangen, diese Erinnerung, jener Augenblick von einst, der, angezogen durch einen ihm gleichen Augenblick, von so weit her gekommen ist, um alles in mir zu wecken, in Bewegung zu bringen und wieder heraufzuführen?"[69]

Schwarzbauer schreibt zur Funktion der Erinnerung beim Kochen: „Sie wird zum Auslöser des kochenden Hinterfragens. Ausgehend von den einst gemachten Eindrücken, will der Koch in seinen neuen Schöpfungen das längst Vergangene lebendig werden lassen. Die Kochkunst wird zum Gradmesser eines nur durch das Nachempfinden wiederholbaren Eindruckes."[70] Schöpfung vollzieht sich als eine Gedächtnisfunktion, wobei das Rezept – in seiner Funktion als Auslöser des Gedächtnisses – unterstützend Hilfe leisten kann.

2. DER KÖRPER UND SEINE GLIEDMASSEN

Maße und Formen hat der Mensch früher von seinem Körper hergeleitet, er hat seinen Körper benutzt, um Dinge zu messen. Zuerst maß man unmittelbar mit den einzelnen Gliedern des Körpers, der Handbreite, dem Fuß oder dem Arm, und bildete demgemäß auch die Namen für die diesen Dimensionen entsprechenden Maße. Man könnte diese Etappe in der Entwicklung von metrologischen Vorstellungen des Menschen als die anthropomorphe bezeichnen, in welcher die Glieder des Menschen die prinzipielle Maßeinheit darstellten. Darauf folgte das Bemühen, die Maßeinheiten aus den Objekten, den Bedingungen und den Resultaten menschlicher Arbeit oder Leistung abzuleiten. Damit floß auch ein sozialer Gehalt in eine Größe ein, welcher erst mit der Umstellung auf die metrischen, vom Menschen unabhängigen Maße weitgehend verlorenging oder aus dem Blickfeld geriet.

„Aller Dinge Maß ist der Mensch", oder: „Der Mensch ist das Maß aller Dinge". Dieser oft zitierte Ausspruch von PROTAGORAS (5. Jh. v. Chr.) kann als Fundamentalsatz für die Lehre von den Maßen herangezogen werden. Auf der einen Seite beinhaltet er eine anthropozentrische Philosophie, die das Individuum, in welchem das jeweils nur für dieses gültige Maß liegt, im Zentrum sieht und später umgekehrt im überindividuellen Menschen an sich die Verkörperung des Maßes einer kosmischen Ordnung sieht.[71] Daraus kann schon die simple Bestätigung der Existenz eines bereits verallgemeinerten Systems abgelesen werden, wo natürliche Maße auf einen Maßstab übertragen werden und eine feste, nicht mehr schwankende Größe erhalten. Ursprünglich handelte es sich nämlich nicht um einen Finger im allgemeinen, sondern um „meinen oder deinen Finger", einer individuell schwankenden Größe, deren Ausgangspunkt stets der individuelle Mensch mit „seiner Schrittlänge", „seiner Handvoll", „seiner Kanne" oder „seinem Korb" bildete.[72] Hier, im Übergang von konkreten Vorstellungen zu abstrakten, könnte bereits eine intellektuelle Zäsur einsetzen. Im Mittelalter war es für zehentpflichtige Lehen oder Meierhöfe üblich, ihren Zins in Naturalien an die Klöster abzuliefern. Diese Abgabemenge wird von einem schwäbischen Kloster wie folgt festgelegt: Bei der Hochzeit eines Bauernmädchens hat dieses an das Kloster einen Kupferkessel voll Fett „so groß wie ihr Hinterteil" abzugeben. Nach der Eheschließung mußte diese Menge jährlich neu bemessen werden, da sich die „Verhältnisse" ja ständig wandeln konnten.[73] Auch war es üblich, Personen in Gold oder Korn aufzuwiegen. Speziell in Indien wurden die Radschas durch Gold oder Spezereien aufgewogen und diese Werte dann an die Armen verteilt.[74]

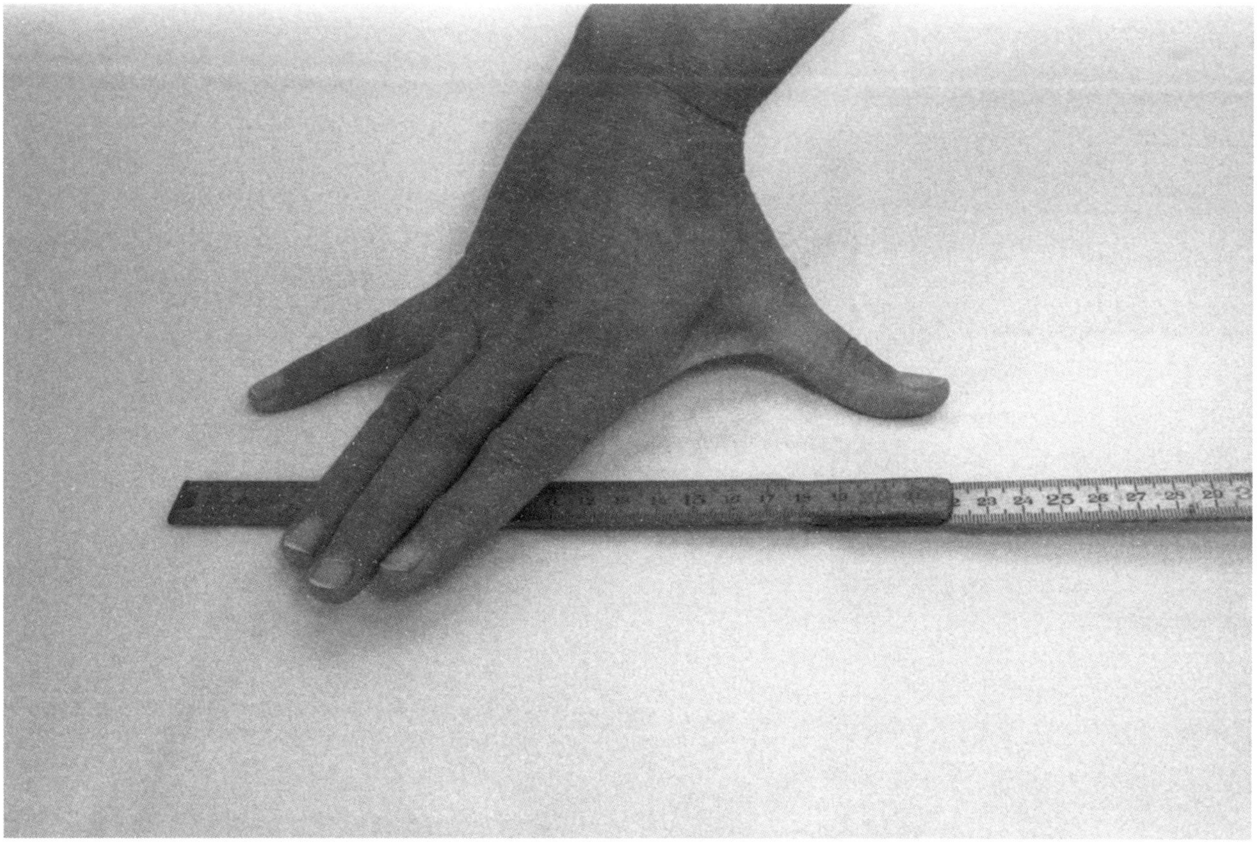

Im Zuge einer Standardisierung von Maßeinheiten, die ihren Ausgang in Mesopotamien und Ägypten zur Zeit des Wasserbaus nahm,[75] entwickelten sich die ersten Maßsysteme. Hierzu bemerkt AGRICOLA: „Es ist jedenfalls eine bekannte Tatsache, daß die Spanne von der Länge eines jeden, von der Natur wohlgebildeten menschlichen Körpers 1/24 beträgt, der Fuß 1/6, der Ellenbogen 1/4. Pythagoras kannte dies Verhältnis der Glieder zueinander; er schloß daher von der Länge des Fußes, welchen er im Stadion von Olympia beobachtete, auf die Gestalt des Herakles. Die Glieder aber eines von der Natur nicht wohlgebildeten menschlichen Körpers haben dies Verhältnis zueinander nicht. Jener Perserkönig Darius I. nämlich hatte, obwohl er von allen Menschen der wohlgestaltetste war, so lange Arme und Ellenbogen, daß sie, wenn er sie herabhängen ließ, die Knie berührten. Und davon wurde er Longimanus (Langhand) genannt."[76] Angesprochen ist die nicht bei jedem Menschen anzutreffende ideale Proportionierung, die nach seinen von einem Standard ausgehenden Angaben (Körperlänge : Fuß : Ellenbogen : Handbreit = 24 : 6 : 4 : 1) nach dem Duodezimalsystem verknüpft sind. Die Schwierigkeit einer Normierung kommt noch mehr in jenen Maßen zum Ausdruck, wo die Leistungsfähigkeit die Ausgangsgröße bildete und der individuelle Charakter noch deutlicher hervortrat, ebenso bei den Hohlmaßen, wo die Verschiedenheit der verbreiteten Maße weit größer als bei den Längenmaßen war. Die Last, die ein Mann oder eine Frau heben und auf dem Rücken forttragen konnten, ist nicht im entferntesten eine so bestimmte Größe wie die Glieder des menschlichen Körpers. Wie soll genau bestimmt werden, was man mit einer Hand umfassen kann oder wie schwer eine „libra" war, die ursprünglich soviel bedeutete, als man schwebend in der Hand zu halten vermochte.[77] Übereinstimmung herrschte also am ehesten bei Längenmaßen. Schwierigkeiten treten in der Praxis zudem beim Festlegen einer einheitlichen Vergleichsgröße auf, was sich beim Hinzufügen einer Maßzahl ergibt. Nachteilig erweist sich zudem die unbequeme Suche einfacher Vielfachen innerhalb eines Maßsystems.

Die von den Griechen ausgebildeten Maßsysteme[78] verknüpften die kleineren Maßeinheiten nach dem Duodezimalsystem, die größeren kamen durch eine Vervielfachung nach dem Dezimalsystem zustande. Diese beiden Systeme haben sich nebeneinander bis vor kurzem gehalten, England stellte erst in den siebziger Jahren auf das dem metrischen System zugrundeliegende Dezimalsystem um, den Zeitmaßen liegt noch heute das Duodezimalsystem zugrunde. Das „Zwölfersystem" bot rechnerisch gegenüber dem Dezimalsystem insofern Vorteile, als letzteres zu Brüchen oder Resten führt, während die größere Anzahl Teiler im Duodezimalsystem stets zu einer glatten Rechnung führt.

Die Vorteile des anthropometrischen Maßsystems lagen in der universellen Verständlichkeit und der praktischen Verfügbarkeit der Mittel zum Messen. Diese waren immer zur Hand oder in Reichweite und die kleinen individuellen Schwankungen für das Ergebnis nur selten von Belang. Ein so hoher Grad an Genauigkeit war meist gar nicht beabsichtigt. Wichtiger war, daß Anpassungen ständig vorgenommen werden konnten. Mißbrauch, Irrtum und Willkür, das Fehlen einfacher Vielfachen können als nachteilige Elemente eines Systems, das vom individuellen Menschen als Maß aller Dinge ausgeht, angeführt werden. So ist es auch nicht verwunderlich, daß die Umstellung auf die Metrik ihren Ausgangspunkt zur Zeit der Französischen Revolution nahm, als eine angestrebte Gleichheit aller Menschen sich auch über ein neues Maß symbolisieren sollte, gewidmet allen Zeiten und allen Völkern. Das Aufbauen der neuen Maßeinheit nach dem Erdmeridian, der Meter stellte den zehnmillionsten Teil des Erdquadranten dar, sollte den Menschen als „Mitbesitzer dieser Welt" ausweisen, das Tor dazu war die Wissenschaft, wo Erkennen mit Messen gleichgesetzt wurde. Mit dem Zeitalter der Aufklärung hatte diese Bewegung begonnen. Parallel zu dieser Entwicklung verlief auch eine allgemeine Ächtung der Dialekte und Mundarten, als Sprache war eine einzige – die Sprache der Bürger – vorgesehen. Diese Entwicklung ließe sich bis heute in den Bemühungen der Europäischen Union weiter verfolgen.

Die in Kochrezepten angeführten und vom Menschen abgeleiteten Einheiten und Größen zeugen von einer großen Vielfalt. Wir finden als Raum- oder Hohlmaße „eine handvoll", „faustgroß",

„eine Männerhandvoll", „eine gauffe" (beide Hände voll), „einen Gipfel" (eine Hand voll), soviel man zwischen zwei Fingern, drei Fingern oder mit der ganzen Hand fassen kann oder auch soviel wie ein erwachsener Mann als ausreichende Tagesration zugeteilt bekam. Die faustgroße Ration Getreide bestimmte ursprünglich den Metzen. Wenn ein Feld so groß war, daß man 2000 Handvoll Reis darauf säen konnte, wurde die „handvoll" zum Flächenmaß.[79] Gewichts- oder Schweremaße finden wir in Angaben wie „das Stampfen von Trauben durch noch nicht mannbare Knaben", „das durch ein Sieb passieren mit der Kraft der Hand" oder wie Chiquart schreibt, „… um die Mischung kräftig und energisch zu rühren, solltest du zwei gute und kräftige Helfer haben, …"[80]. Als oft genannte Längenmaße waren „fingerlang", „fingerbreit" und „handbreit", die „zwerchen Finger", die „Spannen" und die „Ellen", „so dick wie ein Arm", die „Daumenbreite", die „Nagelgröße" et cetera in Verwendung. Beim Einsatz dieser vom individuellen Menschen ausgehenden Maße ist eine Proportionierung zur Körpergröße und damit auch zum Nahrungsbedarf gegeben. In den Luxus-Gesetzen der Neuzeit war in der Republik Venedig die Überwachung der Tischsitten einem eigenen Aufsichtsbeamten anvertraut. Ein Dekret aus dem Jahre 1562 forderte dazu auf, daß man „zu jedwedem Fleischgericht nicht mehr als eine Handvoll Braten und eine voll Gesottenes geben soll, worin nicht mehr als drei Sorten Fleisch sein sollen oder Hühner".[81]

Zeitangaben orientieren sich gerne am Resultat der menschlichen Leistung. In einem Metrezept läßt man z. B. den Met solange sieden, als man in etwa braucht, um einen Acker hinunter und wieder zurück zu gehen, „… und siede denne die selben wirtz gein eine acker lanc hin und wider"[82], oder, wie es in einem Klosterkochbuch heißt: „… laß solange kochen wie es braucht, um in die Kapelle zu gehen und vier Ave Maria zu beten."[83]. Dies waren zeitliche Abläufe, die sozusagen in Fleisch und Blut übergegangen waren und somit unmittelbar auf andere Tätigkeiten übertragen werden konnten.

Der Mensch bestimmt mit seinem Hunger und Appetit auch die Größe der Portionen, die den Umständen angemessen bescheidener oder umfangreicher ausfallen. Auch die Gier des Essers kann sich hier ausdrücken. Rumpolt erklärt im Rezept für die Schlickkrapfen „… und schaw/ daß es gar lind gesaltzen sey/ denn ein solche Speiß muß lindt gesaltzen seyn/ darumb heißt man sie Schlickkrapffen/ daß man sie schlingen kann."[84]

Das griechische Trocken- oder Kornmaß „choenix" galt als das gewöhnliche Maß einer Tagesration, bemessen für einen erwachsenen Menschen. Für herzhafte Esser oder gar Vielfraße, Athenaeus erwähnt neben Herakles und Odysseus auch die Sportler, die anständig zugelangt haben, ebenso ist die Rede von vielfräßigen Frauen, die geradezu Unmengen von Speisen verschlungen haben sollen[85], war eine entsprechende Anpassung wohl selbstverständlich. Auch die Thessalier standen im Ruf, gute Esser zu sein, und wenn von einem „thessalischen" Bissen die Rede war, so verstand man darunter einen entsprechend großen Brocken.[86]

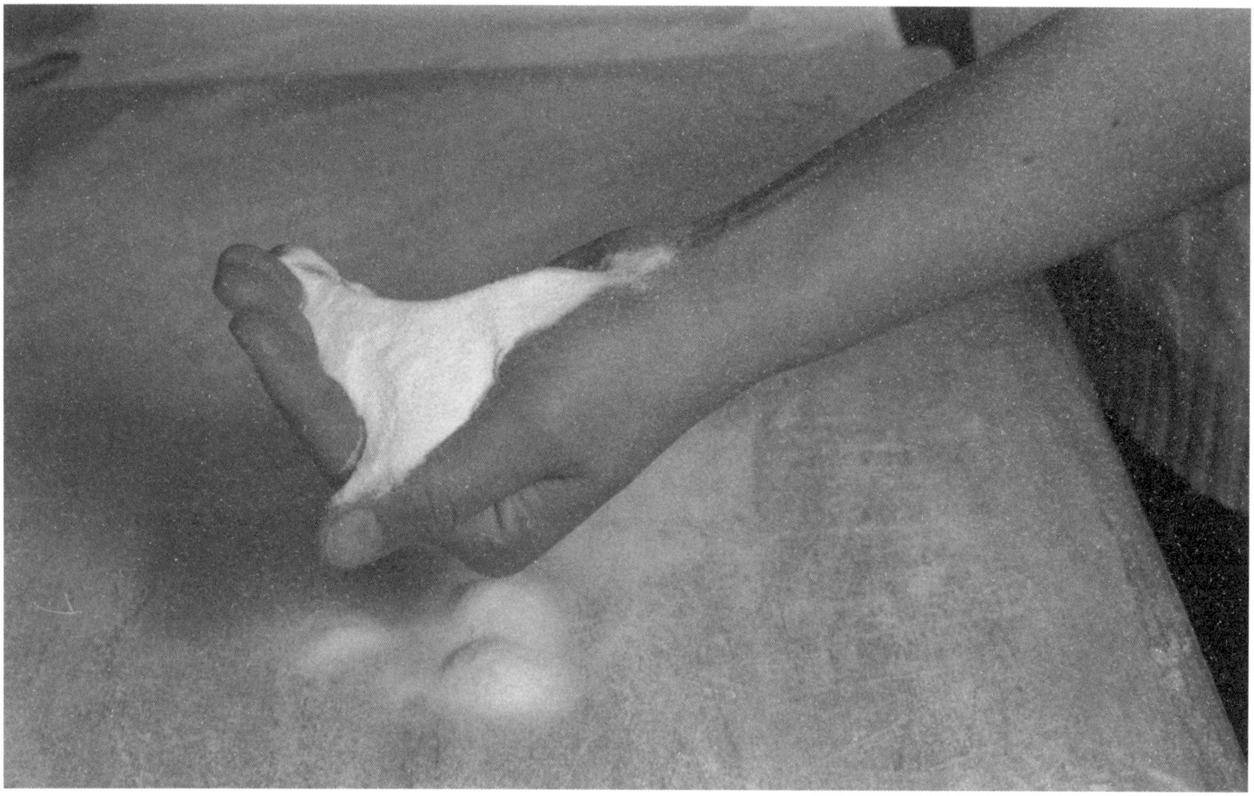

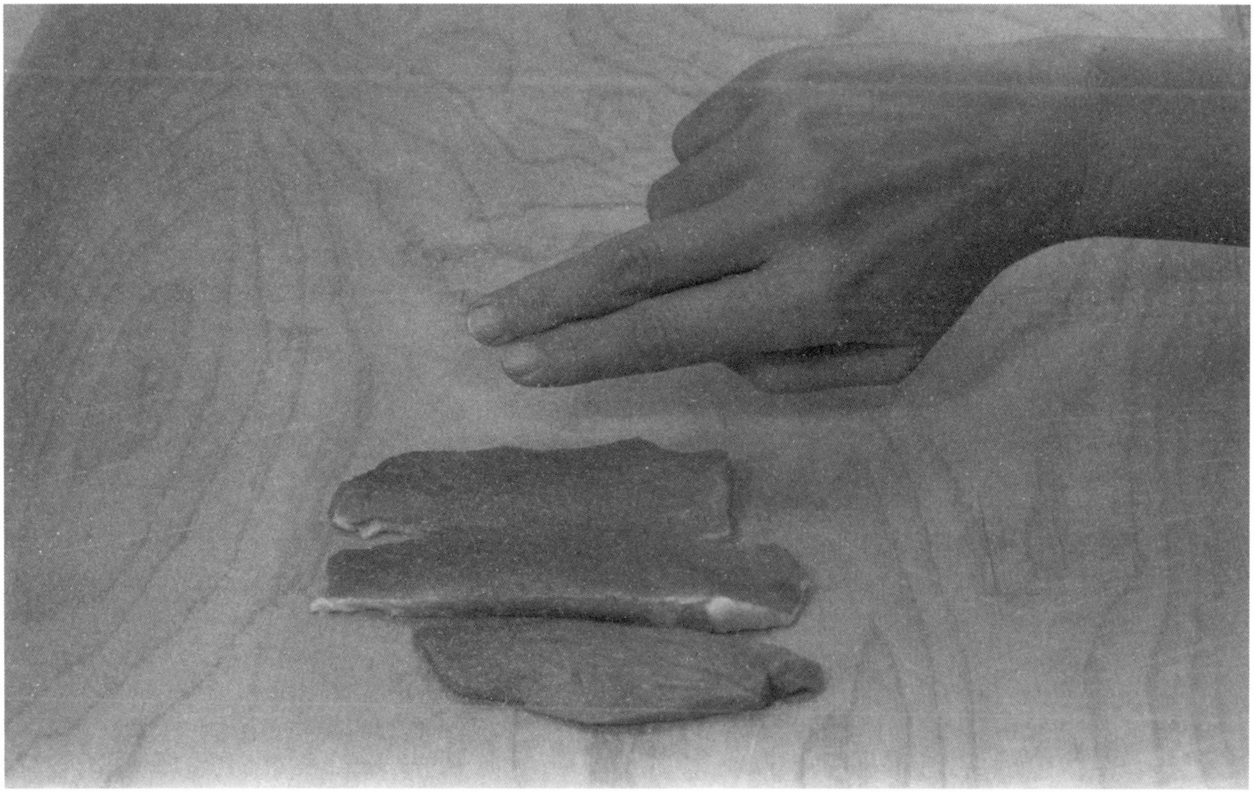

3. DIE KÖRPERSPRACHE UND GESTIK

Gestik und Rhythmik fließen über die Körpersprache beim schnellen oder langsamen Rühren, Schlagen und Stoßen, dem gleichmäßigen, litaneihaften Sprechen von Gebeten und dem waltenden Takt an sich in eine Speise ein. Rumohr schreibt: „Die Kunst, die Fische gut, das heißt vollkommen gar, doch nicht auseinander zu kochen, beruht daher auf einer Feinheit des Taktes, der dem Koch schon zur anderen Natur werden muß, wie dem Holländer oder jenen neapolitanischen Fischern, die Winters an die toskanische Küste zu kommen pflegen."[87] Baron von Vaerst schreibt in seiner 54 Seiten langen Abhandlung über den Salat: „Die große chemische Frage: ob Salat als Edukt oder Produkt zu betrachten sei, kann niemandem, dem wahre Humanität – wozu das Salatessen, wie schon gesagt, gehört – am Herzen liegt, gleichgültig sein; denn die Ordnung, in welcher die einzelnen Elemente zueinander gemischt werden, hängt mit der Entscheidung dieser Frage höchst wesentlich zusammen. Wie aber die Kunst der Wissenschaft allenthalben davonläuft: so wird auch ein wirklicher Salatkünstler verschmähen, sich bei der Chemie Rat zu holen; der Takt ist hier, wie so oft im Leben, alles."[88] Der zeitgenössische italienische Koch Antonio Cariuccio kocht am liebsten zu Musik von Rossini, und wenn man ihm beim Kochen zusieht, so scheinen alle Bewegungen und Abläufe rhythmisch strukturiert. Norbert Schneider weist in seiner „Kunst des Teilens" auf die Unterscheidung der in der Umgangssprache wenig geschärften Begriffe „Takt" und „Rhythmik" hin. „Der normative Aspekt von ‚Rhythmus' ist im neueren (vor allem umgangssprachlichen) Gebrauch stark verdrängt worden. Man bezeichnet oft alles, was irgendwie zeitlich verläuft, als ‚rhythmisch'. (…) In der älteren Bedeutung war der normative Aspekt immer wesenhaft vorhanden. (…) Rhythmus – das gilt es noch einmal festzuhalten – ist zum einen ein Fließen und Strömen, es ist zum anderen aber auch Ordnung, Struktur, Norm, Gestalt. (…) Das Normative des Rhythmus darf allerdings nie mit dem Abstrakt-Gesetzmäßigen des Taktes verwechselt werden. (…) Takt ist menschliche Geistesleistung, die auf Messen und Abstraktion beruht, demgegenüber der Rhythmus die zeitliche Erscheinung einer Regel bei konkreten Natur- und Lebensvorgängen ist."[89]

Rhythmik kann als der Moment des Einschnitts, der Markierung bezeichnet werden, was bei jedem Menschen anders ausfallen wird, so wie der Herzschlag eines jeden Menschen verschieden ist. Der Takt kann nach Ludwig Klages als eine Wiederkehr des Gleichen mit der Tonart in der Musik verglichen werden: „Der Takt wiederholt, der Rhythmus erneuert. (…) Mit der Verwechslung von Rhythmus und Takt beurkundet sich nur auf eine Weise aus tausend Weisen die uralte Verwechslung von Leben und Geist."[90]

Die Gestik fließt über die Bewegungen der Hand ein und formt den Rhythmus. Alte Rezepte, in nahezu allen Werken ließen sich zahlreiche Beispiele finden, zeugen von der steten Aufmerksamkeit, die man dem sorgfältigen, beschwingten und beherzten Umgang mit den Materialien während des Kochens schenkte. „Wenn die Handlung mit vieler Aufmerksamkeit und nicht, wie in den meisten Küchen geschieht, mit gedankenloser Fertigkeit vorgenommen wird, so inkrustiert sich jedes einzelne Stück ganz ebenmäßig mit einem Überzug, …"[91] Für eine Schweineleber am Spieß gebraten empfiehlt wiederum Rumohr: „Dann dreht man sie bei raschem Feuer lustig herum und trägt sie auf, wenn sie wohl gebraten sind."[92] Im Würzburger Kochbuch findet sich ein Rezept, in dem es heißt: „slahe den teyc dor uf mit eime swanke",[93] was nach Lexer „mit einem Schwung" bedeutet.[94] Rumpolt: „Und wenn du ein solche Brüh wilt machen /so mußt du geschwindt und hurtig seyn."[95] Zenker macht bezüglich der Gestik detaillierte Angaben in einem Rezept für eine Einbrenn. Bei der Zugabe der Flüssigkeit, die kochend und nur nach und nach der Mehlschwitze beigemengt wird, ergänzt er: „Das schnelle Rühren bezweckt das genaue Vermengen derselben mit dem Wasser."[96] Im Nürnberger Kochbuch, 1691, finden wir in einem Rezept für „Bauern-Knötlein" den Hinweis: „man muß aber den Hafen bey dem Feuer je zu weilen herum rucken / damit sich die Knötlein nicht anlegen;"[97]. Will man beim Wiener Schnitzel eine gleichmäßige Färbung und ein Aufgehen der Panier erreichen, so ist das Schütteln der Pfanne während des Backen unerläßlich. „Während des Backens die Pfanne wiederholt schütteln, damit das heiße Fett auch über die obere Seite der Schnitzel hinwegspült und die Panier aufgeht (souffliert, wie es der Fachmann nennt). Die Panier muß an einigen Stellen hochgehen und darf nicht am Fleisch kleben. Sie souffliert vor allem durch das Schütteln der Pfanne während des Backens. Zwischen Panier und Fleisch muß man ein Messer schieben können."[98] Athenaeus zitiert Herodot, der von einem Salzfisch berichtet: „… die über dem Feuer liegenden Stücke eines Salzfisches begannen sich zu krümmen, zu zittern und zu beben."[99] Und bei Chiquart: „Dann mengst du deine Gewürze zu deinem Fisch, ständig und lebhaft rührend, an allen Stellen der Pfanne …"[100] Der Hochfürstliche Saltzburgische Stadt- und Landschaftskoch Conrad Hagger fordert für das Rühren eines Mandelteiges: „… / und laß disen Taig durch ein eigen Mensch / wenigst ein Stund lang / allzeit auf einer Seiten wohl umrühren / …"[101]

Oft wird der gestische Part einzig über das Verb ausgedrückt. Ob ein Teig gerührt, geknetet, geschlagen oder gewirkt wird, ist eine Frage der Gestik und für die Qualität des gewünschten Teiges maßgebend.[102]

Die Gestik könnte als der intuitive, das Proportionieren als der intellektuelle Part der Form gesehen werden.

di grano
duro

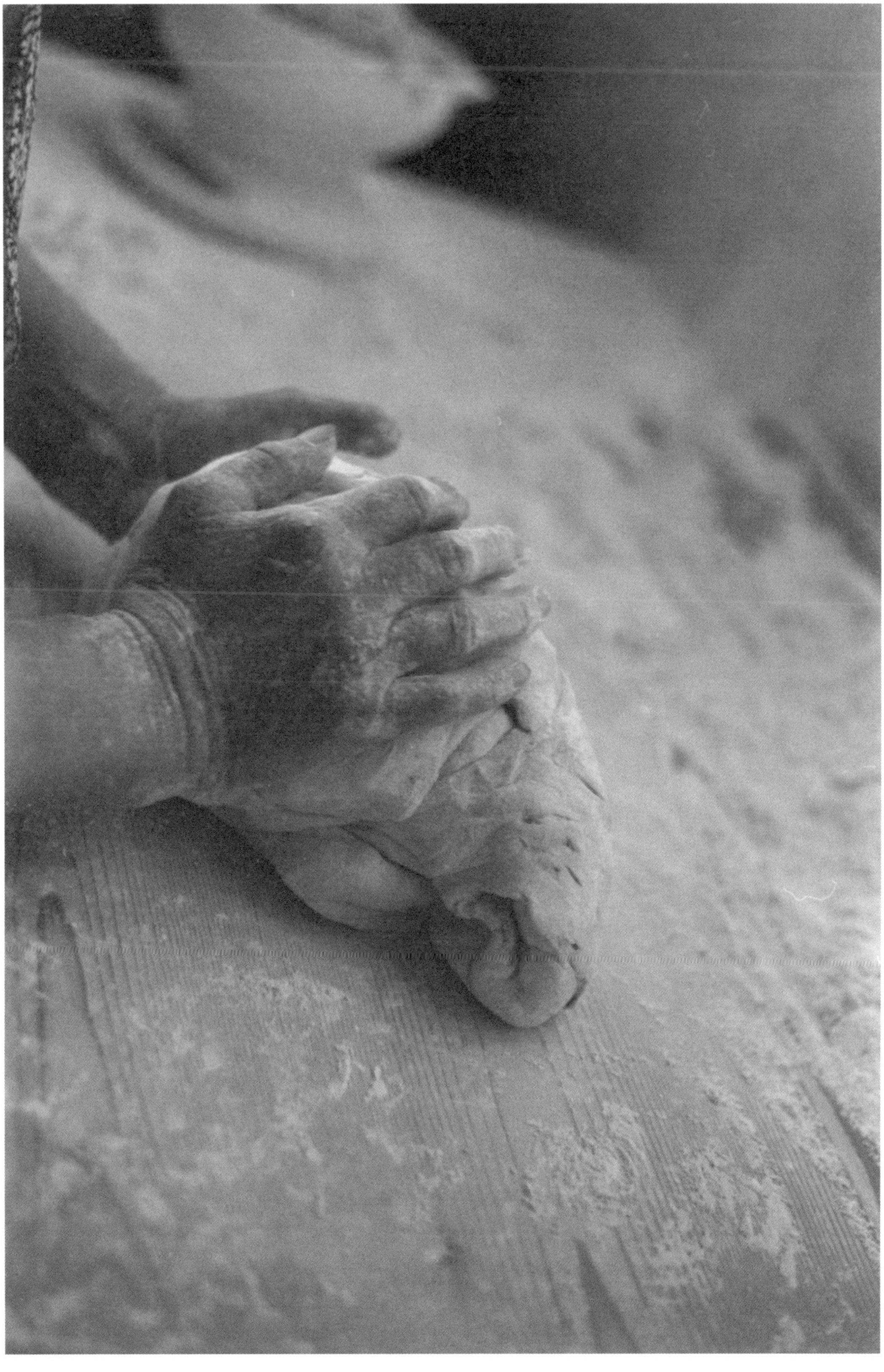

4. DER KÖRPER ALS BENENNUNGSVORBILD EINER SPEISE

In der alten Welt zeugen die nach den Göttern Zeus, Athene und Artemis benannten Brote von der Verbindung mit den Göttern während der in einer Opferhandlung stattfindenden sakralen Essen. Im Christentum ist die Begegnung mit Gott über den Akt der Nahrungsaufnahme von zentraler Bedeutung, die Verkörperung des Geistes Gottes im gemeinsamen Brechen des Brotes, dem Leib Christi, und dem Trinken des Weines als das Blut Christi in der urchristlichen Abendmahlfeier vorgegeben. Konkrete Verweise auf die Gestalt Christi in Kochrezepten finden wir in der mittelalterlichen Küche, wo das sogenannte „Manus Christi" mit Marzipan (sowohl farblich als auch mit dem bei der Herstellung zum handlangen Faden eingekochten Zuckergrad) in Verbindung gebracht wird oder die „Hergatt" mit den Oblaten oder Hostien im Kochbuch der Philippine Welser.[103] Speziell in der Klosterküche sind auf Christus und andere biblische Gestalten bezogene Benennungen beispielhaft. So ist das als Suppeneinlage bekannte Engelshaar (capelli d'angelo) an Feinheit vermutlich nur mehr von den nach der Friedensmuttergottes benannten „Taglioglini della madonna della pace"[104] zu übertreffen.

Der menschliche Körper ist als Benennungsvorbild für Speisen – wie für den Bau und seine Teile in der Architektur – in mehrfacher Weise relevant. „Da in der mythischen Anschauung das Wesen jedes Dinges in seinem Namen beschlossen liegt, Wort und Sache nicht voneinander zu trennen sind, nehmen Formen und Bezeichnungen der einzelnen Teile des menschlichen Körpers bei der gestaltenden Erschließung der Welt (wozu *auch* das Kochen gehört) einen besonderen Rang ein."[105] Bau-Körper, Säulen-Fuß, Querhaus-Arm, Chor-Haupt, Gewölbe-Scheitel, Front sind vertraute Begriffe aus dem architektonischen Schaffen. Die Studien für einen Kirchengrundriß vom Renaissance-Architekten FRANCESCO DI GIORGIO MARTINI (1439 – 1501) zeigen die unmittelbare Übertragung der menschlichen Gestalt auf den architektonischen Entwurf.[106] Auch in den römischen Lehrbüchern über den Landbau stoßen wir auf eine anthropomorphisierende Ausdrucksweise, hier sind Teile der Bäume und Weinstöcke nach den Gliedern des menschlichen Körpers – Augen, Haupt, Arme, Fuß – benannt. In den Rezepten herrscht eine große Vielfalt, wir finden den ursprünglich auf die Matrix bezogenen Kuchen (hergeleitet vom Mutterkuchen), die Brüste, den Laib, den Zopf, das Handbrot, die Handsemmel, die Knabensemmel, die Gold-Hand, die Fingernudeln, die Zungen, Bäuche und Ohren – sehr vielfältig sind hier die Namen bei den Teigwaren –, weiters die Knoblauchzehen, ein Kopf oder Häupl (von Haupt) Salat, Kraut, Kohl, Zwiebel u. a. m. Für die Benennung bestimmend ist entweder die gegebene Ähnlichkeit mit dem menschlichen Körperteil oder dessen charakteristischer Anteil in der Herstellung. Im Bregenzerwald (Vorarlberg) gab es früher eine Bäckerei, die man „Ault wibarknüe" (Altweiberknie) bezeichnete. „Ihre Herstellungsart bestand darin, daß eine gedörrte Zwetschke oder ähnliches in den Teig getaucht und herausgebacken wurde; diese Küchlein wurden wieder eingetaucht und von neuem gebacken. Wenn dieser Vorgang 2–3 mal wiederholt wird, entstehen größere knorrige Gebilde, die in derber Weise mit den Knien alter Weiber verglichen werden."[107] Hier wird jedoch eine Tabuzone des Menschen berührt, die solche Ausdrücke lieber meidet.[108] So zieht der Mensch das Tier oder die Pflanze als Benennungsvorbild grundsätzlich vor und versieht die dem Menschen analogen Körperteile mit eigenen Namen. So heißt die Kalbskeule nicht Mädchenschenkel, der Schinken nicht Gesäßmuskel, das Schweineschmalz nicht Nierentalg und das Eingeweide wird zu Würsten. Daß sich diese Trennung im Mittelalter noch nicht so genau vollzogen hatte, belegt das Rezept Nr. 42 im Würzburger Kochbuch, wo es heißt: „Nim ein gans die niht alt si nim vz daz gekröse snit abe die flugele vnd die diech…"[109]. Im betreffenden Glossar weist Hayer nach Lexer „diech" als Oberschenkel an Menschen und Tieren aus.[110]

Aber auch im Zusammenhang mit Tierbezeichnungen stoßen wir auf Tabus, oft ist deren Herleitung gar nicht mehr bekannt. So sind

die in Vorarlberger Mundart geläufigen „Zitzele“, zu hochdeutsch Frankfurter Würstchen oder „Wienerle“, mit den dieser Wurstform ähnlichen Zitzen (Euter) einer Kuh zu vergleichen und haben wohl ursprünglich diesen Namen bestimmt.[111]
Mit den Rätseln der Nahrungstabus hat sich der Ethnologe Marvin Harris beschäftigt. Nach ihm sind es keineswegs religiöse Tabus, Mythen oder schlichte Gewohnheiten, die menschliche Ernährungsgewohnheiten entstehen ließen, sondern einfache biologische, ökologische, ökonomische und politische Fakten.[112]

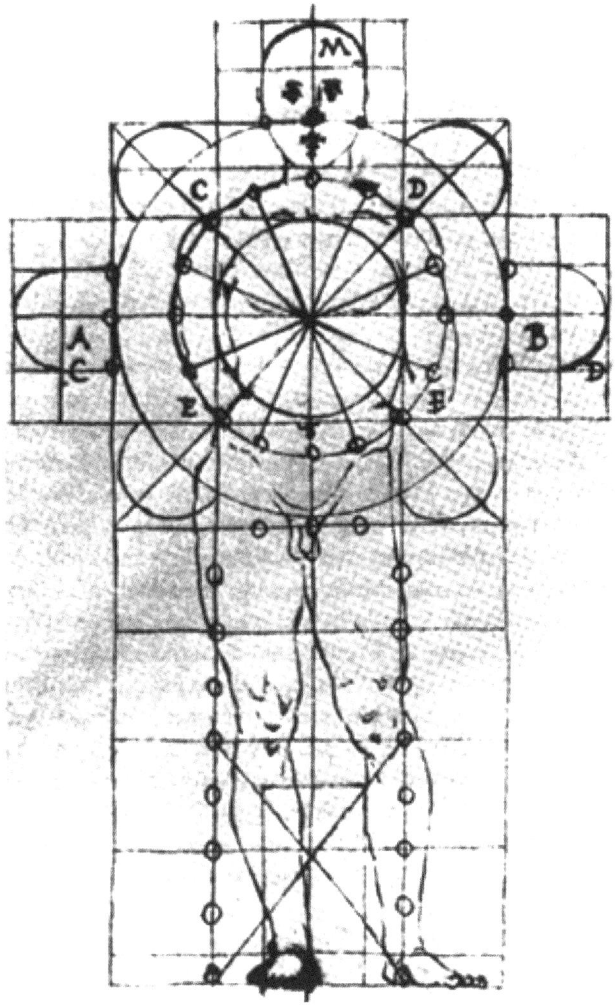

Francesco di Giorgio Martini: Kirchengrundriß nach dem Maß des Menschen

5. DER INTELLEKT

5.1 Die Zahl

„Im elementaren Bestreben des Menschen, die Beziehungen zwischen sich und der ihn umgebenden Welt, zwischen Geist und Materie ordnend zu begreifen, nimmt das quantitative Denken einen hervorragenden Rang ein."[113] Heute wird die Zahl beim Erfassen von Wirklichkeiten meist auf ihren quantitativen Aspekt reduziert, wo im älteren Wissen noch der qualitative Aspekt dominierte. Bei der Entstehung von Zahlwörtern standen diese ursprünglich in einer erkennbaren Beziehung zu einem konkreten Ding und verkörperten somit einen hinter der Zahl stehenden Sinn. Diese Zusammenhänge sind heute meist nicht mehr bekannt. So bezeichnete beispielsweise die 5 die Hand oder stand die 20 für den ganzen Menschen mit seinen Fingern und Zehen.[114] Die griechische Definition der Zahl umfaßte lediglich die sogenannten natürlichen, d. h., die positiven ganzen Zahlen. Brüche, negative und irrationale Zahlen waren danach keine Zahlen. Erst die Lehre von den Proportionen trägt dieser Erkenntnis Rechnung. Noch bei Platon (427 – 347 v. Chr.) war die Zahl aus der Teilung einer Ganzheit[115] entwickelt und mit sehr konkreten Qualitäten bedacht. Die Beschränkung auf den quantitativen Aspekt, die Entwicklung der Zahl aus zusammengesetzten Einzelteilen, um vor allem Mengen und Größen anzugeben, begann mit Aristoteles (384 – 322 v. Chr.). Eine symbolische Auffassung von Zahlen aber spielte noch weiterhin eine Rolle, vor allem im christlichen Mittelalter.

Im Kochen ist die Zahl in den frühesten Aufzeichnungen präsent und auch unter diesem qualitativen Aspekt zu betrachten. Wir stoßen auf sie als Stückzahl, in der Bezeichnung eines Gewichts, in Konservierungsvorschriften bei Zeitangaben, überwiegend aber in der Festlegung von Verhältnissen. Dabei verkörperten Zahlen meist Wertvorstellungen, d. h., daß genau bestimmte Größenbegriffe mit einer Zahl identisch waren. Hier aber ist ein Verständnis für die richtigen oder rechten Verhältnisse, richtig im Sinne von recht nach göttlicher Gerechtigkeit, wenn es die „rechte" oder „richtige" Zahl enthielt, vorrangig. Diese Wahrheit konnte auch ohne Nennung der Zahl in einem Verb enthalten sein. So bedeutete einen Wein zu tritonisieren[116], diesen – analog zur Wahrheit – in ein Verhältnis 1 : 3 (Wein : Wasser) mit Wasser zu bringen. Ohne diese Kenntnis aber läßt sich ein Verhältnis nur zahlenmäßig ausdrücken und das Verhältnis ist gleichbedeutend mit der Zahl, die diesen Verhältniswert verkörpert.[117] Die in alten Rezepten bevorzugten Verhältnisse spiegeln häufig die in der Musik eine Oktave, Terz, Quarte oder Quinte bildenden Verhältnisse wider. „Ich mische nach höherem Zusammenklang; einiges hat Gemeinsamkeit nach der Quarte, anderes nach der Quinte oder nach der Oktave"[118], spricht der Koch in einer Komödie des DAMOXENOS, einem Schüler Epikurs. Es lassen sich demnach Gerichte auch musikalisch beschreiben und die häufig in Rezepten anzutreffenden Zahlen 1, 2, 3 und 4, eingesetzt in Zahlenproportionen, als ästhetische Absicht interpretieren. Dennoch dürfte die einfache Merkbarkeit solcher Verhältnisse neben ihrer qualitativen Größe in der praktischen Umsetzung maßgebend sein. Eine im Kochen für Mengen oder Zeiten gewählte Zahl, die auch eine symbolische oder mythische Komponente enthält, ist in ihrer Funktion zweifellos vorher überprüft und gewährleistet. Würde eine Teigmasse im Verhältnis einer Oktave nicht zusammenhalten oder nicht schmecken, so erübrigte sich der symbolische Bezug. Die für die Praxis des Teilens wesentliche Komponente, nämlich eine Verdoppelung, Halbierung, Viertelung oder Drittelung von Bestandteilen auch ohne Meßgeräte mit beachtlicher Präzision durchzuführen, steht im Vordergrund.

Die uns bekannten Zählmaße Dutzend, Mandel, Stiege, Schock und Gros sind bestimmte Größen, die eine Zahl darstellen.[119] In den Rezepten stellen die in Gebinden oder Verpackungseinheiten angebotenen Waren für die Ausgangsmenge nach wie vor eine Grundgröße dar.

Das Abzählen nach Fingern und vermutlich auch nach den Zehen führte zu den verschiedenen Systemen der Unterteilungen in Dezimalsystem und Vigesimalsystem, das häufig verwendete

Duodezimalsystem baut auf der Zwölf auf. Es hat den Vorteil, zweimal durch zwei teilbar zu sein, aber auch durch drei. Das System einer Zusammenstellung nach sechzehn ist viermal durch zwei teilbar, dafür nicht durch drei. Die drei auf 12, 16, und 20 aufbauenden Systeme erlauben eine Viertelung, ohne sich der Bruchzahlen bedienen zu müssen. Die wichtigsten Zahlen für eine Unterteilung im Nahrungsmittelbereich waren die Vier (Viertel, Vierling, quart, quarto, quarteron), die Sechs (sextarius, sester, sétier, Ster, staro, staijo), die Acht (huitain, oytan), die Zwölf (dozan) und die Sechzehn (seizain).[120] Auch die sich im Umlauf befindenden Gewichtssätze bauten auf diesen Zahlen auf. Bei Tischordnungen werden diese Zahlen ebenso als bevorzugte Richtwerte eingesetzt. Barbara Hikmann schreibt im Abschnitt über die Anordnung der Tafeln: „Man theilt sie auf 8, 12, 16 und 24 Personen, und nach dieser rechnet man seine Ordnungen."[121] Die dichotomische Unterteilung stellte für den Menschen insofern eine wichtige Sache dar, als die Zusammenstellung bis Zehn nur für denjenigen perfekt war, der die Prinzipien der Multiplikation und Division mit Hilfe der Verschiebung des Kommas kannte. Noch am Beginn des 19. Jahrhunderts beherrschte nur ein geringer Teil der europäischen Bevölkerung dieses System. Belegt ist diese Situation bestens von der Kommission für Gewichte und Maße der zisalpinen Republik, welche die bei der Einführung des metrischen Systems auftretenden Schwierigkeiten in einem Brief mit verbittertem Unterton festhält: „… jedes Kind, jeder ungebildete Schneider wissen, wieviel ein halbes Viertel von der Elle ist; aber man kann 100 : 1 wetten, daß viele Berufsbuchhalter nicht imstande seien, uns zu sagen, daß ein halbes Viertel der Elle 125 Tausendstel entspricht."[122] Daß dieses zweigeteilte System einer Unterteilung ein weit verbreitetes Phänomen gewesen sein muß, belegen auch die Angaben in den Kochrezepten. Noch bei Zenker finden sich zahlreiche Angaben dieser Art; so z. B. für ein eingemachtes Kalbshirn: „Anschließend mit dem Hirn zusammen weich gedämpft. Da aber die Hirn anderthalb Stunden, die Bries hingegen nur anderthalb viertel Stunden zu ihrem Garkochen brauchen. …"[123] Noch heute sind diese Halbierungen gebräuchlich. Die Zahl war verbindende Komponente von Maß und Gewicht, ohne deren Vorhandensein Maß und Gewicht nicht „gerecht" sein konnten.[124] Ohne eine Maßzahl ist eine Maßeinheit nicht zu finden. In der Regel stellen die Maßzahlen einfache Vielfache oder Teiler der Maßeinheit dar. Die absolute Größe der Maßeinheit ist im Kochen letzten Endes nie zu ermitteln, da der Zusammenhang zwischen der Idee im Rezept und der Ausführung nicht mehr nachgemessen werden kann. Eine Abweichung von der Utopie ist in der Praxis stets gegeben, wenn man von einer Anpassung an Gegebenheiten ausgeht. Neben den formalästhetischen oder technisch-konstruktiven Kriterien einer Maßzahl gilt es eben, die Bedeutung einer Zahl per se zu erfassen. Die Ausstrahlung der Zahl, das Geheimnis ihrer Wirkung beeindruckte die Menschen seit Urzeiten. In den Arzneiküchen mit ihren Rezepten stoßen wir auf die Zahl als Heilszahl. Die Zahl 9 ist als Potenzierung der göttlichen Trinität zu sehen und war als indogermanische Heilszahl von Bedeutung. Im Arzneibuch ist sie vor allem in Rezepten für Frauen- und Kinderkrankheiten, ganz besonders aber bei der Geburtshilfe zu finden. Nach Schneider, der eine lange Reihe von Interpretationen anführt, hat sich die Neun im Unterbewußten des Menschen als das Seiende strukturiert.[125]

Cato gibt in einem Rezept eine Arznei für Rinder bekannt, die wie ein Zaubermittel klingt.[126] Er führt insgesamt 12 Bestandteile an, davon steht jeder Teil mit der Zahl 3 in Verbindung. Dieser magische Aspekt einer Zahl wird zudem über die Verabreichung dieser Medizin, dreimal an drei Tagen, bekräftigt „Der Archetyp der Totalität, der durch die Zwölf verkörpert wird, beruht vor allem auf der Verbindung 3 mal 4 = 12, in welcher die ‚Drei' (der Geist) und die ‚Vier' (das Körperlich-Physische) aufgehoben sind. Die Diskrepanz zwischen der abstrakt-geistigen Drei und der konkret-materiellen Vier charakterisiert das gesamte abendländische Denken …"[127] Die symbolisch stark behaftete Zahl Zwölf steht in der Praxis einerseits in Beziehung zur häufig mit 12 gerechneten Anzahl von Personen zu Tisch, welche ihrerseits bereits im letzten Abendmahl – eine Tischgesellschaft von 12 Personen – angelegt war. So kann im Rezept bei einer Menge von 12 Eiern, 12 Loth

Butter, bei Zenker bevorzugte Mengenangaben, ohne weiteres auf eine Tischgemeinschaft von 12 Personen geschlossen werden, da beim Kochen häufig ein Ei pro Person oder 1 Loth Butter pro Person einen Richtwert darstellt. Deutlich wird dieser Bezug in all jenen Rezepten, in denen zu Beginn der Hinweis „für 12 Personen" gemacht wird. Auch die Anzahl der servierten Gerichte kann in einen symbolischen Bezug gebracht werden. So ist es in Polen heute noch üblich, am Weihnachtsabend 12 verschiedene Gerichte aufzutragen, was als Hinweis auf die Zahl der Apostel gedeutet wird.

Die Zahl 40 ist immer wieder anzutreffen; bei einem Pfirsichlikör werden 40 Pfirsichkerne genommen (Kloster Jesi), bei Ostergerichten taucht ebenso oft die 40 oder die 12 auf. Die 7 ist in der christlichen Zahlensymbolik eine heilige Zahl, deren Bedeutung auf ihrer Zusammensetzung von 3 + 4, dem Ewigen und Irdischen, beruht. Bei Athenaeus soll der Tintenfisch zweimal sieben (also 14 Mal) geschlagen werden, da er dadurch mürber werde.[128] Auffallend oft taucht die 7 in Verbindung mit Zeitangaben, speziell bei Konservierungsvorschriften auf. Mein von der Schwiegermutter übernommenes Einmachrezept für Senfgurken soll 7 verschiedene Gewürze enthalten, die Grie Soß[129] – seit Jahrhunderten in der Frankfurter Gegend als Frühlings- und Sommergericht verbreitet – ist mit mindestens 7 Kräutern zuzubereiten (Petersilie, Schnittlauch, Kresse, Dill, Sauerampfer, Pimpinelle, Kerbel u. a.). Sie wird von Schneider auch als eine Art „Zeitzahl" ausgewiesen, da die Woche 7 Tage dauert, die menschlichen Entwicklungsphasen 7 Jahre umfassen, die Tonleiter in der Musik 7 Schritte umfaßt, die Stufen zu den Pyramiden 7 waren, 7 Himmelssphären zu durchstoßen sind und siebenhaft auch die embryonalen Entwicklungsphasen strukturiert sind. „Die Sieben vollendet Entwicklungen und leitet in einer dem Menschen nicht mehr zugänglichen Weise in Ganzheiten über."[130] Ihr Vorkommen bei Konservierungsprozessen ließe sich so gesehen als Abschluß einer Entwicklung interpretieren.

Wie schon oben beim Zählmaß erwähnt, ist die Anzahl verwendeter Zutaten, wenn abzählbar, häufig nach dem Gebinde bestimmt. Die gebräuchlichen Eierständer waren für 12 und 48 Eier gefertigt[131], Bohnen und Austern wurden in Gebinden zu 100 Stück verkauft, was sich in den Rezepten niederschlägt. Gebräuchlich war auch ein großes Hundert, welches 120 Stück enthielt. Beim Einkauf auf dem Markt nach Dutzenden oder Stückzahlen wurde die Qualität meist in Form einer Draufgabe mit berücksichtigt. So erhielt man für ein Dutzend Fische, im Falle daß diese eher klein waren, sicherlich 13 oder 14 Stück. Preisschwankungen beim Brot wurden nicht über den Preis ausgeglichen, sondern über das Gewicht. Mit derartigen Maßnahmen sind wir auch heute noch konfrontiert, wenn bspw. in einem Gasthaus die Portionen bei gleichbleibendem Preis immer kleiner werden. In der heutigen Gourmetküche finden die teuren Zutaten einen Ausgleich im Auftragen von kleinsten Häppchen.

Zahlen werden aber oft dort genannt, wo leicht zählbare Zutaten wie Eier (bei de Lune stets die Champignons) enthalten sind. Gezählt wird nur, was in Stücken abzählbar ist, wobei diese dann oft die Grundgröße zu nicht definierten Mengen, in Beziehung zur genannten Zahl der Esser, darstellen.

5.2 Modul und Raster

Als Hilfen zur Erzielung guter Proportionen dienen Modul- oder Rastersysteme. Der geübte Koch eignet sich ebenso wie der Maler oder Architekt einen bestimmten Schatz an Formen und Größen an, mit deren Hilfe er rasch und sicher einen Entwurf seiner Idee realisieren kann. Dieses Gerüst wird dann unter Zuhilfenahme olfaktorischer und geschmacklicher Erinnerungen und Vorstellungen abgeändert und angepaßt, bis es übereinstimmt. Bei der Gestaltung im Kochen findet sich ein strenger Raster nur bedingt als Regulativ eingesetzt. Rastersysteme mit einer variablen Einheit sind in der Praxis die Regel.

5.2.1 Die Person

In der Küche bildet die an einem Mahl teilnehmende Person das Grundmaß im Verhältnis zur Gesamtzahl der Tischgemeinschaft. Jede Hausfrau richtet sich bei der Auswahl der Mengen nach der Größe ihrer Familie oder bei speziellen Anlässen nach der Zahl der geladenen Gäste. Dabei nimmt sie im Rahmen ihrer Möglichkeiten zweifellos auch auf Geschlecht, Alter und Rang der Personen Rücksicht. Neuere Rezepte sind entsprechend der Familiengrößen für 4 bis 6 Personen berechnet, entsprechend der immer kleiner werdenden Haushalte existieren schon die ersten Kochbücher für „Singles" mit Rezepten für 1 Person.[132]

In vielen Rezepten läßt sich von der Anzahl der Eier, der Löffel, einer Handvoll oder einer Tasse Mehl, Reis oder Brösel auch auf die Anzahl der Esser schließen. So sind in der Familie überlieferte Rezepte meist auf diesem System von Tassen und sehr vollen bis halbvollen Händen aufgebaut. Alice Vollenweider macht ihren Risotto mit einer Handvoll Reis/Person. Erwartet sie Männer zu Tisch, so nimmt sie zwei Hände voll. Peter Kubelka nimmt bei den Vorarlberger Käsespätzle eine Tasse Mehl/Person, ich nehme eine Tasse/Person plus einer Extratasse. Dasselbe gilt für 10 dkg Mehl/Person, was in etwa dem Inhalt einer Tasse entspricht. Bei Spaghetti als Vorspeise gibt Carluccio einen Richtwert von 90 g trockener Pasta/Person an, als Hauptspeise empfiehlt er 100 – 120 g/Person. Diese Werte mögen einen Standard für die Restaurantküche darstellen, in den privaten Haushalten sind die Mengen weniger standardisiert und den Vorlieben und Gewohnheiten der Familienmitglieder angepaßt. Die Kochbuchautorin Barbara Hikmann schreibt in ihrer Vorrede: „Es wird nur erfordert, daß man bey Verfertigung der Speisen sich in allen Stücken genau an die vorgeschriebene Ordnung hält, darauf sehe, ob bey Tisch mehr oder weniger Personen sind, und darnach seine Maaßregeln nimmt."[133]

5.2.2 Die Schüssel

In früheren Aufzeichnungen von Rezepten ist selten die genaue Zahl der Personen genannt. Ausnahmen bilden das „Libro per Cuoco" des Anonimo Veneziano und die Rezeptsammlung aus der Riccardiana, in welchen der Großteil der Rezepte dezidiert für 12 Personen bemessen ist. Maestro Martino nennt einige Rezepte für 10 oder 12 Schalen, was auf eine gleiche Zahl von Personen umgelegt werden kann. Im allgemeinen nehmen Rezepte des 15. und 16. Jahrhunderts keine Rücksicht auf den privaten Haushalt, sondern sind ausschließlich für die Küche des Hofes und der dort abgehaltenen Bankette bestimmt. Dabei war die präzise Zahl der Tafelnden weniger relevant als deren Rang und Stellung bei Hof und Staat. Eine Bezugsgröße für den Koch stellte die Zahl der während eines Ganges oder einer Serie aufzutragenden Schüsseln und Platten dar, über deren Zahl in erster Linie die Anzahl der in einem Gang aufgetragenen Gerichte zum Ausdruck gebracht wird. Ein mittelalterliches hochrangiges Mittags-Bankett in Italien, abgehalten im Frühjahr an einem Fleischtag, bestand bspw. aus 8 Gängen zu jeweils 10 Schüsseln. Das bedeutete, daß pro Gang 10 verschiedene Gerichte oder Speisen gleichzeitig aufgetragen wurden. Je nach Größe und Bedeutung eines Banketts wurden mehr oder weniger Schüsseln von ein und derselben Speise auf den Tafeln verteilt. Die Schüsselgröße bezog sich im Grundraster auf eine Person, stellte jedoch in der Praxis eine schwankende Größe dar. Im allgemeinen schwankte diese Größe zwischen 4 und 6 Personen, konnte aber auch bis zu 8 Personen pro Schüssel umfassen. Stoßen wir in Rezepten auf Formulierungen wie: „je nach Größe der Schüssel", „für eine mittlere Schüssel" (Nürnberger HS: „darunter thue 10 biß in 15 ayr darnach die schißel gros ist, …"), so sind damit diese Richtwerte angesprochen. In deutschen Kochbüchern ist in diesem Zusammenhang auch von „Disch" oder „Tisch" die Rede. Der italienische Autor J. Domenico Romoli, genannt il Panunto, legt in seinem 1560 in Venedig erschienenen Traktat „La singolar dottrina" fest: „Ihr müßt bei einem Festmahl für zwölf hochwürdigste Kardinäle darauf achten, wie schon gesagt, für jeweils vier eine Schüssel, und das von 8 verschiedenen Speisen, aufzutragen; …"[134] Dieses Maß scheint in Italien im 16. und 17. Jahrhundert durchaus üblich zu sein, wie das 80 Jahre später aufgelegte Traktat von Mattia Giegher belegt. In seinem Kapitel „Wie lang und breit der Tisch für eine Schüssel oder mehrere sein soll, und wie viele Personen sich bei einer Schüssel befinden sollen" beschreibt er neben der sich an der Schüssel bemessenden Tischgröße (pro Schüssel 6 Spannen lang und 4 Spannen breit – 1 Spanne bemißt ca. 22–28 cm) auch die für eine Schüssel gedachte Anzahl von Personen: „Auf eine Schüssel rechnet man normalerweise 4 Personen, im Falle von 8 oder auch 10 Personen wird man 2 Schüsseln machen: für 6 Personen genügt ebenso eine Schüssel, man verlängert jedoch den Tisch um 3 Spannen, sollte es sein, daß Ihr 20 Personen seid, so verlangen diese notwendigerweise 3 Schüsseln, die Rede ist von einfachen Schüsseln …"[135] Diese Beschreibung legt nahe, daß bei einer größeren Anzahl von Personen diese mit weniger satt werden mußten, es aber grundsätzlich gilt, die Schüssel, umgelegt auf Personen, als schwankende Größe zu interpretieren. Rang, Stellung und Geschlecht der tafelnden Personen waren mit zu berücksichtigende Faktoren. Diesem Grundsatz war schon im 14. Jahrhundert Rechnung zu tragen. König Peter IV. von Aragon forderte in seinen Ordinacions aus dem Jahre 1344: „Da es beim Bedienen richtig ist, daß einige Personen dem Verhältnis ihres Standes entsprechend mehr als andere geehrt werden, wünschen Wir, daß auf Unserem Teller Platz für die Speisen von acht Personen ist."[136] Essen für sechs sollte auf den Schüsseln der königlichen Prinzen, der Erzbischöfe und Bischöfe sein und Essen für vier auf den der anderen Prälaten und Ritter, die an der Tafel des Königs saßen. Demnach erhielten Prälaten und Ritter die halbe Menge der Könige, die königlichen Prinzen, Erzbischöfe und Bischöfe um ein Viertel weniger. In bäuerlichen Haushalten war es üblich, eine einzige Schüssel für alle aufzutragen, aus der dann gemeinsam mit dem Löffel gegessen wurde. Das Fleisch befand sich in Stücke geschnitten darauf verteilt, deren Größe sich hier sicherlich nach den Möglichkeiten eines Haushalts richtete. Die grundsätzliche Notwendigkeit des Portionierens und Aufteilens wird vom griechischen Philosophen und Aristotelesschüler Dikaiarch mit dem Beginn der

Gefräßigkeit und Schlemmerei bei den archaischen Festgelagen in Verbindung gebracht, sozusagen erst hier war es notwendig, diesbezügliche Überlegungen anzustellen: „Gefräßigkeit und Schamlosigkeit der Stärkeren führten dazu, daß Portionen zugeteilt werden mußten!"[137]

Um 1420 gibt der französische Koch Chiquart in seiner Abhandlung über die Kochkunst, entstanden anläßlich eines mehrtägigen Banketts, die genaue Anzahl der benötigten Haustiere, Wildtiere und Geflügel, Eier, Gewürze und anderer wichtiger Lebensmittel bekannt. Diese Mengen waren den Metzgern und Jägern Wochen zuvor mitzuteilen, damit diese sich darauf einstellen konnten und pünktlich einige Tage vor Festbeginn bereit waren. Hier ein Auszug der geforderten Lebensmittel: „100 fette Ochsen, etwa 130 ebenso fette Schafe, 120 (6 x 20) Schweine, für jeden Festtag 100 kleine Ferkel zum Braten und für andere Zwecke, 60 fette Schweine zum Einsalzen und zum Kochen. Zu diesem Zwecke ist der Metzger gut beraten, einen guten Vorrat von Fleisch anzulegen, so daß er im Falle, daß das Fest länger als beabsichtigt andauern sollte, alles Notwendige sofort zur Verfügung habe. Und wenn dabei auch Fleisch übrigbleiben sollte, wird das keine Rolle spielen, weil nichts vergeudet sein wird. Für jeden Tag des vorhergesagten Festes brauchst du 200 Kitz und Lämmer, 100 Kälber und 2000 Stück Geflügel. Und deine Wildlieferanten sollten voraussehend und gewissenhaft darauf gefaßt sein, 40 Pferde bereitzuhalten, um an verschiedene Orte zu gelangen und Hirsch, Wildhasen, Rebhühner, Phasane, Singvögel (zahllos – soviel sie davon fangen können), Tauben, Kraniche, Reiher, jegliches Wildgeflügel – und alles was sie an Wild sonst noch erbeuten können, zu erlegen. (…) Und für jeden Tag des Festes sollte man mit 6000 Eiern gerüstet sein."[138] Daß angesichts solcher Mengen der Grundraster nicht mehr die Person, sondern das ganze Tier oder Nahrungsmittel darstellte, liegt in der Natur der Sache. Im Vordergrund stand das Repräsentationsbedürfnis des Gastgebers, der im Namen Gottes Reichtum und Vielfalt seines Hofstaates großzügig zur Schau stellte.

Erst die zu Beginn des 19. Jahrhunderts publizierten Kochbücher, die sich mehr und mehr an mittelständische Haushalte wenden, plädieren für eine beschränkte Anzahl servierter Speisen und Gänge, worauf Zenker mit seinem Kochbuch „Nicht mehr als 6 Schüsseln" ausdrücklich im Titel verweist.

5.2.3 Das Ei

Das Ei kann als das Fundament oder die Säule der Küche bezeichnet werden. Insofern ist es nur verständlich, daß ein Ei als Maßeinheit oder Modul in der Praxis Verwendung findet. Neben seinem Einsatz als Größenmesser (eigroß, halbeigroß, dottergroß, hennen- oder enteneigroß) und seiner Aussagekraft hinsichtlich der Anzahl der Personen (Rumpolt: „Nimm 1 Ay oder zehn"), findet die leere Eierschale oder Gugge auch als Hohlmaß Verwendung in der Küche. Im Nürnberger Kochbuch von 1691 wird für Schart-Küchlein „auf einen Tisch acht Eyer" und „so viel Eyerschalen voll Milch dazu" gefordert.[139] Das Verhältnis der Eier zur Milch ist somit stets ein an die Größe der Eier angepaßtes Maß, das Hohlmaß ist mit dem Gewichtsmaß verknüpft.

Beim Gleichschwer- oder Eischwerkuchen ist ein Verfahren angewendet, nach welchem das Ei den Modul bildet und nach seinem Gewicht die restlichen Zutaten bemessen sind: 4 eischwer Zucker, 4 eischwer Mehl und 4 eischwer Butter ergeben den Gleichgewichtskuchen, der beliebig, je nach Größe, mit mehr oder weniger, großen oder kleinen Eiern, zubereitet werden kann. Das Ei stellt somit eine flexible Maßeinheit dar, die auf individuelle Unterschiede Rücksicht nehmen kann. Voraussetzung für diese Art der Messung ist eine Waage. Der älteste Waagentypus einer gleicharmigen Zweischalenwaage findet sich nahezu bei allen Kulturvölkern und ist für diesen Zweck bestens geeignet.[140] Im Bludenzer Kochbuch aus dem Kloster St. Peter heißt es in einem Rezept für „Pischgotten, Priegelkrapfen", „daß man die Vögerl vorhero wögen"[141] solle, womit die klare Forderung nach einer gewünschten Proportionierung zum Ausdruck gebracht wird. „Il cuoco piemontese" beschreibt in einem Rezept für einen Savoyer-Kuchen folgende Vorgangsweise: „Vierzig Eier werden auf die Waage gelegt (eine bilancia), auf den anderen Teil ebensoviel Zucker, nehmt dann den Zucker herunter und wiegt soviel Mehl auf, wie 7 Eier wiegen, die wiederum auf die andere Seite gelegt werden. Eidotter werden dann vom Eiweiß getrennt und die Dotter mit dem gewogenen Zucker 1 Stunde gerührt. Dann auch die zu Schnee geschlagenen Eiweiß untergemengt, zuletzt nach und nach das Mehl, ..."[142]

In der Kunstgeschichte ließe sich hier ein Vergleich mit dem von LEON BATTISTA ALBERTI (1404 – 1472) für die Darstellung des Menschen angewendeten Proportionsprinzip der „Exempeda" anstellen. So wie Alberti von der tatsächlichen Körpergröße eines Menschen ausgeht und diesen in 600 kleinste Einheiten (minutae) unterteilt, „mit dem Erfolg, daß er verhältnismäßig leicht Maße vom lebenden Modell abnehmen und sie tabellarisch zu ordnen vermochte"[143], bleiben bei Berechnungen, die vom konkreten Ei als Einheit ausgehen, die Proportionierungen in jedem Fall bewahrt, unabhängig von der absoluten Größe einer Maßangabe. Prinzip ist ein vom Gegenstand abgeleitetes Maßverhältnis, mit welchem eine Speise in jedem beliebigen Maßstab, gleich Albertis Figurenkanon, geschaffen werden kann. Als Gegensatz zur Maßeinheit Eischwer in der Küche steht beispielsweise die absolute Angabe der Eier in Zahlen und der restlichen Zutaten in Gewicht. Auf diesen Umstand weist Prato in ihrem Kapitel über die Maße hin: „Bei Mehlspeisen und Backwerk habe ich die Eier manchesmal nach Gewicht angegeben, um das Verhältnis derselben zu Zucker und Mehl genauer zu bestimmen, da die verschiedene Größe der Eier einen nicht unbedeutenden Unterschied im Gewicht bedingt und überdies frische schwerer sind, als vor längerer Zeit gelegte."[144] Auch Hikmann weist im Abschnitt über allgemeine Regeln der Kochkunst darauf hin: „In Ansehung des Maaßes der zu einem Gerichte erforderlichen Zubehörten können nur allzuleicht die beträchtlichsten Fehler begangen werden, wovon sowohl der Gesundheit als dem Beutel Nachtheil zuwächst. Allzufett gekochte und mit Gewürzen überhäufte Speisen sind nicht für jeden wohlschmeckend, und der Gesundheit sehr schädlich. Das rechte Maaß hiebey kann nur durch eigene Uebung und Erfahrung erlernt werden, Am meisten wird das Maaß des Zuckers, des Gewürzes, der Eyer überschritten, weil die ersten beiden Stücke in der Güte und letztere in der Größe sehr unterschieden sind, auf welche Verschiedenheit die erforderliche Rücksicht nicht allemal genommen zu werden pflegt."[145]

Das Ersetzen einer schwankenden Größe durch einen Standard finden wir als entsprechende Parallele in der Kunstgeschichte in der menschlichen Proportionslehre von ALBRECHT DÜRER (1471–1528). So geht Dürer ursprünglich, im Gegensatz zu Alberti, nicht vom individuellen Menschen, sondern von einem klassischen Idealtypus aus, von einer Formel, die individuelle Unterschiede leugnet und zu verhärteter Darstellung führt.

5.3 Das rechte Maß

5.3.1 Proportionen und Verhältnisse

Das Proportionieren ist formaler Teil des Kochens und steht als intellektueller Part neben der gestisch intuitiven Gestaltung. Ausgehend von einer Vorstellung vom Ganzen (der Speise) ist in der

Proportion die zwischen den einzelnen Teilen herrschende Relation geregelt. Dabei ist die Proportion lediglich an der Regelung der in Entstehung begriffenen Form beteiligt und nicht an der Schaffung der Form selbst. Die Beziehungen der einzelnen Teile zueinander sind in den Verhältnissen bezeichnet. Die Bestimmung eines Verhältnisses liegt dort vor, wo ein Ding oder ein Begriff nicht an sich selbst, sondern nur in seiner Beziehung auf ein anderes oder durch eine Vergleichung mit dem letzteren ausgedrückt wird. Proportion wird im Sprachgebrauch meist als übergreifender Begriff des Ebenmaßes oder der Angemessenheit verstanden und kaum in seiner exakten mathematischen Definition, die zurückgehend auf EUKLID einerseits zwischen dem Verhältnis zweier gleichartiger Größen und andererseits zwischen der Ähnlichkeit zweier oder mehrerer Verhältnisse unterscheidet.[146]

Stellt der Mensch in seiner schöpferischen Auseinandersetzung die Frage nach dem rechten Maß, so bringt er dadurch seinen Bezug zur Welt zum Audruck. Unter einem sehr umfassenden Proportionsbegriff ist somit außer der „natürlichen auch die ganze geistige und gestaltete Wirklichkeit des Menschen umfaßt."[147] Dabei war dem Menschen die von Gott nach Maß und Zahl geordnete Welt mit seiner mikrokosmischen Entsprechung im Menschen vorbildhaft. Erst mit dem rechten Maß erhielt ein dargestellter Gegenstand die ihm entsprechende Würde.

„Eine rechte Maß gibt eine gute Gestalt, und nit allein im Gemäl, sunder in allen Dingen, die fürbrocht werden" konstatiert Albrecht Dürer.[148] Dürer verwendet das Wort „mas" als einen der Proportion gleichgestellten Begriff; er beschreibt die Erreichung der rechten Mitte als die Regel der glücklichen Mitte („recht Mittel"): „Zwischen zu viel und zu wenig gibt es eine richtige Mitte; diese mußt du in all deinen Werken zu treffen suchen."[149] Was er wissen möchte, ist, „wie die recht Maß wär und kein andere". Diesem Grundsatz lag sein Prinzip der „Vergleichung", lateinisch „symmetria", italienisch „convenienza", „concordanza" oder „conformità" zugrunde. Unter „Vergleichlichkeit" versteht er: „Wie Jedes angemessen und richtig sein muß, so muß auch das ganze Ensemble [die ganze versammlung] harmonieren [sich wohl zusammen vergleichen]; so muß der Hals sich mit dem Kopf gut reimen und soll weder zu kurz, noch zu lang sein, weder zu dick, noch zu dünn."[150] Sein Prinzip der Vergleichlichkeit beinhaltete demnach nicht nur eine quantitative Komponente von Symmetrie (die rechte Mitte des nicht Zuviel und nicht Zuwenig), sondern auch die qualitative Übereinstimmung war gefordert. Männliches sollte nicht mit Weiblichem, fette Gestalten nicht mit mageren, Jugend nicht mit Alter vermischt werden. Auch in der Küche sind bei der Proportionierung von Mengen stets auch geschmackliche oder diätetische Qualitäten zu berücksichtigen. So ist beim Würzen eine Mischung von Ungleichartigem, sich Widerstrebendem zu vermeiden, so wie es in der Zusammenstellung eines Menüs Nährwert und physiologische Komponenten zu berücksichtigen gilt. Baron von Vaerst schreibt dazu in seiner Gastrosophie: „Die wichtigste Handlung des Lebens ist die Wahl der Lebensmittel, denn diese übt nicht nur ihren Einfluß auf die physische Organisation, sie ändert auch den Charakter. (…) Der Bau unserer Verdauungswerkzeuge ist auch weder mit denen der fleisch-, noch mit denen der grasfressenden Tiere übereinstimmend; er besitzt deren gemeinschaftliche Eigenschaften und berechtigt uns zum Genuß der Nahrungsmittel aus allen Reichen der Natur. Wie aber namentlich das Verhältnis unserer animalischen Nahrungsmittel zu den Vegetabilien sein müsse, hat die Natur in den Verhältnissen der Schneide- zu den Eckzähnen in sehr bestimmten Zahlen, zehn zu zwölf, ausgesprochen."[151]

In den Rezepten selbst sind meist die Verhältnisse beschrieben, die bestimmten Proportionsmethoden folgen. Wichtig ist stets die Vorstellung von einem Ganzen, wonach sich die passende Proportionierung beim Teilen von Mengen, und hier haben wir es meist mit mehr als zwei Größen zu tun, richtet. Das Ganze kann dabei das Gefäß, die Anzahl der Personen oder das Nahrungsmittel sein. Erst daraus können sich Proportionierungen ableiten, Proportionssysteme entstehen. Nicht auf Messung beruhende Proportionslehren gehen von leicht bestimmbaren Normen in der Natur, beim Menschen und beim Tier aus. Ähnlichkeiten und Vergleiche werden angestellt und aufgrund der Erfahrung und

Beobachtung als Regel eingesetzt. Ebenso können einmalig durchgeführte Messungen in der Folge mit Augenmaß weitergeführt werden, auch beim Kochen gilt, was Dürer für die Malerei festhält: „Ich bin nicht der Meinung, daß ein Künstler die ganze Zeit seine Figuren messen müßte. Wenn die Kunst der Messung gelernt ist und so Theorie und Praxis zusammen erworben sind … dann ist es nicht immer nötig, Jedes jederzeit zu messen, denn deine erworbene Kunst versieht dich mit gut Augenmaß.“[152] Diese Methode des Proportionierens ist für das Kochen bestimmend und funktioniert auch bestens.

Das in den alten Rezepten vorherrschende Denken in Verhältnissen geht einher mit der Fähigkeit der antiken und mittelalterlichen Gesellschaften, Werke zu verwirklichen, für welche eine viel größere Kenntnis der Mathematik als die populäre vonnöten war, nämlich die Fähigkeit, Proportionen festzulegen, einen Raum auszudenken, eine Speise abzuschmecken und zu proportionieren. So enden speziell die italienischen Kochbücher der frühen Neuzeit mit dem Satz: „und für mehr oder weniger Personen nimm die Sachen in den entsprechenden Verhältnissen.“ Aus Mangel an Lehrbüchern wurde dieses Wissen von den Spezialisten gespeichert und über Methoden der Gedächtniskunst überliefert. In der Baukunst bediente man sich dabei der Module, magischer Quadrate und der Labyrinthe, die in sich alle Verhältnisse und Proportionen enthielten. Auch in der Raumplanung mittelalterlicher Stadtpläne lassen sich analoge Methoden finden. Im Kochen lassen sich Verhältnisse nicht nur über Zahlen, sondern, wie im Kapitel der Sinne dargestellt, auch über die Konsistenzen, Farben, Gerüche oder den Geschmack erfassen und so im Gedächtnis speichern. Diesbezügliche Angaben dokumentieren stets eine Beziehung des einen zum anderen und stellen somit eine Qualität dar. Soll dieses Verhältnis konkret (absolut) benannt werden, so bedarf es der Zahl. Verhältniszahlen aber sind nicht als absolute Größen, sondern eben in ihrer Beziehung zu einer größeren Einheit zu sehen.

Welche Proportionsmethoden oder Verhältnisse bestimmten die Küche? In den Rezepten sind stets einfache und elementare Verhältnisse anzutreffen. Aus schon erwähnten Gründen der einfachen Merkbarkeit, der Teilung von Größen mittels Augenmaß sowie den von den Gewichtssätzen bestimmten Zahlen nach den gültigen Unterteilungssystemen bildeten sich diese Verhältnisse heraus. Beim Lesen der einzelnen Rezepte sollte man nicht vergessen, daß häufig nur dann Angaben gemacht werden, wenn sie von der Norm, von Bekanntem abweichen. Gewisse Grundverhältnisse werden als bekannt vorausgesetzt und sind in einer Rezeptsammlung nur einmal genannt (Gewürzmischungen, Teigzusammensetzungen, Mischungsverhältnisse beim Wein).

Wenn man eine bestimmte Rezeptgruppe über eine bestimmte Zeit verfolgt, unterschiedliche Länder oder Zielgruppen, das Umfeld miteinander vergleicht, so sind Abweichungen in den verwendeten Mengen die Regel. Allerdings ist zu bemerken, daß einfache Zahlenverhältnisse meist beibehalten werden. So ist z. B. das Verhältnis des Zuckers zu den Mandeln in den Marzipan-Torten bei den Italienern (Martino weist speziell darauf hin), aber auch an fürstlichen Tischen im deutschsprachigen Raum, ein monumentales 1 : 1-Verhältnis, zu einer Zeit, als Zucker als teures und gefragtes Lebensmittel auch ein Prestigeobjekt darstellte. Im Gegensatz dazu wird in einer mehr für den allgemeinen und häuslichen Gebrauch bestimmten Anweisung im Kochbuch der Zyli Wiborada von St. Gallen (1640) das Verhältnis auf 4 : 3 reduziert, „da man mit dem Zucker sparen könne“.[153] Noch heute gilt für einen Mürbteig das ideale Verhältnis von 3 : 2 (Mehl : Butter), wird aber in einer sparsameren Variante auf 2 : 1 reduziert. Das grundsätzliche proportionale Arbeiten, eine Angemessenheit der Teile zu einem Ganzen aber bleibt erhalten. Musikalisch ausgedrückt stoßen wir oft auf die Verhältnisse der Quinte, Quarte und Oktave, deren Stellenwert bei den Griechen und Römern besonders hervorgehoben wird und für die Küche bestens funktioniert.

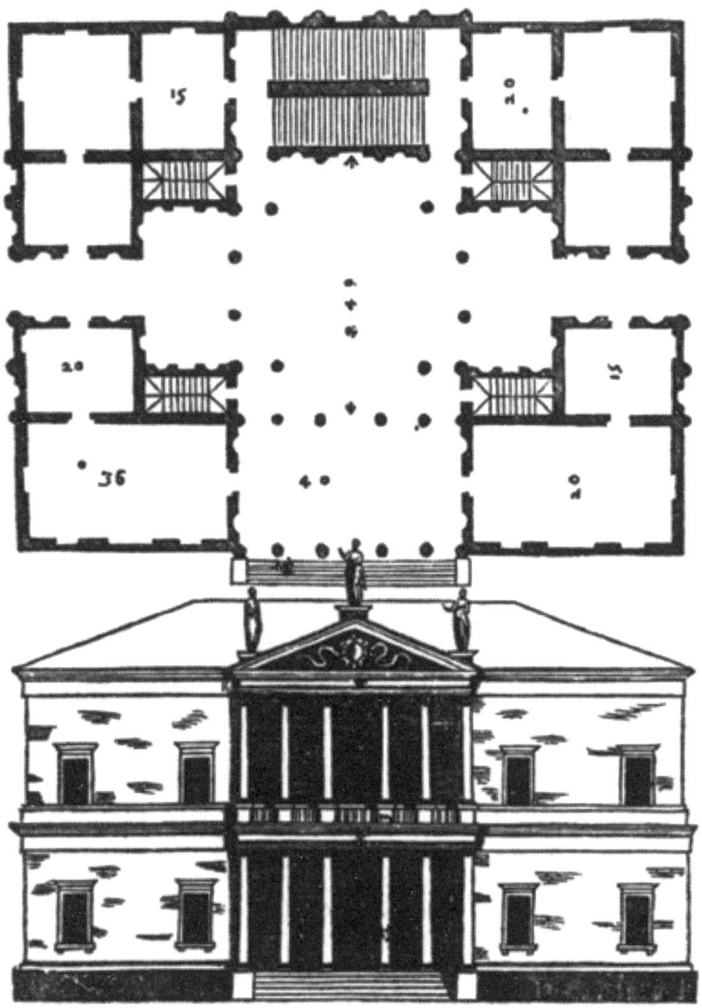

Andrea Palladio: Projekt für eine Villa in Verona

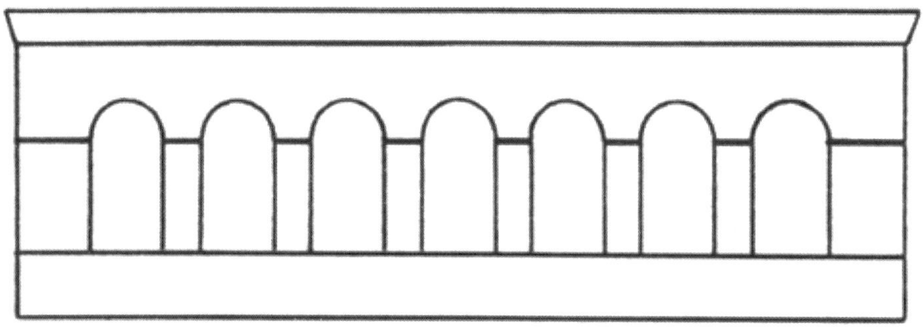
Leon Battista Alberti: Tempio Malatestiano in Rimini

In der Musik ist das Verhältnis zweier Töne in bezug auf ihre Tonhöhe ein Intervall. In der folgenden Tabelle sind die wichtigsten reinen Intervalle mit ihren in der Musiktheorie üblichen Bezeichnungen den am häufigsten auftretenden Proportionen in der Küche gegenübergestellt. Geringe Abstände werden in der Küche kaum in Zahlen ausgedrückt, vielmehr sind Begriffe wie „ein Hauch", „eine Spur", „ein Vorschlag", „ein bißchen weniger" oder „ein bißchen mehr", um ein „eitzerl" mehr, „ums Kennen" weniger gebräuchlich. In diesen geringen Abweichungen von einem klassischen Idealtypus ist das Persönliche, das Eigene ausgedrückt.

Tabelle mit Proportionen, die gleichermaßen in der Musik, in der Architektur und im Kochen praktiziert werden.

Prime	1 : 1	soviel vom einen wie vom andern
	(Abstand null)	1 Teil Mehl, 1 Teil Butter (Butterteig, Sandteig oder königlicher Auslegeteig)
Halbton	16 : 15	soviel vom einen wie vom andern, nur minimal (im Wienerischen „ums Eitzerl") weniger vom andern (Butterteig)
großer Ganzton	9 : 8	9 Teile Butter, 8 Teile Mehl (guter Butterteig) kleinster dezidierter Schritt einer Abweichung
große Terz	5 : 4	5 Teile Mehl, 4 Teile Butter (Pastetenteig)
Quarte	4 : 3	4 Teile Mandeln, 3 Teile Zucker (Marzipan)
Quinte	3 : 2	3 Teile Mehl, 2 Teile Butter (Mürbteig)
kleine Sexte	8 : 5	8 Teile Wasser, 5 Teile Reis
große Sexte	5 : 3	5 Teile Mehl, 3 Teile Butter (Mürbteigvariante oder feiner Auslegeteig)
kleine Septime	9 : 5	etwas weniger als doppelt soviel vom einen wie vom andern
große Septime	15 : 8	nur minimal weniger als doppelt soviel vom einen wie vom andern
Oktave	2 : 1	doppelt soviel vom einen wie vom andern 2 Teile Mehl, 1 Teil Butter (sparsamer Mürbteig oder einfacher Auslegeteig)
Doppeloktav	4 : 1	4 Teile Wasser, 1 Teil Zucker (dünne Zuckerlösung beim Einmachen von Obst)

Die am meisten verwendeten Verhältnisse der Oktav, Quint, Quart und Doppeloktav umschließen die Zahlen 1, 2, 3 und 4 und galten für den italienischen Architekten LEON BATTISTA ALBERTI als musikalische Zahlen. „Bauten, die diese Zahlenproportionen enthielten, mußten seiner Überzeugung nach den Augen ebensolches ästhetisches Wohlgefallen bescheren, wie die ihnen entsprechenden Töne dem Ohr."[154] Das Proportionsschema der Fassade des Tempio Malatestiano in Rimini baut auf diesen Verhältnissen der Oktave, Quinte und Quarte auf.

Bezeichnend für die Veranschaulichung einfachster Proportionen sind auch die Bauten von ANDREA PALLADIO (1508–1580), die sowohl am Außenbau als auch in der Differenzierung im Inneren auf musikalischen Zahlenverhältnissen aufbauen.

Die dem Menschen angeborenen Maße und Meßwerkzeuge Elle, Fuß, Hand, Daumen, Finger entsprechen nach dem morphologischen Grundgesetz von Adolf Zeising in ihren Untergliederungen und Zusammenstellungen der Goldenen-Schnitt-Proportion.[155] Auch LE CORBUSIER's Modulor verweist auf diese dem Menschen angeborenen Maße und verfolgte den Zweck, das verlorene „rechte Maß" in den Produkten des Menschen wiederherzustellen. In den Rezepten stoße ich bezüglich der Formgebung einer Zutat häufig auf die Vorschrift, diese in der Breite von zwei Fingern und der Länge eines Fingers zu schneiden. In einem Beispiel bei Rumpolt heißt es: „Nim Rindtfleisch/ schneidt es fein dünn /zween Finger breit/ unnd eines Fingers lang /…"[156] Messe ich meinen Finger in der Breite ab, verdopple diese Breite und setze dazu die Länge in ein Verhältnis, so ergibt sich in etwa ein Verhältnis von 5 : 8. Dieses Verhältnis ist bei der Bereitung von Speisen, insbesondere den Teig- und Fleischformen, aber auch in der Zusammensetzung von Zutaten, häufig anzutreffen. In guten Küchen Chinas soll beim Kochen von Reis das Verhältnis vom Reis zum Wasser 1 : 1,6 betragen.[157] Im Kloster „Sant'Andrea Apostolo alle Vergini" in Palermo (Benediktinerinnen) ergänzt die Köchin ihr Rezept für ein Gemüsegericht (caponata antica) mit folgender Bemerkung: „Es ist schwierig, für diese Art von Speisen eine exakte Menge zu geben. Man kann nur bedenken, daß die Melanzane und die Zucchini die Speise ausmachen und alle anderen Zutaten die Gewürze (Kapern, Oliven, Essig, Zucker) darstellen, und daß 800 g Melanzane und ½ kg Zucchini für 6 Personen genügen werden."[158] Die thematisch die Speise prägenden Zutaten stehen zueinander in einem Verhältnis von 5 : 8. Die irrationale Proportion des „Goldenen Schnitts" entspricht annähernd dem in rationalen Zahlen ausgedrückten Verhältnis 5 : 8 (der kleinen Sexte), von welchem dieser nur geringfügig abweicht. „Daß dieser Goldene Schnitt trotz seiner Irrationalität so häufig verwendet wird, dürfte unseres Erachtens nach auf dem glücklichen Zusammentreffen zweier Umstände beruhen: der für den ästhetischen Zweck erforderlichen Abweichung von der Proportion und der dennoch leichten Konstruierbarkeit. Es zeigt sich mithin, daß unsere Empfindung abweichende Nebenwerte unbewußt anstelle der exakten Proportionswerte verwenden kann, ihnen sogar den Vorzug gibt bei vorhandenem ästhetischen Aspekt."[159]

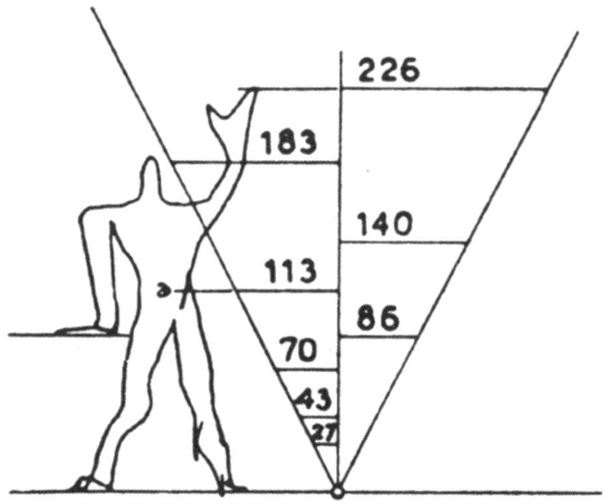

Le Corbusier: Modulor

Wenn es darum geht, ein Gargut mit Brühe gut zu bedecken, so heißt es meist „zwei fingerhoch darüber". Das Verhältnis von Wasser zum Gargut ist insofern ein proportionales, als die Masse des Garguts die Verdrängung des Wassers bestimmt. Beim Einwickeln einer Masse in ein Tuch kann man das Freilassen einer Handbreite beim Zubinden als bewährten Richtwert immer wieder antreffen.

Beim Konservieren von Lebensmitteln mit Essig oder auch bei der Herstellung von Essig selbst mit einer Essigmutter ging man oft nach jenem Prinzip vor, bei der Entnahme des konservierten Materials immer soviel Essig nachzugießen, wie man entnommen hatte. So legte man im Mittelalter Fisch in ein Fäßchen oder in einen Steinguttopf, tat Petersilie dazu und goß Essig darüber. Das gefüllte Gefäß grub man in frische Erde. Wurde dem Gefäß etwas entnommen, wurde eine entsprechende Menge wieder nachgefüllt.[160]

War für den Renaissance-Künstler im einfachen Zahlenverhältnis 1 : 1 Schönheit und perfekte Harmonie verborgen, hat sich dieses Verhältnis auch in der Küche sehr bewährt. Häufig finden wir es bei einer Einbrenn (Butter : Mehl), bei Marzipan (Zucker : Mandeln) und bei Beizen (Essig : Wasser). Öl und Essig ist in den Salatsaucen oft im Verhältnis von 2 : 1 vermischt, beim Kartoffelsalat 1 : 1. In Farcen oder Faschiertem verhält sich die Fleischmasse zum Fett 3 : 1, bei einer mageren Fleischsorte wie dem Kapaun kann sich dieses entsprechend verändern, z. B. von 2 : 1 bis zu 1 : 1. Das Mengenverhältnis von Salz zu Fleisch ist bei der Wurstherstellung wichtig und wird häufig mit 10 Teilen Fleisch zu einem Teil Salz festgelegt.

Bei Teigen spielen die Verhältnisse seit jeher eine große Rolle, und es liegt in der Natur der Sache eines Baumaterials, daß bewährte Mischungsverhältnisse zum Einsatz gelangen. Das Verhältnis von Mehl zu Butter lautet für den Pastetenteig 5 : 4, den Mürbteig 3 : 2, 1 : 1 für den guten Butterteig oder marben Teig, in weiteren Varianten 4 : 3, 2 : 1 – alle elementaren und einfachen Verhältnisse finden Verwendung. Die Gleichschwerkuchen treten relativ spät und weniger häufig auf, vielleicht ist diese monumentale und einfache Proportionierung zu geläufig. Geschmacklich ist der Gleichschwerkuchen mit seiner durchgehenden 1 : 1 : 1 : 1-Proportionierung ähnlich dem dreidimensionalen Würfel sehr ausgewogen, während das Quadrat in der Fläche noch eine schwebende Wirkung ausstrahlt. Spannungsmomente sind daher bei den 1 : 1-Proportionierungen über geringe persönliche Abweichungen eingebracht. Die Bludenzer Köchin aus dem Kloster St. Peter wirkt ihren geschwinden Butterteig mit soviel Butter als Mehl ab, gibt aber dem Mehl einen Vorschlag.

Bei Rumohr findet sich ein Rezept für Würste aus dem Lendenbraten des Schweines, in welchem die Beziehung vom Fett zum Fleisch am konkreten Tier hergestellt wird: „Der Lenden- oder Mürbebraten des Schweines mit einem Dritteil des anliegenden Fettes, beides von allen Häuten und Nerven gereinigt, wird frisch angesalzen, stark gewürzt, sowohl mit Spezereien als mit trockenen Kräutern;"[161] Das Verhältnis von Fleisch zu Fett nach der Ausgangsmenge des dieses umgebenden Fettes zu bemessen kann wohl besser nicht gewählt werden.

Beim Garen von Fischen richtet sich der Salzgehalt des Kochwassers oft nach jenem des Meerwassers. Dazu Rumohr: „Seefische geraten am besten in Seewasser, wenn man dieses gerade haben kann".[162]

Das richtige Maß ergibt sich jedoch erst aus der Berücksichtigung individueller Vorlieben und Rücksichtnahmen. Nach der griechischen Diätetik lag dieses entscheidende Maß im Verhältnis der Kraft der Speise zur jeweiligen Verfassung des Menschen. Das richtige Maß beim Weintrinken auf den den Gastmählern folgenden Symposien war nach einem dem Einzelnen angemessenen Quantum bestimmt. Dem bei den Symposien gewählten König der Gesellschaft war es vorbehalten, das richtige Maß, den richtigen Anteil des Weines festzulegen. Daher mußte er von jedem Gast genau wissen, welche Veränderung der Wein bei ihm hervorrief, wie gut oder schlecht dieser den Wein vertragen konnte, ein Jüngling mehr als ein Greis, und welche Gattung von Wein welche Mischung mit Wasser verlangte.[163]

Einen Wein zu tritonisieren bedeutete, diesen im Verhältnis 3 : 1 (Wasser : Wein) mit Wasser zu mischen. Dabei wird die Gewohnheit, Wein mit Wasser zu mischen, auf einen Sturm zurückgeführt.[164] Der Wein war der Quell des Vergnügens, gleich dem Honig, das Wasser galt als Ursprung der Weisheit.

Auch Hesiod schlägt dieses Mischungsverhältnis vor.[165] Ein Zitat nach Sophokles wirft Zweifel auf die Preisgabe solcher Geheimnisse: „Oh Zunge, die du so lange geschwiegen hast, wie wagst du es von diesen Dingen zu erzählen? Es ist wahrhaftig nichts so bitter als die Notwendigkeit, die dich deines Meister's Geheimnis enthüllen läßt."[166] Der Ruf nach mehr Wein und weniger Wasser verlagerte das Mischungsverhältnis auf 1 : 1, welches als die süßeste Mischung galt und dem Trinken von Wein ohne Wasser vorgezogen wurde: „Nachdem ich zu Ehren des Königs Ptolemäus 4 Kannen (chytridia) puren Wein getrunken habe und ebensoviel auf des Königs Schwester, und diese zudem ohne Atem zu holen geleert habe – die süßeste Mischung, die ein Mensch haben kann, ist halb und halb …"[167] Ein Sprichwort wird angeführt, das besagt, daß Wein nicht nur seine Portion Wasser, sondern auch einen Schuß Witz brauche. Dionysos wurde als Arzt die größte Kompetenz im Mischen zugesprochen. Sein Mischgefäß war der Dreifuß – der Dreifuß der Wahrheit –, womit das rechte Maß oder richtige Mischen wiederum analog zur Wahrheit steht. Auch die Nymphen beherrschten als die Ammen des Dionysos dieses Maß, da die Brunnen-Nymphen das nötige Wasser für die Mischung lieferten.[168]

Der Mageiroi, der aus dem Umkreis der Opferungen sich herausbildende griechische Künstlerkoch, zeichnete sich durch seine Kompetenz in der richtigen Einschätzung von Charakter und Temperament einer zu bekochenden Person aus. Er mußte dezidiert die Fähigkeit besitzen, sich allen Situationen anzupassen, also Meister im Improvisieren ein. Dadurch unterschied sich im alten Griechenland ein Mageiroi von einem gewöhnlichen Koch.[169]

Ein weiterer Aspekt der richtigen Mischung liegt in ihrer beziehungsstiftenden Qualität. Die noch bis in unser Jahrhundert im ländlichen Europa üblichen Hochzeitsessen stellten an die Köchin die besonders heikle Aufgabe, die von den beiden Brautfamilien gestifteten Zutaten über die Zusammenstellung einer Mahlzeit zu verbinden. Die Kunst dieser Mischung hatte den Zweck, die Allianz zwischen den beiden betroffenen Familien zu festigen.[170]

5.3.2 Maßsätze

Immer wieder fordern die Köche „das rechte Maß". „Ob du dy mos recht kanst treffenn so bistu ein guter koch"[171] schreibt der „Kuchenmeyster" 1486 am Ende eines Krapfenrezepts. Seine Aufzeichnungen schließt er mit dem Hinweis: „Also ist der selig vnd weis der der czeit achtet vnd dy mas solcher temperatur recht trifft vnd also mit weisheit ordenlich lebt. Wann es sprechen dy meyster Ordenung sei weisheit vnd weisheyt sey ordenung. vnd dy gute gewonheit behelt gut syten vnd gibt gut endt. So bewart messikeit den gesunt. wenn alles das den leib zu gehort. sol vnd mus messiglich geschehen … Und wer denn dy maß recht trifft vnd also ordenlich der ym selbs holt. vnd beleibt bei gesuntheit vnd bei langem leben."[172]

Chiquart forderte: „und besagter Meister sollte aufpassen, daß er von nichts zuviel hineingibt, sondern daß er eine maßvolle und kontrollierte Hand habe und nur das hineingebe, was ihm vonnöten erscheint."[173]

Im schon öfters zitierten „Geist der Kochkunst" schreibt CARL FRIEDRICH v. RUMOHR (1785 – 1843), der Ahnherr der Kunstgeschichte: „Phantasiereiche Köche wissen schon die Quantitäten oder das Verhältnis zu treffen und nach den Umständen abzuändern."[174]

Das einzige und allein richtige Maß konnte es aber nicht geben. Nicht zu viel und nicht zu wenig, die rechte Mitte zu finden lag in den Händen eines jeden einzelnen Kochs. Für den mittelalterlichen Koch vorbildhaft war sicherlich auch jenes rechte Maß, welches IGNATIUS v. LOYOLA in seinen Exerzitien (er gibt dafür sieben einzuhaltende Regeln) einfordert: „Die Zweite: Ich will mir einen Menschen vorstellen, den ich nie gesehen noch gekannt habe, und wünsche ihm alle Vollkommenheit in dem Amt und Stand, die er innehat. Und wie ich möchte, daß er in seiner Art der Austeilung die rechte Mitte halte zur größeren Ehre Gottes Unseres Herrn und zur größeren Vollkommenheit seiner Seele, so werde ich es selber tun, nicht mehr und nicht weniger, indem ich mich an die Regel und das Maß halte, das ich dem andern wünsche und das ich für richtig erachte."[175] Unter dieses Maß fällt auch jener Grundsatz der Jesuiten, wonach alles zur höchsten Ehre Gottes geschehen solle, sämtliche Mittel, sie zu vergrößern, letzter Zweck darstellte.

„Omnia ad maiorem dei gloriam", unter dieses Motto fällt auch das Straubenkapitel einer Innsbrucker Köchin zur Zeit des Barock[176] und verdeutlicht jenes Prinzip künstlerischen Schaffens, welches danach trachtet, „für das Beste" zu arbeiten.

5.4 Maßsysteme

Bei der Konstruierung oder Herleitung von Maßsystemen im Kochen gilt es, sich weniger an fremden Maßsystemen zu orientieren, d. h., das System nicht von außen zu definieren, vielmehr soll sich dieses aus sich selbst heraus entwickeln. Für das Messen verschiedener Zutaten verwendete man meist verschiedene Maßeinheiten, da jedes Maß etwas anderem diente. Das gefundene System gründete auf dem spezifischen Charakter einer Tätigkeit, eines Nahrungsmittels und des ausführenden Menschen. Bildeten die Glieder des menschlichen Körpers die Maßeinheit, war auch die metrologische Vorstellung eine anthropomorphe. Orientierten sich die Maßeinheiten an den Lebensmitteln, so waren diese oft an die Qualität und die Verfügbarkeit eines Produktes gebunden. Auch Standeszugehörigkeit oder Notwendigkeiten des Konsums nahmen Einfluß auf das Maß, was speziell über Form und Größe der Brote zum Ausdruck kam. So galten Torten und Kipfel als sogenannte „Herrenbrote". Die französischen Agronomen des 16. Jahrhunderts rieten den Landbesitzern, „für ihre Hausangestellten kleine Brote zu backen, genügend für die Mahlzeit einer Person, so daß keiner das Maß überschreiten könne, wie es leicht vorkomme, wenn man seine Portion von einem Laib Brot abschneidet."[177] Die Maße und Maßsysteme sind somit auch nach den Lebens- und Arbeitsbedingungen der Menschen ausgerichtet. Solange der Faktor Zeit noch keine Rentabilitätsfrage war, ist diese nicht knapp bemessen und zeitaufwendige Handarbeit weit verbreitet.

Der Bezug zwischen Maßen, Technologie und Arbeitsproduktivität ist evident. Die Größe eines Kuchens wird von der Form oder dem Kuchenblech mitbestimmt, welches nach der Backrohrbreite bemessen ist, während die Herstellung des Teiges eng mit den Arbeitsbedingungen verknüpft ist.

Ausgeprägt sind die Maßsysteme immer dann, wenn sie für das Gelingen oder die Eßbarkeit einer Speise ausschlaggebend sind. So sind in den alten Rezepten die Gewürze meist genau bemessen, was auf die medizinische Bedeutung zurückzuführen ist. Nach wie vor wird beim Würzen ein bestimmtes Maß beachtet, da auch die Genießbarkeit einer Speise in engem Zusammenhang dazu steht. Die medizinische Komponente ist heute in Vergessenheit geraten.

Typisch für das Kochen ist das Nebeneinander mehrerer Maßsysteme. In Zenkers Einbrennsuppe sind zweierlei Maßsysteme parallel in Verwendung. Die Butter wird nach dem Gewichtsmaß Loth und das Mehl nach dem Hohlmaß mit der Maßeinheit eines Eßlöffels gemessen. Die Verknüpfung von Hohl- mit Gewichtsmaßen finden wir bereits bei Apicius, was nach Vehling die nach wie vor praktischste und sinnvollste Form des Messens in der Küche darstelle.[178] In mittelalterlichen Angaben von Gewürzmischungen stoßen wir in der Regel auf das in der Praxis vorherrschende Nebeneinander mehrerer Systeme. Abzählbare Gewürze wie Muskatnüsse, Lorbeerblätter oder Zimtstangen sind in Zahlen genannt, Pfeffer, Nelken oder Ingwer in kleinen Gewichtseinheiten, sehr rare oder extrem teure Gewürze sind in Geldwert angegeben oder werden als unbestimmte Menge variabel gehalten. Die Verknüpfung der Gewichtsmaße mit dem Münzwesen ist evident.

6. DER MENSCH UND DIE ZEIT

6.1 Zeiterfahrung und Zeitmessung.

Kochen stellt ebenso wie Musik eine vergängliche Kunstform dar, gemeinsam ist beiden der Faktor Zeit. Wenn man heute von Zeit spricht, so ist meist die gemessene Zeit, die Zeit nach der Uhr, einer mechanischen Uhr, gemeint. Der Mensch besitzt aber auch eine innere Uhr, angepaßt an die ständig sich wiederholende Monotonie von Sonnenaufgang und Sonnenuntergang, an den gleichförmigen Ton eines sich unermüdlich drehenden Planeten. „Diese physiologische Zeit hat, wie die Ortszeit in einer sich drehenden Welt, kreisförmigen Charakter. Wenn man eine innere oder eine äußere Uhr um einen oder mehrere volle Zyklen verstellt, bleibt dies ohne Wirkung. Physiologische Konsequenzen ergeben sich aber, wenn man eine biologische Uhr innerhalb eines Zyklus neu einstellt.“[179] Bei zahllosen Organismen wurden biologische Uhren nachgewiesen, die periodisch ablaufende Lebensvorgänge steuern. Die Ähnlichkeit der Periodenlänge eines Menschen mit jener einer Erdumdrehung liegt bei einer Diskrepanz von etwa einer Stunde. Die Uhr des menschlichen Körpers hat demnach eine Periodenlänge von annähernd 25 Stunden. Vor der Zeit der mechanisierten Uhren war die Zeit von einer zyklischen Auffassung geprägt, wo ausgehend von einer ganzheitlichen Zeit, der Ewigkeit, natürliche Rhythmen dieses Kontinuum strukturierten oder aufteilten. In diesem älteren Begriff von Zeit kam dieser die Aufgabe des Unterteilens nach Zyklen und Rhythmen zu. Schneider spricht von einer Naturzeit, die ähnlich dem subjektiven Zeitempfinden, völlig anders als die Zeit der Uhren mit ihren maschinell erzeugten immergleichen Einzelteilen, drei wichtige Qualitäten besitzt: „Sie ist zyklisch, elastisch und lebendig. Das zyklische Moment der Naturzeit ist niemals abstrakt wie die zyklischen Bewegungen eines Uhrenmechanismus, sondern zeigt stets eine qualitative Veränderung an.“[180] Bereits bei den Babyloniern, Ägyptern und Maya gab es Kalender, die sich an konkreten Zyklen der Natur orientierten. Die abstrakte Berechnung und die darauf beruhende Zeitrechnung bildete sich erst mit den Gerätschaften aus.

Sonnenuhren waren die ersten Instrumente zum Zeitmessen.[181] Sie konnten die Bewegung der Sonne registrieren und den Ablauf eines Tages mittels Schattenmesser (vertikaler Stab und Skalen) anzeigen. Die Messung der Zeit nach der Sonnenuhr war an verschiedenen Orten und zu verschiedenen Tagen entsprechend unterschiedlich.

Der römische Komödiendichter PLAUTUS Titus Maccius (250 – 184 v. Chr.) schreibt etwa 13 Jahrhunderte vor der Erfindung der mechanischen Uhr über die Sonnenuhr als Zeitmesser:

> „Verflucht die Götter, welche erstmals lernten
> Die Zeit zu unterteilen: Es seien verflucht auch
> Jene die an diesem Ort die Sonnenuhr konstruierten,
> Um unglücklicherweise meine Tage zu schneiden,
> in kleine Fragmente! Als ich ein Junge war,
> War meine Sonnenuhr mein Magen, sicheres Instrument,
> exakt und wahrheitsgetreu wie kein anderes.
> Jenes Instrument sagte mir, wann die Zeit richtig war
> Um zum Essen zu gehen, wann ich was zu essen hatte
> Aber jetzt, wenn ich ihn habe
> Kann ich nicht ohne Erlaubnis der Sonne mit dem Essen beginnen?
> Quasi alle Einwohner dieser Stadt
> schleppen sich mit vom Hunger geschrumpften Magen durch die Straßen!
> Die Stadt ist derart voll mit jenen verdammten Sonnenuhren.“[182]

Die Wasseruhren oder Klepsydren waren die ersten Schritte, sich von der Sonne zu befreien, und suchten ein Maß, welches in der irdischen und materiellen Natur dem Fluß folgte. Doch hing die Geschwindigkeit des Fließens vom Wasserdruck ab und veränderte sich mit der veränderten Masse, die im Behälter verblieb. Das Resultat war nicht präzis. Sie wurden, auch aus Kostengründen, für das Messen kurzer und uniformer Zeiteinheiten eingesetzt, doch sicherlich nicht für lange Dauern. Darüber hinaus gefror das Wasser in kalten Zonen.

Die Sanduhren und Stundengläser flossen auch bei niederen Temperaturen, doch taugten sie nicht zum Messen der Zeit eines ganzen Tages, denn sie mußten ständig, kaum daß sie sich geleert hatten, gedreht werden. Die Bemühungen um die Entdeckung einer Vorrichtung zum selbsttätigen Umwenden der beiden Gläser waren wenig erfolgreich. Sanduhren wurden als seltene und luxuriöse Objekte betrachtet, der feine Strahl des lautlos fließenden Sandes bedurfte jedoch einer besonderen Mixtur. Im „Ménagier" finden wir eine Anleitung für die Herstellung von feinem Sand für die Sanduhren, womit der Gebrauch von Sanduhren im privaten Haushalt am Ende des 14. Jahrhunderts belegt ist: „Beim Zersägen der Marmorsteine für Gräber falle Staub an, diesen solle man wie ein Stück Fleisch gut im Wein kochen und abschäumen, an der Sonne trocknen lassen und diesen Vorgang 9x wiederholen. Und dann sei er gut."[183]

Graduierte Kerzen als Zeitnehmer, sogenannte Feueruhren, waren nach einer bestimmten Skala unterteilt und stellten einen letzten Versuch dar, die Zeit auch während der Nacht zu messen. Wachs war ein Material, das sich relativ gleichmäßig verbrauchte und somit eine bestimmte zeitliche Dauer signalisierte. Sie standen bis zum Ende des 14. Jahrhunderts in Verwendung.

Da sich mit diesen Instrumenten – mit Ausnahme der Kerzen – die Zeit nur am Tage regulieren ließ, entwickelten die Mönche aus der Notwendigkeit des Betens bei Nacht die ersten verläßlichen Lösungen. Die anfänglichen Uhren mit Rad oder Gewicht beschränkten sich auf das Läuten zum Wecken durch den Glöckner oder Mesner. Es waren sogenannte Timers, die per Stunde funktionierten. Sie leiteten das Läuten ein. Uhren dieser Art maßen nicht die Dauer der Zeit, sondern zeigten nur die Stunde des Tages an, um zu wissen, wann die Glocke zu läuten war: Ihre Aufgabe war lediglich, die Stunde zu verkünden (Stundenuhr), d. h. tönenderweise die vorgeschriebenen kanonischen Stunden anzuzeigen. Die Stunde anzusagen hieß demnach, die Zeit festzulegen. Dadurch konnten das Leben und die Rhythmen eines Klosters koordiniert werden, und der Raum für eine unabhängige Zeit verschwand.

Für einen Benediktinermönch bedeutete Arbeit auch Gebet. Die manuelle Arbeit war von der Ordensregel vorgeschrieben, deren Dauer oft in Gebetslängen bestimmt. Die Nacht verbrachten die Fratres Vigilantes in rhythmischer Rezitation einer vorgeschriebenen Anzahl von Psalmen, die so bemessen waren, daß sie ihnen die Stunden der Nacht anzeigten. PETRUS DAMIANUS empfiehlt, „daß sich der significator horarum die zum Singen einzelner Psalmen benötigte Zeit merke und sich so, wann immer nötig, selbst als Zeitmesser gebrauche."[184] So konnten sie zu gegebener Zeit ihre Mitbrüder zur Mette wecken. Das Verrichten einer Tätigkeit in Verbindung mit dem Sprechen oder Singen von Gebeten strukturierte einerseits einen zeitlichen Ablauf und ließ andererseits „leere Wartezeiten" sinnvoll überbrücken.

Zeitangaben in Gebetslängen sind über das ganze Mittelalter in vielen Bereichen präsent. Wegstrecken, Exerzitien und andere Tätigkeiten sind ebenso wie Abläufe im Kochen nach unterschiedlichen Gebetslängen bemessen. Noch im 20. Jahrhundert sind derartige Zeitangaben, vor allem in handgeschriebenen und häuslichen, nicht für die Öffentlichkeit bestimmten Aufzeichnungen, präsent. Heute ist die allgemeine Unkenntnis der Gebete ein Hindernis für deren Anwendung in einem praktischen, vom Kirchenleben getrennten Lebensbereich. Vereinzelt hat sich diese Praxis erhalten. So erzählte mir ein Koch, daß er seine Lehrlinge noch heute so unterrichte. Rhythmik und Takt, in Erinnerung ist mir das in meiner Kindheit noch täglich praktizierte Rosenkranzbeten, gestalteten den Fluß des Betens.

Die mit den Benediktinern aufkommende Strukturierung des Tages durch Gebete, mit parallelen Auswirkungen auf Tätigkeiten wie das Kochen, findet in den Rezepten vor allem Anwendung bei kurzen Zeitspannen, die zuvor gar keine Erwähnung finden. Zur Weise des Betens nach dem Zeitmaß schreibt Ignatius von Loyola: „(…) indem man ein Wort des Vater Unser oder eines anderen Gebetes, das verrichtet wird, spricht, derart, daß zwischen zwei Atemzügen jeweils nur ein Wort gesagt wird, und daß man in der Zwischenzeit vom einen zum anderen Atemzug vor allem auf die Bedeutung des betreffenden Wortes achtet, (…) Und nach der gleichen Form und Regel wird man bei den übrigen Worten des Vater Unser verfahren, [dagegen] die andern Gebete, das Ave Maria, Anima Christi, den Glauben und das Salve Regina auf die gewöhnliche Art beten."[185] Auch für das Überlegen und Erwägen seiner Fehler nach dem ersten Gebot schlägt er als Maß die Zeit vor, die man braucht, um drei Vater Unser und drei Ave Maria zu beten. Für die Zeit der Verzeihung genügt ein Vater Unser. Diese Vorgangsweise gilt für alle 10 Gebote. Auch die Anwendung der „Disziplin" wurde in der Dauer von Gebetslängen praktiziert. Die Sünden in Form von mehreren Gebetslängen zu büßen war allgemeine Beichtpraxis, das Sprechen von Gebeten während des Kochens konnte somit auch dem Abbüßen der Sünden dienen.

Mit dem Aufkommen der ersten mechanischen Uhren, deren innere Logik eine lineare war, diktierte diese auch eine neue Art des Wahrnehmens. Wenn man begann, an Zeit als ein Ganzes von Stunden und Minuten zu denken und nicht als qualitativen und signifikanten Bezug auf Erfahrungen, gewöhnte man sich schnell daran, dieser mehr Gewicht beizumessen und sie (die Zeit) in gewisser Weise zu benützen – und einzusparen. Die Zeit, nicht gemessen an persönlich und sozial am eigenen Leib erfahrenen Daten, sondern in uniforme und abstrakte Einheiten unterteilt, durchdrang gradweise alle Aspekte des mittelalterlichen Lebens. Von der neuen Zeitauffassung und dem einsetzenden mechanischen Denken kündet Isaac Newton: „Die absolute, wahre und mathematische Zeit verfließt an sich und vermöge ihrer Natur gleichförmig, und ohne Beziehung auf irgendeinen äußeren Gegenstand."[186]

Die Zeit wird zur objektiven Größe, zur unabhängigen „Variablen" der klassischen Physik. Ab jetzt wird jegliches Zeitempfinden an die Maschine, die Uhr, delegiert.

In der Küche ist die erfahrene Zeit nach wie vor maßgebend. Was Archestratus im 4. Jahrhundert vor Christus einfordert, „nämlich sich wohlweislich der Zeit beim Braten eines Fisches zu besinnen und diesen nicht anzubrennen"[187], hat nach wie vor Gültigkeit, wird aber vielerorts von digitalen Zeitschaltuhren in die Pflicht genommen. Dann fühlt sich auch eine Köchin für das Anbrennen einer Speise keineswegs mehr verantwortlich, weil eben die Uhr zu spät ablief. Olfaktorische Wahrnehmungen, die auf zu lange Garzeiten noch rechtzeitig hinweisen, werden ignoriert oder zu wenig kontrolliert – man ist nicht dabei. Auch optisch feststellbare Farbveränderungen beim Garen von Gemüse werden nicht mehr beachtet, die Garzeit richtet sich nach der Uhr.

Für das Kochen ist eine Zeitauffassung, die aus der Erfahrung, dem teilnehmenden Beobachten und partizipierendem Bewußtsein schöpft, ausschlaggebend. Dabei werden die besten Ergebnisse erzielt. Obwohl vom diskursiv denkenden Menschen diese Vorgangsweise stets als Ungenauigkeit gewertet wird, liegt die Qualität des Lebendigen im Zusammenspiel von zyklischem und elastischem Element. Daß über das Vorsichhersagen von Gebeten oder dem Zählen bis auf 200 (für ein weichgekochtes Ei) ein Moment der Muße über den Rhythmus sich eher einstellt als beim Ertönen eines Signaltones, ist offenkundig. Die äußeren Rhythmen und die individuelle biologische Uhr stellen im Prozeß des Kochens eine schwer zu entflechtende Einheit dar.

Nach AUGUSTINUS messen wir die vorübergehenden Zeiträume aufgrund von Wahrnehmung: „XVI.21. Und dennoch, Herr, nehmen wir Zeitabschnitte (intervalla) wahr, vergleichen sie untereinander und nennen die einen länger, die anderen kürzer. Wir messen auch, um wieviel eine Zeitspanne länger oder kürzer ist als die andere, und antworten, die eine sei zweimal oder dreimal so lange oder beide seien gleich. Aber wir messen die vorübergleitenden Zeiträume aufgrund von Wahrnehmung. Doch wer kann die vergangenen messen, die nicht mehr sind, oder die zukünftigen, die noch nicht sind? Hat jemand den Mut zu sagen, er könne etwas messen, das nicht ist? Wir können also die Zeit wahrnehmen und messen, während sie vorbeigeht; ist sie vorübergegangen, können wir das nicht, denn dann ist sie nicht mehr."[188]

In den Rezepten lassen sich Zeitangaben nur bedingt exakt wiedergeben und sind daher mit

Vorsicht zu genießen. Die Zeit entsteht aus einer Kette von Ereignissen. Wenn die Speise fertig ist und zum Tisch kommt, ist die für die Zubereitung einer Speise nötige Zeit abgelaufen und bemessen. Der menschliche Leib ist hier ebenso wie der Intellekt eingebracht. Dynamisiert wird die Zeit durch die Rhythmik und Gestik.

Zur Zeit des Martino und Platina bis Rumpolt vollzieht sich in den Kochbüchern der Wechsel von nicht festen Zeitangaben zu ungefähren, noch immer viel Spielraum gewährenden Angaben in ganzen, halben, viertel und achtel Stunden. Die kleineren Einheiten wie Minuten und Sekunden existieren nicht, was nicht heißt, daß es für kürzeste Zeitspannen im Kochen kein Äquivalent gegeben hätte. Das Beten eines Miserere umfaßt lediglich einige Sekunden und drückt im Rezept eine kürzeste Zeitspanne aus. Etwas mehr Zeit nimmt das Beten eines Vater Unsers in Anspruch, im Kochbuch von St. Peter heißt es: „und laß ein kleins wenig trückern, nur etwan ein Vatter unser lang".[189] Der Versuch, eine unbestimmte Zeitspanne näher zu definieren, wird häufig gemacht. Zenker gibt schöne Beispiele anschaulicher Art und bemüht sich gleichzeitig, ein Äquivalent in Minuten zu geben, wobei er selbst immer wieder feststellen muß, daß dies nur mit Einschränkungen möglich ist. Über Zenker läßt sich die Unmöglichkeit einer fixen, festen Angabe gut verdeutlichen, er probiert es und stellt im selben Augenblick fest, daß es nicht funktioniert.

Zeitspannen in der Küchenpraxis sind auch bestimmt von jenen Tätigkeiten, die man verrichtet, während die Butter schmilzt, das Wasser zum Kochen kommt usf. Diese Abläufe hat man empirisch bereits erfaßt, man kennt deren Dauer und kann sie entsprechend einpassen oder auf eine andere Speise übertragen, ohne dafür ein Äquivalent in Minuten oder Stunden geben zu müssen. Sie haben ihre Zeit. In der Nürnberger Handschrift von 1609 wird als Vergleich die bekannte Garzeit für Lammfleisch herangezogen: „Dür Forren oder dergleichen Fisch ein Zumachen. Nimb guten Wein, Und kleine Weinbörlein, Und Zucker, laß wohl durcheinander sieden, Und wann es so lang gesoten ist als Lemblein fleisch, so würtz es wohl ab …".[190]

Abschließend möchte ich noch eine Bemerkung einer über viele Jahre tätigen Berufsköchin festhalten. Frau Grätzner ist heute in Pension und erzählt, daß sie früher oft während des Kochens gebetet habe, einerseits, weil man oft warten müsse und so die Zeit ausgefüllt sei, andererseits die Zeit somit auch eine Struktur bekomme. Heute sei das anders. Die Wartezeit werde mit Fernsehen ausgefüllt, und hier verliere sie jegliches Zeitgefühl, da brauche sie dann den Wecker.[191]

II. DAS NAHRUNGSMITTEL

1. TIERISCHE UND PFLANZLICHE NAHRUNGSSTOFFE

Der Gehalt an Nährstoffen als qualitativer Faktor ist für die nötige Quantität einer Zutat mitbestimmend. Den Menschen interessierte diesbezüglich die Verdaulichkeit eines Nahrungsmittels und seine nährende Komponente. Von einem weniger nahrhaften Lebensmittel wird er entweder mehr nehmen müssen oder dieses mit anderen Produkten kombinieren. In den von diätetischen Prinzipien bestimmten Rezepten des Mittelalters ist dieses Vorgehen immer zu beobachten.

Das Tier ist als Maß in den alten Flächenmaßen verankert. Ist es einerseits die Arbeitskraft des Tieres, die für das Maß Morgen den Ausgangspunkt darstellte, so bildete andererseits auch der Nahrungsbedarf eines Tieres eine wichtige Bemessungsgrundlage. Für die Existenz der Bauern waren diesbezüglich die Flächeneinheit „Kuhweide" und die nach der Heulieferung für den Winter bemessenen Grundstücke „Winterfuhr" oder „Kuhwinterung" maßgebende Faktoren. Noch heute rechnet der Bio-Bauer mit einem Hektar Land für eine Kuh. In Gebieten stark germanischer Kulturprägung war es etwa ab dem 7./8. Jahrhundert üblich, „die Ausdehnung eines Waldgebietes nicht in abstrakten Oberflächenbegriffen zu geben, sondern anhand der Schweine, die mit Eicheln, Bucheckern und anderen Waldfrüchten gefüttert und gemästet wurden."[192] Die Menge an Früchten, die der Wald einer bestimmten Anzahl von Schweinen bot und aufkommen ließ, machte demnach ein Stück Wald vier Schweine groß, ebenso wie für die Felder das Maß des Kornertrages, für den Weinberg die Weinernte und für die Wiesen die eingebrachte Menge Heu maßbestimmend war. Die allgemeine Vorstellung von der Größe eines Schweines war somit in der agrarischen Welt eine viel umfassendere, als dies heute der Fall ist. Die Bezugsgröße von 1 kg Schnitzel zum Tier selbst ist bei unseren Einkäufen nicht nur nicht vorhanden, sondern wird immer häufiger verdrängt. Damit verbunden ist auch der Verlust einer ehemals profunden Kenntnis hinsichtlich der Qualitäten von Fleisch, Milch etc. Der Zuckergehalt einer Kuhmilch stellte bspw. eine bekannte Größe dar. Im Kochbuch der Eleonora heißt es: „und ein wenig gezuckert, daß sie nicht süsser werde, als eine kühe-milch, …"[193] Dies setzte die geschmackliche Vorstellung der Süße einer Kuhmilch voraus; ebenso kann der Salzgehalt von Meerwasser eine geschmacklich bekannte Größe darstellen und somit beim Abschmecken die Richtlinie sein.

Der Name eines Tieres nimmt oft Bezug auf seine Futterquelle. So sind die Wacholderdrossel oder der Feigenpicker dann am besten zum Essen, wenn die Früchte reif sind und die Vögel diese verfuttert haben; die Wacholderdrossel zur Zeit des reifen Wacholders und der Feigenpicker während der Feigensaison. Auf diese Umstände hat man im antiken Griechenland besonderen Wert gelegt. Archestratus führt die Namen der Fische auf deren Herkunft, Aussehen, charakteristische Körperbewegungen, Verteidigungstaktik, bestimmte Organformen oder Eßverhalten zurück und weist immer wieder auf die Bedeutung des Zeitpunkts und die Örtlichkeit des Fanges hin.[194] Unter seinen zahlreichen Ratschlägen heißt es: „Auf Thasos sollst du den sculpin nicht größer als deine Armlänge kaufen; von größeren laß die Hände weg!"[195] Größere Fische als eine Spanne wurden vorzugsweise gekocht, kleinere gebraten. Im Gesundheitsbuch „Schachtafeln der Gesundheit" bei Michael Herr (1546) steht geschrieben: „Fische, die nicht länger als eine Elle und nicht kleiner als eine Spanne sind, eignen sich mit Gewürzen und Essig abgesotten zu werden."[196] Der „Kuchenmeyster" empfiehlt in seinen Ausführungen über die humoralpathologischen Eigenschaften der Nahrungsmittel für einen Menschen mit zu heißem Magen: „Item wiltu einen menschen seinen verhitzten magen in seinen naturlichen stant bringen. so sol man im geben czu niessen speis die kalter natur ist als ampfer. melden. latuca. wahenpletter. gesoten vnd nit heys geessen vnd visch mit schupen dy in frischen schnellem wasser gehn."[197] Die Zubereitung war zudem anatomischen Kritierien unterworfen. Die unterschiedlichen Stücke vom Schwanz über den Bauch bis zum Kopf – auch durch unterschiedliche Farbwerte gekennzeichnet – verlangten eine andere Handhabung, was mit Auswirkungen auf eine bessere Verdaulichkeit begründet wurde.

In feudalen Zeiten wurde das Tier bevorzugt in seiner ganzen Form zu Tisch gebracht, was Reichtum und Großzügigkeit voraussetzte. Auf den Tischen der Armen behalf man sich mit dem kleineren Huhn oder einem Vogel. HERODOT berichtet von der Gewohnheit der Perser, bei Geburtstagsfeierlichkeiten einen bestimmten Anteil der Speisen von den Gästen selbst beisteuern zu lassen: „Die Reichen unter ihnen sollten einen Ochsen, einen Esel oder ein Pferd oder ein Kamel – im Ganzen gebraten – mitbringen; die Armen gaben kleinere Tiere her."[198] Gerne tischte man auch ganze Schwärme von Vögeln, beliebt waren die Drosseln, auf. Dies wird schon bei Athenaeus betont, der zu den Drosseln schreibt: „Von ihnen und auch von anderen Vögeln wurden ganze Schwärme zur Vorspeise serviert."[199] In aller Deutlichkeit schreibt Meister Chiquart: „Am meisten angesehen ist das alleinige Auftragen von Braten und nichts sonst. D. h. ein ganzes Geißkitz, ein ganzes Spanferkel, eine große Kalbslende, eine große Schweinslende und Schafschultern, auf einer großen goldenen Platte serviert. Danach das Geflügel, ebenfalls auf goldenen Platten: d. h. fette Gänschen, mit Korn gefütterte Kapaune, Fasane, Rebhühner, Hasen, Tauben und Reiher; von diesen sollten jeweils ein paar von jeder Sorte in solch großer Menge auf einer Platte aufgetragen werden, daß die Platte richtig schön voll und angehäuft ist."[200]

Die Aussicht auf ausreichende Sättigung, das „Aus-dem-vollen-Schöpfen" ist nach wie vor beim Auftragen einer Speise ein für die anwesende Gesellschaft wunderbar beruhigendes Gefühl.

In Fastenzeiten war die Nachbildung von Tierformen sehr beliebt. Fisch im Schweinemodel sollte über die strengen Speisevorschriften hinwegtäuschen. Auf das Formen von Brot in Tiergestalt stoßen wir bereits bei den Griechen im Rahmen der Opferungen, was heute noch im Osterlamm aus Hefeteig nachklingt. Nach HERACLEIDES hat man Kuchen aus Sesam und Honig auch zu weiblichen Geschlechtsteilen geformt.[201] Hinter der „Ofenkatze", einer Süßspeise aus dem Bregenzerwald, steckt ein Gugelhupf aus Hefeteig mit gedörrten Früchten; der Name geht auf die Katze zurück, die sich gerne am warmen Ofen zusammenrollt.

Das Nahrungsmittel beeinflußt über die Gestalt und Form den Geschmack einer Speise nicht unwesentlich. Seine Größe und Form sind für die gewählte Garmethode und die Garzeit mitbestimmende Faktoren. Bereits im Viandier von Taillevent sind die Fischrezepte ausdrücklich in drei Kategorien geteilt: Frischwasserfisch, runder oder gewölbter Meeresfisch und flacher Meerfisch – mit entsprechender Ausrichtung der Zubereitungen. Ein Gericht über ein und dieselbe Zutat formal zu akzentuieren ist häufig der Fall. Zenker rät für eine Sardellen-Tunke mit stärkerem Geschmack, den schöneren Teil der Sardellen in feine Würfel zu schneiden und den Rest in Form einer Sardellenbutter der Sauce beizugeben.[202] Es gibt noch unzählige Beispiele, in welchen eine Zutat einmal formal unterlegt, über das Schwebende, Fließende geschmacklich partizipiert und daneben über formal bißfeste Stücke zerkaut werden muß und so einen stärkeren geschmacklichen Konterpart bildet. In einem Rezept für einen Mandelschmarren wird 1 Pfund Mandeln zuerst in drei Teile getrennt: „den ersten daill stoß groblet, den andern schneid langlet, den driten toil laß ganz, …"[203] Oft bedient man sich bei der Angabe von gewünschten Formen nicht einer geometrischen Größe, sondern eines Vergleiches, welcher eine allgemein bekannte Größe darstellt. In der Nürnberger Handschrift heißt es: „Weinstrauben aus Öpffel oder Birn bachen: Nimb Opffel oder Birn, schels und Zerschneidts fein langlet, wie weiß-ruben, …"[204] Die weißen Rüben stellten als konservierte Speise ein wichtiges Nahrungsmittel dar und waren daher in ihrer Form geläufig. Auch die bei der Zubereitung eingesetzten Hilfsmittel („fingerbreit", „eines messerrückens dick", „bindfadendünn" etc.) bieten praktische Vergleichsmöglichkeiten.

Eine Vielzahl von Lebensmitteln ist in der Küche als Größenmesser im Einsatz. Dabei können feinste Abstufungen entstehen. Bezeichnungen wie eigroß, halbeigroß, hennen-eigroß, dottergroß, haselnußgroß, welschenußgroß, bohnengroß, soviel als „zwey Erbsen“ groß usf. lassen nur anklingen, wie reichhaltig die Palette war. In südlicheren Ländern, wo andere Lebensmittel vorherrschen, tauchen auch andere Vorbilder auf. So vergleicht Martino mit der Größe von ganzen Kastanien, halben Kastanien, der Saubohne, einer Ravioli, der Baumnuß, den Rosinen usf.

Auch bei der Messung von Konsistenzen, der Dicke eines Teiges oder Muses werden Vergleiche mit gängigen Breien und Teigarten hergestellt. Ebenso ist das Ei als Maßstab für die Garzeit häufig in Verwendung: „solange ein Ei hart kocht“, „solange ein Ei weich kocht“ sind grundlegende Richtwerte.

Form und Größe eines Nahrungsmittels lassen selbstverständlich auch Rückschlüsse auf dessen Qualität zu. So beschreibt Athenaeus den runden Rettich, speziell aber jenen mit den weichen Blättern, als den süßesten oder mildesten.[205] Die kleinen Äpfel oder Beeren sind oft geschmackvoller als die großen und in der Regel auch besser haltbar. Eier, die von „hennen kommen, die keinen hahnen haben“, sollen keine Kraft geben. Bereits HORAZ weist auf diese Qualitäten hin: „Zunächst die Eier: sei bedacht, nur solche auf den Tisch zu bringen, die von länglicher Gestalt; sie schmecken besser, haben helleres Eiweiß als die runden, denn die Haut ist härter und ein künftiges Hähnchen steckt dahinter. Der Kohl vom trocknen Feld ist feiner als vom wasserreichen Garten bei der Stadt; nichts ist so kraftlos wie verwässertes Gemüse.“[206]

Jedes Gemüse, jedes Obst, jedes Tier – ein jedes Nahrungsmittel hat seine eigenen „Hochzeiten“, Wochen des ausgeprägtesten Wohlgeschmacks und erfreulichsten Aussehens. Dieser richtige Zeitpunkt des Lebensmittels, der sich nicht über das ganze Jahr erstreckt, wird heute, wo das ganze Jahr alles verfügbar sein soll, gerne außer acht gelassen.

2. ZUM ZEITPUNKT DES TÖTENS

Montanari weist auf die Gewohnheit, Tiere (Kälber, Hühner, Fische) lebend in die Läden oder auf die Märkte zu bringen, d. h., sie wurden lebend von ihrem Fangort zur Verkaufsstelle transportiert und feilgeboten.[207] Und lebend kamen sie oft auch in die Töpfe, wie manche Rezepte belegen. In einem Rezept für „Gefüllte Grundeln" darf der Fisch die für ihn vorgesehene Fülle noch lebend zu sich nehmen: „Darnach klopffe Eyerdottern in eine tieffe Schüssel oder Hafen/ saltze es ein klein wenig/ und würff die Grundeln auch hinein/ so schluckern sie dieselbige aus/ und füllen sich selbsten damit;"[208]. In einem Rezept für Grundel-Blau heißt es: „… /schütte sie in die Pfannen/ decke selbige geschwind zu/ daß die Fischlein bald sterben;"[209].

Rumpolt schreibt zur Grundel: „Von Grundel oder Schmerrling seind neunerley Speiß vnd Trachten zu machen. Nr. 1. Abgesotten fein blaw. Nimm die Grundel/ thu sie in ein Kessel oder hafen/ vnd geuß lautern wein darüber/ daß sie darinnen sterben/ vnd wenn sie gestorben seyn/ so geuß essig darüber/ so werden sie fein blaw/ schüt sie in ein Fischbadel wenns seudt/ vnd setzs auff Kolen/ laß gemach sieden/ vnnd schaw/ versaltz es nicht/ daß sie fein säurlicht seyn. Vnd wenn du wilt anrichten/ so seig ein Meybutter darüber/ …"[210] Heute wird solchen Anweisungen nicht mehr Folge geleistet, einzig der Hummer darf offiziell noch lebend in den Kochtopf geworfen werden.

Auf die jahrhundertelange Gewohnheit, Hühner mit Branntwein, Essig oder Wein zu ertränken, weist eine Stelle bei Horaz: „Kommt dir am Abend unerwartet noch ein Gast ins Haus, so soll das Kochhuhn sich nicht zäh dem Gaumen widersetzen; drum merk dir: im Falernermost mußt du das Tier ertränken, das gibt ein zartes Fleisch."[211]

Noch im Barock finden wir zahlreiche Rezepte mit der Aufforderung, die Hühner lebendig mit Branntwein und Essig zu ertränken. „Nim ein Löffl voll äßig, und ein Löffl voll brandwein darnach gieß denen hendeln in den Halß und bindt ihnen zue, laß also Verzappeln …"[212], heißt es im Klosterkochbuch St. Peter aus Bludenz. Sehen die einen in dieser Maßnahme eine Geschmacksverbesserung, so spielten bei solchen Zubereitungen, in denen lebende Tiere zu Tode geschunden wurden (erinnert sei auch an das Rezept vom singenden Schwan[213]), auch die magischen Vorstellungen mit. Man glaubte nämlich, daß dadurch die „Lebenskraft" vor allem junger Tiere in der Zubereitung erhalten bleibe und somit dem Kranken zugute komme oder die Krankheit überhaupt zum Schwinden gebracht werden könne.[214]

Ich bin hier eher mit Horaz der einfachen Meinung, daß es das Fleisch zarter oder mürber machte. Nachdem die Kirche das Zutodeschinden eines Tieres nicht mehr billigte, mußte man sich eben andere Gründe, wenn auch wenig plausible suchen, die im Aberglauben schöpften. Im antiken Athen gab es nach Androtion ein Gesetz, wonach keine jungen Tiere, z. B. ein Schaf, das noch nie geschert worden war oder noch kein Lamm gebärt hatte, zur Opferung gebracht werden durften. Damit sollte der Haustierbestand erhöht werden, und auf den Tisch gelangten nur ausgewachsene Tiere.[215] Diese Maßnahme läßt vermuten, daß es sehr wohl üblich war, junge oder noch ungeborene Tiere aufzutragen. Apicius nennt mehrere Rezepte für Ferkel, und es findet sich auch eine Anweisung für die Zubereitung der Gebärmutter einer Sau, die noch nie geworfen hatte, was eine beliebte Speise der Alten gewesen sein soll.[216] Rumpolt berichtet von einem aus der Hirschkuh geschnittenen Kalb, Eleonora empfiehlt ungeborene Häslein gegen die Unfruchtbarkeit.

Athenaeus zitiert HIPPARCHUS, Autor der ägyptischen Iliade, der die spezielle Feinheit eines nicht ausgetragenen, zu früh geborenen Ferkels lobt: „Viel lieber ist mir das Gericht oder der liebliche Gesichtsausdruck eines Ferkels von einer Fehlgeburt oder der so vorzüglich vom Ofen herströmende Geruch."[217] Archestratus schwärmt vom Genuß einer gekochten Schweine-Matrix: „in Kümmel, Essig und Silphium schwimmend".[218]

In der Kuchenmeysterey wird für bestimmte Hühnergerichte das alte und feiste Huhn empfohlen: „auch wiß das dy alten feisten huner gut dorzu sein."[219]. Als ich bei meinem Metzger einmal Kalbsknochen für eine Suppe kaufen wollte, fragte er mich, wer denn krank sei, denn die Knochen eines Kalbes gäben keine „gute“ und starke Brühe. Peter Kubelka sagte zum Konzept des Alters und der Jugend, gegenübergestellt in der „Hühnersuppe mit Engelshaaren“: „Hühnersuppe ist die Verherrlichung des alten Tieres, denn das Schicksal des Huhnes schlägt sich im Geschmack nieder.“[220]

3. DIE GEWÜRZE

Das Würzen sollte stets zum richtigen Zeitpunkt und in der richtigen Menge erfolgen. In den Rezepten stoßen wir auf viele diesbezügliche Vorschriften. Überaus zahlreich sind die Hinweise zum Salzen.

So wird der Stockfisch erst gegen Ende der Garzeit gesalzen, da er sonst hart wird; dasselbe gilt für die Leber und die Hülsenfrüchte. Das Nudelwasser soll erst beim Aufkochen gesalzen werden. Unterschiedliche Fleischarten verlangen unterschiedliche Salzmengen. Philippine Welser schreibt für das süßere Fleisch der Fische mehr Salz als für den Kapaunen vor.[221] „… die hochten bederffen mehr salz als die ferchen", bemerkt die Innsbrucker Köchin eines Apothekerhaushalts.[222] Bei Kuttelflecken wird die schöne weiße Farbe neben dem genauen Waschen und dem langsamen Garkochen (7 Stunden) erst über das Salzen in der letzten Stunde erzielt.[223]

Die Beispiele aus dem Rezeptmaterial zeigen die Vielfalt der Vergleichsmöglichkeiten, wenn es darum geht, eine Salzmenge näher zu beschreiben. „Soviel Salz wie man zwei Eier damit salzt", „so viel, als man eine fleisch-suppe saltzt", „werffe Saltz darein /nemlich zu einem jeden Pfund Fisch / eine Hand mit Saltz/".[224] Aber auch Grund und chemische Konsequenz werden genannt, z. B.: „so versaltz es nit/ denn wenn du es sehr saltzest/ so wirdt es wässerig." Oder: „und versaltz sie nicht/ denn der Parmesankeß ist vorhin gesaltzen." Bei Salzlaken wird die nötige Salzzufuhr über ein Ei bestimmt.

Weiters war beim Salzen zu berücksichtigen, wie lange man bspw. die Würste aufzubewahren gedachte; je länger, desto mehr Salz. Die ständige Aufforderung, die Speise auf ihren Salzgehalt zu prüfen oder zu probieren, „ain wenig esich vnd saltz vnnd versauch das recht am saltz sey", deutet auf eine erhöhte Aufmerksamkeit im Umgang mit Salz. Als Konservierungsmittel war es sehr verbreitet im Einsatz, und darauf galt es beim Kochen Rücksicht zu nehmen. Die Auffassung von versalzenen Speisen im Mittelalter kann hier nicht bestätigt werden. Lobera de Avila schreibt in seinem „Banckett oder Gastmal der Hofe und Edelleut", Kap. 3 (1563): „Saltz ist warm vnd trucken/ bequem gar nahe inn allen speisen/ gibt jnen einen geschmack/ vnd macht begirde zu essen. Vnd wo kein saltz/ da ist auch kein geschmack/ Wo es in großer vile genommen wirt verbrennet es das geblüt/ schwecht das gesicht/ mindert den samen/ macht jucken vnnd rauden der haut/ vnd andere nachtheyl."[225]

Das Würzen mit Kräutern war sehr beliebt, und auch hier wird auf den richtigen Umgang großer Wert gelegt. Rumohr schreibt im Kapitel Suppenkräuter: „Die Petersilie z. B., ein uraltes würzendes Kraut, dürfe man nicht zu frühe, sondern immer zur gehörigen Zeit zur Speise tun. Sie müsse an sich immer ihre schöne grüne Farbe behalten. An sich gelte das auch von allen übrigen würzenden Kräutern, nur beim Dragon (Estragon) nicht, der halte eine längere Zeit die Siedehitze aus."[226]

Apicius rührt eine Sauce mit dem Kräuterstrauß selbst, was die Gestik sehr zum Tragen kommen läßt. Man rührte so lange, bis der aufsteigende Duft wahrgenommen wurde. Dem Käse wird das Lab über das Rühren mit einem Feigenbaumzweig zugesetzt, was eine sehr subtile Angelegenheit gewesen sein dürfte. Geschmacklich soll dieser Käse alle anderen übertroffen haben.[227]

Mengenangaben für Gewürze sind erstaunlich oft und schon früh genau definiert. Gerade deshalb sind sie auch mit Vorsicht zu genießen. Gewürze stellten über Jahrhunderte neben ihren geschmacksgebenden und medizinischen Qualitäten auch ein Objekt der Begierde dar, zu welchem der Normalverbraucher kaum Zugang hatte. Belegen die von mir ausgesuchten Rezeptbeispiele einen sehr ökonomischen und von Geschmackskriterien bestimmten Umgang mit teuren Gewürzen, so finden sich stets auch Beispiele, die das Gegenteil vermuten lassen. Dabei handelt es sich meist um Rezepte, die weniger von gastronomischen Kompetenzen als von einem von Wunschvorstellungen und Phantasien diktierten Verbraucherverhalten zeugen. Sie sind interpretierbar als Bedürfnis nach sozialem Aufstieg, welches sich der prestigeträchtigen Gewürze als Gradmesser bedient. Unverhältnismäßig große Mengen von gefragten Zutaten lassen sich zu allen Zeiten aus dieser Sicht erklären. Heute sind dies bspw. der Lachs oder die Trüffel (als Trüffelöl ebensooft mißbraucht) in der Gourmet-Küche.

Die finanziellen Verhältnisse sind für die gewählten Materialien und Mengen nach wie vor maßgebend. Rumpolt rät: „wann du es wilt süß machen/ so thu es mit Zucker/ Honig/ oder mit gesotten süssem Wein/ Denn du bist nicht allezeit bey grossen Herrn/ da man dir allenthalben Zucker kaufft/ und mußt auch offt ein Sache machen/ wie du den Zeug findest/ denn es hat nicht ein jeglicher ein vollen Seckel mit Gelt/ drumb muß ein Koch einem Herrn seinen nutz und frommen betrachten,“[228] und weiß sich auch beim Pfeffer zu behelfen, „hastu kein Pfeffer/ so nim Ingwer darvnter/…“.[229] Mußte man früher auf den Zucker verzichten, so sind es heute die billigeren Industrieprodukte, die den echten Parmesan, die frischen Kräuter und den Imkerhonig ersetzen.

Auch die in einer Region oder Familie üblichen Geschmacksgewohnheiten spielten eine Rolle. Martino gibt für ein Wildbret folgenden Rat: „mach diese peperata kräftig oder süß, mit Essig und mit Gewürzen, ganz nach dem gemeinen Geschmack oder jenem Deines Herrn.“[230]

III. DIE GEFÄSSE, GERÄTE UND HEIZQUELLEN

1. GEFÄSSE, TÖPFE UND NATÜRLICHE BEHÄLTER

In der Küchenpraxis bieten die Hohlmaße, d. h. die Gefäße, einen oft verwendeten Behelf beim Messen. Die Griechen nannten alles, was eine hohle Form, eine Vertiefung aufwies – ausgehend von der hohlen Hand – kotyle, womit ein irdenes Geschirr, eine Schale oder ein Becher gemeint war. Schon bei den Athenern stellte dieses Gefäß eine Maßeinheit dar. Nach Alberti enthielt ein kotylae 0,273 1. Das Hohlmaß bildete naturgemäß die Verbindung linearer Maße mit Gewichtsmaßen. Ein Sextarium faßte bei den Römern 20 flüssige Unzen, was in der Praxis die Erfassung sowohl flüssiger als auch trockener Gegenstände mit einem Maß ermöglichte.

Der Ruf nach größeren Geschirren als die hohle Schale der Hand kam ebenso wie das Ändern des Mischungsverhältnisses von Wasser und Wein zugunsten des Weins der unbemerkten Tilgung eines größeren Hungers oder Durstes nach. Die Größe eines Trinkgeschirrs soll bei den Griechen nie sehr groß gewesen sein, nur die für heroische Wesen bestimmten Gefäße waren größer.[231] Die Bechergröße war also Ausdruck der Mäßigkeit oder Unmäßigkeit beim Trinken, und die großen Becher sollen erst bei Leuten mit viel Macht entstanden sein. Dies sei nicht die Eigenart der Griechen gewesen, sondern ein barbarischer Import. HERODOT berichtet in seinem 5. Buch der Geschichte über einen gesetzlichen Importstopp bei den Menschen von Argos und Aegina, wonach kein Artikel aus Attika zu den Opferhandlungen mitgebracht werden durfte, nicht einmal ein Stück Töpferware. Das Trinken war für die Zukunft nur aus Gefäßen (chytrides) örtlicher Produktion gestattet.[232] Damit hatte man auch das Fassungsvermögen des Trinkgeschirrs im Griff, schlechte Einflüsse anderer Völker und Länder sollten dadurch abgewehrt werden. Vor Trunkenheit sollen auch jene irdenen Trinkgeschirre geschützt haben, die man zuvor im heißen Wasser mit Myrrhe und aromatischen Kräutern erhitzte.[233]

Die Formen der Gefäße wurden oft imitiert, Materialien wechselten von Holz zu Silber oder Ton, je nach technologischem Stand, nicht immer war eine qualitative Verbesserung damit verbunden. Das für den Behälter vorgesehene Produkt bestimmte mit seinem Gewicht die Materialstärke eines Gefäßes, daneben wurde auch auf dessen Proportionen, auf das Verhältnis zwischen Durchmesser und Höhe, geachtet. So konnte ein Scheffel (Getreidemaß) nie ein sehr hoher Behälter sein, da seine Höhe die von der Erde bis zur heruntergehaltenen Hand eines stehenden Menschen liegende Distanz nicht überschreiten durfte. Daraus resultierte die am häufigsten auftretende Proportion von 3 : 1, d. h., daß die Tiefe eines Bottichs ein Drittel seines Durchmessers betrug. Berücksichtigt sind dabei sehr praktische Gründe, da das Getreide unter geringster körperlicher Anstrengung am leichtesten auf Höhe der Hand eingeschüttet werden konnte.[234] Die Gewohnheit, Gefäße und Behälter nach genau bestimmten Größen zu fertigen – Columella beschreibt die Herstellung von Körben, die zehn oder drei Modii fassen – ersetzte eigene Wäg- und Meßinstrumente in der Praxis.

Liter
1
0.9
0.8

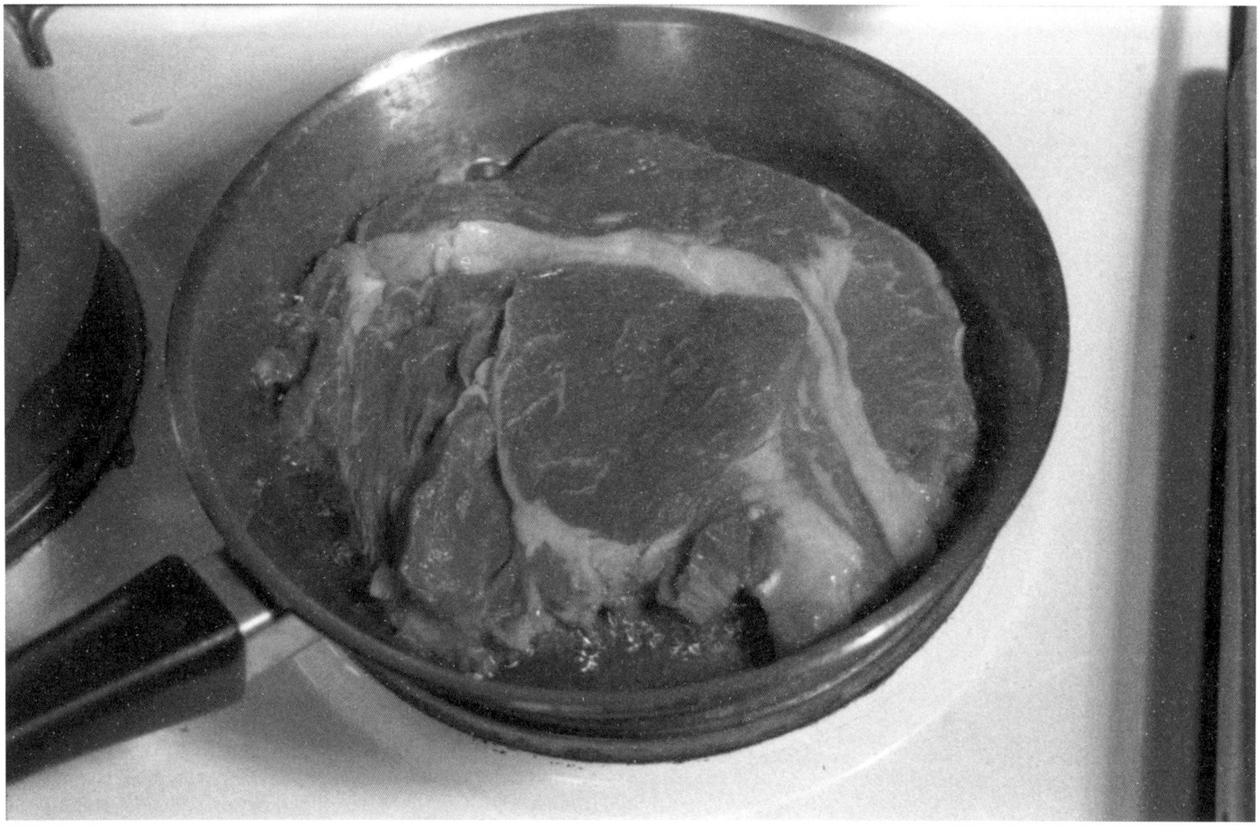

Für den Menschen war es damals selbstverständlich, daß die verschiedenen Gefäße gleichzeitig verschiedene Maße bedeuteten. „Wenig ist über die Hohlmaße zu sagen, deren Benennungen in der ältesten Zeit noch gänzlich mit den Bezeichnungen der Gefäße, in denen Flüssigkeiten und trockene Gegenstände aufbewahrt zu werden pflegten, zusammengefallen sein werden."[235] Im übrigen verlangten unterschiedliche Güter auch verschiedene Gefäße oder Maße. Der dickflüssige und schwere Honig wurde nicht im selben Gefäß wie der leichtflüssige Wein, das Öl nicht im gleichen Krug wie die Milch gemessen. Je nach Kostbarkeit eines Gutes maß man mit verschiedenen Maßen, auch wenn die Bezeichnung dieselbe war. Die große Elle wurde bspw. für das Messen von Leinwand verwendet, die kleine Elle nur bei Seide herangezogen. So waren innerhalb derselben Region oft mehrere Fuß- und Ellenmaße im Umlauf, verschiedene Getreidemaße sowie große und kleine Gewichte nebeneinander in Gebrauch. Die Begriffe sind oft aus dem Römischen oder Lateinischen ableitbar. Die „Batiacca", ein Weingeschirr, wird zur deutschen Patzeide. Im Handel richtete sich der Verkäufer nach dem Maß des Käufers, wobei oft mit zweierlei Maß gemessen wurde, ein im Mittelalter sehr häufig vorkommendes Delikt. Man maß mit einer großen Elle beim Einkauf und mit einer kleinen Elle beim Verkauf. Der Mißbrauch im Handel oder im Ausschank beschleunigte die Vereinheitlichung der Maße und Gewichte. Am 31.12.1669 erließ Leopold I. für Wien eine Verordnung, wonach keine Meßgeräte ohne Zimentierung verwendet werden durften. Geschirre, verwendet im Ausschank, mußten geeicht sein.[236] Die als Musterstücke dienenden Längenmaße Ellen, der als Getreidemaß dienende Metzen oder die vorgeschriebene Größe des Brotes waren zu diesem Zwecke oft an den Rathäusern oder Kirchenportalen angebracht.

Wie relativ ein vorgegebenes Maß letzten Endes für die Bereitung einer Speise sein kann, belegt eine Stelle nach Athenaeus: „Ich schnitt dann einige Kräuter ganz fein auf, reichlich, und wenn der Krug ein Viertel faßt, ich mache ihn völlig leer."[237] Hier spricht das Temperament und die Großzügigkeit, die sich an kein Maß hält, sondern mit Leib und Seele würzt.

Die in der Küche verwendeten Gefäße, Töpfe und Geschirre standen somit in direkter Beziehung zu ihrer Funktion, die sich je nach Lebensmittel und Zubereitungsart veränderte. Formen, Größen und Materialien der Gefäße wirken in ihrem Zusammenspiel mit Hitze und Gargut physikalisch auf die Speise ein. In der Kuchenmeysterey heißt es in einem Hühnerrezept: „der hafen sol weit sein das es nit anprynn.".[238] Um ein Fleisch gut zu kochen, empfiehlt Meister Martino: „... stell es in einem Kessel zum Feuer, der nicht zu eng ist, damit es (das Fleisch) weißer bleibt."[239] Auch Maître Chiquart weist im Rezept für glasierte Kitzköpfe darauf hin: „setz sie dann ordnungsgemäß zum Kochen in einen Kessel, wo sie Platz zum Kochen haben, ..."[240] Der unlängst durchgeführte Versuch eines Physikers macht die im Kochen ablaufenden Prozesse besonders deutlich: „Pudding, in einem flachen Gefäß langsam auf dem Herd erhitzt, kann oben fest werden und unten flüssig bleiben. Das hat mit einer jetzt vielbeachteten Physik zu tun, die man Synergetik bezeichnet."[241]

Auf die angemessene Größe eines Geschirrs im Verhältnis zur Hammelschulter ist wiederum bei Chiquart zu achten: „Er (der Koch) soll sie in ein Geschirr, das groß genug ist, geben, um die Schulter in dieser grünen Mischung ohne Bedrängnis wälzen und drehen zu können."[242]

Chiquart spricht im weiteren oft von den zweihenkeligen Töpfen, welche in etwa die Form von Kasserollen, also eher weiten und flachen Gefäßen, gehabt haben.[243] „Das gelinde Kochen und Dünsten wird meistens für niedrige, flache Gefäße verlangt, während die hohen Hafen mit Deckel häufig mitten in der Glut standen. Bei einer Ausgabe der Küchenmeisterei von 1537 sieht man die Glutstückchen rings um den Fuß des hohen Hafens verteilt, bei einer anderen Ausgabe (Platina, 1542) schlagen rings um den Topf sogar die Flammen hoch."[244]

Aus diesem Blickwinkel erklärt sich auch das ständige Töpfewechseln. Zuerst wird das Fleisch vorgekocht, vorgebraten oder vorgesotten, und dann soll es in der Brühe nachziehen, was bei Chiquart meist im sogenannten zweihenkeligen Topf geschieht.

All diesen Hinweisen schenkten die Köche und die Autoren der Aufzeichnungen große Aufmerksamkeit.

Dinkelbrei soll bei Apicius in einer runden, tiefen Schüssel aufgetragen werden, die gebratenen Fische dürfen in einer flachen Pfanne in einer Sauce nachziehen. Meine Mutter servierte die Käsknöpfle in einer tiefen, nach oben weiter werdenden Schüssel. So blieb die Speise warm, der Käse konnte gut fließen und die Masse hielt zusammen. Nur mehr vereinzelt wird man heute auf solche Notwendigkeiten hingewiesen, einiges ist aus Gewohnheit überliefert, ohne die Bedeutung näher zu kennen.

Gefäße stellten somit nicht lediglich die formale Hülle eines Inhaltes dar, sondern nahmen auch Einfluß auf die Qualität der Speise.

Als Gefäß diente oft das Tier selbst, das zugleich auch die Speise ausmachte. Bei Würsten, Saumeisen oder anderem Gefülltem werden die Därme oder das Netz des Tieres als Gefäß oder Hülle genommen. Diese sehr anpassungsfähigen Gefäßarten sind bei Zenker im Rezept für einen faschierten Kalbskopf erwähnt: „Die abgelöste Haut wird mit Fasch gefüllt (…), welches jedoch nur locker geschehen darf, in Betracht daß der Fasch anschwillt, die Haut hingegen sich zusammenzieht." Auch bei Apicius heißt es bei einem gefüllten Huhn oder Schwein: „… und laßt genug Platz für das Aufgehen derselben."[245] Auf Übertragungsschwierigkeiten stoßen wir im Rezept für ein „Huhn mit Colocasium", in welchem Gollmer in Unkenntnis dieser Abläufe das Platzen irrtümlich auf den Topf überträgt.[246] Die Innsbrucker Köchin aus dem Apothekerhaushalt brät und serviert das Kalbshirn mit dem Namen „Deutsche Austern" in den beiden aus dem Kalbskopf genommenen Hirnschalen: „Nimb daß hirn hackhs thues auf Ein schüssl giesz öll vndt buter daran pfeffer vndt saltzes riers durch Ein andter nimb die 2 hirn schallen aus dem Kalbs kopff fils, brats auf Ein rost setz auf Ein täller."[247]

Im auf die Fastenzeit bezogenen „Fischstilleben mit Zwiebel und Käse" von JACOB FLEGEL (1563–1638) wird der in Stückchen zerlegte Hering in seiner eigenen, ganz belassenen Hülle serviert und somit als eßbare Schale verwendet.[248] Auch der Steinbutt ist für diese Form der Präsentation gut geeignet. Die Zubereitung richtet sich danach.

Ebenso nahmen die Pasteten als Behältereiner bestimmten Fleischspeise die Form des entsprechenden Tieres an. Diese sogenannten Pastetenhäfen aus Teig konnten gegessen oder nicht gegessen werden. In ihrer Form bildeten sie meist das in ihnen verborgene Tier nach und waren besonders schön ausgeschmückt. Conrad Hagger gibt in seinem „Saltzburgischen Koch-Buch"[249] in den Kupfertafeln ein anschauliches Bild dieser Lauber-, Rosen-, Artischocken- oder Auerhahnpasteten. Oft wurden auch natürliche Teile des Tieres wie Schwanz, Feder, Kopf, Flügel oder Pfoten mit benutzt, man sprach dann von Parade-Figur- und Federpasteten, die nur zu besonderen Anlässen aufgetragen wurden.

Im Barock mutierten diese vermutlich erst aus praktischen Gründen entstandenen Pastetenhäfen als künstlerisch-plastische Inventionen zum Schaustück und bildeten einen Bestandteil der repräsentativen Schauessen.

Das Ei taucht sehr oft als Behälter oder Gefäß auf. Einerseits dient die Eischale – auch unter dem Begriff „guge" – als Hohlmaß, und andererseits stellt sie bei den Eiern am Spieß gebraten das Bratgeschirr. Im Nürnberger Kochbuch werden in einem Rezept alle Flüssigkeiten mit der Eierschale gemessen.[250]

Brot ist ebensooft als eßbares Gefäß oder Untersatz anzutreffen. Wurden die gebratenen Fleischstücke auf einer Scheibe Brot serviert, so konnte das Brot als Teller den austretenden Fleischsaft auffangen und anschließend als schmackhafter Bissen mitverzehrt werden. Im Kuchenmeyster heißt es: „Item ein fremde gebachens heiss Schnabel. Nym weiss prot schneid dy rinten do von. doraus mach düne schniten dy leg auff ein pret schneid dy rinten als deller."[251] Franklin beschreibt „Tranchoir" – heute ist darunter ein Hack- oder Wiegebrett aus Holz zu verstehen – als ein rund geschnittenes Stück Brot, das als Teller zum Essen solider Speisen diente. Weiters erwähnt er die in bürgerlichen Haushalten anzutreffenden „salières de pain", ein ausgehöhltes Stück Brot, in welches man das Salz gab und so als Salzbehälter auftischte.[252] Auch der Begriff soupe, unter welchem heute ganz allgemein Suppe zu verstehen ist, wird von der Brotschnitte hergeleitet. Die Italiener übernahmen diese aus flüssigen wie festen Teilen bestehende Suppe der Franzosen als Zuppa, ersetzten aber ihren festen Teil durch Teigwaren.

2. DER LÖFFEL UND ANDERE GERÄTE

Der Löffel diente zum Kosten der Speise[253], zum Essen und Trinken, zum Rühren, zum Schöpfen von einem Gefäß ins andere, zum Abschäumen, zum Herausnehmen der Speisen etc. Speziell wurde er aber als Hohlmaß verwendet, nach Torsten Gebhard war der Löffel das kleinste Maß vor Einführung des Litermaßes.[254]

Solange die zum Kochen verwendeten Rührkellen und Löffel noch von Hand gearbeitet waren, hat auch ein Anpassen an diese Hand im Sinne eines Werkzeugs als Verlängerung und Hilfsmittel der natürlichen Gliedmaßen stattgefunden. Die heute von der Industrie gefertigten Schneebesen, Schöpfkellen und Rührlöffel lassen oft jene Leichtigkeit vermissen, die den Übergang von der Hand zum Werkzeug fließend werden läßt.

Platon erläutert am Beispiel eines Hirsebreis, weshalb der für diese Speise prädestinierte Löffel aus Feigenholz sein sollte: Material und Geschmack greifen ineinander, auch die Form des Löffels spielt – vor allem beim Essen – mit. Immer wieder kann man im kleinen Kreis feststellen, daß jeder seinen Lieblingslöffel oder seine Lieblingsgabel hat und dies in engem Zusammenhang mit einer Speise stehen kann.

Bei dem im alpenländischen Raum als „Gatzl" bezeichneten Schöpflöffel gilt als Einheit das Viertel-Maß, was nach bayrischen Berechnungen soviel wie das Viertel von 1 Maß (1 oder 2 Liter) darstellt. Helbok führt im Vorarlbergischen den Begriff „keze" auf eine Schöpfkelle zurück, hergeleitet vom Lateinischen „cazia" und dem Italienischen „cazza", einer Maurerkelle. Die Italiener wurden in Vorarlberg lange mit dem Spottnamen „Katzlmacher" bezeichnet. Möglicherweise gehe das auf den Umstand zurück, daß diese früher als Pfannenflicker durch die Gegend zogen und auch durchlöcherte „gatzl" ausbesserten.[255]

Nach diversen Geräten wie dem Straubenrohr oder dem „Käsknöpfler" richtete sich die Konsistenz eines Teiges aus. Oft wurde die Dicke eines Teiges mit jener des Straubenteiges verglichen, welcher wiederum nur so dick sein durfte, daß er noch durch das Rohr fließen konnte. Der Durchmesser eines solchen Trichters oder Straubenrohres ist bei Philippine Welser für die Bereitung der „welschen streybla" beschrieben: „nim ain drachterlin da das klain fingerlin ein kan byss zu halben glid…".[256] Bei der Fertigung des Trichters war somit der kleine Finger für den Durchmesser des Rohres maßgebend, was sich in der Folge als funktionierende Durchlaßgröße einer danach ausgerichteten Teigmasse erwies. Vermutlich gab es für andere Zwecke auch Trichter mit größeren Durchlässen.

Das Sieb ist als Filter zur Trennung von festen und flüssigen Teilen schon seit frühesten Zeiten in der Küche in Gebrauch. Es war aus unterschiedlichen Materialien und in verschiedenen Größen gefertigt. Die ersten Siebe waren aus einem Holzreifen mit einem geflochtenen Boden aus Tierhaaren gemacht, woher die Bezeichnung des Haarsiebes als ein sehr feines Sieb herrührt. Spätere Siebe sind aus Metall und mit größeren oder kleineren Löchern versehen. Ein mit feinster Lochzeichnung ausgeführter Weinfilter aus dem antiken Rom weist auf die Feinheit früherer Filter und Durchschläge.[257] Diese Weinfilter standen in Gebrauch bei der Herstellung von Hippokras oder dem Trennen von Hefe und anderen Rückständen vom Wein. Die Feinheit oder Größe des Durchschlags ist für die Konsistenz ein entscheidender Faktor. Kartoffelpüree durch einen zu engen Mueser gedrückt ergibt kein leichtes und luftiges Püree, sondern ist nur mehr eine feste, undurchdringbare Masse. Im Nürnberger Kochbuch werden bei der Bereitung von einem Hechtmus auf ungarische Art die gekochten Zwiebeln durch einen engen Durchschlag getrieben: „Du magst den hecht schepen, oder nicht wie du selbst wilt, Übersied in im wein, im eßig oder wasser Salz wohl daran, darnach nimb ein guten Heffen voller Zwiffel, müsen aber in Lauter Waßer gesoten sein, Und Zwings durch ein Tuch, Oder durch ein Engen Durchschlag, daß wirt wie ein mueß, darnach so seichs die Erste Prüe …"[258]

Ein uraltes Gerät des täglichen Gebrauchs ist die Waage. Als ältester Waagentypus ist die gleicharmige Zweischalenwaage bekannt, ein im Drehpunkt aufgehängter Balken aus Metall oder Holz mit den beiden Waagschalen an den Balkenenden. In der

Küche stellten oft die Lebensmittel das Gleichgewicht her, spätere Ausführungen sind mit Schubladen zur Unterbringung der Gewichte ausgestattet. Die Waage ist auch in ihrer Bedeutung für die religiöse Symbolik zu nennen, wo sie vor allem über die Personifikation der JUSTITIA die Tugenden und Laster, die Gerechtigkeit und Ungerechtigkeit verkörpert.

3. KOCHSTÄTTEN, HERDE UND ANDERE HEIZQUELLEN

In die prähistorische Zeit zurück reicht das Kochen mit heißen Steinen. Die Bereitung der Steinmilch beschreibt Wiswe: „Heiße Steine werden in die Milch eingelegt, erkaltete mit Hilfe einer Zange durch heiße ersetzt, bis sich Luftbläschen zeigten."[259]

Kochen am Feuer brachte die Ausbildung unterschiedlicher Kochtechniken und Speisen mit sich. Das Garen in den geschlossenen Heißräumen der Öfen, das Braten am Spieß oder in einer Pfanne am offenen Feuer hing sehr vom Klima, der Landschaft und ihren Rohstoffen ab. Waldgebiete liefern Holzscheite und Prügel und begünstigen ein Kochen am offenen Feuer. In holzärmeren Gebieten hingegen sparten die Menschen ihr Holz für den Winter und nutzten das zum Heizen der Öfen bestimmte Holz gleich doppelt auch für die Speisenzubereitung. So bildeten sich hier die für den Ofen typischen Speisen wie gebackene Strudel, Tommerln, Aufläufe und Ofenbraten heraus, wo andernorts die in Wasser oder Fett gegarten Knödel, Krapfen, Nudeln, Strauben oder Breie sowie Spießbraten vorherrschend waren. Bei Athenaeus findet sich ein Hinweis auf die Größe des Ofens hinsichtlich seiner Auswirkung auf die Brotqualität: „Backen ist unterschiedlich. Das was von einem kleinen Ofen oder Herd kommt, löst Verdauungsstörungen aus und ist schwer verdaulich. Hingegen wird das Brot, welches über dem ‚Brazier' oder in der Pfanne bereitet wird, aufgrund der Beimengung von Öl leichter ausgeschieden, ungesund ist aber der Dampf vom Trocknen. Das in großen Öfen gebackene Brot ist in jeder Hinsicht das beste, es ist sehr schmackhaft, magenfreundlich, leicht verdaulich und wird sogleich absorbiert; …"[260]
Ein pensionierter Ofensetzer aus dem Montafon erzählte mir, daß sich die Ofengröße stets nach der Haushaltsgröße richtete, die wiederum die Anzahl der Brote, die im Ofen für einen gewissen Zeitraum zu backen waren, bestimmte.[261]

Auf die Speisenart nahm auch die Höhe einer Herdstätte Einfluß; bodennahe Feuerstellen mit herabhängenden Kesseln erschwerten ein lockeres Hantieren und getrenntes Sieden im Vergleich zum tischhohen Herd, wo spielend alle Manipulationen durchgeführt werden konnten. Speisen, die ständige Beobachtung während ihrer Zubereitung verlangen, sind mit dem Feuer auch näher in Kontakt. In den mittelalterlichen Hofküchen waren eigens für die Pflege des Feuers sogenannte „souffleure" zuständig.[262] Mit dem Aufkommen der geschlossenen Herde gegen Ende des 18. Jahrhunderts und der Elektroherde zu Beginn des 20. Jahrhunderts, der Mikrowelle in den achtziger Jahren bis zum Fehlen eines Herdes in einer Wohnung überhaupt, verändern sich langfristig auch die Koch- und Eßgewohnheiten.

In den Rezepten finden wir zahlreiche Hinweise hinsichtlich des Umgangs mit Hitze und Feuer, die als Angaben zu Garzeiten und Hitzegraden oftmals erst zu entschlüsseln sind. Poetisch äußert sich ein Koch bei Athenaeus: „… und eine Meeräsche, gebacken im gelben Licht des Feuers."[263] Weitere Beispiele zeugen von einem äußerst vorsichtigen Umgang mit dem Feuer: „ich hielt das Feuer für den gebackenen Fisch so lind und sanft, daß man es mir gar nicht glauben möchte"[264], „koche es über der heißen Glut ohne in Berührung mit den Flammen zu geraten."[265] Weitere Formulierungen waren „weit weg von der Glut", „das Feuer in einer Entfernung ½ Ehl" oder der häufig anzutreffende Terminus „an die stat kochen lassen", was vermutlich auf die geschlossene Herdstätte im Gegensatz zum offenen Feuer verweist und somit einem „leisen Köcheln" gleichkommt.[266] „Ye bas und bas" ist eine häufige Formulierung beim Küchenmeister und hatte mit der Entfernung zum Feuer und der entsprechenden Positionierung auf dem Herd zu tun.

Rumohr äußert sich kritisch gegenüber den neuen Bratenmaschinen, Röhren, Öfen und Töpfen, da diese ein freies, gutes und flammendes Feuer nie ersetzen werden können.[267]

IV. DAS HISTORISCHE UMFELD UNTER BERÜCKSICHTIGUNG DER SOZIALEN UND WIRTSCHAFTLICHEN BEDINGUNGEN SOWIE DER RELIGIÖSEN UND DIÄTETISCHEN VORSCHRIFTEN

1. DAS UMFELD

Oft bedient sich ein Koch bei der näheren Beschreibung von Mengenangaben sogenannter Paradigmen aus seiner unmittelbaren Umgebung. Im kirchlichen Umfeld werden die Vergleiche mit tagtäglich in den Klöstern in Gebrauch stehenden Gegenständen, Abläufen oder Beschäftigungen angestellt, in der bäuerlichen, bürgerlichen oder adeligen Welt analog den hier gültigen Maßstäben. In den historischen Rezepten der italienischen Klosterküchen, gesammelt und festgehalten von Sebastiana Papa, schlägt sich dieser Umstand merklich im Vokabular der Küchensprache nieder. Die Zeitangaben in Gebetslängen erstrecken sich von der kürzesten Dauer eines Benedicamus Domino, eines Miserere oder eines Ave Maria bis zu mehreren Vaterunserlängen. Auch die vielfach in Frauenklöstern hergestellten Stickereien und Klöppelspitzen nehmen auf die in der Küche hergestellten Produkte in Bezug auf Feinheit, Form und Gestik Einfluß. So arbeitet man im Dominikanerinnenkloster Santa Maria del Piede in Gravina di Puglia ohne Eile und setzt sich zum Formen der „Orecchiette" hin, im Kloster der Benediktinerinnen in Castel Ritaldi, wo die Nonnen noch heute vom Sticken leben, läßt man dem Ricotta Gnade widerfahren, indem man ihn mit Muskat und vier Eidottern vermengt und dann mit vorgekochtem, passiertem Spinat oder Mangold sowie ein wenig Butter anreichert.[268] Die Forderung nach Anmut und Schönheit, weißester Farbe und feinstem Geschmack ist besonders in der Gestaltung und Herstellung von Backwerk und Süßigkeiten spürbar. Das Schaumgebäck soll „so groß wie Hostien" sein, auf die eingefettete Form gibt man eine Schicht Mehl, „alles schön weiß wie ein Dezemberschneefall[269]." Auf den Hefeteig wird nach dem Kneten mit dem Messer das Kreuzzeichen gemacht und dann gewartet, bis er aufgeht. Der so gesegnete Teig wird einerseits in den Zusammenhang mit dem biblischen Geschehen der wundersamen Brotvermehrung gestellt und soll andererseits die jeder Köchin vertraute Empfindsamkeit eines Hefeteiges beim Aufgehen verdeutlichen.

Im „Würzburger Kochbuch" wird die Länge der Garzeit für einen Honigwein wie folgt beschrieben: „… vnd siede denne die selben wurz gein eime acker lanc hin vnd wider".[270]Das Ablaufen eines Ackers steht im Zusammenhang mit dem Aussäen oder Pflügen und war somit eine bekannte und erfahrene Größe. Die Aufforderung, die „krummen Krapfen als ein Roßeisen"[271] zu formen, stammt aus einem Koch- und Arzneibuch des 15. Jahrhunderts und rückt das Tier in die Nähe des Menschen.

Zu La Varennes Zeiten war der Einsatz von Amber und Moschus (auf Schweinszungen, Mandelpralinen u. v. a. m.) sowie anderer Düfte und Aromen sehr beliebt und kann in Verbindung mit der damals herrschenden Begeisterung für das Parfum gesehen werden, welche bereits im 16. Jahrhundert an den Höfen einsetzte.[272]

Pierre de Lune verlangt in einem Rezept für Käsekrapfen, den Käse in der Größe von Feuersteinen zu schneiden.[273] Die Herstellung von Feuersteinen, die man zum Entfachen des Feuers in jedem Haushalt verwendete, war in der Picardie und Champagne bis in das 19. Jahrhundert ein blühender Industriezweig.

Martino schneidet Fleisch in der Größe von Spielwürfeln oder formt Mostardakugeln so groß wie Armbrustkugeln, ein Omelett soll sehr dünn – wie ein Papier – sein und die Rüben messerrückendick. Auch im Kochbuch St. Peter heißt es beim Speckschneiden: „schneid den eines Mösseruggens dickh, und aines halben Karten Plats brait". Demnach dürfte auch im Frauenkloster das Kartenspiel nicht unbekannt gewesen sein, worauf auch ein Hinweis in einem Rezept für angemalte Schokoladenkekse aus einem italienischen Kloster deutet: „… so wie die Könige und Königinnen vom Kartenspiel[274]." Typisch für die Zeit des Biedermeiers, als die Damen viel Zeit mit Nähen und Sticken verbrachten, ist die Beschreibung einer Butterzugabe, nämlich „eines Fingerhuts gros Butter", in einem Rezept für frikassierte Tauben aus dem Kochbuch der Wilhelmine Cotta. Einen überaus anschaulichen und in unserer Kultur jedermann vertrauten Vergleich macht Zenker, der die Gänseleber mit Trüffeln spickt und deren Form wie folgt beschreibt: „… wozu dieselben in der Form derjenigen Nägel geschnitten werden, die man an heiligen Gemählden sieht, z. B. an dem heiligen Kreutze, wo nur die Köpfchen herausstehen bleiben …"[275]

Auch auf nationale Eigenheiten wird immer wieder hingewiesen. So steht bereits im Ménagier, daß die Deutschen die seltsame Gewohnheit hätten, den Karpfen zweimal so lange zu garen wie die Franzosen.[276] Rumohr schreibt zum Spargel: „Der Gartenspargel wird in Italien zu wenig, in Deutschland aber zu lange gesotten; ich habe vorgezogen, in diesem Stücke die Mittelstraße einzuschlagen. Der Spargel sollte allerdings zart auf der Zunge liegen …"[277] Bei den Würsten zieht er die italienische Manier der deutschen vor: „Bei diesen Würsten würde ich lieber Fleisch und Fett, wie in den italienischen Salami, grob mengen, als beides auf deutsche Art zusammen hacken und innig vereinen."[278] Rumpolt stimmt die Zutaten für einen schwarz eingemachten Karpfen auf die Region ab: „… Bist in einem Bierlandt/ so nim Bieressig vnd Bier zum schwartzen Karpffen/ so wirt es gut vnd wolgeschmack/ ist besser vnd wolgeschmacker als vom Wasser."[279]

Carême kritisierte an den Russen, daß sie zu hastig essen, die Speisen zu heiß auftragen, die Austern zuerst auftischen und die Pièces portioniert werden.

Sicherlich sind auch die in Aberglaube und Volksglauben verankerten Vorstellungen beim Messen der verschiedenen Zutaten ins Kochen eingeflossen. Eine bestimmte Skepsis gegenüber dem absoluten und verbindlichen Maß war in verschiedenen Lebensbereichen gegeben. So lebte bis in die jüngste Vergangenheit, wie die Volkskunde überliefert, die Ansicht, daß Messen – speziell bei neugeborenen Kindern – Unglück bringe. „Man fürchtete, sie damit am Wachsen und Gedeihen zu hindern, da man mit der Feststellung des Maßes zugleich eine Festlegung für die Zukunft verbunden sah."[280] In bäuerlichen Kreisen war die Auffassung, Gott dürfe man nicht kontrollieren, weit verbreitet. Demnach sollte der Ertrag einer Ernte nicht abgemessen, die Menschen und somit das Volk Gottes sollten nicht gezählt werden. Nach Kula hatten die Menschen in Makedonien noch zu Ende des 19. Jahrhunderts Angst, das zu essen, was gezählt worden war. Auch dem Vermessen von Land und Boden stand der Bauer – im Gegensatz zum Händler – mit Mißtrauen gegenüber. Die Erde, die Nahrungsmittel und Getränke waren für den Menschen wertvolle Güter, die ihm über das rechte Maß von Gott und der Vorsehung bestimmt waren.[281]

2. TECHNOLOGIE UND WIRTSCHAFT

Die Berechnung einer Bodenfläche erfolgte lange auf der Grundlage der menschlichen oder der vom Tier geleisteten Arbeitszeit und war stets abhängig von der Bodenqualität, den technologischen Bedingungen (Geräte) und der Menge und Art des eingesetzten Saatgutes. Offensichtlich war das prämetrische System, oder zumindest Teile davon, auf die Lebens- und Arbeitsbedingungen ausgerichtet. „In Gesellschaften, die über relativ große Bodenflächen verfügten, ist das Maßsystem für Flächen schwach entwickelt. Hingegen ist bei den Ashanti (Ghana), in deren Wirtschaft die Gewinnung von Goldsand einen übergebührlichen Anteil ausmachte, das System der Gewichte ziemlich verbreitet. Bei den Nomaden der Sahara, wo die exakte Einschätzung einer Weglänge von einer Wasserstelle zur anderen eine Frage des Lebens oder Sterbens sein kann, ist das Vokabular für große Entfernungen entsprechend stark ausgeprägt: die Weglänge wird auf der Basis eines Stockwurfs, eines Bogenschusses, einer Ruf- oder Blickweite errechnet oder nach der sichtbaren Distanz vom Buckel eines Kamels aus, nach dem Verlauf der Sonne vom Aufgang bis zum Untergang, vom frühen, über den mittleren bis zum späten Morgen, einem Menschenmarsch mit und ohne Last, auf der Basis eines Marsches mit einem Esel oder mit einem Lastochsen, auf leichtem oder schwierigem Gelände usf.“[282]

Beim Kochen ist die Ausrichtung des Maßes nach den umgebenden sozialen und wirtschaftlichen Bedingungen sowie den heimischen Materialien nicht minder bestimmend. Diese Dinge zu ignorieren schlägt sich unversehens auf die Qualität nieder. Kleinere oder größere Einheiten messen sich an Funktionen, Technologien, Produktivität, gesundheitlichen Verfassungen oder konsumorientierten Notwendigkeiten. So spricht bereits Athenaeus die Größe eines Bissens an, der auf Noblesse oder Gierigkeit des Essers schließen lasse.[283]

Mit der im 16. Jahrhundert in Italien einsetzenden Entwicklung, die mit dem Anspruch auf geschmackliche Feinheit und Kultiviertheit im Sinne einer Zivilisierung von Tisch- und Tafelsitten auftritt, wird dem Auftragen von kleinen und delikaten Gerichten anstelle der großen Bratenstücke und repräsentativen Schaugerichte mehr und mehr der Vorzug gegeben. Mit der Französischen Revolution setzt auch der Beginn der Epoche der großen französischen Restaurants ein, was die ohnehin rasche Entwicklung einer kultivierten, verfeinerten und luxuriösen Küche ungeheuer vorantrieb.[284] Heute gilt es als vulgär und unfein, einen vollen Teller aufzutischen, in Mode ist vielmehr, auf schwarzen, großen Untersätzen einen mit minimalistisch pürierten Luxustüpfchen dekorierten Teller zu platzieren.

Vorkommen und Verfügbarkeit eines Lebensmittels bestimmen den Umgang mit ihm und seine Wertschätzung. Das Weinmaß ist in einem Weingebiet größer als dort, wo der Wein nicht wächst und importiert werden muß. Auch dort, wo sich der Wein aufgrund von klimatisch besseren Bedingungen länger hält, wird das Maß ein größeres sein als in Gegenden, wo er schnell sauer wurde. Wenn ich aus dem Vollen schöpfen kann, fällt das Maß auch voller aus. Es gab Zeiten, als Lachs im Raum Basel den Dienstboten nach Vorschrift nicht mehr als dreimal die Woche verabreicht werden durfte. Vor 15 Jahren machte ich in Mexiko die Erfahrung, daß in einem schwer zugänglichen Gebiet an der Küste die Auster tagtäglich auf dem Speisezettel einer aus unserer Sicht ärmsten Bevölkerungsgruppe stand.

3. MEDIZIN

Seit der Entstehung der antiken Heilkunst mit Hippokrates und Galen stellte die Findung des individuell richtigen Maßes in der Nahrungszubereitung eine wichtige Prämisse dar. Demnach waren die Speisen und Getränke so zu dosieren, daß sie im richtigen Verhältnis eingenommen werden, weder mehr als nottut, noch in geringerer Menge oder Intensität. Das entscheidende Maß lag im Verhältnis der Kraft der Speise zur jeweiligen Verfassung des Menschen.

Die antike Naturwissenschaft und Medizin (Plinius, Macrobius, Hippokrates, Galen, Cornelius Celsus) bestimmten das medizinische Denken und die Lehre von der Ernährung bis in die frühe Neuzeit. Beim Lesen von Rezepten gilt es daher stets zu berücksichtigen, daß sie vor dem Hintergrund einer Lehre von Gesundheit und Krankheitsentstehung abgefaßt wurden. Den wichtigsten Rang nimmt hier die Lehre von der Humoralpathologie mit ihren Hauptvertretern HIPPOKRATES und GALEN, Leibarzt von Marc Aurel, ein. In der Lehre der Humoralpathologie spiegelt sich der Makrokosmos, das Universum, im Mikrokosmos, dem Menschen, wider. Abgestimmt auf die vier Jahreszeiten werden die vier Elemente den vier Körpersäften des Menschen gegenübergestellt.

Luft – Blut	= warm und feucht
Feuer – gelbe Galle	= warm und trocken
Erde – schwarze Galle	= kalt und trocken
Wasser – Schleim	= kalt und feucht

Die Eigenschaften der Körpersäfte entsprachen denen der Elemente. Die Gesundheit war der Zustand der harmonischen Mischung der vier Körpersäfte. Überwog einer der Säfte (von Geburt an war jedem Menschen ein eigenes Mischungsverhältnis eigen), ergab sich daraus sein Temperament.[285]

Blut (sanguis)	Sanguiniker
Gelbe Galle (chole)	Choleriker
Schwarze Galle (melanchole)	Melancholiker
Schleim (phlegma)	Phlegmatiker

Nach humoralpathologischer Lehrmeinung werden diese vier Körpersäfte aus der aufgenommenen Nahrung vom Körper stets neu gebildet. Art und Eigenschaft der Nahrung, welcher in Analogie zum Makrokosmos ebenfalls die Qualitäten warm-feucht, warm-trocken, kalt-trocken und kalt-feucht in verschiedenem Grade zugesprochen werden, bestimmten demnach die daraus hervorgehenden Säfte. Eine korrekte Diät führte in der Folge zu einer Harmonisierung der Säftebildung und des Temperaments. Eine falsche Diät war somit Auslöser einer Krankheitsentstehung. Die Eigenschaften warm, kalt, trocken und feucht sind in der Küchensprache ständig präsent und symbolisieren einen Vorgang, der aus naturwissenschaftlicher und medizinischer Sicht zu interpretieren ist. Weil das Temperament des Menschen als mäßig warm und mäßig feucht eingestuft wurde, galt jenen Speisen der Vorzug, die sich von der reinen Natur ihrer Zutaten her diesem näherten oder deren Natur zumindest temperat in ihrer relativen Temperatur und Feuchtigkeit war. Der feucht und kalt eingestufte Fisch war demnach dem Phlegmatiker schädlich und nicht zuträglich. Wenig schädlich galt der Fisch den Cholerikern, da er deren Temperament (heiß und trocken) mit seiner Kälte und Feuchte zu mäßigen und temperieren vermochte. Und der Koch hatte all diese Eigenschaften sämtlicher Lebensmittel, die durch seine Hände gingen, zu kennen. Er hatte zu wissen, was von Natur aus gut verdaubar war und welche Kombinationen von Zutaten, Fleischarten und Saucen hinsichtlich der Gesundheit und dem Temperament seines Herrn, unter Umständen auch der Familienangehörigen, entweder nötig oder zuträglich waren. Genau aus diesem Grund mußte die für ein Fleisch oder einen Fisch angewendete Garmethode jenem Fleisch oder Fisch auch angemessen sein, vor allem in Anbetracht dessen, daß im Prozeß des Kochens die Aussetzung gegenüber der Feuchtigkeit, ob das nun Wasser oder Öl war, und gegenüber der Hitze, dahingehend tendierte, die natürliche relative Feuchtigkeit des Fleisches zu erhöhen oder zu vermindern und seine relative Wärme zu mäßigen oder zu intensivieren. Das von den mittelalterlichen Doktoren in diesem Zusammenhang anerkannte Prinzip lautete ganz einfach, daß trockene Fleischsorten gesotten und feuchte Fleischsorten gebraten werden sollten.[286] Und wenn es im Rezept heißt, den Fisch in Essig „abzutrocknen", ist dies eine bewußt gesetzte Maßnahme, die ebenso wie das Sieden im Wein, den Zweck der Mäßigung verfolgt.

Diese Auffassung bildet eine der wichtigsten Prämissen für das frühe Kochbuch überhaupt. Propagiert wurden diese von den Arabern tradierten Gesundheitslehren ab dem 11. Jahrhundert und sind als Gesundheitsbücher oder Regimen sanitatis bis in die Neuzeit populär. Platinas „De honesta voluptate et valetudine" enthält neben der moralphilosophischen Komponente einer maßvollen und vernünftigen Wollust auch eine medizinische, die sich der Gesundheit des Leibes widmet. Die medizinische Komponente liegt im „valitudo" und hat ebenso wie Platinas Philosophie des Maßes antike Ursprünge.

Wenn man also die Kochbücher der frühen Neuzeit liest, so muß man sich stets vor Augen halten, daß Kochen eine Sache war, um die Gesundheit zu erhalten und daher einen Bestandteil der Medizin bildete.

Ich werde im folgenden im Mittelalter oft verwendete Nahrungsmittel herausgreifen und ihnen die entsprechenden von der Natur mitgegebenen Qualitäten grob zuordnen. Diese Auflistung soll lediglich das Verständnis für die den Lebensmitteln zugedachten Eigenschaften wecken, eine wissenschaftliche Erfassung war im Rahmen dieser Arbeit nicht möglich. Auffallend ist, daß die an Fasttagen in der Hauptsache verwendeten Nahrungsmittel Erbse und Mandel als Brühenersatz mit pflanzlichem Eiweiß bestens ausgestattet sind und somit einen guten Ersatz für das fehlende tierische Eiweiß bildeten. Die Zuordnungen stammen großteils aus dem Kochbuch des Meister Eberhard aus der ersten Hälfte des 15. Jahrhunderts.[287]

Reis	kalt
Hirse	kalt und trocken
Gersten	kalt
Linsen	mäßig heiß und trocken
Kichern (Kichererbsen)	heiß
Arbeißenn (Erbsen)	frisch sind sie feucht, in getrocknetem Zustand warm bzw. heiß und trocken
Rüben	heiß und feucht
Zwiebel	heiß im 4. Grad und feucht im 3. Grad
Knoblauch	heiß und trocken im 4. Grad
Lattich	kühlt, ist aber auch hitzig und trocken und soll in zwei Wassern gesotten werden
Kohlkraut	heiß und trocken
Spinat	kalt und feucht im 1. Grad
Petersilie	warm und trocken
Birne	kalt im 1. oder 2. Grad und trocken im 2. Grad

Mandeln	mäßig warm und mäßig feucht Die Qualitäten der Mandeln sind warm und feucht und daher den menschlichen Eigenschaften sehr ähnlich. Ihr verbreiteter Einsatz in der mittelalterlichen Küche (v. a. in Saucen) ist auch aus dieser Sicht zu erklären.
Eyer (Eier)	Dotter mäßig warm, das Eiweiß kühlt und macht Schleim und böses Blut und ist eine böse Speis. Vielleicht ist hier der Grund für das häufige Trennen von Dotter und Eiweiß, oft wird nur das Dotter verwendet, zu finden.
Gewürze	Grundsätzlich wurde den Gewürzen eine große Kraft bei der Verdauung zugeschrieben und daher oft mit den Desserts serviert. Sie sind im allgemeinen trocken und warm, jedoch in unterschiedlich hohen Graden, die sich von hoch (Zimt, Nelken) bis extrem hoch (Senf, Pfeffer) bewegen. Eine Ausnahme bildet lediglich der Ingwer. Gewürze werden dort eingesetzt, wo ein von Natur aus kaltes und feuchtes Lebensmittel in seinen Eigenschaften auszugleichen ist, d. h. dieses über die Gewürze zu wärmen und zu trocknen ist.
Senf	heiß und trocken im 4. Grad
Salz	warm und trocken
Zucker	warm und feucht
Rindfleisch	eher warm und trocken
Schweinefleisch	kalt und feucht
Geflügel	eher kalt und trocken
Eingeweide	kalt und feucht

In der „Kuchenmeysterey“ sind viele die Humoralpathologie ansprechende Leitsätze zu finden. „Item es sprechen die mayster das alle feysten essen vnd feysten ding den menschen schad sein. vnd dy feysten visch noch schedlicher. so ist trucke prot geessen auch schedlichen. Wil aber der mensch keß vnd brot essen so trinch er dorczu.“[288] Im fünften und letzten Kapitel werden Essig und Wein behandelt und findet die humorale Säftelehre die meiste Beachtung. Nach den Rezepten für Brombeerwein und Zwiebelwein, welche sich für Gebrechen besonders gut eignen und auch Praktiken mit einschließen, die in den Aberglauben gehen, befindet sich folgender Nachsatz: „vnd von gepranten wein vnd dornach so haben dy meyster der ertzenei vil vnd mancherlay salsen erdacht vnd lernen machen nwerzu eyn czusatz vnd wendung vil vnreiner gebrechen oder zu wenden vnrein gebrechen: inwendig aller menschen czarter natur vnd gelider. Und besunder des magen der ein furst ist der gelider. Und dorumb setzen dy bewerten meyster alle salsen mer von nutz wegen dann wollusts wegen.“[289] Im Regimen sanitatis des Arztes Magninus Mediolanensis (Maino de’ Maineri) hält dieser im dritten Band „De saporibus et condimentis“ fest, daß Gewürze ursprünglich serviert wurden, um Speisen genießbarer und daher besser verdaulich zu machen. Nach Magninus spielen Saucen eine äußerst wichtige Rolle in der Regimen (Lebensweise, Diät) eines gesunden Menschen, sie haben den schädlichen Säften in den konsumierten Nahrungsmitteln entgegenzuwirken. Sie helfen der sicheren und leichten Verdauung mehrerer Lebensmittel. Eine fundamentale Prämisse bei der Verwendung von Kondimenten wird kurz und bündig formuliert: „Saucen unterscheiden sich, je nach dem Essen, zu welchem sie bereitet werden, weil diese oder jene Speise diese oder jene Sauce verlangt, wie die großen Köche der Großen sehr wohl wissen.“[290]

In der Küche waren speziell für die Herstellung von Saucen eigene Köche mit Assistenten beschäftigt. Ihnen oblag auch die Vorratsbewirtschaftung von Verjuice, Essig und Salz, was entsprechend der Jahreszeit unterschiedlich eingesetzt wurde.[291]

4. WETTER/JAHRESZEITEN

Einen bestimmenden Faktor in der Humoralpathologie bildete die Einbeziehung der Jahreszeiten oder, wie sich der mittelalterliche Koch ausdrückte, der rechten Zeit. Im Vorwort der „Kuchenmeysterey“ schreibt dieser: „Wenn ein ordenlicher koch mit wolbereytter naturlicher speis ist hie in diser zeit der best artzte. vnd das zu verstehn so der mensch solche speis vnd geträngk. nit vberbflussig sunder sich des ordenlichen vnd zu rechter zeit gebrauchen.“[292]

Besonders den Saucen wurde in dieser Hinsicht immense Wirkung zugeschrieben. Für gekochtes Schaf-, Kalb- und Kitzfleisch empfiehlt Maino eine grüne Sauce, bestehend aus Petersilie, Rosmarin, Brotbröseln, weißem Ingwer, Nelken und Essig. „Im Sommer nimmst du eine kleinere und im Winter eine größere Menge von diesen Gewürzen und gibst etwas Wein dazu oder schwächst den Essig ab.“[293] Bockenheim schreibt im Rezept für eine Mandelbrühe: „Wenn Sommer ist, verlängerst du mit Agras, wenn Winter ist, gib Nelken oder Zimt hinzu.“[294] In einem Tortenrezept für die Sachsen richtet er diese mit Safran und Zucker an, für die Monate Mai und Juni hingegen empfiehlt er den Saft aromatischer Kräuter.[295] Der Kuchenmeyster schreibt: „Item gesultzt visch bereit also. ym Sömer.“[296]

In einer frühen anglo-normannischen Handschrift heißt es im Rezept für eine Sarazenerbrühe: „Kuhmilch mit Ei angedickt, viel ausgesuchten Ingwer; zu Beginn der Apfelsaison; die Farbe, weiß.“[297] Im „buch von guter spise“ oder „Würzburger Kochbuch“ schreibt der Autor am Ende des Rezeptes für eine gute Sauce: „… idiz sal man ezzen in kaldem wetere und heizzet swallenberges salse.“[298]

Schon die Griechen erwähnten je nach Örtlichkeit, Saison und Reifegrad den qualitativen Unterschied eines Nahrungsmittels: „Du wirst die Jahreszeiten sorgfältig beobachten müssen, um festzustellen, wann ein Fisch unpassend oder passend, je nach Saison, aufzutragen ist. Für die Genüsse sind die Divergenzen bedeutend. Zuweilen ist ein Knurrfisch besser als ein Thunfisch.“[299] Archestratus verlangt für den Bonito: „Was den Amia anlangt, mache ihn im Herbst, wenn die Plejaden untergehen, auf welche Art du möchtest …“[300] Bei Damoxenos spricht der Koch: „Denn du hast den Unterschied einer Makrele im Winter oder im Sommer zu kennen; welcher Fisch wann am zweckmäßigsten ist; wenn die Plejaden untergehen oder zur Sonnenwende …“[301]

MES

UNTE

REZEP

MASS UND

PRAXIS IM

RSUCHTEN

TMATERIAL

DIE ANTIKE

Quellen zur altgriechischen Küche sind im Griechischen nicht in Form von Kochbüchern faßbar. Einzig über Athenaeus haben sich aus dieser Zeit bearbeitete Fragmente kulinarischer Abhandlungen erhalten. Hinweise zur Küche finden sich aber auch bei den Philosophen, den Komödiendichtern und in den medizinischen Schriften. Unter dem Gesichtswinkel der Heilkraft werden bei HIPPOKRATES Gemüse und Kräuter besprochen, weiters gibt er ernährungsphysiologische Kommentare zu Früchten, Nüssen und Mandeln und nennt vielerlei Arten von Fleisch und Geflügel hinsichtlich ihrer Bekömmlichkeit.[302]

Für die römische Küche bildet das zehnbändige Werk der unter dem Namen des APICIUS erhaltenen Kochrezepte eine ergiebige Quelle, ergänzt von den über die Landwirtschaftsschriftsteller Columella, Cato und Varro überlieferten Rezepten.

Der griechische Philosoph und Aristotelesschüler DIKAIARCH aus Messene auf Sizilien (Aristoteles lebte von 384 bis 322 v. Chr.) hat sich in seinem „Leben Griechenlands" um eine Bestandsaufnahme der ersten Kulturen bemüht. Er schildert darin das Leben der Frühzeit als Weideleben, das unmittelbar aus dem ursprünglichen Naturzustand des Überflusses hervorgegangen sei. DEMOKRIT hat das Leben der Frühzeit als vegetarisch bestimmtes überliefert, wo die Menschen wie das Weidevieh von Bedürfnis und Notwendigkeit getrieben, einander aber brüderlich beigestanden seien. Erst in den späteren Phasen sind nach Dikaiarch Vorschriften für das archaische Festgelage und dessen Entwicklung entstanden: „Gefräßigkeit und Schamlosigkeit der Stärkeren führten dazu, daß Portionen zugeteilt werden mußten!"[303] Bereits in den homerischen Epen, die eine Welt der Muße nachzeichnen, ist das Verteilen angesprochen:

> „Sprachs und sprang auf, der schnelle Achilleus, und ein weißes Schaf
> Schlachtete er, und die Gefährten zogen es ab und besorgten es gut nach der Ordnung
> Und zerstückelten es kundig und spießten es auf die Bratspieße
> Und brieten es sorgsam und zogen alles herunter.
> Und Automedon nahm Brot und verteilte es auf dem Tisch
> In schönen Körben, und das Fleisch verteilte Achilleus.
> Und sie streckten die Hände aus nach den bereiten vorgesetzten Speisen."[304]

Auch haben die Helden selbst gekocht, ODYSSEUS wird ob seiner Fertigkeiten im Tranchieren gerühmt: „Odysseus versichert, daß er beim Schneiden des Fleisches und im Aufrichten des Feuers so geschickt wie wenige sei."[305] Nach Athenaeus soll bis ins 7. und 6. vorchristliche Jahrhundert (bis zu den Makedoniern) die Tätigkeit eines Kochs nie von den Sklaven ausgeführt worden sein.[306] Berthiaume leitet die hochrangige und angesehene Tätigkeit der vormals noch nicht spezialisierten „Mageiroi", der Künstlerköche, von den ursprünglich von Priestern ausgeführten Opferhandlungen, die das Schlachten und fachgerechte Zerlegen der Tiere ebenso wie deren Zubereitung mit einbezog, ab.[307] Im „Samothracians" von ATHENION[308] ist es der Koch, dem das Verdienst zugeschrieben wird, die Menschheit vom Kannibalismus befreit zu haben. Erst durch den Koch, der die Kunst des Tranchierens, Bratens und Röstens beherrsche, sei Disziplin und Ordnung aufgekommen. Auch über die Einführung von Begriffen aus der Musik sei eine Verfeinerung entstanden, die den Menschen davon abhielt, seinesgleichen zu verzehren.[309]

Das Gastmahl der Gelehrten von Athenaeus

Im klassischen Griechenland beginnt die Zeit der Symposien und Gastmähler, zeitgleich entstehen auch zahlreiche gastronomische Schriften. Erhalten sind uns viele dieser Werke über den ägyptischen Sammelschriftsteller ATHENAEUS, der im 3. Jh. n. Chr. im „Gastmahl der Gelehrten" (Deipnosophistae) unzählige Zitate aus diesen Werken anführt. Weitschweifig handelt er die diversen Nahrungsmittel ab, berichtet von Sitten und Bräuchen, Gastmählern und Feinschmeckern in 15 voluminösen Büchern. Diese griechischen Feste waren eng mit dem gesellschaftlichen Leben verknüpfte Veranstaltungen, deren Beschreibung zahlreiche Hinweise zu Auswahl und Quantitäten von Lebensmitteln enthält.

Als beherrschende Autorität tritt der weitgereiste Syrakuser ARCHESTRATUS[310] hervor, der in seinem Buch „Gastronomie" die Zubereitung eines Bonito[311] beschreibt:

> „Was den Amia anlangt, mache ihn im Herbst, wenn die Plejaden untergehen, auf welche Art du möchtest. Warum soll ich es dir Wort für Wort wiedergeben? Denn du kannst nicht fehlgehn, auch wenn du wolltest. Doch wenn du darauf bestehst, mein lieber Moschus, bestens in der Zubereitung dieses Fisches instruiert zu werden, dann wickle ihn in Feigenblätter mit ein ganz klein wenig Majoran. Keinen Käse, keinen Blödsinn! Lege ihn nur zart in Feigenblätter und binde oben mit einem Faden zu; schiebe ihn nun unter die heiße Asche, besinne dich wohlweislich der Zeit, die er braucht und verbrenne ihn nicht. Wenn du den besten willst, laß ihn vom lieblichen Byzanz kommen, obwohl auch das, was in der Nähe gefangen wird, gut ist. Aber je weiter weg du vom Hellespontischen Meer gehst, desto schlechter wird er, ..."[312]

Archestratus legte größten Wert auf die Jahreszeit, den Fangort und eine entsprechende Zubereitung, die von Fisch zu Fisch variierte, je nach Größe, Geschlecht, Konsistenz, Farbe und auch Körperteil.[313]

> „Wo immer du einen Frosch-Fisch siehst, kaufe ihn (...) und bereite das Bauchstück zu."

Beim Fuchshai empfiehlt er:

> „... das Mittelstück am Spieß zu braten. Die anderen Stücke werden in einer Sauce gegart."[314]

Vom Rochen (Stachelrochen) sagt er:

> „Iß einen gekochten Rochen mitten im Winter, mit Käse und Silphium darauf. Ebenso verfahre mit allem Fleisch, was das Meer hergibt, das nicht zu fett ist. Ich sag dir das nun schon zum zweiten Mal."[315]

Es ist die schillernde Sprache, das klare Diktat und die fachliche Kompetenz, aber auch die reine Freude am Essen, die aus seinen Worten spricht.

> „Was den citharus[316] anlangt, wenn er weiß, fest und groß ist, heiße ich dich ihn in Blätter zu legen und im sauberen Salzwasser zu kochen. Sollte er jedoch eine rote Farbe aufweisen, und nicht zu groß sein, brate ihn, nachdem du ihm den Bauch mit einem frisch geschliffenen, ordentlichen Messer aufgestochen hast. Bestreiche ihn mit Käse und mit Öl im Überfluß. Er sieht gerne Leute, die das Geld ausgeben, und er ist üppig."[317]

Das Rezept für eine Meersau (zu den Knurrhähnen gehörig) lautet:

> „Der Kopf wird in ungewürztem Wasser zum Kochen aufgesetzt. Wenn der Sud aufwallt, gibt man geriebenen Ysop hinein und was noch an Gewürzen erwünscht ist. Auf jeden Fall soll der Sud sauer und scharf sein. Der Fischkopf muß ganz mit Wasser bedeckt sein, das so scharf kocht, daß der Schaum vor Hitze übergeht.“[318]

Klar zum Ausdruck kommt immer wieder die unterschiedliche Zubereitung von Kopf, Nacken, Mittelstück und Schwanzstück, je nach Größe, Alter und Geschlecht – beschrieben über Farbe und Konsistenz – des Fisches.

Wie schon im Kapitel der Sinne angeführt, bildete bei den griechischen Köchen das Vertrauen auf ihre eigenen Sinne die allererste Voraussetzung in der Auswahl und weiteren Behandlung von Materialien. Der von Protagoras formulierte und ursprünglich auf das Individuum bezogene Satz: „Aller Dinge Maß ist der Mensch“ erklärt die subjektive, sinnliche Wahrnehmung noch zum alleinigen Ausgangspunkt aller Erkenntnisse. Weil jedes Individuum eigene und wechselnde Vorstellungen und Empfindungen besitze, deren keine richtiger oder wahrer sei als eine andere, und weil jeder Mensch die Dinge nur so erkenne, wie sie ihm subjektiv erscheinen, gebe es keine Möglichkeit zur Erkenntnis objektiver Wahrheit und damit keinen allgemeingültigen Maßstab. Der Vorrang der lebendigen Anschauung stand noch vor anderen Wegen der Erfahrung.

Neben der geforderten Leidenschaft im Umgang mit den Lebensmitteln weist ein Koch bei Nicomachus auch auf die von seinem Berufsstand geforderte Fähigkeit, „im Kochen Verstand und Ordnung walten zu lassen, zu wissen, wo und in welcher Zahl und Quantität eine jede einzelne Sache zu plazieren sei.“[319] Dem Ideal der Exaktheit (Akpibeia) bei den Griechen bis Aristoteles hat D. Kurz eine Untersuchung gewidmet. Etymologisch führt er den Begriff auf das Adjektiv zurück, welches die Eigenschaft eines Gegenstandes beschreibe, etwas oder eine Sache genau auszuführen. Er leitet exaktes Tun aus dem Bereich des sinnlich Erfahrbaren her, von dort, wo handwerkliche Vorgänge beschrieben werden. Auffällig oft ist „exakt“ im Zusammenhang mit der Tätigkeit des Zimmermanns oder des Baumeisters anzutreffen. „Endlich wird als sicherste oder gar einzige Form der Verwirklichung dieses Ziels mehrfach das Messen oder Wiegen erwähnt.“[320]

Die untersuchten griechischen Quellen enthalten kaum Hinweise auf den Einsatz exakter Meßgeräte beim Kochen, wiewohl das Denken in Verhältnissen für die Kunst des Kochens eine Prämisse darstellte.

Athenaeus zitiert den Komödiendichter DAMOXENOS, welcher in den „Kameraden“ den Koch A, einen Schüler Epikurs, gegen seinen Mitredner B sprechen läßt:

> A: „Natur ist die primäre Quelle aller Kunst, die allererste, du Sünder! (…)Wenn du jetzt einen Koch siehst, der ohne literarische Bildung ist und nicht den ganzen Demokrit gelesen hat oder etwa diesen nicht auswendig kennt, verachte ihn als einen hohlen Dummkopf; und wenn er den Kanon des Epikur nicht kennt, so laß ihn laufen, er bewegt sich außerhalb der Philosophie. Denn du hast den Unterschied einer Makrele im Winter oder im Sommer zu kennen; welcher Fisch am zweckmäßigsten ist, wenn die Plejaden untergehen, oder zur Sonnenwende.“

Er preist hierauf die philosophische Lehre, aus welcher berichtet werde, in welcher Jahreszeit jeder einzelne Nahrungsstoff am besten sei.

> B: „Du scheinst dich auch auf Medizin zu verstehen?“
> A: „Wie jeder, der im Innern der Natur (eingedrungen). Denke nur, wie unerfahren die jetzigen Köche sind; sie machen aus ganz entgegengesetzten Fischen eine Sauce und reiben Sesam drein! … Solche Disharmonien zu durchschauen ist die Sache der geistvollen Kunst, und nicht Töpfe zu waschen und nach Rauch zu riechen. Ich gehe gar nicht mehr in die Küche; ich sitze nur in der Nähe und sehe zu, und während

die anderen arbeiten, erkläre ich ihnen Ursache und Wirkung. Vorsichtig! Das Hackfleisch ist genug gewürzt."
B: „Ein Musiker (Harmoniker), nicht ein bloßer Koch."
A.: „Spiel fortissimo mit dem Feuer. Halte das Tempo genau ein. Der erste Gang ist nicht im Gleichklang mit den ihm folgenden. (...) Es beginnt nach Kunst auszuschauen, was? Wie du siehst, mische ich nach höherem Zusammenklang; einiges hat Gemeinsamkeit nach der Quarte, anderes nach der Quinte oder nach der Oktave. Ich verbinde alles nach seinen eigenen Intervallen, und verflechte dies zu einer Reihe angemessener Gänge. Manchmal überwache ich alles mit Verweisen wie:
‚Warum gibst du das hinzu? Was willst du hier beimischen? Paß auf! Du zupfst eine dissonante Seite.'"

Und nach nochmaligen Beteuerungen schließt er mit den Worten:

A: „Nur Epikur hat so den Genuß verdichtet und vermehrt; er allein sah das Richtige; die von der Stoa suchen umsonst unaufhörlich, was es ist, und können es daher auch keinem andern beibringen."[321]

Aristophanes

Neben dem Ausdruck der unterschiedlichen philosophischen Auffassungen enthalten die zur Übertreibung neigenden Darstellungen in den Komödien stets den Kern einer einmal gültigen Wahrheit. Die von Friedenssehnsucht geplagten Acharner verschaffen sich einen dreißigjährigen Frieden in Gestalt von ebenso altem Wein:

„Amphitheos: Nun denn, da ist ein dreißigjähr'ger gut
Zu Wasser und zu Lande.
Dikaiopolis: Heil, Dionysos!
Der schmeckt wie Nektar und Ambrosia;
Da heißt's nicht mehr: ‚Drei Tage Proviant!'
Der kommandiert: ‚Geh frei, wohin du willst!'
Den nehm ich, ja, der ist nach meinem Gaumen;
Acharner laß ich jetzt Acharner sein.
Ich will, von keinem Krieg gestört, daheim
Dionysos sein ländlich Fest begehen."[322]

Wie überhaupt die Sehnsüchte nach einer friedlichen Welt in der Vorstellung vom Zubereiten und Auftragen von Speisen Befriedigung finden:

„Wie aus eichenhölzern' Kohlen sprühend wohl der Funke springt,
Aufgeschürt, angefacht hoch empor durch den Wind,
Wenn der eine Fischchen setzt kunstgerecht auf den Rost
Und der zweite sich dazu fette Thasiersoße mischt
Und ein dritter Kuchen backt, solch ein Lied,
Munter und wohlgestimmt, bäurisch derb,
Bring und komm her zu uns, deinem Stamm!"[323]

Horaz

Horaz übt in seinen Satiren, in denen er sich oft auf das Essen beruft, in souveräner Geringschätzung des niederen Gegenstandes auch Kritik am zunehmenden Feinschmeckertum, er selbst dürfte wohl kein Feinschmecker gewesen sein:

> „Nimm an, dein Koch ist ausgegangen, und das Meer ist stürmisch und läßt keinen Fischfang zu: da wird dir Brot mit Salz des Magens Knurren doch ganz gut befriedigen. Und fragst du nach des Rätsels Lösung? Nicht in dem teuern Bratenduft liegt höchste Lust, nein, in dir selbst. Du mußt des Mahles Würze dir durch saure Arbeit schaffen: den bleichen, krankhaft aufgedunsenen Schlemmer werden Austern nicht erfreuen noch teurer Seefisch und ein Birkhuhn, das aus fernem Lande kam.
> Und doch kann ich's kaum hindern, daß du mit dem Pfau, der aufgetragen, lieber deinen Gaumen kitzelst als mit gebratnem Huhn; der Schein betört dich, da der seltne Vogel nur für schweres Geld zu haben und mit dem bunten, ausgespreizten Schweif ein prächtig Schauspiel bietet – als wäre damit dir gedient! Prunkt der gebratne Pfau im gleichen Schmuck? Mag also auch das Fleisch sich im Geschmack nicht unterscheiden, so läßt du dich bei deiner Wahl vom äußeren Glanze narren – nun gut, das soll noch gelten; woher doch war dir das Gefühl dafür, ob man den Hecht, der hier sein Maul aufsperrt, im Tiber, ob man ihn auf hoher See gefangen? und ob er zwischen unsern Tiberbrücken einst umherschwamm oder bei des tuskischen Stromes Mündung? In deinem Unverstand rühmst du die Barbe, die drei Pfund wiegt und die du doch fürs Mahl in Stücke schneiden mußt. Die Größe hat dir's angetan, ich seh'es wohl – doch warum hassest du dann die großen Hechte? Keine Wunder, diese hat Natur ja groß geschaffen, die Barben aber klein und mäßig im Gewicht: und was alltäglich, lehnt ein Magen ab, der selten Hunger spürt."[324]

Columella

Über die Landwirtschaft (De re rustica). Der römische Landwirtschaftsschriftsteller COLUMELLA, ein Freund des Landlebens, kritisiert im ersten nachchristlichen Jahrhundert die vielen Schulen für Redner, Mathematiker und Musiker, oder gar, „was erstaunlicher ist, Lehrwerkstätten für die verächtlichsten Unsitten, Speisen unsinnig lecker zu würzen und die Gerichte allzu üppig aufzutischen."[325]

In seinem Buch „Über die Landwirtschaft" (De re rustica) führt er die Zusammenhänge der antiken Agrargeschichte von Hesiod bis zu seiner Zeit vor Augen. Vorgänger auf diesem Gebiet waren Cato, Varro und Vergil. Columella war selbst Landwirt und bestrebt zu belehren. Er stellte an alle, die sich der Landwirtschaft zuwenden wollten, die Forderung – ebenso wie Vitruv für die Architekten – nach umfassender Bildung. Er selbst hatte sich eingehend mit Medizin beschäftigt. In der Bildung ist ihm die untrennbare Einheit von Theorie und Praxis ein unumstößliches Gesetz. So fragt er in seinen Unterweisungen nicht allein nach dem WIE, sondern auch nach dem WAS und WARUM. Die praktische Lebensklugheit, bei EPIKUR noch höher als das Wissen gewertet, stellt das quantitative Denken noch nicht in den Vordergrund.

In seinen Anleitungen finden sich Rezepte mit Maßangaben, die im Messen eine zur Genauigkeit tendierende Auffassung erkennen lassen. In einem Heilmittel für Tiere schreibt er unter anderem eine halbe Unze Weihrauch, eine Hemina Andornsaft, ein Sextarius bester Fischsauce, ein Pfund Öl, ein rohes Ei und Myrrhe im Gewicht eines Denars vor.[326] Die Myrrhe ist als wertvollster und teuerster Bestandteil in Beziehung zu ihrem Preis gesetzt, die restlichen Angaben sind in Gewichts-, Hohl- oder Trockenmaßen ausgedrückt.
Bei Heilmitteln finden sich schon früh exakte Mengenangaben, da hier die Mengen nach ihrer Heilkraft zu

dosieren sind. Kurz weist auch auf die in frühen medizinischen Schriften auftretenden exakten Maße hin, die er aber schon zuvor im Handwerk ausgelotet hat.[327]

Im 8. Kapitel beschreibt Columella die Käsebereitung:

„Auch um die Käsebereitung muß man sich kümmern, namentlich in abgelegenen Gegenden, wo man die Milch nicht frischgemolken verschicken kann. Stellt man Käse aus magerer Milch her, so muß man ihn recht schnell verkaufen, solange er noch frisch und saftig ist; ist die Milch sehr fett, so verträgt er längere Aufbewahrung. Man soll ihn aber aus reiner und möglichst frischer Milch machen – denn abgestandene oder mit Wasser gemischte wird schnell sauer – und sie gewöhnlich mit Lab von Schaf- oder Ziegenlämmern gerinnen lassen, obwohl das auch mit Hilfe von Blüten der wilden Kardendistel und von Saflorsamen geschehen kann und ebenso mit der Milch, die der Feigenbaum absondert, wenn man seine frische Rinde verletzt. Am besten jedoch ist Käse, der wenig Lab enthält. Mindestens aber rechnet man auf ein Sinum Milch Labzusatz im Gewicht eines Silberdenars, und ohne Zweifel schmeckt Käse, den man mit Feigenzweigen zum Gerinnen gebracht hat, besonders angenehm. Wenn der Eimer mit Milch gefüllt ist, soll er einigermaßen warm stehen, nur wird man ihn nicht, wie gelegentlich empfohlen wird, unmittelbar ans Feuer stellen, aber doch nicht allzu fern davon, und gleich nach dem Gerinnen füllt man die Milch in Körbe von verschiedener Gestalt oder in Holzformen um …“[328]

Als weitere Variante für das Gerinnen des Käses nennt er frische Pinienkerne, die man bereits beim Melken in den Kübel gibt und erst wieder entfernt, wenn die Milch geronnen ist. Man könne aber auch die Pinienkerne zerstoßen und so der Milch beimischen.

Ich habe dieses Rezept ausgewählt, weil einerseits Käse in den Haushalten noch lange Zeit selbst zubereitet wird und andererseits die Auswahl an Mengen und Zutaten für das Gerinnen der Milch sehr vielfältig ist. Als sichersten Weg für die im Herstellen von Käse noch Unerfahrenen gibt er ein konkretes Maß. Auf ein Sinum[329] Milch braucht es Labzusatz im Gewicht eines Silberdenars. Besser schmeckt der Käse zwar, wenn man die Milch durch das Rühren mit Feigenzweigen zum Gerinnen bringt, was aber Erfahrung und Gefühl voraussetzt. Dasselbe gilt für die Blüten der wilden Kardendistel, die Saflorsamen oder die Pinienkerne, deren Mengen er nicht definiert und der Erfahrung überläßt.

Aus der weiteren Bearbeitung der Käse, ihren Formen und Größen erhalten diese ihre Namen.

„Am bekanntesten aber ist das Herstellungsverfahren des sogenannten Handkäses; wenn dieser im angewärmten Kübel ein wenig dick geworden ist, wird er zerteilt und nach Übergießen mit kochendem Wasser entweder mit der Hand geformt oder in Formen aus Buchsbaumholz gedrückt.“[330]

So entstehen die Handkäse. Die italienische Bezeichnung „formaggio“, hergeleitet aus dem vulgärlateinischen „formaticum“, soll auf die „formae“ zurückgehen, die Behälter, in welchen der Käse gelagert oder aufbewahrt wurde.

Die Sättigung einer Salzlake (Salzlaken waren für die Vorratswirtschaft, aber auch für die Bereitung von Saucen und als Würze in häufiger Verwendung) erkennt man nach Columella durch reines Beobachten.

Gesättigte Salzlake bereite wie folgt:
„Stelle ein Faß mit möglichst weiter Öffnung an einen besonders sonnigen Platz des Gutshofes. Das Faß fülle mit Regenwasser, denn dieses eignet sich am besten; ist es nicht vorhanden, jedenfalls mit ganz süßem Quellwasser. Hänge dann einen Korb aus Binsen oder Spartum hinein, der, damit die Lake heller wird, mit weißem Salz zu

füllen ist. Sieht man eine Reihe von Tagen das Salz schmelzen, so erkennt man daran, daß die Lake noch nicht reif ist; man schüttet dann so lange neues Salz dazu, bis es unverändert im Korbe bleibt und nicht wegschmilzt. Hat man das festgestellt, so darf man gewiß sein, daß die Lake ihre völlige Sättigung erreicht hat. Will man noch mehr herstellen, so gieße man die erste in gut gepichte Gefäße und stelle sie zugedeckt in die Sonne; deren Strahlung beseitigt allen Schimmel und gibt ihr einen guten Geruch. Um den Sättigungsgrad der Lake zu prüfen, gibt es noch ein anderes Verfahren. Wenn man nämlich einen ungesalzenen Käse hineinwirft und er untergeht, so kann man annehmen, daß sie noch nicht gehörig gesättigt, wenn er aber oben schwimmt, daß sie reif ist."[331]

Marcus Porcius Cato, Columellas Vorgänger, prüft wie folgt:

> „Folgendes wird das Zeichen sein: wirf einen getrockneten Fisch oder ein Ei hinein; wenn das schwimmt, wird es eine Lake sein, in der du Fleisch oder Käse oder Salzfische einpökeln kannst."[332]

Die Salzlaken fanden mannigfache Verwendung in der Haltbarmachung von Lebensmitteln. Beim Einmachen von Gemüse wurden sie meist im Verhältnis 1 : 2 (Lattich) oder auch 1 : 3 (Zwiebeln) mit Essig vermischt.

Columella vertritt in Anlehnung an punische, griechische und ebenso römische Schriftsteller die Auffassung, daß Bäcker, Köche und Kellermeister

> „keusch und mäßig sein müssen, weil es sehr darauf ankomme, daß Becher oder Speisen nur von solchen angefaßt würden, die entweder noch nicht erwachsen oder doch geschlechtlich äußerst enthaltsam seien. Wenn man aber Männer und Frauen damit betraue, sollen sie vor dem Berühren von Lebensmitteln im Flusse oder in ständig fließendem Wasser baden."[333]

In der Beschreibung eines Mittels gegen Leibschmerzen heißt es:

> „Man kocht so lange, bis die Früchte sich im Moste auflösen, und ein Junge steht dabei, der mit einem Holzspatel oder Rohr die Früchte umrührt, daß sie nicht anbrennen können."[334]

Auf Jungen und Mädchen als Gehilfen bei all diesen Tätigkeiten war daher nicht zu verzichten, damit diese hervorholen konnten, was gebraucht wurde. Unter diesem Aspekt ist auch das von PALLADIUS empfohlene Treten von Weintrauben durch noch nicht mannbare Knaben als das beste Maß, neben der Tatsache des leichten jugendlichen Körpers als geeignetes Schweremaß, zu interpretieren.[335]

Die von Aberglaube oder Symbolik besetzten Angaben sind von ihrer Funktion her meist einwandfrei.

Das Kochbuch des Apicius

Als wesentlichstes Zeugnis der altrömischen Küche gilt ein unter dem Namen des Apicius erhaltenes zehnbändiges Kompendium von Kochrezepten, das leider nicht mehr in seiner ursprünglichen Form erhalten ist. Daher möchte ich dieses Kochbuch des Apicius zuerst unter dem Aspekt der Überlieferungsgeschichte betrachten. Die drei ältesten Manuskripte, die noch existieren und den Namen Apicius tragen, datieren in das 8. und 9. Jahrhundert. Die ersten lateinischen Ausgaben in Buchform erscheinen im 16. Jahrhundert (Albanus Torinus, Humelbergius) und bilden neben der Ausgabe von Martinus Lister (1705 – 1709) und jener von Giarratano/ Vollmer (1922) die Grundlage für die englische Übersetzung von J. D. Vehling „Apicius. Cookery and Dining in Imperial Rome", erstmals 1936 erschienen. Ich greife in dieser Arbeit auf die Übersetzung von Vehling zurück, der nicht nur Philologe war, sondern als ausgebildeter Koch zudem über gastronomische Kompetenz verfügte. Die von reinen Philologen durchgeführten Übertragungen sind meist fehlerhaft, hinzu kommt, daß die meist sehr knapp gehaltenen Ausführungen des Apicius für erfahrene Köche geschrieben wurden und sowohl Kenntnisse im Kochen als auch die Kenntnis physikalischer und chemischer Gesetze voraussetzen. Nach Vehling reflektiert die Sammlung des Apicius bestens die Verfassung der Küche, wie sie am Beginn unserer Zeitrechnung verbreitet war. Der von einigen Autoren vermittelte Eindruck einer exzessiven

Küche ist für die Masse der Rezepte nicht haltbar, ganz im Gegenteil, Vehling weist auf einige sehr ökonomische Verfahrensweisen hin.

> Wie du ein wenig Laser unbegrenzt verwenden kannst.
> „Gib das Laser in ein geräumiges Einmachglas und tauche etwa 20 Pinienkerne darin ein; wenn du den Geschmack von Laser brauchst, entnimmst du einige Kerne und zermalmst sie; sie werden deiner Speise einen wunderbaren Geschmack mitteilen. Ersetze die entnommenen Kerne mit einer entsprechenden Anzahl frischer."[336]

Es lassen sich an diesem Beispiel aus dem I. Buch einige Übertragungsschwierigkeiten aufzeigen.[337] Lister überträgt mit unciam laseris (einer Unze), was Maier übernimmt. Vehling beruft sich auf Tacinius und Torinus, die mit nucia laseris (wenig Laser) übertragen. Ich möchte auf diese Auslegungen nur insofern eingehen, als es eben wenig Sinn macht, die genaue Umrechnung zu ermitteln, ob es nun um eine Unze Laser oder um ein wenig Laser geht, ist hier nicht der Punkt. Wichtiger scheint mir das Verfahren, der ökonomische Einsatz eines teuren Gewürzes, wie von einer kleinen Menge über eine lange Zeitspanne profitiert werden kann. Das teure Gewürz überträgt sein Aroma auf die Nüsse, welche ständig in der Menge der entnommenen Anzahl ersetzt werden. Dieses Verfahren findet man auch bei Vanilleschoten und Zucker, Essigmuttern und Essig – soviel man herausnimmt, gibt man wieder hinein.

Eine zur Zeit der Alten sehr geschätzte und überaus subtile Art des Würzens war das Umrühren mit Kräuterzweigen. Die bei Apicius angeführten Beispiele belegen somit, daß die Vorstellung maßlos überwürzter Speisen für die römische Küche keineswegs haltbar ist.

> Die Sauce für ein wildes Schaf enthält folgende Anweisungen:
> „Brate das Fleisch. Mache eine Sauce aus Pfeffer, Liebstöckel, Kümmel, trockener Minze, Thymian, Silphium, befeuchte mit Wein, gib geschmorte Damascener Pflaumen, Honig, Wein, Brühe, Essig, Rosinenwein dazu – so viel, daß es färbt – und rühre mit Zweigen von Origano und trockener Minze um."[338]

Beim Rühren mit einem Kräuterzweig oder -strauß sind die Größe des gewählten Zweiges, das Tempo und die Gestik für den Geschmack maßgeblich und stellen bestimmende Faktoren bezüglich der Menge dar. Nach einer mündlichen Mitteilung werde diese Art des Würzens noch heute eingesetzt. Die nötige Quantität Kräuter ist sensorisch meßbar, indem man mit dem Rühren aufhört, sobald der Duft aufsteigt, also olfaktorisch wahrgenommen werden kann. Apicius unterläßt diesen Hinweis, vermutlich war dies allgemein bekannt. Die nötige Quantität Rosinenwein ist an der Farbe abzulesen. Die restlichen Gewürze werden nach eigenem Ermessen beigegeben.

In einem weiteren Saucenrezept ist die Rede von Feigenweinkonzentrat, „welches die Römer Color nennen"[339], vergleichbar mit der heute bekannten Zuckercouleur, karamelfarben angeröstetem Zucker, welcher den Saucen eine schöne Farbe geben soll. Als Indikator für die richtige Temperatur konnte die Farbe der Pfanne dienen. In einem verdauungsfreundlichen Gemüserezept steht:

> „… gib es in die feuerrote Pfanne, vermenge mit dem Gemüse und nimm es sogleich wieder vom Feuer weg."[340]

Daß Apicius auch der Form der Zutaten Beachtung schenkte, beweist das folgende Rezept:

Minutal[341] nach Matius:
„Gib in eine Saucenpfanne Öl, Brühe, fein geschnittenen Lauch, Koriander, klein Faschiertes, gekochte, in lange Streifen geschnittene Schweineschulter samt der Schwarte, laß alles halb gar kochen. Gib Matianische Äpfel dazu, gesäubert und vom Kerngehäuse befreit, längsweis geschnitten und laß zusammen weiterkochen. Währenddessen zerstoße Pfeffer, Kümmel, grünen (frischen) Koriander oder Samen, Pfefferminze, Laserwurzel, angefeuchtet mit Essig, Honig und Brühe und ein wenig eingekochten Most, gib dazu den Saft (die Brühe) von den obigen Stückchen, schmecks mit Essig ab, lass aufkochen, schäume ab, binde diese Sauce (und seihe es über die gekochten Fleischstückchen). Bestreue mit Pfeffer und trage auf.“[342]

Das Verhältnis der Erbsen zu den Eiern spezifiziert er im folgenden Rezept:

Erbsengericht nach Commodus
„Koche die Erbsen, schöpfe sie ab, zerstoße Pfeffer, Liebstöckel, Dill, Schalotten und feuchte mit Brühe an; schmecke mit Wein und Brühe ab: rühre dies (mit den Erbsen) in einer Saucenpfanne zusammen; auf jeden Sextarius Erbsen gibst du 4 Eier dazu und stellst die Masse aufs Feuer bis sie eindickt (stockt) und trägst auf.“[343]

Immer wieder fordert Apicius dazu auf, die Speisen abzuschmecken.

Ein Gericht nach Lukrez:
„Säubere junge Zwiebeln, laß das Grüne weg und gib sie in die Kasserolle mit ein wenig Brühe, etwas Öl und Wasser. Zum Kochen gibst du gepökeltes Schweinefleisch in die Mitte. Wenn es beinahe fertig ist, gib einen Löffel Honig, ein wenig Essig und eingekochten Most (defrutum) dazu. Schmecke ab. Wenn es fad ist, gib mehr Brühe dazu, wenn zu salzig, mehr Honig. Bestreue mit Bohnenkraut.“[344]

Man muß sich beim Süßen und Salzen stets vor Augen halten, daß mit Honig, Rosinenwein, eingekochtem Wein oder Most (defrutum) gesüßt und mit Brühe, Fisch- oder Salzlake gesalzen wurde.

Ausgezeichnete Rezepte sind für Aufläufe gegeben.

Ein Gemüse-Hirn-Auflauf:
„Nimm Gemüse, sauber, gewaschen und zerpfluckt, koche es, kühle es ab und drücke es aus. Nimm vier (Kalbs-) Hirnchen, enthäute und koche sie. In den Mörser gibst du 6 Skrupel Pfeffer, angefeuchtet mit Brühe und fein zerstoßen; gib dann das Hirn dazu, und zerstoße neuerlich. Währenddessen gibst du auch das Gemüse bei, immer weiterstoßend, bis es eine feine Paste wird. Sodann brichst du 8 Eier auf und gibst sie dazu. Dann ein Glas Brühe, ein Glas Wein und ein Glas Rosinenwein. Schmecke diese Masse ab und befette die Auflaufform sorgsam und stell sie in ein heißes Gefäß über der heißen Asche. Wenn der Auflauf gar ist, bestreue mit Pfeffer und richte an.“[345]

Die Römer betrieben mit Vorliebe die Zucht und Mästung von Schweinen, Haselmäusen[346], Schnecken und Gänsen.

Im 7. Buch befindet sich ein Rezept für mit Milch gemästete Schnecken:
„Nimm Schnecken und reinige sie mit einem Schwamm. Entferne das schließende Membran und zieh sie heraus, leg sie einen taglang in ein Gefäß mit Milch und Salz (soviel, daß sie nicht ertrinken) und an den

folgenden Tagen nur in Milch, die du täglich wechselst. Säubere sie von allem Kot stündlich und wenn sie so fett sind, daß sie sich nicht mehr (ins Haus) zurückziehen können, brate sie in Öl und serviere sie in einer Weinsauce. Auf ähnliche Weise kann man sie auch mit Milchbrei mästen."[347]

Ebenso wie in den griechischen Abhandlungen – der Einfluß Griechenlands auf die Küche Roms ist unbestritten[348] – ist auch hier der Zeitpunkt des Erntens und des Tötens von so hoher Bedeutung, daß stets darauf hingewiesen wird.

Für die Herstellung eines Rosenweins heißt es am Ende des Rezepts:
„Mache den Rosenwein derart: Rosenblätter werden von dem unteren weißen Teil befreit, in ein Leinensäckchen genäht und für 7 Tage in Wein eingetaucht. Daraufhin gibst du ein Säckchen mit neuen Blättern hinein, welches ebenfalls 7 Tage darin ziehen soll. Wiederum entfernst du das alte Säckchen und ersetzt es mit einem frischen für eine Woche lang. Dann seihst du den Wein durch das Sieb. Bevor du ihn servierst gibst du für den süßen Geschmack Honig dazu. Achte darauf, daß nur die schönsten Rosenblätter, frei von Tautropfen, eingetaucht werden."[349]

Dies zeigt auch, wie sorgfältig mit Materialien umgegangen wurde. Mit Tautropfen benetzte Blätter hätten die Mischung wohl zu sehr verwässert.

Konkrete Mengenangaben sind bei Apicius nur vereinzelt zu finden und werden von Brandt auf eine griechische Vorlage zurückgeführt. Ich stelle konkrete Mengenangaben in Gewichts- oder Hohlmaßen in all jenen Rezepten fest, wo viele Gewürze im Spiel sind, also bei gewürzten Weinen, Gewürzmischungen, einem Gewürzessig oder bei Saucen.

Ein Rezept für einen römischen Wermut (absinthium Romanum):
„Römischer Absinth wird wie folgt gemacht: nach dem Rezept von Camerinum (eine Stadt in Umbrien) nimmst du Wermut von Saintonge (Südfrankreich) oder in Ermangelung davon pontinischen (vom Schwarzen Meer), gereinigt und zerstoßen, eine thebanische Unze davon, 6 Skrupel Kostwurz, je 3 Skrupel Nardenblätter, Frauenblätter und Safran, 18 quartarius milden (alten) Wein. Aufgrund der Bitterkeit ist keine Kohle (beim Filtern) nötig."[350]

In der Regel aber stoßen wir auf Formulierungen wie ein wenig Salz, einen Löffel voll Honig, viel Dill, nur ein bißchen Salz, ein Zweiglein Lorbeer, ein großes Glas Öl, ein eher kleines Glas Essig usf., also Mengenangaben, die ein vernünftiges letztes Urteil dem Koch überlassen.

Nachdem die Übertragungen ebenso wie die Umrechnungen je nach Autor meist unterschiedlich ausfallen und „partes" bspw. von Gollmer stets mit „sextarien" und nicht mit „Teilen" übersetzt wird, möchte ich mich hier auf keine äquivalenten Umrechnungen einlassen. Gewürze wurden genauer gemessen, vermutlich, weil sie teuer waren und in falscher Dosis sowohl ihren geschmacklichen wie auch medizinischen Zweck verfehlt hätten. Eier sind stets in Zahlen genannt und können viel eher als Richtwert dienen. Vehling vermutet an manchen Stellen, die jegliche Logik vermissen lassen, eine bewußte Irreführung, die sich auf eine strenge Geheimhaltung vieler nützlicher und gewinnbringender „formulae", nicht nur bei Köchen, auch bei Doktoren, Alchemisten und anderen Gelehrten, Künstlern und Handwerkern von der Antike bis heute verfolgen lasse. Was Zeitangaben anlangt, so kommen diese kaum vor. Garzeiten sind eng an die Materialien und Heizquellen gebunden, welche ständig variieren. Hinzu kommt, daß Zeit kein Kostenfaktor war und gute Arbeitskräfte billig waren, im Gegensatz zu den Lebensmitteln, die sehr teuer waren. Heute ist es umgekehrt. Zu Buche schlagen weniger die Materialien als der Aufwand an Zeit, welcher mittels modernster Geräte und Maschinen immer mehr eingespart wird.

Auch Hinweise auf die gewünschte Pfannenform oder das Gefäß sind eingestreut.

Ein Rezept für kleine Fische, Sprotten und Stinte in weißem Wein:
„Säubere die Sprotten, oder andere kleine Fische von weißem Fleisch, mariniere sie in Öl, leg sie in eine flache Pfanne, gib Öl dazu, Brühe (liquamen) und Wein. Bündle Raute und Majoran und koche sie mit dem Fisch. Wenn der Fisch durch ist, entfernst du die Kräuter, würze den Fisch mit Pfeffer und richte an."[351]

In erster Linie bestimmte die Größe und Farbe der Fische die Art der Zubereitung. Da sie im genannten Rezept klein und von zarter Faserung sind, werden sie zuerst in Öl mariniert. Das Braten verlangt eine flache Pfanne, in der mit Brühe, Wein und Kräutern das Ganze noch ein wenig eingekocht und, am Schluß mit Pfeffer bestreut, angerichtet wird. Daß die Sauce mit den Fischen serviert wird, ist nicht erwähnt, vermutlich jedoch selbstverständlich. Die Abbildung einer runden Bratpfanne, wie sie zur Zeit des Apicius verwendet wurde, legt diesen Schluß nahe.[352] Sie ist mit einem Schnäbelchen versehen, was unseren heutigen Pfannen meist fehlt, und legt somit nahe, daß die Sauce nach dem Braten auch darübergegossen wurde. Das in diesem Rezept verwendete Liquamen wird von vielen Autoren[353] mit dem Garum, einer Fischessenz, gleichgesetzt. Liquamen kann sehr wohl Garum sein, steht aber grundsätzlich für die vielen in der Küche eingesetzten Flüssigkeiten wie Brühe, Sauce, Bratensaft, Tunke, Kochsud usf. „Es bleibt immer der Interpretation des erfahrenen Praktikers überlassen, wie er liquamen im Zusammenhang deutet. Wenn Wissenschaftler damit nicht übereinstimmen wollen, das ist Küchenpraxis."[354]

Die Interpretation der Rezepte des Apicius bedarf bezüglich der Umrechnung von Maßangaben besonderer Behutsamkeit und einiger gastronomischer Kompetenz. Die sorgfältige Lektüre der Rezepte bringt gestalterische Prinzipien zum Ausdruck, nach welchen die geschmackgebenden Wirkstoffe während des Kochprozesses den Materialien einverleibt werden. Die höfische Küche des Mittelalters wird diesen Faden über das von den Arabern tradierte Wissen aufnehmen.

DAS MITTELALTER

Die Klosterküche

Nach dem Zerfall des Römischen Reiches sind uns nur wenige Quellen zur Kochkunst im frühen Mittelalter bekannt. Wir müssen uns auf Klosterregeln und Speiseordnungen, Speisezettel und Gesundheitsbücher berufen. Mit den Capitulare de villis (Landgüterverordnung), entstanden gegen Ende des 8. Jahrhunderts, ergeht von KARL DEM GROSSEN an alle Reichsklöster in seinem Imperium eine Anzahl von Edikten, die das gesamte religiöse, politische, soziale und wirtschaftliche Leben des Reiches systematisieren sollen. Hier ist die Zahl und Art der für die Küche als notwendig erachteten Töpfe und Tiegel ebenso geregelt wie Anzahl und Art des Edel-Geflügels bis hin zum Vieh und den Fischen, die man züchten sollte. Für die Gärten wird jeder Domäne der Anbau von etwa 70 Kräutern und Gemüse vorgeschrieben, was auf deren Bedeutung auf dem Speiseplan schließen läßt. Auch die Bepflanzung der Obst-, Kräuter- und Gemüsegärten im Kloster St. Gallen soll sich auf die Capitulare de villis beziehen.[355] Auskunft über die Vielzahl der Speisen eines Klosters um die Jahrtausendwende geben auch die „benedictiones ad mensas“, ein in 280 Hexametern abgefaßter Speisezettel aus dem Kloster St. Gallen[356], verfaßt von EKKEHART IV., besser bekannt als Autor der Casus sancti Galli. Die Reihe der Gerichte wird in dieser Dichtung vom Brot eingeleitet, unterschieden nach Art, Form und Qualität. Genannt sind das Eierbrot, das Hefe- oder Sauerteigbrot sowie das in der Asche gebackene Brot. Die Formen reichen vom flachen, niederen, in der Asche gebackenen Brot bis zu dem mit künstlichen Mitteln (Gärstoffe, Eier) gehobenen und sehr beliebten Brot in Wecken-, Brezel- oder Kipfelform. Foster vergleicht die geschwungene Form der Brezel mit den zum Kreuze verschränkten Armen der Mönche. „Die gekreuzten Arme – im Klosterlatein ‚brachitum‘ genannt – verliehen diesem Devotionsgebäck den Namen ‘Brezel’.“[357] Das in St. Gallen hergestellte Hefebrot, welches in Form der Laugenbrezel noch heute gerne zum Bier aufgetischt wird, steht in unmittelbarem Zusammenhang mit dem Brauen von Bier, da Bierhefe stets vorhanden war. In dem auf der Reichenau 825 für St. Gallen hergestellten Klosterplan, der als Idealvorstellung eines karolingischen Klosters gilt, sind Brauerei und Bäckerei nebeneinander situiert. Neben den Fischen, die besonders für die Fastenzeiten von Bedeutung waren, ist auch das der Herrschaft vorbehaltene Wildbret erwähnt. Hier stellt sicherlich der Bär eine Besonderheit dar, der im Mittelalter in dieser Gegend noch reich vertreten war (auch im Wappen des Klosters), was noch im 15. Jahrhundert bei Chiquart, der für einen Fürsten in Savoyen kochte, belegt ist. Weiters sind Eber, Hirsch, Wisent und Ur (Auerochse), Steinbock, Gämse, Hase und Murmeltier vertreten. Die Auswahl der Fleischsorten bei den Haustieren erstreckt sich vom Schwein, Ochs, Kalb, Hammel und Lamm bis zur Ziege, allesamt in den eigenen Ställen gehalten. Von den Milchprodukten nennt Ekkehard den Käse. Die Butter wird vermutlich erst ab dem 12. Jahrhundert auch in den Klöstern hergestellt. Ein eigener Hühnerhof versorgte die klösterliche Gemeinschaft mit Geflügel und Eiern, auch die „im Garne gefangenen kleinen Vögel“ fehlen nicht auf der Speisekarte. Selbstverständlich ist auch das Gemüse erwähnt, hier zählen Bohnen, Erbsen und Linsen zum Grundbestand der mittelalterlichen Ernährung. Neben den heimischen Baumfrüchten – Äpfel, Birnen, Holzbirnen, Quitten, Kastanien, Pfirsiche, Pflaumen, Kirschen und Nüsse – nennt der Dichter die importierten Zitronen, Feigen, Datteln, Trauben und Granatäpfel sowie das aus der Olive gewonnene Olivenöl oder Baumöl. Letzteres bezogen die St. Galler aus Italien, wohin sie ständige Verbindungen pflegten. Der Sankt Gallener Küchenzettel weist auf die große Vielfalt an Nahrungsmitteln in einem mittelalterlichen Kloster, über deren genaue Zubereitung wir jedoch wenig erfahren.

BERNHARD VON CLAIRVAUX verweist in seiner „Apologia ad Guillelmum" auf die raffinierten Speisefolgen, wie sie in Cluny aufgetischt wurden:

> „Inzwischen wird der eine nach dem anderen Gang aufgetischt, und anstatt des Fleisches, wovon man sich ferngehalten, wird doppelt soviel großer Fische gereicht. Und wenn man vom ersten Gang gesättigt ist und den zweiten berührt, hat es den Anschein, als hätte man den ersten noch nicht gegessen. Denn mit so großer Sorgfalt und Kunst der Köche wird alles zubereitet, daß sogar, wenn vier oder fünf Gänge verzehrt sind, die früheren Speisen kein Hemmnis für die späteren bedeuten und die Sättigung den Appetit nicht verringert. Denn wenn der Gaumen von neuen Gewürzen gereizt wird, entwöhnt er sich allmählich der altbekannten und erneuert sich gefräßig im Verlangen nach ausländischen Geschmäcken, als wäre er noch nüchtern. Der Magen jedoch wird, ohne es zu wissen, überladen, doch die Abwechslung verdrängt die Abneigung. Denn weil wir einen Widerwillen haben gegen pure Speisen, wie die Natur sie gemacht hat, wird die Freßsucht von allerhand falschen Geschmäcken erregt, während die Speisen auf zahllose Weisen miteinander vermischt und die natürlichen Geschmäcke, die Gott in die Sachen gesteckt hat, verschmäht werden. Das Maß der Notwendigkeit wird zweifellos überschritten, doch der Genuß ist noch nicht besiegt. Denn wer kann sagen, auf wie viele Weisen allein schon Eier (um von anderen Sachen ganz zu schweigen) gedreht und gequält werden, mit wie viel Fleiß sie auseinander geholt, geschlagen, flüssig oder hart gemacht und verkleinert werden; und bald geröstet, bald geschmort, mal gefüllt, mal gemischt oder einzeln aufgetischt werden? Wozu dies alles, wenn nicht als Zugeständnis an den Widerwillen? Darauf wird der äußerliche Anschein der Dinge soweit geändert, daß nicht weniger das Auge als der Geschmack sich freuen kann; und obwohl der Magen sich schon durch zahllose Rülpser gesättigt zeigt, ist doch die Neugier noch nicht befriedigt. Doch während die Augen von Farben und Gaumen von Geschmäcken verführt werden, wird der unglückliche Magen, weder von Farben beleuchtet noch von Geschmäcken gestreichelt und dennoch gezwungen alles aufzunehmen, unter dem Druck mehr verschüttet als erquickt."[358]

Norman Foster hat diesem Aspekt der mittelalterlichen Klosterküche, dem „Schlemmen hinter Klostermauern" eine ausgiebige Untersuchung gewidmet, wobei mir scheint, daß dabei die Solidität dieser Küche in ihrer Auswirkung auf die alltägliche Küche durch die Hervorkehrung des Schlemmeraspekts untergeht. So sind die eng mit der klösterlichen Kultur verbundenen Kräuter- und Wurzgärten ebenso wie die von den Mönchen selbst betreuten Obst- und Gemüsegärten neben ihrer Verwendung in der Heilmedizin für die Küche des Mittelalters charakteristisch und nicht wegzudenken. Viele Gewürze und Gemüsesorten sind erst mit den Klöstern und ihren Gärten auch bei uns heimisch geworden. Bereits die Eremiten und Asketen, die im 6. und 7. Jahrhundert in den Wäldern Europas lebten, um Gott unmittelbar nahe zu sein, ernährten sich mit Vorliebe von Kräutern, Wurzeln, Knollen, Beeren und Baumfrüchten.[359] Die in den Klöstern gepflegte Kultur des Gartenbaus folgt dieser lang existierenden Gewohnheit des unmittelbaren Umgangs mit den Pflanzen in der freien Natur. „Überall in Europa werden die Mönche zu den Initiatoren wichtiger Rodungs- und Kultivierungsaktionen, wobei sie eine von der der Eremiten völlig verschiedene Lebens- und Ernährungsweise verkünden. Die von Jonas um die Mitte des 7. Jahrhunderts verfaßte vita des Abtes von Riom, Johannes, berichtet uns, daß der Heilige auf einen Armen traf, als er sich eines Tages zum Gebet zurückzog. Dieser suchte im Wald nach Früchten, um seinen Hunger zu stillen. Johannes ermahnte ihn, auf Gott zu vertrauen und seine Arbeit als Bauer wiederaufzunehmen. Der Arme kehrte auf seinen Grund und Boden zurück, dem er bald eine reichliche Ernte verdankte, und mußte seinen Lebensunterhalt nie mehr anderswo suchen."[360]

Diese von den Mönchen forcierte Kultivierung ungenutzter Flächen ist in ihrer Auswirkung auf das Angebot von Nahrungsmitteln im Mittelalter bestimmend. Diese Tradition wird in der Folge auch von den Klöstern weiter überliefert. So sind es im 17. Jahrhundert, als der Naturbegriff eine Neudefinition erfährt, die

Ordensbrüder der Kapuziner, denen eine besondere Hingabe im Umgang mit Pflanzen und im Gartenbau nachgesagt wird. Die Kapuziner galten als die Lehrmeister der bäuerlichen Köchin, und Nicolas de Bonnefons widmete einen Teil der „Les délices de la campagne" den Kapuzinern.[361]

Die Regel des heiligen Benedikt

Maßgebend für den mönchischen Alltag im Mittelalter war die Regel des heiligen BENEDIKT VON NURSIA, welche die Zahl der täglichen Mahlzeiten ebenso wie die Zahl der Gerichte in ihrem bezug zum liturgischen Kalender festlegte. Im 39. Kapitel über das Maß der Speise heißt es: „Wir glauben, daß zur täglichen Hauptmahlzeit, sei sie zur sechsten oder zur neunten Stunde, mit Rücksicht auf die verschiedenen Schwächen für jeden Tisch zwei gekochte Speisen genügen. Wer von der einen Speise nicht essen kann, hat so die Möglichkeit, sich an der anderen zu sättigen. Zwei gekochte Gerichte sollen also für alle Brüder genügen; ist noch Obst oder frisches Gemüse zu haben, so kann man noch ein drittes hinzugeben. Ein gut abgewogenes Pfund Brot genügt für den Tag, ob man nur einmal ißt oder am Mittag und am Abend."[362] Der Genuß des Fleisches von vierfüßigen Tieren war mit Ausnahme der Schwachen und Kranken allen Mönchen untersagt. Lockerungen der Regel galten für Sonn- und Feiertage, ebenso war es dem jeweiligen Abt überlassen, quantitative Abweichungen und Anpassungen an besondere Gegebenheiten zu erlauben. Die nach Montanari erst ab dem 10. Jahrhundert vollzogene Verbindung einer „nördlichen" Fleischkultur mit der des Brotes „aus dem Süden" gilt es bei der Auslegung der Regel jeweils mit in Betracht zu ziehen.[363]

Die Regel des heiligen Benedikt von Nursia, die an die Traditionen des frühen Mönchtums von PACHOMIUS (290–346) über BASILIUS (329–379) bis CASSIANUS (360–435) anschließt, stellte einen Versuch dar, ein regulatives Modell ins Leben zu rufen, in welchem sämtliche Aktivitäten der Mönche in einer gemeinschaftlichen Lebensweise in disziplinierter und je nach Auslegung auch unausweichlicher, invariabler Routine rationalisiert waren. Baute die Regel grundsätzlich auf der Freiwilligkeit auf, so wird diese bald zur moralischen Norm erhoben. Für die Speisepläne der Klöster stellte sie sicherlich eine Herausforderung dar, die keineswegs ständige Schlemmereien, sondern auch, oder in erster Linie, einen sorgfältigen und phantasievollen Umgang mit den erlaubten Grundnahrungsmitteln zur Folge hatte.

Mit der Versorgung der Pilger entlang der Pilgerstraßen mußten die Klöster mitunter auch Tausende von Menschen beherbergen und verpflegen.[364] Die Verbreitung der in den Klöstern aufgetischten Speisen ist aus dieser Perspektive mit den heute über den Massentourismus eingeschleusten Gewohnheiten und Vorlieben durchaus vergleichbar.

Wie schon in der Antike finden sich genauere Mengenangaben auch in mittelalterlichen Rezepten häufig bei den Würzweinen. Im Kloster verfügte der Kellermeister über die bevorzugt als Heil- und Genußmittel in Verwendung stehenden Gewürze. Der heilige Benedikt charakterisiert in seiner Regel das Amt des Kellermeisters, der in der Klosterhierarchie gleich nach dem Abt kam, wie folgt:

> „Man wählt einen aus der Gemeinschaft, der Lebenserfahrung und einen guten Charakter hat. Der mäßig und kein großer Esser ist, nicht aufgeregt, grob, umständlich, hochmütig oder verschwenderisch. Er trägt die Sorge für alles, was ihm der Abt überträgt. Er soll die Brüder nicht betrüben. Er soll unvernünftige Brüder oder deren Wünsche vernünftig behandeln. Er muß auch für die Kranken, die Kinder, die Gäste und die Armen sorgen. Alles Gerät, die gesamte Habe des Klosters ist seiner großherzigen – nicht geizigen – Disposition anvertraut. Er gibt den Brüdern das festgesetzte Maß an Speisen und Getränken."[365]

Diese Beschreibung erinnert an die in den antiken Symposien an den Trinkerkönig gestellten Anforderungen.

Ein Rezept aus dem Kloster St. Gallen, welches in das 11. Jahrhundert datiert, verlangt für einen Pigmentwein 8 Teile roten Wein, 1 Teil Wasser, 1 Teil Honig, dazu Zimt, Ingwer, Paradieskörner, Nelken, Safran und Nardenwurzel, alles im Mörser fein zerstoßen und unter den Saft gemischt. Das Ganze für kurze Zeit zum Kochen gebracht, abgekühlt und durch ein Sieb gegossen. Die folgende Empfehlung, diese Gewürzmischung für Saucen aufzuheben, läßt auf den ökonomischen Umgang mit den teuren Stoffen schließen.

In einem Rezept aus dem Kloster Gloucester gibt Foster leider die ursprüngliche Menge Wein in Litern an, wodurch die Verhältnismäßigkeit des Weines zu den Gewürzen, die er in den alten Maßen beläßt, verlorengeht. An Gewürzen nennt er folgende Mengen:

> „Je 3 Unzen Zimt und Ingwer (kann durch Pfeffer ersetzt werden), soviel spanische Spikenarde, um das Gesicht auf einer kleinen Münze zu verdecken. 1/4 Unze Galingale-Wurzel, Muskat, Kardamom, 1 Unze Paradieskörner. Alle Gewürze fein zerstoßen und mit dem Wein vermischen. Das Ganze muß für die Dauer von etwa 20 Pater noster langsam sieden.“[366]

Die monastische Medizin

Das Kloster St. Gallen steht mit den medizinischen Schriften von NOTKER II. (gest. 975), Hofarzt von Kaiser Otto dem Großen, auch in der Tradition der monastischen Medizin, welcher nach Schipperges weniger „technische Errungenschaften in der Heilkunst als die Tradierung antiken Bildungsgutes“ zu verdanken sind.[367] Erst mit dem Konzil von Clermont, 1130, wird den Mönchen die Ausübung dieser Tätigkeit untersagt. Der Einfluß der arabischen Wissenschaft war für die abendländische Welt nicht mehr aufzuhalten, der monastischen Medizin des Frühmittelalters – vom 6. bis zum 12. Jahrhundert findet man in Europa durchwegs die Benediktiner als Vertreter der Heilkunde – folgte die arabische Medizin. Auch in St. Gallen bildete die Benediktus-Regel[368] mit ihrem bestimmenden Motiv vom Dienst an Christus, eine der Gottesliebe entspringende Menschenliebe, die Grundlage. Notker hat sich jedoch nachweislich auch mit den Schriften Hippokrates auseinandergesetzt – hat vermutlich die Humoralpathologie gekannt und diese angewendet.[369] Ekkehard IV. schildert in seinen „Casus sancti Galli“ Notker als einen gut ausgebildeten Theoretiker und einen scharfsinnigen Diagnostiker. Besondere Erwähnung findet dabei sein ausgeprägter Geruchssinn, der ihn eine Krankheit am Geruch des Blutes, einer olfaktorischen Diagnose, erkennen ließ. In der Vita sanctae Wiboradae wird die Heilung der Wiborada auf den Einsatz wohltuender Gerüche zurückgeführt.[370]

Noch im 18. Jahrhundert erstellten die Mediziner sehr detaillierte Klassifizierungen, die jeder Krankheit einen spezifischen Geruch zuordneten.

Der Geruchssinn und die Gerüche spielten im praktischen Leben des Mittelalters eine wichtige Rolle, die sensorischen Qualitäten im Umgang mit den Nahrungsmitteln waren entsprechend gut ausgebildet.

Hildegard von Bingen

Die Heilkunde (Causae et Curae). HILDEGARD VON BINGEN (1098–1179) war Benediktinerin und hat neben ihren Visionen, niedergeschrieben im Liber Scivias (Wisse die Wege), in den medizinischen Schriften (Physica – Naturkunde, und Causae et Curae, Heilkunde) ihre Kenntnisse festgehalten. In ihrem Werk macht sie vielseitigen Gebrauch von Maß- und Zahlenangaben. Konfrontation erfährt die Tugend des Maßes mit dem Laster der Maßlosigkeit in ihrer Ethik (Liber vitae meritorum), im Heilsgebäude führt sie zahlreiche Entsprechungen des menschlichen Körpers zum Kosmos an, geht von der Einheit von Mensch und Welt aus, sah den Menschen und die Schöpfung als Ganzheit.

Im Buch über die Heilkunst[371] erscheint Krankheit als Bild des Mangels und der Trockenheit. Es ist die Abwesenheit der „viriditas", des „Grün", des Gesunden und des Heils. „Grün" ist ihr Symbol für ein gesundes Wesen, für körperliche, aber auch geistige Gesundheit. „Grün" ist Naturkraft, und Krankheit bedeutet den Verlust der Naturkraft. Unter diesem Aspekt sind die vielen mittelalterlichen grünen Saucen, Füllungen, Gemüse und Salate zu betrachten, aber auch die noch viel später gebräuchlichen Formulierungen in den Rezepten, etwas mit Ei zu nässen („mach es nas von airen") oder Fleisch am Feuer trocknen zu lassen. Das grundsätzliche Arbeiten mit den Elementen und deren Eigenschaften im Kochen wird deutlich gemacht.

Gegen den Zorn empfiehlt Hildegard folgendes Rezept:

> „Wer in seinem Zorn so erregt ist, daß er dadurch Schmerzen leidet, soll Lorbeeren nehmen und sie auf einem heißen Ziegelstein trocknen, (ebenso Salbei und Majoran) und diese Kräuter an der Sonne trocknen und dann pulverisieren. Dann soll er dieses Pulver zusammen mit dem anderen obenerwähnten Pulver, das aus den Lorbeeren hergestellt wurde, in eine Büchse geben, und zwar so, daß das Pulver von den Lorbeeren mehr als das Pulver von der Salbei und das Pulver von der Salbei mehr als das Pulver vom Majoran ausmacht. Dann halte er es wegen des guten Duftes an seine Nase. Außerdem soll er auch einen Teil von diesem Pulver in etwas kalten Wein geben, mit ihm mischen und sich damit die Stirn, die Schläfen und die Brust einreiben. Die Lorbeeren besitzen eine warme, große Trockenheit, der Wein feuchtet die Säfte, die der Zorn im Menschen eintrocknen ließ, wieder an, die Wärme des Majorans beruhigt das vom Zorn erregte Gehirn, und die trockene Wärme des Salbeis sammelt wieder die Säfte, die der Zorn aufgelöst hat. Wenn die Lorbeeren wegen der Gesundheit, die von einem heißen Ziegelstein ausgeht, auf ihm getrocknet und mit dem Majoran und dem Salbei, wie gesagt, wegen ihrer starken Wirkung in die Sonne gelegt und so dann temperiert werden, lindern sie durch ihre wohltuende Wärme das obenerwähnte Leiden. Das Pulver, das wegen seiner natürlichen milden Wirkung mit nicht erwärmtem Wein gemischt ist, beruhigt auch, wie gesagt, die Gefäße der Stirn, der Schläfen und der Brust, die durch den Zorn erregt sind."[372]

Lorbeer > Salbei > Majoran

Hildegard von Bingen gibt meist die genauen Verhältnisse der Heilkräuter an, wenn auch für unsere Vorstellung kompliziert ausgedrückt.

> Für eine Petersilientunke schreibt sie:
> „... Aber auch wer einen kranken Magen hat, der nehme Petersilie und zweimal soviel Fenchel und soviel Seifenkraut wie Petersilie, und aus diesen mache er eine Tunke, der er Butter oder Rinderfett und gebratenes Salz beifügen soll, und so gekocht esse er es oft ..."[373]

Petersilie : Fenchel : Seifenkraut verhält sich wie 1 : 2 : 1

Eine Rezeptur gegen das dreitägige Fieber:

> „Ein Mensch, den das Fieber jeden zweiten Tag heimsucht soll Schafgarbe nehmen, doppelt soviel Engelsüß und diese Kräuter in leichtem, gutem Wein kochen, dann durch ein Tuch seihen und diesen Wein gleich bei einem Fieberanfall trinken. Die Kräuter soll er drei Tage lang im Wein lassen, damit er durch sie um so

besser temperiert wird. Diesen Wein soll er drei Tage lang trinken, und wenn es nötig sein sollte, die Kräuter wieder durch enstsprechende frische ersetzen. Die Wärme der Schafgarbe und des Engelsüß, temperiert durch die erhöhte Wärme des Weines und nach obiger Anweisung im Getränk eingenommen, wird das Fieber senken. Fortsetzung: Wer am dreitägigen Fieber leidet, nehme Balsamkraut, kleinen Huflattich in der gleichen Gewichtsmenge wie Balsamkraut und dreimal soviel Rettich wie die beiden Kräuter zusammen, koche das Ganze in Wein und seihe es durch ein Tuch. Ferner nehme er Gewürznelken, die doppelte Menge Galgant und ein Drittel von diesen beiden Ingwer, verarbeite alles zu Pulver und mache daraus mit dem obenerwähnten Wein, den er durch ein Tuch geseiht hat, einen reinen Trank."[374]

Schafgarbe : Engelsüß = 1 : 2
Balsamkraut : Huflattich : Rettich = 1 : 1 : 6
Gewürznelken : Galgant : Ingwer = 1 : 2 : 1

Gegen die Würmer:

„Ein Mensch, an dem ein Wurm an irgendeiner Körperstelle nagt, soll Kreide und die doppelte Menge Ton, daraus mit saurem Wein sozusagen einen dünnen Mörtel machen und an der Stelle, wo er am Wurm leidet, mit einer Feder auftragen …"[375]

Kreide : Ton = 1 : 2

Diese Art der Formulierung legt eine Meßpraxis nahe, in welcher die Mengen nicht zwingend nach dem Gewicht, d. h. mit einer Waage bestimmt werden, sondern vermutlich mit dem Augenmaß und den Händen die Portionen proportional festgelegt werden. Das heißt, man breitet einen Teil von einer Zutat vor sich aus, daneben häuft man von einer zweiten Zutat doppelt soviel an und nimmt beispielsweise von einer dritten Zutat soviel wie von der ersten. Die genaue Beschreibung der Konsistenz bestimmt die Menge der Flüssigkeit. Ausdrücklich gewogen wird in einem Rezept gegen Krebs, allerlei Geschwüre und Kopfweh das Olivenöl.[376]

Zusammengefaßt wendet Hildegard alle Kräuter, Pulver und Gewürze mit Umsicht (discrete) und angebracht (rationabili necessitate) an. „In ihrer Heilmittellehre finden wir durchwegs nüchterne und kluge pharmazeutische Prinzipien niedergelegt, wie sie mit der genauen Individualisierung, einem vorsichtigen Gebrauch bei strenger Indikation unter Berücksichtigung aller psychischen Faktoren zeitenlos gegeben sind."[377]

Das mittelalterliche Saucen-Buch von Maino de Maineri

Die kulinarische Praxis des Mittelalters war in großem Maße von den zeitgenössischen medizinischen Schriften bestimmt. Der Arzt und Doktor MAGNINUS MEDIOLANENSIS verfaßte um 1332 das Andrea von Florenz gewidmete „Regimen sanitatis", in dem er das dritte Kapitel dieses zehnbändigen Werks einer systematischen Untersuchung der Qualitäten aller in den damaligen Haushalten in allgemeiner Verwendung stehenden Lebensmittel widmet. MAINO DE MAINERI, so lautet sein richtiger Name, gilt auch als der Verfasser des „Opusculum de saporibus", einem mittealterlichen Saucen-Buch, das die medizinische Bedeutung der Saucen und Gewürze in der damaligen Küche unterstreicht. Saucen hatten die Aufgabe, den mit den Lebensmitteln aufgenommenen gesundheitsschädlichen und unbekömmlichen Säften entgegenzuwirken und die Verdauung von Speisen zu erleichtern.

Die Handschrift in lateinischer Sprache befindet sich heute in der Biblioteca Nazionale in Neapel und wurde von Lynn Thorndike herausgegeben.[378]

Zu Beginn finden sich allgemeine Bemerkungen, wie sie vermutlich auch in anderen mittelalterlichen Gesundheitslehren zu finden waren. Ich gebe in der Folge einige Leitsätze dieser Schrift, übersetzt aus der englischen Fassung von Thorndike, wieder:

> „Je mehr eine Sauce vom natürlichen Lebensmittel abweicht, desto weniger sollte man davon essen. Umgekehrt, je mehr sich diese der Natur des Lebensmittels nähert, umso mehr kann man davon zu sich nehmen. Im Sommer möge man heiße Gewürze meiden und anstelle von Wein und Essig Verjuice und Zitronensäfte nehmen." (S. 185)

Bei der Bestimmung, welche Saucen und Gewürze für welche Nahrungsmittel geeignet sind, empfiehlt er:

> Für gekochtes Schaffleisch, Kalb, und Kitz eine grüne Sauce aus Petersilie, Rosmarin, Brösel, weißem Ingwer, Nelken und Essig. Im Sommer nimmst du eine kleinere Menge von den Gewürzen und im Winter eine größere, gibst auch etwas Wein oder schwachen Essig dazu. (...) Für Hasenbraten und kleines Geflügel wird die richtige Sauce aus Zimt, Brotstücken und Verjuice im Sommer oder Wein und etwas schwachem Essig im Winter bereitet.
> Gebratene Tauben, Rebhühner und Wachteln verlangen kein anderes Gewürz als Salz und Zitrone. Aber die Sauce für gekochte Kapaune und Phasane besteht aus dem Kochsud mit milden Gewürzen, im Winter im speziellen Ysop, Salbei und Petersilie, während im Sommer lediglich Sauerampfer oder Rebschosse dem Kochwasser beigegeben werden.
> Für gebratene Enten, Gänse und andere Wasservögel ist die passende Sauce schwarz, eine Pfeffersauce. In Essig eingeweichte Brotkrume wird zusammen mit gebratener Leber im Mörser zerstoßen und mit dem abgetropften Saft des Bratens und Verjuice aufgelöst; alles zusammen kochen lassen, bis es dickt.
> Je fetter Fische sind und je feuchter ihre Natur und schwerer ihre Verdaulichkeit, umso mehr erfordern diese eine warme Sauce. (S. 185)

Maino rät gesunden Leuten, mit den Saucen nicht zu übertreiben. Diese stünden in ihrer Natur den Drogen nahe, und wer sich guter Gesundheit erfreue, bedürfe keiner Medizin. Wenn auch von Gourmets mehr zum geschmacklichen Vergnügen denn aus gesundheitlichen Überlegungen erfunden, seien die Saucen zur Aufrechterhaltung der Gesundheit nicht unbedingt notwendig.[379]

DIE FRÜHEN HANDSCHRIFTEN

Zwei anglo-normannische Handschriften

Die frühesten englischen Rezepte stammen aus zwei Handschriften in später anglo-normannischer Sprache, aufbewahrt in der British Library, ediert von Constance B. Hieatt und Robin F. Jones.[380] Die Manuskripte sind im Original mit einer anschließenden englischen Übersetzung sowie Erklärungen und einem Glossar wiedergegeben.

Handschrift A, MS B.L. 32085, fols. 117 v – 119v, spätes 13. Jahrhundert

6. (fol. 118r) Kochen ohne Feuer. Anweisungen zum Kochen von Fleisch ohne Feuer. Nehmt ein kleines irdenes Geschirr mit einem irdenen Deckel, der so groß wie der Topf sein soll; nehmt noch einen solchen irdenen Topf, wiederum einen Deckel wie beim ersten; dieser Topf soll jedoch fünf Finger höher sein als der erste und drei Finger breiter im Durchmesser; nehmt dann Schweinefleisch und Hühner und teilt diese in schöne Brocken (Stücke) und gebt gute Gewürze hinzu und Salz; nehmt nun den kleinen Topf mit dem Fleisch darinnen, und stellt diesen gerade in den großen Topf; gebt den Deckel darauf und verschließt mit feuchter lehmiger Erde, damit nichts entweichen kann; nehmt dann ungelöschten Kalk und füllt den großen Topf mit Wasser, paßt aber auf, daß kein Wasser in den kleinen Topf gelangt; laßt es so lange stehen, wie es braucht, um fünf oder 7 League[381] zu gehen, öffnet dann Eure Töpfe, und Ihr werdet Euer Fleisch tatsächlich gekocht vorfinden. (S. 863 / S. 874)

Handschrift B, MS B.L. Royal 12 C.Xii, fols. 11r – 13r, datiert 1320–1340

15. (fol. 11v) Deutsche Brühe. Nehmt Mandelmilch, verlest Nelken, Kubeben, gebratene Zwiebel; sie sollte heiß durch die Gewürze Nelken und Kubeben sein; die Farbe, gelb. (S. 867 / S. 878)
17 (fol. 12r) Weiße Sarazener Brühe. Mit Eier angedickte Kuhmilch, eine große Menge verlesener Ingwer; zu Beginn der Apfelsaison (gemacht); die Farbe, weiß. (S. 867/S. 878)
18. Salmenee Brühe (fleischlos). Essig, Galgant, Zimt, eine große Menge zerstoßene Nelken, und viele Eier und eine große Menge Zucker, um die Kraft der Gewürze auszugleichen, Ingwer mit den Gewürzen vermengt; die Farbe, schwarz oder grün. (S. 867 /S. 878)
31. (fol. 12v) Hauseleamye (Hühner in einer Sauce aus Trauben, Knoblauch und Petersilie). Weintrauben, Hammelhaxen; wenn diese beiden Zutaten gut in ein wenig Brühe und Verjuice gekocht sind, seihe die Brühe sorgfältig ab; nehmt dann März-Hühner, teilt sie auf, und kocht sie in der Brühe; wenn sie gar sind (gut gekocht), gebt eine große Menge gemahlener Ingwer dazu, um die Bitterkeit der Trauben auszugleichen; die Farbe sollte grün sein. (S. 868 /S. 879)

Daz buoch von guoter spîse

Die älteste deutsche Handschrift ist „daz buoch von guoter spîse", dessen wohl älteste erhaltene Abschrift gegen Ende der 40er Jahre des 14. Jahrhunderts entstanden ist. Es handelt sich um eine ostfränkische Handschrift, geschrieben um ca. 1350 in Würzburg, und wird daher auch das „Würzburger Kochbuch" genannt. Heute ist das Manuskript in der Universitätsbibliothek von München, Cod. ms. 731, aufbewahrt. Für meine Transkription verwendete ich die Faksimile-Ausgabe von Gerold Hayer[382], unter Vergleich mit der Ausgabe von R. Bergmann und H. Stopp[383].

Für die Lektüre der drei folgenden Handschriften sei darauf hingewiesen, daß die mittelalterlichen Schreiber folgende Abkürzungen verwendeten: Nasalstrich in der Bedeutung m oder n, hochgestelltes s in der Bedeutung von -er. Diese Abkürzungen wurden in der Übertragung aufgelöst. Das lange s wurde nicht wiedergegeben. V wurde in seiner alten Schreibweise belassen und ist nicht nach dem heutigen Gebrauch wiedergegeben. Übergeschriebene e und o sind hinter den betreffenden Buchstaben gestellt worden.

> III. (Bl. 156r) Wie man sol machen einen blamenser. Man sol nemen zigenin milich. vnd mache mandel <u>sein halp phunt</u>. <u>einen vierdunc</u> ryses sol man stoezzen zuo mele. vnd tuo daz in die milich kalt. vnd nim eines huones brust die sol man <u>zeisen</u>. vnd sol die hacken dor in. vnd ein rein smaltz sol man dor in tuon. vnd sol es dor inne sieden. vnd gibs im genuoc. vnd nime es denne wider vnd nim gestoezzen violn vnd wirfe den dor in. vnd <u>einen vierdunc</u> zuckers. tuo man dor in vnd gebs hin. Also mac man auch in der vasten machen einen blamenser von eime hechede. (Hayer, S. 23)

Die hier beschriebene Weißspeise oder Blanc-Manger wird aus Ziegenmilch bereitet. Die Hauptzutaten Mandeln, Reismehl und Zucker sind im Verhältnis 2 : 1 : 1 angegeben, die Menge der Milch bestimmt die allgemein bekannte Konsistenz eines Blanc-Manger, als weitere Zutaten sind eine Hühnerbrust, vermutlich mit den Händen zerzeist (zerfädelt) und dann verhackt, etwas Schmalz sowie gestoßene Veilchenblätter genannt. In der Fastenzeit wird die Hühnerbrust durch Hechtfleisch ersetzt.

> VIII. (Bl. 156v) Ain gebraten gefultez ferhelin mache also. Nim ein verkelin <u>daz drier wuchen alt si</u>. und brue daz kuele. und zuehe im daz har allez abe daz man ez iht wunde. so sol man im uemme den rans ussene die hut lazzen. und loese beide fleisch. und gebeine abe. und allez daz ez in dem libe hat. an die klawen die ez nidenen hat. uf den fuezzen. und nime des fleisches daz dor uz gezogen ist wol als <u>zwei eier</u> und suede ez vilnach gar. und nime danne daz. und spec vnd hackez. tuo rowe eyer dor zuo und <u>einen sniten broetes</u> und peterlin krut. und <u>saltz zuo mazze</u>. und fuelle da mit daz ferkelin <u>niht alzv vol</u> und forne den munt und legez sanfte in einen kezzel laz ez erwallen daz die hut iht zuo breche. so nim ez denne. und lege ez vf einen huelzinen roest vnd <u>brate ez sanfte.</u> Als ez denne wol geroest si so nim ein bret vnd lege daz vf eine schuezzeln mache vf daz bret vier steckelin vnd cleide daz bret mit eine blat von eyern. vnd setze daz verkelin dar vf. cleide ez auch mit eine blate vnd laz im die oeren dar uz gen vnd den munt vnde trage es hin. (Hayer, S. 24)

Das Rezept behandelt ein gefülltes Ferkel. Das drei Wochen alte Ferkel wird abgebrüht, von den Haaren befreit, dabei soll aber nichts verletzt werden. Um den Bauch herum soll die Haut ganz bleiben, d. h. es wurde nicht am Bauch aufgeschlitzt, sondern vermutlich wurden die Eingeweide über eine seitliche Öffnung – wie auch beschrieben im Ménagier de Paris[384] – oder durch das Maul entfernt. Die Fülle wird aus Fleisch (den Füßen) und zwei Eiern, beides gekocht, bereitet und dann mit rohen Eiern, einer Schnitte Brot und Petersilie und Salz in Maßen, vermengt. Das durch das Maul gefüllte Ferkel darf nicht zu voll gemacht werden. Dann wird es sanft in einen Kessel gelegt, in welchem es nicht zu stark kochen soll, sodaß die Haut nicht aufbricht oder zerbirst. Erst dann wird es auf einem hölzernen Spieß sanft gebraten. Nun wird das gebratene Ferkel mit einem dünnen Blatt aus Eierkuchen (unklar) eingekleidet, wobei Ohren und Maul freigelassen werden.

> X. (Bl. 157r) Nim gebratene birn. vnd sure epfele vnd hacke sie kleine. vnd tuo dar zuo pfeffer. vnd enis. vnd roe eyer snit <u>zwo duenne schiben</u> von schoenem broete fuelle diz da zwischen <u>niht vollen eines vingers</u>

dicke. mache ein duennez blat von eyern. vnd kere daz einez dor inne vemm vnd backez mit butern in einer pfannen biz daz ez roet werde und gibz hin. (Hayer, S. 25)

Zwischen zwei Brotscheiben wird nicht ganz fingerdick eine Fülle aus gebratenen Äpfeln und Birnen, gewürzt mit Pfeffer, Anis und rohen Eiern, aufgetragen, dann in einem Eierteig gewendet und in Butter herausgebacken, bis es eine rote Farbe annimmt.

Wilt du gueten met machen

XIIII. (Bl. 157v) Der gueten mete machen wil der werme reinen brunnen daz er die hant dor inne liden kuenne. vnd neme zwei maz wazzers. vnd eine honiges daz ruere man mit eime stecken vnd laz ez ein wile hangen vnd sihe ez denne durch ein rein tuoch. oder durch ein har sip in ein rein vaz und siede denne die selben wurz gein eime acker lanc hin vnd wider vnd schueme die wirtz mit einer vensterehten schuezzeln da der schume inne blibe vnd niht die wirtz dor noch guez den mete in ein rein vaz. vnd bedecke in daz der bradem iht uz muege als lange daz man die hant dor inne geliden muege. So nim denne ein halp mezzigen hafen. vnd tuo in halp vol hopphen. und ein hantvol salbey vnd siede daz mit der wirtz gein einer halben mile. vnd guez ez denne in die wurz vnd nim frischer heven ein halp noezzelin vnd guez ez dor in. vnd guez ez vnder einander daz ez gesschende werde so decke zuo daz der bradem iht vz muege einen tac. vnd ein naht so seige denne den mete durch ein reyn tuoch oder durch ein har sip. vnd vazze in in ein reyn vaz. vnd lazze in iern drie tac und drie naht vnd fulle in alle abende. darnach lazze man in aber abe unde huete daz iht hefen dor in kumme vnd laz in aht tage ligen daz er valle. und fuelle in alle abende. dar nach loez in abe in ein gehertztez vaz vnd laz in ligen aht tage vol vnd trinke in denne erst sehs wuochen oder ehte so ist er aller beste. (Hayer, S. 26)

Wenn du einen guten Met machen möchtest.

Wer einen guten Met machen will, der erwärme sauberes Brunnenwasser bis zu jener Temperatur, daß die Hand diese noch ertragen (erleiden) kann. Er nehme zwei Maß Wasser und ein Maß Honig (2 : 1). Diese Mischung wird mit einem Stecken gerührt und eine Weile hängen gelassen (über dem Feuer) und dann durch ein sauberes Tuch oder Haarsieb in ein sauberes Geschirr geseiht. Dann soll diese Würze so lange sieden, wie man braucht, um einen Acker (altes Flächenmaß, unterschiedlich groß, ca. 240 x 120 Fuß) auf- und abzugehen. Die Würze durch ein Lochsieb (eine gelochte Schüssel) abschäumen und in ein sauberes Geschirr umschütten. Zudecken, daß nichts verdunstet, bis es so weit abgekühlt hat, daß man die Hand hineinhalten kann. In einen Hafen, der ein halbes Maß aufnimmt, gibt man halbvoll Hopfen und eine Handvoll Salbei und läßt es mit der Würze so lange sieden, wie man braucht, um eine halbe Meile (800 m) zu gehen. Gieße es dann zur Würze und nimm ein halbes Nözzel (Hohlmaß unterschiedlicher Größe) frischer Hefe dazu. Menge alles durcheinander, daß es gärt, und decke es für einen Tag und eine Nacht zu, daß nichts verdunstet. Sodann durch ein sauberes Tuch oder Haarsieb abseihen und in einem sauberen Gefäß auffangen. Hier erneut drei Tage und drei Nächte gären lassen und jeden Abend füllen (vermutlich nachfüllen), achtgeben, daß keine Hefe mehr dazukommt, und 8 Tage stehen lassen, daß er sich setzen kann, jeden Abend füllen (?). Darnach in ein gepichtes Faß abfüllen und wieder 8 Tage liegenlassen. Erst nach sechs oder acht Wochen trinken, dann ist er am allerbesten.

Ein guot gethrahte.

XXVII. (Bl. 159v) Nim gebratene byern vnd ro sur epfele vnd nim vnder wahsen fleisch gesoten vnd nim pfeffer vnd saffran daz stoz zuo sammene vnd mache ez weich. mit roen eyern. so mache ein blat von eyern vnd zuo teyle daz fuelle dar vf die materien daz glich werde. so wint daz blat zuo sammene vnd machez naz von eyer teyge vnd legez in siedenz smaltz vnd backez harte so stecke do durch einen spiz vnd legez zuo dem vieure vnd beslahez eins mit eyern vnd eins mit smaltze mit zwein swamen also lange biz daz ez singe vnd rot werde vnd gibz hin. (Hayer, S. 30)

Ein gutes Gericht.

Nimm gebratene Birnen und rohe saure Äpfel. Damit zerstößt du gesottenes und von Fett durchzogenes Fleisch, nimmst Pfeffer und Safran, zerstößt das zusammen (im Mörser) und machst die Masse mit rohen Eiern weich. Dann machst du ein Teigblatt mit Eiern, zerteilst es, verstreichst darauf gleichmäßig diese Fülle, klappst oder rollst es zusammen und ziehst es durch einen Backteig (machst es naß mit einem Eierteig). Dann backst du es in heißem Schmalz heraus, bis es fest ist, steckst es an einen Spieß und bratest beim Feuer. Dabei wird eines mit Schmalz eingeschmiert (mit zwei Schwämmen?) und das andere mit Ei und so lange gebraten, bis es ein singendes Geräusch von sich gibt und eine rote Farbe bekommt. Dann richte es an.

Ein geriht

XXXII. (Bl. 160r) Rib knobelauch mit saltze die haubt schele schone vnd menge sehs eyer dar zuo on daz wisse vnd nim ezzig vnd ein wenig wazzers dar zuo niht zuo sur vnd la daz erwallen daz ez dicke blibe da mit mac man machen gebratene huenner morchen oder swemme oder waz du wilt. (Hayer, S. 31)

Ein Gericht

Zerreibe sauber geschälte Knoblauchzehen mit Salz und vermenge mit 6 Eierdotter (ohne das Weiße). Dazu nimmst du Essig und so viel Wasser, daß es nicht zu sauer wird. Laß diese Mischung aufwallen, sie soll dick bleiben. Das kann man mit gebratenen Hühnern, Morcheln oder Schwämmen oder was du willst servieren.

Hier ist eine Knoblauchsauce beschrieben. Als Richtmenge kann man die Zahl der Eidotter nehmen. Nach der geschmacklichen Vorstellung des Kochs soll diese Sauce nicht zu sauer schmecken und von der Konsistenz her eher dick sein.

Es folgt das Rezept für einen Agratz, Agras oder Agrest, eine im Mittelalter sehr beliebte Sauce aus unreifen Weintrauben, die sich auch konservieren läßt.

wilt du machen einen agratz.

(Bl. 160r) Nim wintruebele vnd stoz sur ephele. diz tuo zuo sammene. menge ez mit wine. vnd drueckes vz. dise salse ist guot zuo scheffinem braten. vnd zuo huenren. vnd zuo vischen. vnd heizet agraz. (Hayer, S. 31)

Willst du einen Agratz machen.

Nimm Weintrauben und stoß saure Äpfel dazu. Vermische dies mit Wein und drücke es aus. Diese Sauce paßt gut zu schöpsernem Braten und zu Hühnern und zu Fischen. Sie heißt Agraz.

In der Anweisung für eine gute Fülle findet sich letzten Endes die Beschreibung, wie man Butter oder Käse aus Mandelmilch herstellt. Die Butter wurde mit Safran gelb gemacht.

Ein guot fulle

XXXVIIII. (Bl. 160v) Nim mandelkern mache in schoene in siedem wazzer vnd wirf sie in kalt wazzer loese die garsten uz vnd stoz die besten in einem moerser alse sie veisten beginnen so sprenge dor uf ein kalt wazzer vnd stoz sie vaste vnd menge sie mit kaldem wazzere eben dicke vnd rink sie durch ein schoen tuech vnd tuo die kafen wider in den moerser stoz sie vnd rinc sie uz schuetez allez in ein phannen vnd halt sie ueber daz fueir vnd tuo dar zuo ein eyer schaln vol wines vnd ruerez wol vnz daz ez gesiede nim ein schuen beuteltuoch vnd lege ez uf reine stro vnd guez dar uf die milich biz daz sie wol veber sige swaz denne vf dem tuoche belibe do von mache einen kese wilt du butern dor vz machen so laz ein wenic saffrans do mit erwallen vnd gibz hin als butern oder kese. (Hayer, S. 32 f.)

Eine gute Fülle

Nimm Mandeln und verschönere sie, indem du sie mit heißem Wasser übergießt, in kaltem Wasser von der Schale löst und die schlechten entfernst. Die schönsten zerstößt du im Mörser, besprengst sie, sobald sie beginnen ölig zu werden, mit Wasser (in anderen Rezepten oft mit Rosenwasser) und vermengst sie dann mit Wasser zu einem gleichmäßig dicken Brei. Diesen preßt du durch ein sauberes Tuch und gibst die verbliebenen Kerne wieder in den Mörser, wo du sie noch einmal stoßt, noch einmal auspreßt, schüttest alles in eine Pfanne und hältst sie über das Feuer und verrührst es gut mit einer Eierschale voll Wein, bis es aufkocht. Dann nimmst du ein frisches Tuch und legst es auf sauberes Stroh, gießt darauf die Milch und läßt sie gut durchrinnen, und was dann noch im Tuch verbleibt, damit machst du einen Käse oder wenn du eine Butter machen willst, so erhitze sie nochmals kurz mit ein wenig Safran. Serviere es als Butter oder Käse.

Ein geriht von einer gense

XLII. (Bl. 161r) Nim ein gans die niht alt si nim vz daz gekroese snit abe die fluegele vnd die diech stecke sie in einen irdinen hafen der enge si guez daz wazzer vf daz siebetueche setze sie vf einen drifuez der vnden offen si bedecke den hafen daz der bradem iht vz ge suet daz gekroese sunder vnd saltz die gans vnd suede die gans in dem sode biz sie vilnach trucken si vnd gar sie gesoten vnd nim denne suezze milich vnd sehs totern vnd zwei haupt knobelauches die groz sint vnd schele die schone vnd stoz sie mit ein wenic saltzes vnd menge daz mit der milich vnd mit den totern vnd saffran tuo dar zuo vnd guez daz condiment vf die gans laz sie erwallen vnd gibe sie hin. (Hayer, S. 33)

Ein Gänsegericht

Nimm eine junge Gans, weide sie aus, trenne die Flügel und die Schenkel ab und stecke sie in einen schmalen tönernen Topf, das Wasser seihst du durch ein Tuch, setze sie auf einen Dreifuß, der unten offen ist, decke den Hafen zu, daß kein Dunst entweichen kann. Die Eingeweide werden separat gesotten. Die Gans wird gesalzen und in der Brühe geschmort, bis sie trocken ist und durchgesotten, dann nimm süße Milch und 6 Eidotter, zwei große Zehen (Haupt) Knoblauch, schön geschält und mit ein wenig Salz zerstoßen, vermenge das mit der Dottermilch und gib Safran dazu und gieße dieses Kondiment (Würzsauce) über die Gans, laß sie noch einmal aufkochen und richte dann an.

Das Würzburger Kochbuch enthält 96 Rezepte und endet mit dem Satz: „Hie get vz die lere von der kocherie“.

Das Mondseer Kochbuch

Diese Handschrift aus der Österreichischen Nationalbibliothek, Cod. 4995, stammt aus dem 15. Jahrhundert. Ein Frater Benedictus aus dem niederbayrischen Benediktinerkloster Biburg schenkte sie 1453 dem Kloster Mondsee.[385] Der erste Teil dieser Handschrift, faksimiliert von Hayer in „daz buoch von guoter spîse“, ist mit dem Würzburger Kochbuch identisch, das sind 86 von insgesamt 167 Rezepten. Im zweiten Teil befinden sich 81 Rezepte, wovon wiederum 56 mit dem Wiener Kochbuch übereinstimmen.[386]

Die folgenden Auszüge stammen aus dem zweiten, noch nicht edierten Teil (Bl. 212v – 223r) aus dem Originalmanuskript in der Österreichischen Nationalbibliothek.

> Bl. 212v Von ander sulczfischen
> Nim wein vnd wasser gleich vnd seud die fisch dar ein vnd gewürcz sey wol und verbs und setz sy kalt.

Wenn es heißt, färbe es, so ist vermutlich Safran gemeint.

Von hechten gemecht und sieden
Bl. 213r Seud hecht vnd reib die schüben mit ainen petersilg vnd mit der visch brü vnd seich es durch ain sib Ist ab die fisch schüpen versalczen geuß ain wenig wasser dar an vnd gewurcz es vnd lauß das ain wenig weil wallen so tuo es auff ain hecht vnd iß da mit alle hecht sol man sieden In essich vnd In wein vnd nicht In wasser

Siede den Hecht und schuppe ihn mit Petersilie und Fischbrühe, seihe diese durch ein Sieb. Ist die Fischbrühe versalzen (prüfe!), so verdünnst du sie mit ein wenig Wasser. Würze dann und laß noch ein wenig aufkochen (ein wenig Weil wallen). Gieße sie dann über den Hecht und iß es zusammen. Hecht soll man in Essig und Wein (das Verhältnis laut vorhergehendem Rezept 1 : 1) und nicht in Wasser sieden.

Das Sieden im Wein und Essig entspricht nach der mittelalterlichen Gesundheitslehre einer Mäßigung des feucht-kalten Hechts im heiß-trockenen Gemisch von Wein und Essig.

> **Von mangerlay gepachen**
> Bl. 214v Zu dem gebachen mustu siben varb haben die vindestu nach ain ander vnd du muost durch das Jar dar nach trachten Die ersten findestu In dem sumer plau pluomen der muostu haben vil die soltu derren In ainem oven vnd das In nit zuo haiß sey wen sy nun getrucknet seyen so stoß sy rain behalt die farb vnd mach von slehen ain muoß vnd tuo der varb dar an so wirt es plau vnd tuo honig dar an so wirt es süss vnd mit guotem gewurcz mach es wol ab und gib es hin.

Das folgende Rezept steht für die im Mittelalter typischen spektakulären Schaugerichte, die sich nahezu in allen Rezeptsammlungen aus dieser Zeit finden. Aufgetragen wurde es als Zwischengericht nach den Brühen und vor den Braten. Mit dem Terminus „an die stat“ ist vermutlich die Herdstätte gemeint.

> **Schweins koppf mit hellischen flammen**
> Bl. 215v Wiltu ainen wilden sweins kopf machen das hellesch flammen auß Im farn so seud In von erst an dic stat vnd wen er gesotten ist so tuo In auf ainen rost vnd röst In schon das er praun werde vnd sneid In würfflacht das er denocht gancz sey vnd ströuwe In aussen mit Ingber über all vnd nimm ain salzen schüssel vol geprantes weins vnd ingber dar ein vnd schütt In halben in den hals vnd tröuf das ander aussen auß vnd nim tür brot als ain nuß groß vnd mach ain klain loch an mitten dar ein vnd tue ain glüenden kißlig dar ein

als groß als ain bon so tuo es als du es dar weist geben auff den tisch so stoß Imms In den hals hin ein vnd sperre Im das maul auf mit ainem roten apfel vnd laß es röschlich hin tragen wan man es an rüret und essen wil so entzunt es sich von dem wein vnd von dem kißlig das hellisch flammen herauß farn grün vnd plau vnd smeket als ain viol vnd ist vnschedlich

Ruggbraten von ainem rech oder gancz hasen gepratten
Bl. 219r Von ruggpratten nim den ruggpraten von dem rech spik den wol mit klainem speck spreng In wol mit saltz werff dar auf Ingber küm pfeffer pint In In ainen taig als krapflein lauß In In ainem oven pachen wert an dem liecht das er gar gepraten sey also mach du den hasen gancz gepraten

Ein Braten von einem Rehrücken oder ganzen Hasen
Für Rückbraten nimm den Rehrücken, spickst ihn gut mit kleinem Speck, bestreust ihn gut mit Salz, Ingwer, Kümmel, Pfeffer. Umhülle (umwickle) ihn mit einem Teig ähnlich dem Krapfenteig und laß ihn im Ofen backen. Bewerte oder entscheide an der Farbe (am Licht), wann er gar gebraten ist. Ebenso machst du den ganzen Hasenbraten.

Salczsen natürlich cze machen
Bl. 219v Wiltu ain naturlich salcz machen nim drü haubt knoblauch vnd pfeffer mer dan ingber temperier das zuo samen las sieden vnd laus es praun werden das haist ain naturlich salcz die sol man essen in kaltem wetter

Eine natürliche Sauce zu machen.
Willst du eine natürliche Sauce machen, so nimmst du 3 Haupt (vermutlich Zehen) Knoblauch und mehr Pfeffer als Ingwer. Mische das zusammen und lasse es sieden und braun werden. Diese Sauce heißt eine natürliche Sauce und soll bei kaltem Wetter gegessen werden.

Haidnisch kuochen oder hausenplater
Bl. 220v Ainen aiertaig czuo treib mit ain walczen dünn als ain oblat und sneids dreyer finger brait vnd lenger den ain hand vnd bachs im smalcz geus dar auf gepfefferter honig getranck oder hönig wurcz vnd den gibs hin das haist haidnisch kuochen oder hausen plater

Einen mit Eiern gefertigten Teig rollst du mit dem Waller so dünn wie eine Oblate aus und rädelst dreifingerbreite und etwas größere als handlange Streifen aus, backst sie im heißen Schmalz heraus und gießt zum Anrichten gewürzten Honigtrank oder Met darüber. Dieses Gericht heißt heidnischer Kuchen oder Hausenplater.[387]

Das Wiener Kochbuch

Diese Handschrift stammt aus dem Dorotheenkloster und ist heute in der Österreichischen Nationalbibliothek aufbewahrt, ÖNB 2897. Sie enthält 267 Rezepte, wovon 48 mit dem Würzburger Kochbuch und 49 mit dem Mondseer Kochbuch übereinstimmen. Insgesamt sind aber noch weitere Vorlagen in dieser Sammlung verarbeitet. Die Mengenangaben lassen auf einen größeren Konvent schließen, Hayer stuft es als das jüngste der drei genannten Kochbücher ein.[388]

Bl. 14v Ain tuter mues
(N)im LX ayr vnd tuo die tutter darauf vnd nym ein echten wechlisch wein darczuo so wirt das mues fein ein wenig salcz vnd ein süzze milch smalcz das ist auch guot vnd gib es hin. (Hayer, S. 56)

Bl. 16r Von kaldaunen ein gmüs
(N)im sweines dorm vnd magen vnd sneid sy würffelat so nym dann petersil salva mynczn polay ayr prot chüm mer dann pheffer das mal mit esseich vnd mit guet prue das geus auf dy kaldaunen vnd smalcz darczue laß ez erwallen das ez dikch werd hast du nicht grün ding so nym ander condiment also mach du machen kaldawn. (Hayer, S. 57)

Bei diesem Kuttelgericht werden Schweinedärme und Magen würfelig (!) geschnitten, dann nimmt man Petersilie, Salbei, Minze, Polei – hier vermutlich von allen etwa gleich viel –, vom Kümmel mehr als Pfeffer, mit Eiern und Brot zerstoßen und in Essig und guter Brühe aufgelöst und dann über die Kutteln gegeben, Schmalz dazu und aufkochen lassen, bis es dick wird. Wenn man keine grünen Kräuter hat, d. h. nicht Saison für frische Kräuter ist, so nimmt man andere Gewürze.

Auf Bl. 26v finden sich einige Rezepte für gefüllte Krapfen, die für die Fastenzeit bestimmt sind. Bei der Fülle, seien es Hechtdärme mit Äpfeln, Nüsse mit Äpfeln oder Rosinen mit Äpfeln, ist das Verhältnis stets 1 : 1 – „vnd nym als vil ophl als der visch ist".

„Du fait de cuisine“ von Meister Chiquart

Das Originalmanuskript „Du fait de cuisine“ befindet sich seit 1962 im Archiv des Schweizer Kantons Wallis in Sitten. Zusammengestellt wurde das Manuskript 1420 vom Chefkoch des Fürsten Amadeus von Savoyen, MEISTER CHIQUART AMICZO. Er genoß in seiner langjährigen Tätigkeit als Chefkoch, und somit für die Gesundheit seines Herrn persönlich Verantwortlicher, eine vorrangige Stellung am Hof. Der Bücher völlig unkundig, wie Meister Chiquart in seiner Einleitung hervorhebt, ist die Niederschrift erst auf Drängen seines Herrn, des Duke Amadeus, entstanden, welcher seinem Chefkoch letzten Endes geradezu befohlen hat, sein Wissen schriftlich festzuhalten. Ein Angestellter und Bürger der Stadt Annecy hat in enger Zusammenarbeit mit dem Autor – viele Passagen wurden möglicherweise direkt diktiert – das Werk „Über das Kochen“ niedergeschrieben. Diese Zusammenarbeit wird im Schlußgedicht in zwei Strophen (9 und 10) auch betont. Hier dankt Chiquart seinem Schreiber für seine Arbeit. Zudem gibt sich der Schreiber namentlich als Angestellter und Bürger der Stadt Annecy, als JEHAN DE DUDENS, zu erkennen.

Wie Terrence Scully in seiner Studie über diese kulinarische Abhandlung schreibt, „sind die durch Chiquart aufgeschriebenen Rezepte, auch wenn er mit größter Bescheidenheit auf seine Unkenntnis der Bücher und Schriften auf diesem Gebiet hinweist, trotzdem mit jenen aus anderen Kochbüchern vergleichbar. Es ist möglich, daß umherwandernde Höfe, strenge Traditionen, Lehrjahre, effiziente mündliche Überlieferung und bemerkenswert gute Gedächtnisse im Normalfall das Aufschreiben von schriftlichen Anleitungen für die Küche im spätmittelalterlichen Europa erübrigten, auch in jenem der Feudalherren. Ähnlichkeiten in auf herkömmliche Art und Weise zubereiteten Speisen existierten in so weit auseinanderliegenden Regionen wie Deutschland und Portugal. In einem großen Ausmaß nahm Chiquart, mit oder ohne Kochbuchführer, an dieser Pan-Europäischen kulinarischen Praxis teil.“[389]

Im Vergleich mit anderen französischen Handschriften fiel meine Wahl auf Chiquart aufgrund seiner besonderen Sensibilität im Umgang mit Mengen und Materialien sowie besonderer sprachlicher Ausdruckskraft, was auf eine große Sicherheit seines fachmännischen Könnens schließen läßt, ähnlich dem 30 Jahre später in Italien wirkenden MAESTRO MARTINO in seinem „De re coquinaria“.

Chiquart ordnet sein Kochbuch nach der Reihenfolge der auf einem 2-Tages-Bankett aufgetragenen Speisen. Er richtet sich mit seinen Worten klar an einen in der Lehre stehenden Koch, der die Vielzahl der mehr oder weniger komplexen Aufgaben im Rahmen eines Banketts zu bewältigen imstande sein sollte. Neben seinen Vorschlägen einer Speisenabfolge an Fleischtagen macht er auch einen Vorschlag für die Fastenzeit. Darüber hinaus führt er all die nötigen Lebensmittel und die zu treffenden Vorkehrungen an.

1. Weiße Brühe

Nimm gute Kapaunen, säubere das Fleisch, das du zum Essen verwendest gut – es sei vom Schwein, Kitz oder Kalb oder welches passende Fleisch auch immer – und koch es gründlich in Kesseln, die groß genug sind für jene Menge, die du benötigst; und gib ein wenig vorgekochtes mageres Schweinefleisch dazu, ebenfalls gründlich gereinigt. Je nachdem wieviel Brühe du machen willst nimmst du eine große Menge Mandeln, schäle, wasche und zerstoße sie; für das Zerstoßen nimm die Bouillon vom Kapaun, um sie zu nässen. (…) filtere einen Teil der Bouillon in einen sauberen Topf von geeigneter Größe, nimm sodann guten Weißwein und Verjuice und gib das dazu, zu der Menge Bouillon, mit weißem Ingwer und Paradieskörnern in proportionalen Mengen. … Je nach Menge der Brühe wählst du das Gefäß, in welchem du es kochst, und je nach Quantität der Brühe gibst du Zucker dazu, um ihn mitzukochen. Überprüfe, ob es weder zu stark noch zu wenig gesalzen ist … (Scully, S. 17 f.)

Chiquart legt großen Wert auf die richtige Topfgröße, auf die Verhältnisse der Gewürze zum Ganzen und auf das Abschmecken! (nicht zuviel, nicht zuwenig Salz)

2. Als nächstes eine deutsche Brühe:
Die Person, die angewiesen ist, diese Brühe zu machen, soll abhängig von der Menge, die sie zu machen hat, ihre Kapaune nehmen, sie sauber vorbereiten und sie in Viertel schneiden; sodann soll er je nach Menge der Brühe, die er angewiesen wurde zu machen, in einer proportionalen Menge zum Geflügel Fleisch nehmen, entweder Schwein, Lamm, Kitz oder Kalb – wie in der vorgenannten Brühe – und dieses Fleisch sollte in Stücke, so groß wie das geviertelte Geflügel, geschnitten werden. Und dafür nimmst du eine Menge Zwiebeln je nach Menge Fleisch und schneide diese sehr klein auf; und nimm das Fett vom Speck und laß es völlig aus, und nimm die Menge Fleisch, die du entweder in sauberen Kesseln oder Töpfen hast, und leg dann deine Zwiebeln und das Fett um das Fleisch und brate alles zusammen an.
Abhängig von der Menge des Fleisches nimmst du eine Quantität Mandeln und säuberst sie derart, daß keine Schalenstücke zurückbleiben, und wasche sie in recht heißem Wasser; und stoße sie ohne sie zu schälen, und nässe sie mit Rindsbouillon; nimm dann einen guten zweihenkeligen Topf und filtere mit Rindsbouillon die gewünschte Menge; und versichere dich, daß es nicht zu salzig ist. Sodann nimmst du guten weißen Wein und Verjuice, in der angemessenen Menge zur Brühe und gibs dazu, zusammen mit weißem Ingwer, Paradieskörnern, Pfeffer – und nicht zuviel davon[390] – Muskatnuß und all die minderen Gewürze wie Nelken und Muskatblüte und etwas Safran für die Farbe; und setze all diese Gewürze umsichtig ein. Sobald sie gestoßen (gemahlen) sind, gibst du sie in deine Brühe und schüttest diese Brühe über dein gebratenes Fleisch, zusammen mit einer großen Menge Zucker, welche der Menge der Brühe angemessen ist.
Wenn alles vermengt ist, schmecke ab, um zu sehen, ob zuviel oder zuwenig von etwas ist, sodaß du dies korrigieren kannst, und probiere auch wegen dem Salz. Und sei vorsichtig beim Fleisch, daß es nicht zu lange kocht, denn Kitz und Kalb sind zarter als Geflügel. Wenn dein Fleisch gerade richtig ist und es Zeit zum Auftragen ist, … (Scully, S. 18 f.)

Chiquart legt großen Wert auf das ABSCHMECKEN, die richtige Garzeit und auf einen umsichtigen Umgang mit Gewürzen und auch auf die FORM – die Fleischstücke sollen in derselben Form und Größe zugerichtet sein.

3. Als nächstes, noch eine Pottage, nämlich die Savoyer Brühe:
Zu Beginn soll der, dem diese Aufgabe übertragen wurde, die Menge Fleisch, die ihm angegeben wurde, nehmen; er soll sein Geflügel vorbereiten und es rein zum Kochen aufsetzen, auch das Fleisch, ebenso in der Menge, die ihm angegeben wurde; dann soll er ein gutes Stück mageren Speck nehmen, ein gutes Stück, gut und richtig säubern, und mit dem Geflügel und dem Fleisch aufsetzen. Dann nehme Salbei, Petersilie, Ysop und Majoran; sie sollten gründlich gewaschen und geputzt sein, und aus ihnen sollte ein bouqet garni, ohne sie zu zerschneiden, gemacht werden, und leg sie zum Kochen in die Pottage mit dem Fleisch; und, abhängig von der Menge der Brühe, nimm eine große Menge geputzten und gewaschenen Petersil und zerstoß ihn gut und richtig im Mörser[391]; wenn dieses zerstoßen ist, überprüfe dein Fleisch, ob es nicht zuviel oder zuwenig gekocht sei und ebenso ob zuviel oder zuwenig gesalzen; dann nimmst du je nach Menge der Brühe eine Menge weißen Ingwer, Paradieskörner und ein wenig Pfeffer, und gib genug Brot zum Einweichen in die Brühe, um diese zu binden; wenn es gut aufgesaugt ist, zerstoße und zerquetsche das Brot mit der Petersilie und den Gewürzen, und nimm es und seihe es mit der Brühe durch. Gib in der nötigen Menge Wein und Verjuice dazu. Und von all diesen soeben erwähnten Sachen nimmst du genau die richtige Menge, so daß von nichts zuviel noch zuwenig ist. Wenn dies getan ist, bringst du es in einem

großen, guten, sauberen Topf zum Kochen. Sollte sich herausstellen, daß die Pottage zu grün ist, gibst du ein wenig Safran hinzu und dann wird es auf der hellgrünen Seite sein.[392] Wenn es Zeit ist zum Anrichten, legst du dein Fleisch mit der darübergeschütteten Brühe auf Platten. (Scully, S. 19 f.)

FARBE – bestimmt das Gericht, es soll nämlich hellgrün (gelb-grün) sein! Dieses Gericht scheint weit verbreitet gewesen zu sein. Die richtige Farbe bestimmte den Geschmack oder war als Mengenmesser maßgebend. Erwähnt an sich selbstverständliche Dinge, bspw. daß im bouqet garni die Kräuter ganz bleiben und nicht zerschnitten werden dürfen. Dieser Hinweis könnte bedeuten, daß es sich dabei um eine Neueinführung handelte.

Nun folgen die Braten, sozusagen der zweite Durchgang. Zuerst die Brühen, dann als Zwischengericht ein spektakulärer Bärenkopf und dann die Braten.

Am meisten angesehen ist das alleinige Auftragen von Braten und nichts sonst.
D. h. ein ganzes Geißkitz, ein ganzes Spanferkel, eine große Kalbslende, eine große Schweinslende und Schafschultern – auf einer großen goldenen Platte serviert. Danach das Geflügel, ebenfalls auf goldenen Platten: d. h. fette Gänschen, mit Korn gefütterte Kapaune, Fasane, Rebhühner, Hasen, Tauben und Reiher; von diesen sollten jeweils ein paar von jeder Sorte in solch großer Menge auf einer Platte aufgetragen werden, daß die Platte richtig schön voll und angehäuft ist.[393] Und vergewissere dich, daß die Saucen zu diesen Braten passen: für die Gänschen und Kapaune, Jance[394] für die Fasane, Rebhühner, Ferkel und Hasen, die Kamelin-sauce[395]; für die gebratenen Kitz, grüne Verjuice-Sauce; für das fette Schweinefleisch, Saupiquet[396]; und zu den Tauben, feines Salz. Darüber hinaus, Grütze (fromentee)[397], Wild, Pies, Talmouse (Käsekuchen), Kremepuddings, Kamelinbrühe, ein Hasenpfeffer[398], eine rosarote Brühe, ein Weißessen in 4 Farben; und als Schaugerichte (entremets) eine aufgebaute Burg, in deren Mitte der Liebesbrunnen ist. (Scully, S. 24 ff.)

Die Beschreibung der im zweiten Gang aufgetragenen Gerichte ist allgemein gehalten und geht nicht auf eine genauere Zubereitung ein. Wichtig ist das Servieren der dem Fleisch entsprechenden richtigen Saucen.

ÜBERFLUSS – sehr schön der Hinweis, daß die Platte mit den kleineren Bratenstücken, nämlich dem Geflügel, voll angehäuft sein soll, dem Auge sozusagen überbordenden Überfluß und sinnliches Vergnügen bieten möge.

8. Die rosarote Brühe

(…) Wenn Deine Brühe fertig ist nimmst du eine gute und saubere Bratpfanne und gibst sehr gutes klares Öl hinein und lass es sehr heiß werden; wenn es sehr heiß ist und aufschäumt, gibst du etwas guten, zuvor gereinigten Alkanet (Schminkwurz) hinein und läßt ihn kochen, nimmst ihn zur rechten Zeit wieder heraus, und seihst ihn dann durch ein Beuteltuch in gute Gefäße und gibst ihn in der genau richtigen Menge zu deiner Brühe. Die Farbe der Brühe soll eher rosarot als rötlich sein. (S. 27 f.)

Die exakte Menge kann ganz klar an der Farbe abgelesen werden, da diese Vorstellung genau mitgeteilt wird.

12. Tremollette[399]

nimm eine große Menge Geflügelmägen und -lebern, bereite sie sehr sauber vor und gib sie in einen Topf, mit Rind und Schafsbouillon, um sie aufgehen zu lassen (prall werden lassen). Gib sie dann auf dünne Holzspieße und brate sie über glühenden Kohlen. Dann nimmst du genug Brot je nach der Menge Sauce, die du machen sollst, und schneidest es in Scheiben und legst diese zum Toasten auf den Rost; wenn dein Brot geröstet ist, nimmst du die benötigte Menge Rinds- oder Schafsbouillon, und schau, ob sie nicht zu salzig ist;

dann nimmst du guten Wein und Verjuice und gibst sie gemeinsam mit dem Brot in die Bouillon, in einen zweihenkeligen Topf. Nimm deine Mägen und Lebern, gib sie in den Mörser und zerstoß sie gründlich, feuchte sie mit der Einweichbouillon des Brotes an; dann nimmst du die Mägen und Lebern aus dem Mörser heraus und gibst sie zur Bouillon, in welcher das Brot eingeweicht ist. Nimm die Gewürze: weißen Ingwer, Zimt, Paradieskörner, ein wenig Pfeffer – doch laß ihn nicht hervorstechen, nicht zu ausgeprägt – Muskatnüsse, Muskatblüte und Nelken; und von all diesen Gewürzen, pass auf, daß du nur eine bescheidene Menge verwendest (par mesure = mit Maß). Setz alles zusammen zum Kochen in einem sauberen Topf auf, und dann gibst du Zucker dazu, doch nicht soviel, daß der Verjuice-Geschmack verlorengeht, da es nicht süßlich schmecken soll. (...) Laß dir vom Haushofmeister sagen, wieviel von den gebratenen Hühnern auf jeden Tisch kommen, je nach Sitzordnung, und obenauf die Tremollette. (Scully, S. 38 f.)

Der äußerst umsichtige Einsatz von Gewürzen kommt in diesem Rezept besonders zum Ausdruck und widerlegt wohl eindeutig die veraltete Ansicht vom übermäßigen und alles übertönenden Würzen im Mittelalter. Immer wieder heißt es im Original, „maßvoll" zu sein, was vermutlich einen bescheidenen und eher zurückhaltenden und keineswegs überschwenglichen Umgang mit den Gewürzen nahelegt.

Wiederum gibt Chiquart eine klare Vorstellung des Geschmacks, nämlich nicht süßlich, obwohl Zucker verlangt wird. Die Beigabe von Zucker kann mehr aus medizinischer denn aus geschmacklicher Sicht geschehen. Deutlich kommt in diesem Rezept auch der vielfältige Einsatz der Einweichwasser zum Ausdruck.

14. Saupiquet, über dem Hasen angerichtet
Je nach der Menge, die zu machen ist, nehme zwei Zwiebeln und schneide sie fein auf, und nimm gutes Schweineschmalz, laß es zergehen und sautiere deine Zwiebeln; um sie während des Bratens nicht anbrennen zu lassen, gibst du ein wenig Bouillon dazu. Dann gibst du eine große Menge (a grant foyson) Weißwein dazu – je nach der Menge Saupiquet, die du zu den Hasen machen willst. Und nimm deine Gewürze, guten Ingwer, Paradieskörner, ein wenig Pfeffer, der nicht vorziehen darf, und Safran für die Farbgebung; und füge Essig zum Abschmecken bei, aber so vorsichtig, daß es weder zu scharf noch zu wenig scharf wird: und dasselbe gilt beim Salz. (Scully, S. 40 f.)

Die bekanntgegebene Geschmacksvorstellung bestimmt die Menge, nicht zuviel und nicht zuwenig scharf, Pfeffer darf nicht vorziehen, schmecke ab und gib immer vorsichtig bei, so daß noch korrigiert werden kann.

19. eine Bratensoße von kleinen Vögeln und Geflügel
beim Würzen schreibt er:
(...) und besagter Meister sollte aufpassen, daß er von nichts zuviel hineingibt, sondern daß er eine maßvolle (trempee) und kontrollierte (seure) Hand habe und nur das hineingebe, was ihm vonnöten erscheint. (...) der Chef sollte es abschmekken, um zu sehen, ob entweder Gewürze, Essig, Salz oder etwas anderes fehlt oder ob von etwas zuviel ist. Warte nicht so lange, bis dein Fleisch verkocht ist, sondern ziehe es zurück auf einige warme „Kohlen" ...[400] (Scully, S. 45)

DIE ITALIENISCHEN HANDSCHRIFTEN

LVII Ricette d'un Libro di Cucina del buon secolo della lingua

Diese Handschrift mit 57 Rezepten ist in der Bibliotèca Riccardiana, segn. 1071, in Florenz aufbewahrt und stammt aus der ersten Hälfte des Trecento. 1890 wurde dieser Rezeptteil einer dreiteiligen Miscellanea von Salome Morpurgo ediert[401], die Übertragung ist mit den Rezepten im Original völlig identisch. Die Rezepte sind numeriert, für eine bestimmte Anzahl von Personen ausgelegt und stellen vergleichsweise anspruchsvolle Anweisungen mit genauen Mengenangaben dar.

II. Ungarische Torte
Wenn du eine ungarische Torte für 12 Personen machen möchtest, nimmst du einen schön fetten Kapaun, eine schöne Schweinelende, zwei große und feste Zwiebelköpfe, nimm ein halbes Pfund feine süße Gewürzmischung, und nimm drei Pfund frisches Schweinefett (von der Niere), ohne Salz; und nimm soviel Mehl wie für drei Brote, das beste, das du haben kannst. Nimm den sauber gewaschenen Kapaun, und mache aus dem Fleisch würfelgroße Stückchen; und aus der Lende dieselben Stücke; und dieselben Stücke machst du auch mit den beiden Zwiebeln; und diese Dinge gibst du zum Anbraten in reichlich frisches Fett, und von den genannten milden Gewürzen und genügend Safran und reichlich Salz.
Und wenn es eine große Weile (un gran dotta) gebraten hat, gebt Ihr ein Glas Wasser hinzu, und kocht alles bis es fertig ist. Nimm das Mehl und nässe es mit kaltem Wasser, salze ein wenig und bearbeite (knete) den Teig solange es nötig ist; und nimm einen gut verzinnten Kupfertopf; und schmiere ihn gut mit deinem frischen Speck ein; und nimm den Teig, teile ihn und walle die eine Hälfte dünn aus: Ihr solltet zwei sein zum Ausziehen; und Blatt für Blatt mit Speck belegen, bis du 20 oder 18 Blätter hast; dann nimmst du das Kapaungehacke und breitest diese Masse in einer Lage über die Hälfte aus, und schichtest dann ebenso viele Blätter über Blätter und befettest jedes Blatt für sich mit Speck. Mach eine eigene Teigkruste mit Speck zum Schutz darüber. Diese Torte braucht wenig Feuer von unten und mehr von oben: für mehr oder weniger Personen nimmst du die Sachen im selben Verhältnis. (Morpurgo, S. 6)

Es handelt sich bei diesem Rezept um eine würzige Fleischtorte aus Strudelteig, worauf auch die Bezeichnung ungarisch weisen könnte.[402] Bezeichnend sind die in derselben Würfelform geschnittenen Fleischstücke und Zwiebeln und die für das 14. Jahrhundert nur in der Toskana gebräuchliche Bezeichnung einer „gran dotta" als Teil einer Stunde, als Zeitabschnitt.

Torta d'ormania
III. Wenn du Torta d'ormania[403] für 12 Personen machen willst, nimmst du 6 Hühnchen und 4 frische oder alte Käse, und 12 Eier, und 30 Datteln, und ein Pfund Rosinen, und ein Pfund Pflaumen; und eine halbe Unze ganzen Zimt, eine halbe Unze Ingwer, ein halbes Viertel Nelken, und zwei Unzen geschälte Pistazien, und vier Unzen milde, ziemlich gelbe Gewürzmischung. Nimm diese gut gesäuberten und zerteilten Hühnchen und brate sie in reichlich zerlassenem und durchgeseihtem Schmalz. Und als erstes gibst du die milden Gewürze zu den Hühnchen. Nimm den frischen Käse und mache daraus soviel Ravioli wie es gibt, und koch sie im Wasser; wenn sie gekocht sind, bestreust du sie mit der süßen Gewürzmischung. Wenn die Hühnchen eine ziemliche Weile (un gran dotta) gebraten haben, gib ein großes Glas Wasser dazu. Und wenn es fast fertig ist, gib einen zerriebenen Käse, und 8 Eidotter und den zerbrochenen Zimt und den zerhackten Ingwer, die ganzen Nelken, die geschälten Pistazien, die gut gewaschenen Rosinen, die ganzen, gut gewaschenen Datteln und die gut gewaschenen Pflaumen, und genügend Gewürze und genug Safran

dazu; und gib bei diesen Dingen acht vor zuviel Feuer, so daß sie gut gekocht sind; und mach eine sehr dünne Teigkruste für den Topf. Und mit diesen Sachen macht man zusammen mit den Ravioli eine Lage, und legt darauf wieder eine dünne und schön gelbe Teigkruste. Diese Torte möchte nur wenig Hitze, da lediglich die Teigkrusten heiß werden und die Fülle mit einverleibt ist. Und für mehr oder weniger nimmst du dieselben Verhältnisse. (Morpurgo, S. 6 f.)

Hühnchen a schibeci

X. Wenn du Hühnchen a schibeci[404] für 12 Personen machen möchtest, nimmst du 6 Hühnchen, und ein halbes Pfund Mandeln, und ein halbes Pfund Rosinen und 25 Datteln, und nehme sechs große und feste Zwiebelköpfe, oder Lauchzwiebeln, und nimm 4 Unzen süße und kräftige Gewürze vermischt, ziemlich gelb vom Safran. Nimm die Hühnchen und bring sie im Ganzen zum Kochen; wenn sie gekocht sind, nimmst du ein Pfund Speck, oder mehr, soviel es braucht, gut verhackt oder ausgelassen und abgeseiht: teile die Hühnchen der Länge nach, und laß sie in der Pfanne braten, bis sie eine rote Farbe angenommen haben, und dann kannst du sie herausnehmen, und bestreue sie mit den genannten Gewürzen und mit Zucker. Und nimm die Zwiebeln, so dünn geschnitten wie du kannst, und laß sie im verbliebenen Hühnchenfett anbraten, und laß sie so lange braten, bis sie eine rote Farbe haben; wenn sie also so gut wie gebacken sind, nimmst du reichlich Fett davon heraus. Als erstes gibst du die Gewürze dazu; als zweites eine metadella[405] Essig und Wasser, von jedem die Hälfte. Wenn es fast gekocht ist, tust du als erstes geschälte und gesäuberte Mandeln darauf, als zweites die Datteln, gut gewaschen und geviertelt; und als drittes die gewaschenen Rosinen. Wenn dies gekocht ist, nimmst du die Krume eines großen Brotes oder von zwei kleinen, und röstest sie über der Glut bis sie rot ist, zerstößt sie dann im Mörser ganz fein, und löst mit gutem Wein auf, so viel, daß es der Menge einer metadella entspricht, und seihe es durch das Spitzsieb; wenn es abgeseiht ist, gibst du die Gewürze und genug vom gut in Flüssigkeit aufgelösten Safran auf die Sachen in der Pfanne, und läßt kochen. Wenn es gekocht ist, gibst du die Hühnchen darauf. Diese Speise soll von den Sachen, die man beimengte, sehr gelb und sauer und süß sein. Für mehr oder weniger Personen im selben Verhältnis. (Morpurgo, S. 9 f.)

Die Beschreibung einer Gewürzmischung als sehr gelb läßt auf die Menge des Safrans schließen. Der Autor legt Wert auf farbliche Mitteilungen, die auch Hinweise auf Garzeiten enthalten. Das Fassungsvermögen der metadella ist nicht so bedeutend wie der Hinweis des Mischungsverhältnisses von Wasser zu Essig (1 : 1).

Torta lavagnese

XVIII. Wenn du eine Torta lavagnese für 12 Personen machen möchtest, so nimmst du 6 Hühnchen und 6 frische oder alte (reife) Käse, und nimm 18 Eier und 2 Pfund Speck und sechs derrate[406] Safran, und nimm ziemlich viel Petersilie, wenig Salbei und wenig Minze. Und nimm die Hühnchen und laß sie kochen bis sie durch sind, und zerteile sie; und nimm deinen gut gewaschenen und grob zerstoßenen Käse; und nimm deinen Speck, gut verhackt, so gut du nur kannst; und nimm deine Eier, und gib sie zu dieser Masse, so viel, daß diese weder zu fest noch zu weich ist; und nimm den Safran, löse ihn auf, und gib ihn zur Masse. Und nimm die Hühnchen und diese Masse, und leg diese beiden Sachen zwischen zwei Teigkrusten in einen Topf, mach die obere Kruste gelb, und gib von unten und von oben Hitze. Und diese Torte soll gelb und grün und sehr fett sein, ohne Gewürze. Wenn du sie für mehr oder weniger Personen machen möchtest, nimm die Sachen in den selben Verhältnissen. (Morpurgo, S. 15)

Blasmangiere aus Fisch

XXIV. Wenn du Blasmangiere aus Fisch für 12 Personen machen möchtest, nimmst du 3 Pfund Mandeln, und nimm ein halbes Pfund Zucker und ein halbes Viertel Nelken, und zwei Unzen geschälte Pistazien und ein Pfund Reis; und nimm zwei große Hechte und eine Schleie. Und nimm die Mandeln, gut geschält und sauber gewaschen und gut zerstoßen, mit sauberem Wasser aufgelöst, ziemlich dick und gut abgeseiht (durchgepreßt); und nimm den Reis, rein und sauber mit warmem Wasser gewaschen, und mit einem Tuch getrocknet, gut zerstoßen und durchgeseiht, und nimm deinen Fisch, gut gekocht und abgetropft, und laß ihn abkühlen, und zerfädele (zerzupfe) ihn so dünn wie du kannst, in der Art, wie du das Hühnerfleisch zerzupfst. Und nimm deine Mandelmilch: drei Teile davon gibst du in einem reinen Gefäß zum Feuer; wenn sie hochkommt (einmal aufwallt), löst du das Reismehl mit der verbliebenen rohen Milch auf, und läßt sie weit weg von der Glut köcheln; und rühre oft um. Wenn es beinahe fertig gekocht ist, legst du das Fleisch der Fische und reichlich Zucker hinein, und ziehe es zum Anrichten zurück. Und bestreu die Schüssel mit Gewürzen, und Zucker und ganzen Nelken und geschälten Pistazien. Diese Speise soll so weiß wie nur möglich sein, und süß. Wenn du sie für mehr oder weniger Personen bereiten willst, in den selben Verhältnissen. (Morpurgo, S. 17 f.)

Das Zerfädeln oder Zerzupfen des Fisches kann nur mit der Hand geschehen, da nur diese der natürlichen Struktur unmittelbar folgen kann. Geschmacksvorstellung und Farbe werden am Ende des Rezeptes klar bekanntgegeben.

Oft wird am Ende eines Rezepts die gewünschte Konsistenz einer Speise mitgeteilt: „Diese Speise möchte weiß und von dicklicher Konsistenz sein." (Rezept Nr. XXXIII., Nr. XXXIV.)

Das „Libro della cocina" des Anonimo Toscano

Das handgeschriebene „Libro della cocina" von einem anonymen Toskaner wird in das Quattrocento (ca. 1410) datiert und ist heute in der Bibliotèca Universitaria di Bologna, segn. numero 158, aufbewahrt. 1863 wurde das Originalmanuskript von F. Zambrini ediert[407], meine Übersetzung beruft sich auf die Übertragung von E. Faccioli.[408]

Von einer Fischgelee
Nimm guten Wein mit etwas Essig, und wenn es kocht, schäume ab, leg den Fisch hinein und wenn er gar ist, nimm ihn heraus, den Wein läßt du so lange kochen bis nur mehr ein Drittel davon übrigbleibt: dann gibst du Safran und andere Gewürze hinein, zudem Lorbeer: seihe dann den Wein ab, leg Lavendel dazu und laß ihn abkühlen; dann gießt du ihn über den Fisch in der Schüssel. (Faccioli, S. 31)

Von der Blanmangieri.
Nimm gekochte Hühnerbrüste; lege sie auf einen Tisch und zerzupfe sie so fein wie möglich. Inzwischen wasche den Reis und trockne ihn, mach Mehl daraus und treibe dieses durch ein Haarsieb oder ein Beuteltuch; dann löst du den genannten Reis mit Ziegen- oder Schafsmilch auf oder mit Mandelmilch; laß dies in einem sauberen Topf zum Kochen kommen; wenn es zum Kochen anfängt, gibst du die besagten zerfädelten Brüste hinzu, mit weißem Zucker und gebratenem weißem Speck; paß auf, daß kein Rauch dazukommt, und laß es mäßig und ohne heftiges Feuer kochen, damit es von jener Dicke sei, wie es für den Reis richtig ist. Und wenn du das Gericht aufträgst, gibst du abgeriebenen oder zerstoßenen Zucker darauf, und angebratenen Speck. (Faccioli, S. 38 f.)

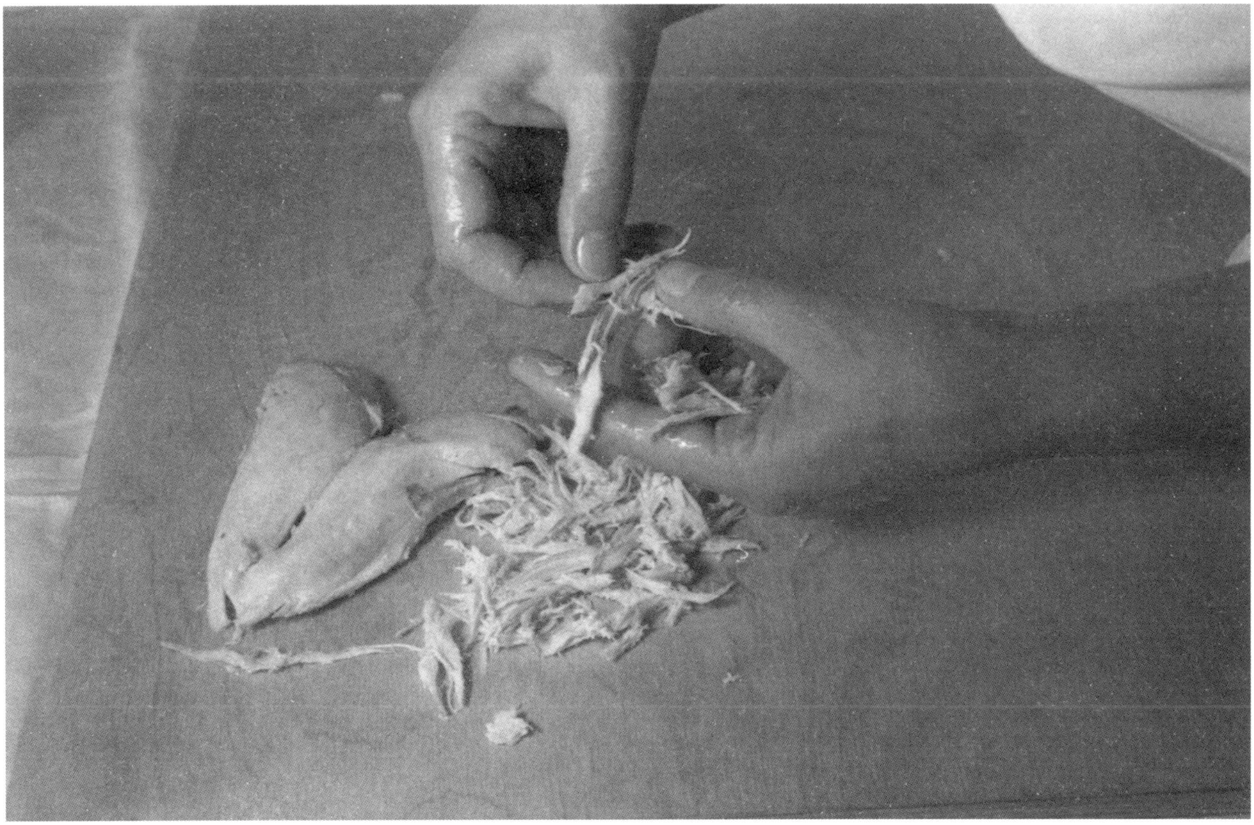

Von einer Fleisch-Sardamone[409]
Nimm Hammelfleisch von der Brust: schneide es klein und laß es fest kochen; und wenn es so lange gekocht hat, daß das Fleisch nicht mehr schlecht riecht, hältst du das Kochwasser zurück und das Fleisch brätst du mit dem Speck: dann gießt du reichlich von jenem Wasser (dem Kochsud) darauf, so daß nur mehr wenig von dieser Brühe übrigbleibt; und wenn es gar ist, gibst du Koriander und gut verhackte Karotten, mit Gewürzen und reichlich Safran, darauf. Wenn du keinen Koriander hast[410], nimmst du Kümmel, dann iß. (Faccioli, S. 48)

Das Ende der Garzeit des Hammelfleisches ist über die Geruchswahrnehmung definiert.

Von den gefüllten Eiern
Nimm Eier, koch und schäle sie, und halbiere sie, und nimm den Dotter heraus; und Majoran, Safran und Nelken werden mit den besagten Eidottern vermengt und fest zerstoßen, und geriebener Käse hinzugefügt: und für jedes achte Ei nimm ein rohes Ei zum Auflösen; nachdem dies gemacht ist, füllst du die Eihälften mit dieser Sauce und backst sie in gutem Fett heraus; zum Essen servierst du jene Sauce, die man französisch verzuzo (eine Art Agrest) nennt. Über gebackene, gebratene Eier und Rühreier ist es nicht nötig zu sprechen, da sie so bekannt sind. (Faccioli, S. 49)

Von einer Sauce zum Kranich.
Nimm die Leber des Kranich und röste sie über der Glut; dann nimmst du gute Gewürze, Majoran, Safran und die besagte Leber, und zerstößt alles dies gut miteinander, gibst zwei Eidotter dazu und löst mit gutem Wein und etwas Essig auf; dann gibst du noch ein wenig gekochten Most hinzu, damit es süß-sauer schmeckt. (Faccioli, S. 52)

Sauce zur Wildente (malardi) und zur Ente
Mache sie wie oben bei der Sauce zum Kranich gesagt; aber nimm nicht für alle Wasservögel Safran. Der umsichtige Koch wird in allen diesen Dingen gut unterrichtet sein, je nach seiner Herrschaft; und er wird die Speisen variieren und färben können, wie es dieser beliebt. (Faccioli, S. 52)

Die Anpassung an die verschiedenen Geschmäcker und Charaktere je nach „Herrschaft" gehört zu den herausragendsten Qualitäten der mittelalterlichen Küche. Diese Fähigkeiten sind mit der Fertigküche vollends verlorengegangen, obwohl große Lebensmittelkonzerne hohe Summen in die Erforschung der geschmacklich und klimatisch bedingten unterschiedlichen Vorlieben ihrer Kunden investieren, bleibt der persönliche Geschmack unberücksichtigt.

Genaue Mengenangaben finden sich in diesem Kochbuch lediglich in einem Rezept für Verkühlte, in welchem 2 Unzen Zucker mit 4 Unzen adragante[411], einem Mehlbrei, beigefügt werden.

Das „Libro per Cuoco" des Anonimo Veneziano

Das Libro per Cuoco, eine Handschrift aus der Bibliotèca Casanatense, segn. n. 225, ist hinsichtlich der Schriftform in das späte 15. Jahrhundert zu datieren, die sprachliche Struktur des Traktats aber weist in das 14. Jahrhundert.[412] Erstmals wurde das Manuskript von Ludovico Frati in Livorno 1899 herausgegeben.[413] Ebenso wie die Handschrift in der Riccardiana enthalten die Rezepte relativ genaue Mengen- und Zeitangaben (einige Rezepte sind nahezu identisch) und vermitteln eine klare Geschmacksvorstellung. Auch die gewünschte

Konsistenz wird oft genannt. Vermutlich diente ein noch älteres mittelalterliches Traktat diesen Handschriften als Vorlage, Morpurgo erwähnt in diesem Zusammenhang auch das von O. Guerrini 1887 in Bologna edierte „Frammento di un libro di cucina del sec. XIV".

Die Sprache des anonymen Venezianers ist knapp und klar und läßt auf einen in Venedig geborenen und gebildeten Autor schließen. Meine Übersetzungen halten sich an die im Faccioli vollständig edierte Ausgabe.[414]

V. Bramagere

Dieses Weißessen wird ganz ähnlich wie jenes in der Riccardiana zubereitet, anstatt des Fisches aber mit Huhn und mit mehr Zucker (1 Pfund mehr) – also süßer. Am Ende des Rezeptes heißt es:

> „(...) Wenn sie (die Speise) gekocht ist und du aufträgst, gib Rosenwasser über die Schüssel, und dann Zucker, und dann weiß geröstete Mandeln, und dann Nelken. Diese Speise soll so weiß wie Schnee sein, und dick, und kräftig von den Gewürzen." (Faccioli, S. 65)

VII. Eine gute Sauce zu Hühnchen

Um eine gute Sauce zu Hühnchen zu machen, nimmst du Granatäpfel und drückst mit der Hand den „Wein" aus, und gib in diesen Saft gute süße Gewürze, und wenn es dir zu kräftig erscheint, gib zerstoßenen Anis hinzu, oder Rosenwasser. Eine andere Art Wein aus sauren Granatäpfeln und süßen Trauben zu machen, nimm diese beiden Weine zusammen mit genügend süßen (milden) Gewürzen. Solltest du keine Trauben haben, nimmst du ein wenig Äpfel, und laß kochen: die Gewürze sollen frisch sein: sie möchten nicht lange stehen, da sie verderben. (Faccioli, S. 65)

XXIII. Cisame[415] zum Fisch, welchen du willst

Nimm den Fisch und brate ihn, nimm Zwiebel und koch sie ein wenig und schneide sie klein, dann bratest du sie gut an, dann nimmst du Essig und Wasser und ganze geschälte Mandeln, und Rosinen, und süße Gewürze, und ein wenig Honig, und laß alles zusammen kochen und gib es über den Fisch. (Faccioli, S. 70)

Das vorherige kurze Kochen der Zwiebel, oftmals auch kurz in die Asche gelegt, milderte vermutlich deren Schärfe.

XXIX. Apfelküchlein in der Fastenzeit

Nimm die Äpfel und schäle sie, dann schneidest du sie in der Art von Hostien und machst mit Mehl und Safran einen Backteig (sugolo), und gib Rosinen dazu, und leg diese Äpfel in diesen Eintauchteig: dann backst du ein jedes allein im Öl, bestreust sie, wenn sie fertig sind mit Zucker, etc.

Küchlein sollten einander beim Backen nicht berühren; diese Regel kommt bei allen diesbezüglichen mittelalterlichen Rezepten zur Anwendung.

XXXVI. Eine Kräuterspeise in der Fastenzeit

Wenn du zur Fastenzeit Kräuter im Öl machen möchtest, nimm die Kräuter, das sind Spinat, Mangold, Petersilie, Minze, wenig Majoran, gut geputzt und gewaschen, und laß sie kochen. Wenn sie fast gekocht sind, seihst du das Wasser ab und drückst sie mit der Hand aus, dann schlägst du sie mit dem Messer, dann mit dem Stock, dann gibst du sie in die Pfanne und brätst sie im Öl und mit soviel Salz wie nötig; dann gibst du vom Kochwasser hinzu, und laß es verkochen, es soll fest sein, und dann ziehst du es zurück (vom Feuer) und läßt es ruhen. Wenn es angerichtet wird, bestreust du mit Gewürzen. (Faccioli,. S. 74)

LXXI. Sambugado, das ist Milch von Holunderblüten
Wenn du Sambugado machen möchtest, nimmst du reine Schafsmilch, nimm Holderblüten und leg diese zum Einweichen in diese Milch und laß sie genügend einweichen, dann nimmst du sie heraus. Auf ein Viertel Milch braucht es 12 Eier und versprudle alles zusammen, dann gibst du es zum Feuer und paß auf, daß kein Rauch dazu kommt. (Faccioli, S. 85)

Das Verhältnis von Milch zu Eiern ist hier bestimmt, wobei unklar ist, wieviel mit einem Viertel gemeint war. Es handelt sich offensichtlich um den vierten Teil eines Hohlmaßes.

LXXIII. Feine Gewürzmischung für alle Sachen.
Nimm je eine Unze Pfeffer, Zimt und Ingwer und ein halbes Viertel Nelken und ein Viertel Safran. (Faccioli, S. 86)

Wenn ich davon ausgehe, daß es sich bei den Vierteln ebenso um Unzen handelte, was sich von der Art der Gewürze erklären ließe, so lautete das Verhältnis dieser Gewürzmischung 8 : 8 : 8 : 1 : 2.

LXXIV. Eine milde Gewürzmischung für viele gute und feine Sachen.
Die besten milden (süßen) und feinen Gewürze, die du für die Lamprete in der Teigkruste und andere gute Süßwasserfische, die man im Teig macht, und für eine gute Brühe und eine gute Sauce haben kannst. Nimm ein Viertel Nelken und eine Unze guten Ingwer und nimm eine Unze ausgesuchten Zimt und nimm etwas Blatt[416] und laß alle diese Gewürze zusammen zerstampfen, wie du es haben willst, und wenn du mehr davon machen möchtest, nimm die Dinge im selben Verhältnis und das schmeckt außerordentlich gut. (Faccioli, S. 86)

Lasse ich für diese milde Mischung die unbestimmte Menge des Blatts, da auch die Zutat ungewiß ist, weg, so erhalte ich folgendes Verhältnis von
Nelken: Ingwer: Zimt = 1 : 4 : 4.

LXXV. Schwarze und starke (scharfe) Gewürze für viele Saucen.
Schwarze und kräftige Gewürze für eine Sauce; nimm ein halbes Viertel Nelken und zwei Unzen Pfeffer und nimm etwas langen Pfeffer und zwei Muskatnüsse, dann hast du Gewürz für alles. (Faccioli, S. 86)

Hier sind mehrere Maßsysteme nebeneinander untergebracht. Das Verhältnis von Nelken zu Pfeffer ist 1 : 16, vom langen Pfeffer wird eine unbestimmte kleine Menge genommen. Da letzterer schärfer und rarer ist, erscheint eine geringe Menge logisch, von den leicht abzählbaren Muskatnüssen nimmt man zwei Stück.

XCV. Kräutertorte
Wenn du Kräutertorte für 12 Personen machst, nimm 6 große Käse und eine große Menge Kräuter, das sind Mangold, Petersilie, Spinat, Minze und 2 Pfund gesalzenen Speck und 8 Eier; nimm diese gut gesäuberten und zerhackten Kräuter, das Wasser gut ausgedrückt, nimm den Käse und verhacke ihn in großen Stücken mit den Kräutern und nimm den Speck, den du so klein wie möglich verhackt hast und nimm deine Eier und vermenge alle Sachen miteinander. Gib (diese Masse) zwischen zwei Teigkrusten in einen Topf und färbe die obere Kruste gelb. Diese Torte soll recht fett sein und reich an Käse und Kräutern und soll voa (?)[417] sein. Für weniger Personen nimm die Zutaten nach diesem Maß. (Faccioli, S. 92)

Deutlich wird die unterschiedliche Behandlung von Käse und Speck hinsichtlich der Form. Der Käse zerfließt und wird schneller weich als der festere Speck, der daher auch so klein wie möglich geschnitten sein soll.

Das „Libro de arte coquinaria“ des Maestro Martino

MAESTRO MARTINO war Koch des ehrwürdigsten Monsignor Camerlengo, Patriarch von Aquileia, welcher Mitte des 15. Jahrhunderts in Rom lebte. Martino ist in Como geboren, und unter seinen Zeitgenossen soll kein Koch einem Vergleich mit ihm standgehalten haben.

Das Manuskript des „Libro de arte coquinaria“ ist im Faccioli[418] zur Gänze wiedergegeben, das Original befindet sich in der Library of Congress in Washington (Medieval Manuscript, Nr. 153). Es handelt sich um einen Codex aus Papier, 65 nicht numerierte Blätter, die eine Größe von 21,5 x 13,5 cm aufweisen: gebunden in Leder mit Holzschnitten. Die Datierung der Handschrift wird in die letzten Jahrzehnte des 15. Jahrhunderts gelegt, die Abfassung und Zusammenstellung der Rezepte bereits um die Mitte des Quattrocento (1450) angesetzt.

„Im Werk von Martino sind Prinzipien genaueren Messens anzutreffen. Was Menge und Proportionen der Zutaten anlangt, ist eine Sensibilität spürbar, die über reine Geschmacks- und Geruchsdaten hinausreicht und die in einigen Fällen den plastischen Wert der Koch-Praxis herauszuholen vermag …“[419] Meine Übersetzungen (Vorlage im Anhang) halten sich an die von E. Faccioli edierte Ausgabe im Arte della Cucina.

Um eine fette Brühe aus Wildfleisch zu machen
Um eine fette Brühe von jedem Wildfleisch zu machen: zuerst wasche das Fleisch in gutem Weißwein mit ebensoviel Wasser vermischt. Seihe dieses Waschwasser durch das Sieb, denn darin wirst du das besagte Fleisch zum Kochen aufsetzen. Gib eine gute Menge Speck hinzu, den du in kleine Stücke, so groß wie Spielwürfel, schneidest, und gib dieselbe Menge Salbei, mit der Hand in 3 oder 4 Stücke gerissen, hinzu; und wenn es (das Fleisch) beinahe gar gekocht ist, gibst du gute Gewürze hinzu, wie oben schon erwähnt.[420] Um diese Brühe etwas dicker zu machen, nimmst du zwei oder drei Eidotter, je nach Quantität (der Brühe), und ebensoviel am Feuer wohl geröstete (gebähte) Brotscheiben, jedoch nicht zuviel geröstet oder gar angebrannt, lediglich trocken und zu Brösel gemacht; dann nimmst du ein wenig Brühe, und löst diese Sachen zusammen auf, und gibst sie zur Brühe; und wenn du Blut oder gar Innereien (vermutlich die Leber) des Wildes haben solltest, zerstoß sie gut, und gib sie mit der vorgefertigten Brühe zum Kochen, das wird noch besser sein. Beachte jedoch, wenn du von besagter Brühe Schüsseln machen möchtest, soll das Fleisch in große Stücke von 1 1/2 Pfund geschnitten werden: wenn es zur Suppe verwendet wird, soll es klein geschnitten werden. Ebenso soll vermerkt werden, daß das Fleisch für das Wildbret und für die fette Wildbrühe darum im Waschwasser aufgesetzt wird, um das Blut, das während des Waschens austritt, nicht zu verlieren. (Faccioli, S. 122)

Beachtenswert ist der Hinweis auf die Verwendung des Waschwassers!

Um trockene Pastete aus Hirsch- oder Rehfleisch zu machen
Um eine Pastete aus Hirsch- oder Rehfleisch zu machen: zuerst teile das Fleisch in Stücke so groß wie zwei Fäuste, und laß sie in einem Wasser, das mit ebensoviel Essig vermischt ist und mit soviel Salz wie

nötig, lediglich einmal aufwallen (einen Wall ziehen). Dann nimm es heraus und leg es an einen Ort, daß der Dunst der Brühe austritt und das Fleisch etwas trocknen kann. Dann nimmst du Pfeffer und Zimt, zusammen zerstoßen, gibst je nach Menge Fleisch Salz hinzu, und nimmst guten Speck und machst daraus Spickstreifen, die du in den genannten Gewürzen wendest, und spickst das besagte Fleisch der Länge nach damit. Und du sollst ganze Nelken haben, und stecke davon viele auf jede Seite des Fleisches, welche ebenso in den genannten Gewürzen gewendet werden möchten. Dann nimmst du schönes Mehl und machst den Teig etwas dicker als für die Lasagne. Und mach mit diesem Teig für jedes Stück Fleisch sein Kleid (seine Hülle) und stell sie (die Pastete) zum Kochen in den Ofen bei ganz langsamer (gemächlicher) Hitze, sie soll gut durchgekocht sein; und derartige Pasteten kann man 15 Tage aufbewahren oder auch einen Monat. (Faccioli, S. 123)

Ein Tauben- oder Geflügelkuchen
Am Ende dieses Rezepts schlägt Martino vor:
(…) diesen so zu machen, daß er süß oder sauer schmecke, ganz nach dem allgemeinen Geschmack, oder wie es dem Herrn gefalle. (Faccioli, S. 124)

Wenn du gute Würste vom Schwein oder von anderem Fleisch machen möchtest. Nimm mageres und fettes Fleisch zusammen, ohne Flachsen, und schneide es recht klein. Und wenn das Fleisch 10 Pfund ausmacht, nimm 1 Pfund Salz dazu, zwei Unzen sauberen Fenchel (den Samen) und zwei Unzen grob zerstoßenen Pfeffer; und vermenge all diese Sachen gut zusammen und laß sie einen Tag lang stehen. Sodann nimmst du die sauberen und geputzten Därme und füllst sie mit diesem Fleisch und legst sie zum Trocknen in den Rauch. (Faccioli, S. 129)

Das Verhältnis von Fleisch zu Salz ist 10 : 1, die Form des Pfeffers, hier nur grob zerstoßen, für den Geschmack wichtig. Bei Würsten sind die Mengen stets genau bemessen.

Um Schweineschmalz zu machen
Nimm frisches Nierenfett oder frischen Speck, und schneide ihn in Stücke so groß wie eine Kastanie, und gib genügend Salz dazu. Sodann stoßt du ihn sehr gut und läßt ihn so zerstoßen einen Tag lang stehen. Dann stellst du ihn in einem Kessel zum Feuer. Und wenn es 100 Pfund sein sollten nimmst du 10 oder 12 Boccali[421] Wasser und läßt es ganz gemächlich bis es gut zergangen ist kochen. Dann seihst du dieses Schmalz durch ein Sieb. Und dann nimm ganz sachte von oben weg, damit du kein Wasser, welches unten bleiben wird, mitnimmst und gib es in ein sauberes Gefäß und halte dieses Gefäß an einem kühlen Ort. Auf diese Art wird sich das Schmalz ein Jahr lang halten. (Faccioli, S. 133)

Ein gekochter Schinken
Steche mit dem Messer mitten in den Schinken hinein und halte es an die Nase; wenn das Messer gut riecht, dann ist der Schinken gut, und sonst verhält es sich umgekehrt. Und wenn du ihn derart kochen möchtest, daß er gekocht längere Zeit hält, nimmst du guten Weißwein oder Essig, und ebensoviel Wasser, aber besser wäre ohne Wasser; und in besagtem Wein läßt du den Schinken kochen, solange bis er halb gar ist. Dann ziehst du ihn vom Feuer und läßt ihn in der Brühe erkalten. Und dann ziehst du ihn heraus, und auf diese Art wird er gut sein und eine schöne Zeitlang halten. (Faccioli, S. 134)

Um eine Pastete aus Kamm, Leber und Hoden vom Hahn zu machen.
Schneide jeden Kamm in drei Teile und die Lebern in 4 Teile, und die Hoden lasse ganz und nimm ein wenig fein geschnittenen Speck, aber nicht zerstoßen. Und nimm zwei oder drei Unzen schönes Kalbsfett

und zerstoß es ganz gut; es ist besser, wenn du es mit Rindermark oder Kalbsmark machst; und du sollst 30 oder 40 getrocknete Sauerkirschen haben, und Zimt und Ingwer, genügend Zucker und wenig Ravioli (?) und vermenge alles zusammen, und mach eine Pastete und gib sie in den Ofen oder in die Pfanne. Wenn sie halb gar gekocht ist, nimmst du ein Eidotter und Safran und Agrest und verrührst alles zusammen und gibst es auf die Pastete, und laß sie so lange ruhen, bis sie gekocht ist. (Faccioli, S. 134)

Um 12 Schalen Weißessen auf katalanische Art zu machen
Nimm zwei Boccale Ziegenmilch, und 8 Unzen ganz feines Reismehl, und bring es in besagter Milch zum Kochen. Dann nimmst du die Brust eines Kapaunen, der am selben Tag geschlachtet wurde, die nur halb gekocht ist, und diese ganze Brust zerzupfe so dünn wie Haare, und gib sie dann in den Mörser und gib ihr nur zwei Stöße mit dem Stößel. Dann, wenn die Milch eine halbe Stunde gekocht hat, wirfst du die besagte zerfädelte Brust hinein mit einem Pfund Zucker und läßt es in der Dauer von etwa 4 Stunden kochen; doch diese Sache möchte ständig mit dem Kochlöffel gerührt werden, vom Anfang bis zum Schluß. Und um zu erkennen, wann dies fertig gekocht ist, soll der Löffel beim Herausziehen klebrig (wie Vogelleim) überzogen sein. Sodann nimm Rosenwasser wie schon weiter oben erwähnt; und füll die Schalen, auf welche du ein wenig Zucker streust; und dann trägst du auf. (Faccioli, S. 136)

Martino gibt das Rezept für 12 Schalen an, was, in Anbetracht der ähnlichen Mengen mit dem Rezept für ein Weißessen für 12 Personen in der HS Riccardiana, mit Personen gleichgesetzt werden kann. Siehe auch Platina. Somit kann die Anzahl der „menestre“ (Schalen) bei Martino adäquat mit Personen umgerechnet werden.

Um 10 Schalen Brodetto (dicke Suppe) zu machen
nimm 30 Eidotter und guten Agrest, und gute Fleischbrühe, oder vom Kapaun, was noch besser wäre, und ein wenig Safran, und ein wenig süße Gewürze, und vermische alles zusammen, und seihe es durch das Sieb und gib es in einen Topf und stelle diesen weit weg vom Feuer über die Glut und rühre ständig mit dem Kochlöffel; und wenn du siehst, daß es anfängt am Kochlöffel zu haften (der Löffel überzogen ist), zieh ihn vom Feuer; und hör solange nicht auf mit dem Löffel zu rühren wie du brauchst um 2 Vaterunser zu beten. Dann füllst du die Schalen und gibst wenig süße Gewürze darauf; und mach es nach dem üblichen Geschmack süß oder sauer. (Faccioli, S. 137)

Dieses Rezept ist bei Platina unter dem Namen „Intingolo giallo“ wiedergegeben. Platina überträgt identisch, die Mengen führt er für 10 Personen an. Auf das Rühren in der Länge von 2 Vaterunser verzichtet er, er zieht den Topf lediglich vom Feuer.

Ravioli zur Fleischzeit (außerhalb der Fastenzeit)
Um 10 Schalen zu machen: nimm ein halbes Pfund alten Käse und ein wenig anderen fetten Käse und ein Pfund fetten Schweinebauch oder ein Kalbseuter, und koch dies in Wasser, bis es zerfällt. Dann hacke es gut und nimm gut verhackte Kräuter, und Pfeffer, Nelken, und Ingwer; und wenn du die gestoßene Brust eines Kapaunen dazugibst, wird es noch viel besser. Und alle diese Sachen löst du zusammen auf. Dann machst du einen sehr dünnen Teig, und umgibst diese Masse mit dem Teig, wie es sein soll. Und diese Ravioli sollen nicht größer als eine halbe Kastanie sein, und gib sie zum Kochen in Kapaunenbrühe oder in eine gute Fleischbrühe, welche, wenn sie kocht, mit Safran gelb gemacht wird. Und laß sie in der Dauer von zwei Vaterunser kochen. Dann füllst du die Schalen und gibst mit milden Gewürzen vermischten geriebenen Käse darauf. Ebenso kann man Ravioli mit der Brust vom Fasanen, vom Rebhuhn und anderem Geflügel machen. (Faccioli, S. 144)

Kräuter mit Mandelmilch
Du hast die Kräuter und läßt sie zuerst in wenig Wasser kochen, wenn du sie hinein gibst, muß das Wasser kochen. Dann nimmst du sie heraus, und legst sie auf ein Brett und hackst sie mit dem Messer klein und im Mörser zerstoßt du sie gut; dann läßt du sie in der Mandelmilch kochen und gibst ausreichend Zucker dazu. (Faccioli, S. 150)

Im III. Kapitel behandelt Martino die Saucen. Er zeigt hier einen äußerst subtilen Umgang mit den Materialien und Geschmäckern. Dies erreicht er zum Teil nur unter Einsatz der Hände, die durch den direkten Kontakt mit den Materialien eine behutsamere Behandlung gewährleisten. Auch wird immer wieder darauf hingewiesen, auf den Geschmack des eigenen Herrn Rücksicht zu nehmen.

Grüne Sauce
Nimm Petersilie und Gartenthymian, und ein wenig Mangold, mit einigen anderen guten Kräutern, mit ein wenig Pfeffer, und Ingwer, und Salz. Und verstoße alles gut miteinander, wobei du mit gutem starkem Essig auflöst (verdünnst), und treibe es dann durch das Sieb. Und wenn du willst, daß sie (die Sauce) den Knoblauch spürt, kannst du zusammen mit den erwähnten Sachen ein wenig Blätter vom frischen Knoblauch zerstoßen. Und das je nach Geschmack, wer es so mag. (Faccioli, S. 154)

Brombeersauce
Du hast geschälte Mandeln und zerstoßt sie gut mit ein wenig weißer Brotkrume. Und nimm die genannten Brombeeren und zerdrücke sorgfältig alles zusammen. Du sollst weder fest schlagen noch stoßen, damit die kleinen Körner, die innen drinnen sind, nicht zerstört werden; dann gibst du Zimt, Ingwer und ein wenig Muskatnuß hinein. Und seihe alles durch das Sieb. (Faccioli, S. 155)

Weiße Knoblauchsauce
Nimm sehr gut geschälte Mandeln und zerstoße sie und wenn sie halb zerstoßen sind gibst du jene Menge Knoblauch dazu, die dir richtig erscheint, und zusammen zerstößt du nun alles mit ein wenig frischem Wasser, damit es nicht ölig wird. Dann nimmst du eine Weißbrotkrume und weichst sie in magerer Fleischbrühe ein oder in Fischsud je nach Gebot (Zeit); und diese agliata kannst du zu allen Zeiten, ob fett oder mager, wie es dir gefällt, auftischen. (Faccioli, S. 157)

Rosa Knoblauchsauce
Folge den Anweisungen des vorigen Kapitels. Bis auf den Umstand, daß du keine Brühe nimmst, sondern blaue Trauben, die du mit den Händen sehr gut zerdrückst, in einen Topf oder ein anderes Geschirr; und laß sie eine halbe Stunde lang kochen; dann seihst du diesen Most durch und löst damit die Knoblauchsauce auf; dasselbe kann man mit den Kirschen machen. Diese agliata kann man in Zeiten des Fleisches oder in der Fastenzeit (des Fisches) geben, wie man will. (Faccioli, S. 157)

Weiße Torte
Nimm eineinhalb Pfund guten und frischen Käse, und schneide ihn in kleine Stücke, und zerdrücke ihn gut, und nimm zwölf oder fünfzehn Eiweiß und vermenge sie sehr gut mit diesem Käse, und gib ein halbes Pfund Zucker dazu, und eine halbe Unze vom weißesten Ingwer den du bekommen kannst, ebenso ein halbes Pfund schönes und weißes Schweineschmalz dazu, oder anstelle des Schmalzes ebensoviel gute und frische Butter, zudem Milch, gerade soviel wie nötig ist, ein Drittel Boccale wird genug sein. Dann machst du den Teig oder die Kruste in der Pfanne, so dünn wie sie sein soll, und garst sie gemächlich von oben und von unten; und schau, daß sie von oben ein wenig Farbe bekommt durch die Hitze des Feuers. Wenn sie dir

gar erscheint, nimm sie aus der Pfanne und gib von oben feinen Zucker und gutes Rosenwasser darüber. (Faccioli, S. 158)

Martino macht hier den Versuch, die nicht näher bestimmte Menge der Milch, die der Koch für nötig befindet, mit etwa einem Drittel Boccale näher zu spezifizieren.

Reistorte
Wasche den Reis und säubere ihn sehr gut, und laß ihn in Milch oder in guter fetter Brühe kochen bis er gut durch ist; und dann nimmst du ihn auf ein Brett heraus und läßt ihn trocknen und nimm ein wenig frischen Käse, den du sehr gut zerdrückst und 10 Eiweiß, Zucker und Rosenwasser beigegeben hast. Und wenn du noch möchtest, kannst du ein wenig Milch, soviel wie ein kleines Glas faßt, hineingeben. Und mische alles gut zusammen und gib es zum Kochen in die Pfanne, indem du die weiter oben erwähnte Anweisung für die Weiße Torte beachtest.
Und achte darauf, daß diese (Torte) eine geringere Menge Käse erfordert und braucht als die andere oben beschriebene Torte. (Faccioli, S. 162)

Zu diesem Rezept schreibt Redon in seiner „Kochkunst des Mittelalters“: „Diese Torte hat eine Farbe, die im Mittelalter für Reinheit und Asketentum steht, und sie ist einer der größten kulinarischen Erfolge des Maestro Martino.“[422] Als Neuerung zu den 100 Jahre früheren Torten ist in erster Linie der Ersatz von Schweineschmalz durch Kalbseuter oder Butter zu sehen.

Marzapane
Schäle die Mandeln sehr gut und stoße sie so gut wie nur möglich, da sie nicht durch das Beutelsieb passiert werden müssen. Und bedenke, daß die besagten Mandeln, damit sie noch weißer, noch wohlschmeckender, noch süßer für den Gaumen werden, in frischem Wasser einen Tag und eine Nacht oder sogar noch länger einweichen müssen, so daß man sie mit den Fingern schälen kann. Während des Stoßens befeuchte sie mit Rosenwasser, daß sie nicht ölig werden. Und wenn du diese Torte gut machen willst, gibst du zu gleichem Gewicht Zucker die Mandeln bei, d. h. ein Pfund vom einen und ein Pfund vom anderen, oder mehr oder weniger, wie es dir gefällt.. Du gibst auch eine Unze oder zwei von gutem Rosenwasser hinzu, und verarbeite alles gut miteinander. Dann nimmst du Waffeln (cialdoni) oder nevole (in den deutschen Rezepten Oblaten), die mit Zucker gemacht sind und zuvor in Rosenwasser eingeweicht wurden. Du breitest sie auf dem Boden der Pfanne aus und gibst diese Mischung oder besagte Fülle hinein. Und wenn du sie ausgebreitet und eingeebnet hast, soll sie noch einmal mit ein wenig Rosenwasser befeuchtet werden, und zudem sollst du noch guten Puderzucker darüberstreuen. Wenn der Zucker überall glatt gestrichen ist, backst du sie wie die anderen Torten im Ofen oder besser am Feuer bei ganz kleiner Hitze (molto ad ascio), dabei achtest du gut darauf, daß sie ein mäßiges Feuer bekommt, und schau sie dir oft an, überprüfe sie, damit sie nicht anbrennt. Denke daran, daß eine solche Marzipantorte eher flach und dünn als hoch und dick sein muß. (Faccioli, S. 168)

Brotauflauf mit Hanfsamenmilch (Suppa de lacte de seme de canape)
Laß die Hanfsamen ein wenig kochen, bis sich die Schale zu öffnen beginnt. Zer stoß sie sehr gut im Mörser, nimm auch ein wenig geschälte Mandeln dazu, aufgelöst mit frischem Wasser, treibe sie durch das Sieb. Laß es dann ein bißchen kochen, und gib ein wenig Salz und reichlich Zucker dazu, ebenso ein wenig Pfeffer, wenn dies deinem Geschmack entspricht; laß es noch einmal solange kochen wie du brauchst, um ein miserere (Erbarme dich unser) zu beten. Du hast in Scheiben geschnittenes, ein wenig gebähtes Brot, und richte in einer Platte oder Schüssel schichtweise dieses Brot aufeinander, und gieße nach und nach von jener

besagten Semenza darüber, so wie du das Brot aufschichtest (nach jeder Lage); und schlußendlich leere die ganze besagte Milch, die das Brot nicht mehr aufnimmt, wieder heraus, damit es nicht auseinanderfällt. Und übergieß noch einmal von oben, und das mache zwei oder drei Mal. Dann gibst du gute milde Gewürze darauf, und schickst es zu Tisch. (Faccioli, S. 172)

Flüssigkeit wird jeweils bis zum Sättigungsgrad über die Masse gegeben. Vgl. dazu den Scheiterhaufen von Katharina Prato. Hier wird die Milch-Rahm-Eiermasse auch mehrere Male über das Brot geschüttet.

Platina überträgt das Erbarme dich unser, das ja tatsächlich eine kürzeste Zeitspanne darstellt, gar nicht mehr, er verzichtet auf dieses zweite Mal Aufkochen.

Suppa dorata – vergoldetes Brot
Du hast Brotscheiben vom Weißbrot, ohne Rinde, und forme sie quadratisch, ein wenig gebäht, so daß jede Seite ein wenig vom Feuer gefärbt sei. Dann hast du zusammen mit genügend Zucker und ein wenig Rosenwasser versprudelte Eier und gib da hinein die besagten Brotschnitten zum Einweichen; und zieh sie heraus und frittiere sie alleine in ein wenig Butter oder Schmalz, wende sie öfters, damit sie nicht anbrennen. Richte sie dann in einer Schüssel an, und begieße mit ein wenig Rosenwasser und färbe mit ein wenig Safran gelb, und vom Zucker reichlich. (Faccioli, S. 174)

Platina ergänzt, daß sich die Küchlein beim Backen nicht berühren sollen.

Holunderküchlein
Du hast guten und frischen Käse und ein wenig alten Käse, zerdrücke diese sehr gut und gib ein wenig Auszugsmehl und Eiweiß dazu, je nach der Menge, die du machen möchtest, zudem ein wenig Milch und Zucker; und vermenge alle diese Sachen gut miteinander, nimm sie aus dem Mörser heraus, und füge genügend Holderblüten nach deinem Gutdünken hinzu; die besagten Blüten dürfen weder zerdrückt noch gestoßen werden, und mache die besagte Masse nicht zu hell, d. h. zu flüssig, damit du die Küchlein mit der Hand rund oder wie es dir beliebt formen kannst. Gib sie zum Backen in ein gutes Schmalz oder in Butter, oder in gutes Öl; und serviere sie sehr sehr heiß. (Faccioli, S. 174)

Frittelle di pesce
Koch den Fisch in Wasser und sein weißestes Fleisch zerstoße sehr gut, dann hast du etwas dicke Mandelmilch und ein wenig Auszugsmehl mit Zucker; diese Sachen löst du mit ein wenig Rosenwasser auf, oder auch gewöhnlichem Wasser. Dann machst du die Küchlein in beliebiger Form und backst sie in gutem Öl. (Faccioli, S. 177)

Mit Wind gefüllte Küchlein
Nimm Mehl und Salzwasser und Zucker; löse das Mehl mit der Flüssigkeit auf, und mache einen Teig, der nicht zu fest ist, und mach ihn so dünn wie wenn du eine Lasagne machst; und rolle den besagten Teig auf dem Tisch aus, steche mit einer runden Holzform oder mit einem Glas (Küchlein) aus und backe sie in gutem Öl. Und paß auf, daß er nirgends durchlöchert ist, auf diese Weise können die Küchlein aufgehen und sich aufblasen, so daß sie voll ausschauen, aber leer sind. (Faccioli, S. 179)

In ihrer Schale gekochte Eier
Lege die frischen Eier in kaltes Wasser, und laß sie für die Dauer eines Vaterunsers oder etwas länger kochen, und nimm sie heraus. (Faccioli, S. 182)

Platina übernimmt das Rezept und verändert die Zeitangabe der Vaterunserlänge zu „laß sie kurz kochen" (per poco tempo).

Auf eine bessere Art den Stör zu kochen
Als erstes wäschst du den Stör (Hausen), der nicht ganz frisch ist, ein wenig liegengelassen, gesalzen oder abgehangen (?); wenn er am besten sein soll, dann hast du guten Weißwein oder mit reinem Wasser vermischten Essig, von dem du des einen soviel wie des anderen nimmst, und ausreichend Salz, und dann läßt du ihn sehr gut gar kochen, indem du ihn so lange kochen läßt, wie du das Fleisch vom Kalb oder vom Rind kochen würdest, je nach seiner Größe schneidest du ihn in große und dicke Stücke nach deinem Gutdünken. Wer aber der größeren Herrlichkeit wegen den Fisch im Ganzen kocht, achte darauf, daß die Gefäße groß genug sind, um einen ganzen Fisch aufzunehmen, so wie es mein Herr macht, weil jeder Fisch im Ganzen viel besser ist als in Stücken oder auf andere Art. (Faccioli, S. 184)

Meeräsche
Dieser Fisch möchte von seiner Natur und Eigenart her gebraten werden, wenn er jedoch sehr groß ist, muß man ihn sieden; und die passende Sauce für den Gebratenen ist die Salimora, und für den Gekochten ist es die weiße Sauce. (Faccioli, S. 187)

Die Garmethode, welche von der Größe des Fisches bestimmt wird, ist für die Wahl der Sauce ausschlaggebend.

Bestino (ein billiger Fisch, der auch „gatto di mare" genannt wird)
Laß ihn in halb Wein oder Essig und halb Wasser kochen, und als Sauce paßt ein wenig kräftige Knoblauchsauce. Sei dir im klaren darüber, daß jeder bestino von schädlicher Qualität ist und für die Feldarbeiter besser geeignet ist als für die noblen Herren. (Faccioli, S. 188)

Platina übernimmt dieses Rezept für den „siluro", den Wels.

Große Forellen
Reinige sie sehr gut und schneide sie quer in handbreite Stücke; und richte diese Stücke ordnungsgemäß in das Geschirr, in dem du sie kochen möchtest. Gehe so vor, daß der Anschnitt nach oben kommt, und ordne sie in dieser Form schichtweise an und bestreu sie mit reichlich Salz. Und mache das mit der ganzen Menge, die du kochen möchtest, gieße ganz sachte Wasser darüber, d. h. mit jener Aufmerksamkeit, daß das Salz nicht heruntergespült wird, füg auch ein wenig Essig bei, so viel, daß der Fisch zweifingerhoch in der Brühe steht, und laß ihn kochen und schäume gut ab. Und wenn er keinen Schaum mehr macht, entfernst du von oben quasi alle Hitze, um ihn weitergaren zu lassen, so gemächlich wie nur möglich, so lange, bis er durch ist. Dann holst du ihn heraus und gibst ihn auf ein sauberes und trockenes Brett und bestreust ihn mit milden Gewürzen. Serviere diese Forelle mit einer weißen Sauce, die viel Ingwer enthält. Und wenn es ein kleiner Fisch ist, reinige ihn sehr gut und schneide ihn der Länge nach am Rückgrat in einen Teil und in einen anderen Teil. Und in diese Schnitte gibst du sehr gut Salz und ebenso gibst du davon in den Körper. Du kannst ihn in der Presse zwischen zwei Hackbrettern mit einigen Gewichten beschwert in der Dauer von zwei oder drei Stunden liegenlassen. Nachdem du das gemacht hast, bemehle ihn und backe oder brate ihn in gutem Öl sehr gemächlich. Auf diese Art kannst du sie drei oder vier Tage aufbewahren, wenn du möchtest. (Faccioli, S. 190)

Krebse
Laß sie in wenig Wasser und Essig kochen, gleich viel Wasser wie Essig, und vom Salz reichlich, und da sie von selbst Flüssigkeit (Wasser) abgeben, nimm nicht zuviel von der Brühe und laß sie stark kochen, bis sie von selbst ihren Schaum abgeben. Um festzustellen, wann sie durch sind, achte darauf, bis die Brühe zwei

oder dreimal über den Kochtopf austritt (übergeht), wie gesagt; dann müßten sie gut sein, um es genau zu wissen, kannst du es probieren, du wirst nicht betrogen sein. (Faccioli, S. 193)

Sulzfisch
Du nimmst Wasser, Wein und Essig, und je mehr und länger du ihn aufbewahren möchtest, desto weniger Wasser nimmst du und viele Gewürze. Und damit du weißt, welcher Fisch der beste und kräftigste für eine Sulzbrühe ist, sage ich dir, daß dies die Schleie und der Hecht sind, und je fetter und größer, umso besser sind sie. Und beachte, daß diese Art Fisch nicht geschuppt (geschabt, gehäutet) werden möchte, lediglich geöffnet, und sehr frisch sein soll. Koche ihn sehr gemächlich in wenig Brühe, so viel, daß er nur gerade bedeckt ist, dies daher, weil die Brühe dadurch kräftiger wird. Und wenn du glaubst, daß der Fisch gut durch sei, zieh ihn heraus und löse ihm die ganze Haut ab und leg ihn auf die Seite, doch seine Haut legst du in einem Stück zurück in die Brühe zum Kochen. Und wenn dir vorkommt, daß sie genug gekocht hat, seihe die besagte Brühe gut durch, sehr genau auf die Regeln und die Weise achtend, wie es im Kapitel der Sulze für Fleisch beschrieben ist, vor allem das Klären und Schönmachen wie auch in allen anderen Dingen, vergiß nicht, daß diese (Sulze) mehr Gewürze braucht und diese spüren möchte: und du kannst in diese Sulzbrühe separat gekochte Meeresfische legen, ebenso jede andere Art von Fisch, die dir gefällt. (Faccioli, S. 197)

Das Verhältnis von Wasser zu Essig hängt von der gewünschten Dauer der Aufbewahrung ab. In der Riccardiana wird dieses mit 6 : 1 festgelegt, im Mondseer Kochbuch mit 1 : 1.

Ein kleiner Thunfisch (la tonnina)
Laß ihn in lauwarmem Wasser sechs Stunden einweichen, kehre ihn zwei oder dreimal um, und laß ihn ein kleines bißchen (un pochetto) kochen, d. h. zwei oder drei Aufwaller, hol ihn dann heraus und leg ihn in Essig. (Faccioli, S. 201)

Der Vorgang des Einweichens wird in ganzen Stunden festgelegt, die kleinere Zeitspanne – un pochetto – wird mit der anschaulichen Darstellung „das Wasser dreimal aufwallen lassen" ergänzt und damit näher spezifiziert.

Eingesalzene Forelle oder anderer eingesalzener Süßwasserfisch
Laß ihn in lauwarmem Wasser vier oder fünf Stunden einweichen, und laß ihn im Wasser für die Dauer von einer Stunde kochen, und mehr oder weniger je nach Bedarf und ob sie groß oder klein sind; und ähnlich verfahre mit jedem anderen gesalzenen Fisch. Und beachte, daß in allen Eigenschaften und in der Natur der Fische man sich stets dem größten zuwende, gemäß dem Sprichwort, das besagt: „Pesce vecchio, et carne giovene." (Faccioli, S. 201)

DIE ERSTEN GEDRUCKTEN KOCHBÜCHER

„De honesta voluptate et valetudine" des Bartolomeo Platina

Das älteste gedruckte Kochbuch „De honesta voluptate et valetudine" stammt von BARTOLOMEO PLATINA und ist in lateinischer Sprache geschrieben. Es ist 1475 in Rom erschienen und wurde 1507 in Venedig erstmals mit dem Titel „Il piacere onesto e la buona salute" in die Vulgärsprache Italienisch übertragen.[423] Als Vorlage diente Platina das Libro de arte coquinaria von Maestro Martino, von welchem, „dem unsterblichen Gott, er alles gelernt habe, was er in seinem Buch niederschreibe".[424]

BARTOLOMEO SACCHI, genannt il Platina, lebte von 1421 bis 1481 und war als Humanist zur Jahrhundertmitte in Florenz, wo er zum Freundeskreis der an der Platonischen Akademie tätigen Exponenten Marsilio Ficino, Pico della Mirandola, Francesco Filelfo, Cristoforo Landino, Leon Battista Alberti, Cosimo il Vecchio und seinem Sohn Piero gehörte. Sein „De honesta voluptate et valetudine" widmet er Cardinal Roverella. 1475 wurde Platina vom Papst Sixtus IV. zum Leiter der Vatikanischen Bibliothek ernannt.

Platina gilt als wichtiger Vertreter des frühen Renaissance-Epikureismus und wandte die hedonistische Philosophie auf die Freuden des Gaumens an – eine humanistische Rechtfertigung der Feinschmeckerei aus dem Geist der Antike.

Das Werk ist nach dem Vorbild des Apicius in zehn Bücher gegliedert, folgt aber im Aufbau eigenen Gesetzen. Das eigentliche Kochbuch und somit auch die Anlehnung an Martino beginnt erst mit dem 6. Buch, in den vorangehenden Büchern sind viele Rezepte antiker Autoren eingestreut.

Die Rezepte von Martino werden von Platina neu formuliert und um medizinische Hinweise, die bei Martino fehlen, ergänzt. Was Mengen- und Zeitangaben und auch Namen von Geräten anlangt, so setzt er die in seiner Zeit gebräuchlichen Begriffe ein. Im Rahmen dieser Arbeit werde ich auf Platinas Rezepte aus dieser Sicht eingehen.

Weißessen nach katalanischer Art

Du gibst 2 Boccale Ziegenmilch und erstklassiges Reismehl in einen Topf, weit weg von der Flamme, daß es keinen Rauch annimmt. Dann schneide eine Brust von einem frisch geschlachteten Kapaunen in sehr dünne Streifen, und laß sie halb gar kochen: gib sie in einen Mörser und zerstoße sie zweimal, höchstens dreimal, mit dem Stößel. Wenn die Milch eine halbe Stunde gekocht hat, gibst du die zerteilte Kapaunenbrust mit einem Pfund Zucker dazu und läßt es 4 Stunden kochen; und rührst ständig mit dem Kochlöffel um, an welchem diese Masse, sobald sie gekocht sein wird, wie Harz anhaften wird. Zuletzt gibst du, wie bei der vorhergehenden Speise schon gesagt, Rosenwasser darüber und bereitest die Schüsseln. Es ist nicht schlecht, wenn man auch Zucker dazugibt: keine Speise, wie immer sie heißt, verweigert den Zucker. Unser Galba hat mir dieses Gericht des öfteren in Rizone serviert; auch Tridentone bestätigte mir, nie ein exzellenteres Gericht gegessen zu haben. (S. 141)

Im Vergleich zu Martino haben die Beschreibungen von Platina an Anschaulichkeit verloren. Die Brust wird nur mehr in Streifen geschnitten, wo sie bei Martino noch mit den Händen so dünn wie Haar zerfädelt wird, die Mengenangaben in Gewicht sowie die Zeitangaben in Stunden bleiben gleich.

Gelbe Sauce (bei Martino heißt dieses Gericht Brodetto)

Versprudle in einer Kasserolle 30 Eidotter, Agrest, Kalbs- oder Kapaunenbrühe, ein wenig Safran und ein Stück Zimt. Treibe das ganze durch ein Mehlsieb in einen Topf; dann läßt du es auf der Glut kochen, weit weg von der Flamme, damit kein Rauch dazukommt, und rühre ständig mit einem Kochlöffel um, bis es beginnt zu dicken. Dann ziehst du es vom Feuer und richtest an: es ist mehr als genug für 10 Personen. Wenn es in den Schüsseln angerichtet ist, verlangt diese Sauce die Beigabe von gemahlenen Gewürzen. (S. 142)

Wenn Martino den Topf vom Feuer zieht, rührt er in der Dauer von 2 Vaterunserlängen noch weiter um. Darauf verzichtet Platina, wie er überhaupt alle Zeitangaben in Gebetslängen nicht übernimmt. Entweder macht er als Ersatz unbestimmte Angaben oder läßt diese an sich sehr kurzen Zeitspannen ganz weg.

Die Mengenangaben für 10 Schalen bei Martino überträgt er auf 10 Personen.

Grüne Sauce
Hacke die Petersilie zusammen mit dem Gartenthymian, Mangold und anderen geschmackvollen Kräutern, ein wenig Ingwer, Zimt und Salz; löse mit starkem Essig auf und treibe es durch das Sieb in einen Behälter. Wenn du Knoblauch magst, nimm davon wenig oder viel, nach deinem Geschmack. Auch diese Sauce ist wenig nahrhaft, heizt den Magen und die Leber auf, und ist schwer verdaulich. Sie hat aber das Verdienst, die Verstopfungen zu lösen und den Appetit anzuregen. (S. 175)

Platinas Hinweise bezüglich Nutzen und Schaden der Speisen stellen die von Martino ebenso eingesetzten Kenntnisse in einen theoretischen Zusammenhang. Die Küchensprache jedoch bleibt reduzierter in ihren Erklärungen, verzichtet auf manche grundlegenden Erläuterungen, wie und warum etwas so gemacht wird.

Brombeersauce
Zerdrücke die Brombeeren leicht mit der Hand, zusammen mit bereits gut gestoßenen Mandeln und Brotkrume; füge Zimt, Ingwer und ein wenig Muskatnuß bei; treibe alles durch das Sieb und gib es in einen Behälter. Diese Sauce ist wenig nahrhaft und liegt lange im Magen und ruft Brechreiz hervor; immerhin ist sie gut für die Zähne und für den Mund. (S. 176)

Reistorte
Laß den Reis in der Milch oder in fetter Brühe kochen, bis er durch ist, stürze ihn auf ein Brett, damit er trocknen kann und gib ihn dann in eine Kasserolle, gib ein wenig frischen und klein gehackten Käse bei, 10 aufgeschlagene Eiklar, Zucker, Rosenwasser, und wenn du willst, eine Tasse Milch. Gib das Ganze in eine Pfanne und laß es kochen, indem du die für die weiße Torte gemachten Vorschriften beachtest. Diese Reistorte verlangt weniger Käse. Diese Speise ist sehr nahrhaft, ist bekömmlich für die Leber und läßt die Spermen ansteigen. Dennoch liegt sie im Magen, beeinträchtigt die Sicht und fördert die Steine und die Verstopfung. (S. 186)

Holunderküchlein
Zerstoße in einem Mörser folgende Zutaten: geriebenen Käse, alt oder frisch, ein wenig Mehl, einige Eiklar, ein wenig Milch und ein wenig Zucker. Vom Mörser treibst du das Ganze in eine Kasserolle und tauchst die ganzen Holderblüten ein. Von dieser Masse wirfst du eine kleine Handvoll oder einen kleinen Löffel voll – oder anderswie – in eine Pfanne voll siedendes Schmalz oder Butter. Diese Küchlein soll man heiß essen. Du wirst selbst wissen, ob dir diese Küchlein gut oder schlecht bekommen. (S. 200)

In Anbetracht der Tatsache, daß Platinas „De honesta voluptate et valetudine“ sowohl in die italienische (1507) wie in die deutsche[425] als auch in die englische Sprache (Epulario, 1598) übersetzt wurde und somit weite

Verbreitung fand, sehe ich die Auswirkungen auf die weitere Entwicklung der Küchensprache in gedruckten Kochbüchern bereits hier angelegt. Verkürzte, knappe Formulierungen, was das Procedere des Kochens anlangt, stehen ausführlichen medizinischen Ratschlägen am Ende des Rezeptes gegenüber, die manch schönen Erwartungen auf ein gutes Essen, die während des Lesens aufkommen, ein abruptes Ende setzen.

Weit anschaulicher ist es im 16. Jahrhundert noch um die deutsche Kochbuchsprache bestellt, zum Teil auch auf Kosten der Klarheit. Komplizierte und umständliche Formulierungen sind ebensooft anzutreffen wie fehlende gastronomische Kompetenz, was mit dem Aufkommen der gedruckten Kochbücher auf die allgemeine Unsitte des Abschreibens zurückzuführen ist. Aus rein gewinnorientierten Absichten wollte man sich die Kenntnisse eines Vorgängers zunutze machen, ohne dies zu erwähnen. Die gastronomische Kompetenz ließ in solchen Fällen oft zu wünschen übrig, was viele Fehler beim Abschreiben, beim Übersetzen oder Übertragen mit sich brachte. Auch sprachliche Veränderungen und örtliche Anpassungen tragen nicht immer zu Qualitätsverbesserungen bei. Gute Beispiele dafür sind die deutsche und die englische Übersetzung des Platina (Epulario) und Meister Sebastian, aber auch Pierre de Lune kämpfte mit solchen Mitstreitern.

Die Kuchenmeysterey

Das älteste gedruckte deutsche Kochbuch ist die „Kuchenmeysterey" und wurde von Peter Wagner 1485 das erste Mal in Nürnberg gedruckt. Mir liegt für meine Übertragungen ein Faksimile der zweiten Auflage, 1486, hrsg. von Rolf Ehnert[426] vor, welches dem Original in der Bayerischen Staatsbibliothek in München, 4° Inc. s.a.161ᵃ/3, folgt. In der Ausgabe von Hugo Stopp[427] ist der Druck von 1490 zum Teil wiedergegeben.

Die „Kuchenmeysterey" wurde 100 Jahre später von MEISTER SEBASTIAN seiner „Koch- und Kellermeisterey"[428] mehr oder weniger einverleibt, ohne dies zu erwähnen. Aufbau und Abbildungen folgen dem „New Kochbuch" des MARX RUMPOLT, inhaltlich ist es jedoch über weite Strecken mit dem Kuchenmeyster identisch. Kürzungen und sprachliche Veränderungen charakterisieren auch diese Übernahmen, ich werde sie auszugsweise dem „Kuchenmeyster" gegenüberstellen.

> In seiner Vorrede schreibt der Kuchenmeyster:
> All menschen seind sunderlichen und nit unbillichen geneigt zu naturlicher und lustiger speis. sich derselben nach gesuntheit yrs leibs ordentlich czu gebrauchen und czu entpfahen. Dyrumb ist in disem gegenwirtigem buchlein genant kuchemeysterei gar kurtz auch nutzlich begriffen und angetzeichnet mit hubscher warhaftiger unterweisung von mancherlay speis wy man die bereiten sol vnd nachvolgund fursten und herrn geistlichen und werntlichen. Auch den gemeinen man. also fur tragen und geben mag von welcherlay kreuttern gewurtzen oder andern materien sie gemacht oder berayt sullen werden. Es sey fleisch. huner. wilbret. visch. krebs. ayer. full. gebaches. suppen und gemues … das es denn den kochen gar nutz wer zu wissen. <u>Wenn ein ordenlicher koch mit wolbereytter naturlicher speis ist hie in diser zeit der best artzte. vnd das zu verstehn so der mensch solche speis vnd geträngk. nit vberbflussig sunder sich des ordenlichen vnd zu rechter zeit gebrauchen. Darumb wirt dis buchlein geteylt in funff teyl</u> …
> Mitsampt einer kurtzen vnd naturlichen nutzparn vnterweisung. wy sich eyn itzlich mensch in seynen regiment mit essen vnd trincken. auch andern sachen weselich vnd gepurlich halten sol wenn solichs ordenlichs messigs leben mit eynem regiment vor erklert dem menschen vil nutzer vnd fruchtperlicher gesuntheit seins leibs do mit czu behalten denn alle zeitlich artzeney. (Ehnert, S. 5 f)
>
> Das erst teil ist von fasten speis.

Und es hebt sich an an visch sieden:
Item wer do visch wol sieden der mach stets dorunter ein gutes rosch feur an rauch vnd wenn dy grat auspoltzen so haben sy sein genug. Schewm sy schon vnd mach sie ab zu rechter mosz mit wurtzen vnd saltz versuch sy wol vnd truck sy dann mit essig ab vnd leg sy in trucken oder nas vnd trag sy fur werden sy trukken furgetragen so strew eytel guten gestossen ingwer darauff. (Ehnert, S.7)

Die Garzeit ist dann beendet, wenn sich die Gräten lösen; das Würzen soll mit rechtem Maß geschehen und über das Probieren abgestimmt werden. Der Fisch wird „in Essig abgetrocknet“ und kann mit oder ohne Sauce, trocken oder naß angerichtet werden. Wird es ohne Sauce aufgetragen, so soll die Speise noch mit Ingwer bestreut werden.

Eine weitere Aufforderung, beim Würzen zu probieren, findet sich in einem Rezept für ein:

„meinsterlich Sultz ver visch als dy Salm vnd ander gros Reynvisch.“
(…) treib das durch vnd temperir es vnd versuch ob es recht abgemacht sey mit wurtzen vnd saltz leg dann dy visch stuck ein (Ehnert, S. 8)

Meister Sebastian macht den Salm zur Salsen, ein typischer Abschreibfehler eines unkundigen Kochbuchautors. (Arndt, S. 29)

Item wiltu visch halten
das si lang frisch beleiben. so leg sie in ein veslein oder in einen yrden hafen vnd geus dorauff guten essig vnd leg peterlein doran vnd begrab das yn ein gruben von frischer erden. vnd wenn du der visch vnd essig aus nympst so geus alweg frischen essig wider doran vnd deck das mit guten decken wider zu so bleiben sy lang czeit frisch vnd werdan nit stinckend. (Ehnert, S. 9)

Item gefult krebs
mach also. (…) slag frisch ayer dorunter so vil vnd dy menig der krebs ist … (Ehnert, S. 10)

Der Kuchenmeyster empfiehlt pro Krebs ein Ei, bei Sebastian heißt dies:
„/schlag frische Eyer darunder / nach der viele der Krebs/ …“ (Arndt, S. 30)

Item zu machen ein kuchen von krebssen.
… vnd temporir es gar wol vnd nit zu dunne. Schut es inn dy teigpfann. ist es czu dick so vermisch es mit guter raum milch eben gerecht. machs ab mit wurtz vnd saltz vnd saffran vnd peterlin. Du magst nemen salvey. poley wol gehackt ist alles gut oder ander gut wurtz temperir die full domit (Ehnert, S. 12)

In diesem Rezept macht Sebastian den Kuchen zu einer Torten von Krebsen, weiters überträgt er völlig inkompetent. Wo es um die Konsistenz der Fülle geht und der Kuchenmeyster richtigerweise zuerst darauf aufmerksam macht, daß sie nicht zu dünn sein sollte, weil man eben mit Milchrahm immer noch verdünnen kann, verwechselt Sebastian dick mit dünn und schreibt: (…) /schütts in die Teigpfann / Ist es zu dünn / so misch es mit Milchraum /… (Arndt, S. 31)

Wiltu machen ein muslein von krebssen Mach es also:
(…) Ist es zu dick so mer es mit milch zu recht mos. thue es in ein smaltzige pfann los es syden als ein kinds mus. (Ehnert, S. 12)

Die Konsistenz wird über den Vergleich eines allgemein bekannten Gerichts – dem Kindsmus – beschrieben.

> **Item visch krebs vnd allerlay** obs das do ist kalter natur auch milch vnd wasser mus man mit wurtzen ab temporiren. Aber krangk leut heisser natur bedorffen wurtz vnd vil saltz nit. wenn ir gebrech mert sich dauon. Auch guter starker wein vngemischt mit wasser verderbt sy. Erkennstu dein natur so erkennst auch was wider dein natur ist dor nach bereit dein essen. (Ehnert, S. 13)

> **Hie ler ich vergulden** mues oder was von gebraten oder gebachen das kalt ist. Mach ein klein honigwasser bestreich dy metall do mit vnd schews das golt oder silber dorauf also naß vnd drucke es mit einer baumwollen zu wo es nicht gleich liegt. Du magst letzelten oder ander sach also vergulden sunst taug kein ander assit zu essenden dingen. Mach eyn hultzene scher do mit du das golt hebest vnd rure das mit der plossen hant nit an es verdirbt anders. (Ehnert, S. 17)

> Mueßer zu machen / Holdermues mach also.
> (…) schneid den teigk klein in wurmlein weis thu in yn dy sydige milch das sy vmmers sied vnd rur das gar wol das es sich vermisch saltz vnd mach es ab mit milchschmaltz. (Ehnert, S. 20)

Sebastian verkürzt: „thu sie in die sidend Milch/ saltzs vnd machs ab mit Buttern." Das gute Umrühren, daß sich alles gut vermischt, fällt weg.

> Item ein ander mues von pyrn.
> nym ein weit kurtz hefelein schneid pirn dorein dy gut sein.

Angesprochen ist die Form des passenden Gefäßes.

> Item ein brampermus oder weigselmus
> (…) Nym dann melb vnd milch das zwirn gar wol thu es vntereinander in ein pfann. vber ein fewr rur es wol vnd versaltz es nit. das wirt ein prauns mues richt es an vnd see yngwer darauff.(…) Ist es zu dick so mer es mit milch … (Ehnert, S. 21)

> Wiltu machen hunerfull.
> so los dy leberlein vnd megein vor wol sieden. vnd hack sy klein in dy full do mustu essig vnd rauten zu haben vnd pfeffer ist ir wurtz der sy gern ysset das gehort groben leuten zu. (Ehnert, S. 25)

> Item von andern fleisch das man stossen mus.
> als alten krangken menschen dy der zen vnd keuens nit vermogen.
> Nym kalbfleisch oder wildpret oder ander fleisch das do pretig sey als do man knodlach aus macht. solch fleisch dz neulich geslagen wer frisch vnd schon. seuds an saltz schaum es vnd seihe dy brw lauter ab vnd behal dy schon. stos yn einem morser gar wol mit ein wenig semelprot das streich durch ein tuch mit der brw vor behalten vermisch dy mit wein vnd essig. doch zu prufen. wiltu das dick haben so klopf ayer totter mit der selbigen durchgetriben prw. wiltu es dunne so los an ayer bleiben aber mit wurtzen vnd saltz vnd dorauff lautter milch smaltz vnd gib es dar. wiltu es dann dunn dar geben so mach gepets brot vnd gib es dünn fur ein suppen. so ist es gerecht und gut. (Ehnert, S. 26)

Die Konsistenz der Suppe, ob dick oder dünn, bleibt der Wahl des Kochs überlassen. Danach richtet sich die Menge des Bindemittels, hier das Ei. Entscheidet sich der Koch für die dünne Suppe, so war es üblich, diese mit gebähtem Brot zu reichen. Die Anzahl oder genaue Menge einer Zutat ist nicht von Belang, solange keine Entscheidung bezüglich der Konsistenz getroffen wird. Und man hatte eben die Wahl.

> Item zu einer sultzen ein pru zu machen.
> (…) Las gestehn so hastu ein feine lauttere sultzen, als das golt das macht der saffran vnd das lautter abseigen. so du es solt fur tragen erbern leuten. (Ehnert, S. 28)

Der Safran war das Gold der ärmeren Leute!

> Item der ein gestrickes pachen haben wil
> der mach ein teig von eitel ayern vnd schon mel. reib letzelten darunter vnd knit es mit einen guten gesoten honigwein zeuch den teig auf einem pret mit einen welgelholtz vnd schneid schnitlein vingerslang vnd preit vnd bachs denn also.
> (Ehnert, S. 34)

Wenn auch der Name dieser Speise unklar bleibt, so wird aus Eiern und Mehl ein Teig gemacht, Lebzelten darunter gerieben und mit Honigwein verarbeitet. Dann wird der Teig mit einem Nudelholz ausgerollt, fingerlange und fingerbreite Schnitten ausgerädelt und dann herausgebacken.

Bei Sebastian fällt das Körpermaß „vingerlang und preit" weg, er reduziert auf: „schneide es in schnittlin/back es also."

> Wiltu ein angschribes pachens machen.
> Nym ayer vnd gerieben kes. mel vnd milch mach ein starcken teig den zeug auf ein pret gar düne. schneid in als wurmlein halm gros vnd vingersleng. scheuß das in ein heiß smaltz dy pack besonder see zucker dorauf an der anricht vnd gib es an fastagen fur ein gepratens in flachen schusseln. (Ehnert, S. 36)
> Item ein andere form. Seud den teig als dy glas rauten oder kleepletter oder rosen (Ehnert, S. 36 f.)

> Item ein fremde gebachens heiss Schnabel.
> Nym weiss prot schneid dy rinten do von. doraus mach düne schniten dy leg auff ein pret schneid dy rinten als deller. (Ehnert, S. 37)

Die Brotrinde dient als Teller oder Untersatz.

> Wiltu machen praune kuchlin
> (…) vnd pach ye eins nach den anderm in vollen smaltz das es dorynne schwymm. oder erwer das sy enander nit ruren vnd nym sy mit einem locharten loffel aus das sy wol erseyhen (Ehnert, S. 38)

Ebenso wie Martino in Italien weist der Küchenmeister darauf hin, daß sich die Küchlein beim Backen nicht berühren sollen und ein jedes separat gebacken werden möchte.

> **Wer gute streublein bachen wil** der nem ein hant vol peterleins den stoss mit wasser vnd ein weis brosem brots treib es durch ein tuch. Nym ayer vnd mel. mach ein guts strauben teiglin versaltzs nit. nym den durchgeslagen peterlin vnd zettel yn in dy pfann nit zu dick vnd das dy pfann nit zu eng sey. (Ehnert, S. 38)

Die Topfgröße wird bei Sebastian nicht mehr erwähnt.

Item man mag krapfen fullen mit der full als man gesturtzte ayer fullet. (…) peterlein vnd ander wolsmeckende kreutter der man ye ein wenig nimpt zu einer full newer des gesmacks wegen. (Ehnert, S. 39)

Die Kräuter werden ausdrücklich aus Geschmacksgründen in die Fülle gegeben.

Wiltu krapfen bachen von vberbliben hunern
(…) dy krapfen sein schir gepachen. das sichstu an der praunen wol so thu sy aus. So merck auch das man alle krapfen mit zucker mag beseen. so man dy erbern leuten fur treit so ist selten ein krapf so man ein wenig welischer weinper dorein hackt on peterlein vnd on kraut sy werden dester besser. also hastu dein teig vnd krabffen full. ob du dy mos recht kanst treffenn so bistu ein guter koch.
(Ehnert, S. 40)

Mit diesem Nachsatz schließt der Kuchenmeyster sozusagen das Unterkapitel von den Krapfen ab. Meister Sebastian übernimmt dieses Rezept wortgetreu, auf den Maßsatz am Ende des Rezepts verzichtet er. (Arndt, S. 39 f.)

Ein new Kochbuch von Marx Rumpolt

Das „New Kochbuch" des Churf. Meintzischen Mundtkoch MARX RUMPOLT ist 1576 erstmals in gedruckter Form in Frankfurt a. Main erschienen. Ein handschriftliches Exemplar befindet sich in der Österreichischen Nationalbibliothek in Wien, Cod. Vindob. 11445. Für die hier wiedergegebenen Rezepte verwendete ich den faksimilierten Nachdruck nach der Ausgabe von 1581.[429]

In seiner Vorrede weist Rumpolt auf die Bedeutung des Kochens für die Gesundheit des Menschen hin und wendet sich ausdrücklich an die jungen Köche, an den Nachwuchs, deren gute Ausbildung ihm sehr am Herzen lag.

S. III verso, Vorrede
Ohne allen zweiffel aber ist vnter gedachten Künsten nit die geringste Kochen oder Küchenmeisterey. Denn dieses können weder hohes noch nidriges Standts/ weder Reiche noch Arme/ one nachtheil irer Gesundtheit entrahten/ dieweil es vmb diß zergenglich Leben von Natur also beschaffen/ daß der abgang der Narung/ so von der innerlichen natürlichen Hitze verzehret/ vnd dem abgearbeiten Leibe vnd allen Gliedern zu gut angelgt wirt/ durch mässigen brauch eusserlicher Speiß ersetzet vnd erstattet werde/ nicht anderst als wenn in einem Liecht oder Lampen/ so da brennet die Flamme dem Tacht/ so lang Oel/ oder ander Fettigkeit/ darinnen beywohnet vnd anhenget/ biß entlich durch abgang der Narung sie von dannen zu scheiden gedrungen/ oder aber durch allzuviel vnreines vnd vndüchtiges Fette vberweltiget/ vnnd mit gewalt verleschet wirt. Eben gleiche gelegenheit hat es auch vmb alle irrdische/ sonderlich aber deß Menschen Cörper/ in welchem das natürlich Feuwer oder Hitze/ durch tägliche Arbeit gemehret/ vnd gleich auffgeblasen/ den Safft vnd Narung stätigs verzehret vnd wegraffet/ solche zu widerbringen/ damit der Mensch nicht wie ein Liecht außgehe/ ist Speiß vnd Tranck zum höchsten von nöten/ damit auch nicht die natürliche Flamm durch vndüchtige vnd vbel bereitete Speiß erlegt vnd ersticket werde/ ist leicht zu erachten/ was für grosse bescheidenheit/ fleiß vnd auffsicht in Essen machen notwendig erfordert werde … Ist also die eygentliche vnnd fürnembste vrsach mancher fehrlicher Kranckheiten nichts anders/ denn entweder vnwissenheit vnd vnverstandt/ oder aber nachlässigkeit vnd vnbedacht der Köche vnd Köchin/

gelegen. Dannen hero denn offt grosse Hern von ihren Mundtköchen sich haben hören lassen/ daß in derselben Händen ihr Leben vnnd Wolfart stehe. Ist derwegen zum höchsten von nöten/ daß sie vonJugendt auff in dieser Kunst recht vnterrichtet vnnd wol geübet werden: Darzu inen denn gute Kochbücher nicht wenig förderlich seyn können. …
Weil aber/ wie gesagt/ sonst niemandt diese mühe vnd sorge/ andere in kochen Schrifftlichen zu vnterrichten/ auff sich nemmen hat wöllen/ vnnd man es doch nicht one grossen nachtheil der Jugendt/ entrahten kan/ hab ich endtlich wolgedachter Herrn bitt vnd begeren raum vnd statt geben/ vnd ihnen willfahren müssen.

Ähnlich dem Werk des Bartolomeo Scappi gibt Rumpolt zuerst die Pflichten von Hofmeister, Mundtkoch, Truchsessen und Fürschneider bekannt. Gefolgt von Vorschlägen für die Abhaltung kaiserlicher Bankette – sowohl an Fleischtagen als auch an Fasttagen – beginnt nun das eigentliche Kochbuch mit fast zweitausend Rezepten, Ratschlägen und Tips zur Kellermeisterei und mit über hundertfünfzig Holzschnitten.

S. I.r / Vom Ochsen seind drey und achtzigerley Speiß und Trachten zu machen.
1. Einen gantzen Ochsenkopff
/ … / Und wann du ihn wilt auff ein Tisch geben/ kanstu in schmücken mit Golt oder Silber. Und wann er kalt ist/ so ist er gut zu essen/ und stehet schön vor ein Schauessen.

S. I.v / 3. Nim ein Ochsenkopff
/ … / seig die Brüh darvon/ unnd gib das Fleisch armen Leuten.

S. II.r / 8. Ochsenzungen in einem gescharb eingemacht.
Nimm die Zungen/ setz sie in Wasser zu/ vnd laß sie gar an die statt sieden/ butz sie sauber auß/ vnnd schneidt sie voneinander/ vnd leg sie auff einen Rost/ vnd breun sie ab/ thu ein wenig Essig/ Saffran/ Pfeffer/ Zimmet vnnd Zucker darein/daß es süß wirdt/ auch kleine schwarze Rosein/ und ein wenig eingebrennt Mehl/ laß darmit sieden/ daß es nicht zu dick/ auch nicht zu dünn wirdt/ schneidt darnach die zungen darein/ so wirdt es gut vnd wol geschmack.

S. II.v / 13. Widerumb ein Zung mit einer Füll zuzurichten.
Laß sie sieden bis sie gar wirdt/ seuber sie aus kaltem Wasser/ spick sie mit Zimmet vnnd Negelein/ röst sie auff einem Rost/ daß sie fein braun wirdt/ vnd ist sie weiß gefüllet/ so mach ein weisse Suppen darzu/ von Rindtfleischbrüh/ Essig/ frischer Butter/ vnd ein wenig kleine Capern/ die wol gewässert seyn. Ist aber die Füll gelb/ so mach gelbe Suppen. Nimm Wein/ Essig/ Pfeffer/ Saffran/ Zimmet/ Zucker/ vnnd ein wenig eingebrennt Mehl darzu/ laß miteinander sieden/ thu kein Saltz noch Butter darein/ gib es vnter die Zungen/ so ist es lieblich und gut zu essen.

Rumpolt akkordiert die Farben, gibt eine weiße Suppe zur weißen Fülle und eine gelbe Suppe zur gelben.

S. IIII.r / 29. Gorgel von dem Ochsen.
Setz sie in einem Wasser zu/ und laß sie ein stundt oder siben sieden/ nim sie herauß

Unter Stunde konnte auch „einmal“ verstanden werden, was in diesem Falle mit „einmal oder siebenmal“ übertragen werden könnte. Andernfalls lag die Garzeit zwischen einer und sieben Stunden.

S. IIII. v / 37. Nim Sültzen
/ … / Und wenn du es wilt anrichten/ so schneidt grüne Kräuter klein darein/ vnd laß ein Sodt darmit aufftthun/ daß die Kräuter die Farb nicht verlieren/ so sihet es fein lieblich.

39. Lungenbraten eingedempffet in einem Hafen.
Nimm gesaltzen Limonien eine oder zwo/ vnd ein Zwibel Häupt/ auch ein wenig Wacholderbeer/ hack es durcheinander/ vnd reib Ruckenbrot darzu/ thu es miteinander in einen Hafen/ nimm Gewürtz darzu nach notturfft/ als Pfeffer/ vnd eine halbe Muscatennuß/ zerstossen oder zerschnitten/ ein wenig Neglein/ auch Zimmet vnd gute Rindtfleisch-brüh/ die nicht versaltzen ist. Hastu aber kein Rindtfleischbrüh/ so nimm Wasser vnnd ein wenig Essig/ daß seurlich wirdt/ auch ein wenig Saltz/ daß man zwey Eyer kan mit saltzen/ thu es miteinander in einen Hafen/ decks mit eim Erdtendeckel zu/ vnd vermach es mit Ruckenteig/ vnd auff den Deckel bore ein Lufftloch/ setzs vom Feuwer hinweg/ vnd vmblegs mit glüenden Kolen/ vnd laß es sieden. Wiltu es aber bey dem Fewer nicht sieden lassen/ so setz es in heisse Eschen/ vnd sihe zu/ daß du es nicht versieden leßt/ so wirdt es gut vnd wolgeschmack.

Ein wenig Salz wird gleichgesetzt mit jenem Maß Salz, das für die Menge von zwei Eiern genügt. Dies stellt eine relativ konkrete Größe dar, die gut vorstellbar ist und gleichzeitig die Beziehung zum Ei als Grundmaß verdeutlicht.

S. V.v / 48. Nim das Hinterviertel vom Ochsen/ wasch es auß/ unnd saltz es ein/ stecks darnach an ein Spieß/ unnd laß langsam braten/ in die vier und zwentzig stunden. Und du mußt achtung drauff geben/ daß du es zum Frühmahl anrichtest/…

Hier ist die Vorstellung eines mit einem Räderwerk betriebenen Bratspießdrehers als Nachfolger der Knaben oder jungen Männer, die das Drehen der Spieße bis dahin händisch verrichteten, verständlich.

49. Nim Rindtfleisch/ schneidt es fein dünn/ zween Finger breit/ unnd eines Fingers lang/… und man nennets Preseindel vom Ochsen.

S. VII.r / 61. Welsche Würst vom Ochsen/ die man nent Zurwonada.
/ … / daß eins so viel ist als des andern (Rind- und Schweinefleisch)/ und reibs wol mit den Händen hinein/ ein stundt oder ein halbe/ … / Wenn du sie aber wilt kochen/ so laß sie drey stundt kochen/ und nicht lenger/ …

62. Vom Ochsenmarck Spanische Krapffen zu machen.
Nim ein schön Mehl/ warm Wasser/ unnd ein wenig Saltz/ mach ein Teig darauß/ wasch die Händ sauber/ und arbeit den Teig wol ein stundt oder anderthalb/ so löst er sich vom Tisch und Händen/ zeuch in voneinander/ so dün wie ein Papier/ und mach solcher blat zwenzig oder dreyssig/ …

S. X.v / Vom Kalb seindt neun vnd fünfftzigerley Speiß vnd Trachten zu machen S. XI.r / 5. Auch kanstu ein Zungen kochen in Zwibel vnd Epffelgescharb
/ … / wann du es wilt süß machen/ so thu es mit Zucker/ Honig/ oder mit gesotten süssem Wein/ Denn du bist nicht allezeit bey grossen Herrn/ da man dir allenthalben Zucker kaufft/ und mußt auch offt ein Sache machen/ wie du den Zeug findest/ denn es hat nicht ein jeglicher ein vollen Seckel mit Gelt/ drumb muß ein Koch einem Herrn seinen nutz und frommen betrachten.

Angesprochen ist die Improvisationskunst der damaligen Köche.

> S. XI.v / 7. Leber von Kalb zuzurichten.
> / … / Wilt du aber die Leber braten/ so schneide sie zween Finger breit/ oder wie die Leber ire breite hat/ …

Das Nahrungsmittel selbst bestimmt die Form.

> S. XII.v /14. Schlickkrapffen von einer Lungen
> / … / und wen die Brüh seudt/ so wirff ein Krapfen nach dem andern hinein/ und schaw/ daß du sie nit zerwirffst/ laß sie gar gemach sieden/ daß sie nicht voneinander fahren/ thu darein gantze Muscatenblüht/ und grüne Kräuter/ auch frische Meyenbutter/ und du must es nicht lang sieden lassen/ nur eine halbe stundt/ leßt du es lang sieden/ so wirst du es versieden/ und wirst es nicht können anrichten/… / Und mach kundtschafft mit dem fleiß/ denn er ist ein trefflich guter Gesell/ ist uberal/ wer mit im kundschafft haben wil.

Die unbestimmte Dauer „nicht lange sieden" wird präzisiert mit einer halben Stunde. Es wird deutlich, daß eine „nicht lange" Zeitspanne nicht zu allen Zeiten als „gleich lang" empfunden wird. Stand für die Bereitung einer Speise grundsätzlich mehr Zeit zur Verfügung oder war aufgrund der technischen Geräte mehr Zeit für eine Tätigkeit aufzuwenden, so verhält sich der angegebene Zeitraum stets relativ.

> S. XIIII.r / 22. Nierenbraten von einem Kalb
> / … / Nim ein kraut/ das heißt Origanum/ das schmeckt fein lieblich/ thu es in Wasser und Essig/ und rür es durcheinander/ thu auch nit zu viel daran/ daß man es nicht sihet/ daß dürre Kräuter darunter seindt/ …

Eine so große Menge, daß man sie visuell noch nicht wahrnimmt.

> S. XVI.r / 28. Gehackts von Kälbern Hacksen.
> / … / und thu kleine Weinbeerlein darein/ oder grosse Rosein/ wiewol die kleinen zierlicher unnd füglicher darzu seyn/ weil das Fleisch klein gehackt ist.

Angesprochen ist die formale Beziehung der Zutaten zueinander.

> S. XVI.v / 31. Hattele zu machen zum Braten.
> Nim ein Hacksen von einem Kalb/ schneidt die zehe Haut hinweg/ und schneidt dz breite Fleisch auffs dünnste/ eines Fingers lang/ und zween Finger breit/ …

Fleischstücke oder auch Teigblätter werden immer wieder auf diese Größe, einfingerlang und zweifingerbreit, geschnitten. In Zahlen ausgedrückt handelt es sich dabei um ein Verhältnis von 5 : 8, welches an die Proportion des Goldenen Schnittes eine Annäherungslösung in rationalen Zahlen darstellt. Unabhängig von der Handgröße des Kochs, bleibt die Verhältnismäßigkeit dieser Größe stets gewahrt.

> S. XVIII.r / Du kanst auch die Hattele zurichten
> / … / die an den kleinen höltzern Spiessen stecken/ dieselbigen seind bald gebraten/ als wenn man ein Ey seudt lindt oder weich/ …

Das weichgekochte Ei stellt für die Garzeit der „Hattele am Spieß", vermutlich von der Kalbsnuß geschnittene kleine Stücke, ein Richtmaß dar.

S. XIX.r / 38. Preseindel zu machen.
Nimm ein Kälbern Hacksen/ vnd schneidt das Fleisch dünn herab/ zween Finger breit/ und eins Fingers lang/ …

S. XXII.r / 52. Kalbsfüß zu backen.
/ … / so schlag ein Ey drey oder vier wol durcheinander/ und nim Mehl darunter/ so viel du kanst mit zweyen Fingern auffheben/ rür es auch in die Eyer/… / und thu ein wenig Saffran darein/ daß du es kaum spürest/ …

53. Kalbsfüß zu kochen in einem Pfannkuchen.
Schlag ein Ey oder zehen auff/ darnach du viel Füß hast/ und darnach du ein Kuchen beckst/

Die Anzahl der Eier war, je nach Grundmenge der Füße, variabel.

S. XXII.v / 56. Geräucherte Kälbernfüß zu kochen. Schneidt die Füß von einem Kalb/ wenn man es absticht/ laß das Haar daran/ …/ so setz sie zu in einem Wasser/ und laß sie sieden/ biß daß das Haar herab gehet/ …

Die Garzeit ist vollendet, wenn sich das Haar löst – ausdrücklich soll das Haar aus diesem Grund, um die Garzeit exakt feststellen zu können, nicht entfernt werden.

S. XXV.r / 13. Gefüllten Magen von dem Hammel zu zurichten.
/ … / Du magst dieselbige Brüh weiß lassen/ oder gelb machen/ denn die Füll im Magen ist gelb/ daß sichs vergleichet mit der Farb … / und versaltz sie nicht/ denn der Parmesankeß ist vorhin gesaltzen/… / so ist es ein gut Welsch essen/ denn der Wahlen Speis ist das meiste theil mit Parmesankeß besträuwet/ unnd es habens auch nit ein wenig Teutschen gelehrnet/ sonderlich die in Welschlandt gewesen/ denn ein jedes Landt hat sein besondern brauch/ art und eygenschafft/ Also kan man auch außländische Leut halten mit seltsamen Speisen.

S. XXIX.r / 45. Geräucherte Füß von dem Hammel.
/ … / und laß den Köl nicht versieden/ schaw auch/ daß du es nicht versaltzest/ kanst auch darunterschneiden ein wenig Knobloch/ und wie in allen dingen maß halten/ gut ist/ also auch Knobloch zu kochen/ Denn ein jeglicher Baur kan ein hauffen Knobloch einschütten/ als wenn er Zwibeln kocht/ drumb ist es nicht ein geringe Kunst/ mit Knobloch recht kochen.

S. XXXI r / 13. Lambfleisch mit Limonien gelb eynzumachen.
/ … /so nim Saffran/ gestossenen pfeffer/ und ein wenig Ingwer/ mach es darmit ab/ denn wenn du es bey zeiten anmachst/ so verleurts die Farb/ darumb mustu es anmachen/ wenn alle ding fertig seind. Solst derowegen nit ehe ein Speiß abwürtzen/ sie sey denn wolgeschmack/ es sey schwartz/ weiß oder gelb.

Rumpolt wußte über den richtigen Zeitpunkt beim Würzen sehr genau Bescheid, erst am Schluß sollte der Safran beigegeben werden.

S. XXXI.v / 22. Lambfleisch gelb zu kochen.

Nim das Fleisch/ unnd hacks zu kleinen stücken/ und leg es in ein Wasser/ daß es weiß wirt/ unnd wenns außgeseubert ist/ … /
nim das alles miteinander/ und setz es auff das Feuwr/ nim einen eysern Löffel/ und rürs auff und nider/ daß du nicht feyrest/ biß daß es nur ein Sudt aufftthut/ … / Und dis ist ein schöne zierliche Speiß/ unnd heißt auff Ungerisch unnd Böhemisch Schuffen. Und wenn du ein solche Brüh wilt machen/ so mußt du geschwindt und hurtig seyn.

Rumpolt wässert das Fleisch sehr oft, damit es eine weiße Farbe bekommt, d. h. das Blut ausgewässert wird. Dieses Fleisch serviert er mit einer Art Sauce Hollandaise, für die er 20 Eierdotter, lautern Wein, ein wenig Essig, Safran, Zimt und Zucker nimmt.

S. XXXVII.r / Nr. 17 Oder mach kleine Pasteten/ daß einer eine auff einmal kan in das Maul schieben/ Nimm das Fleisch/ vnd laß gar an die statt sieden/ hack es mit einem Speck/ oder ist es vorhin feißt/ so darffstu kein Speck/ nimm darvnter kleine Rosein/ machs ab mit Pfeffer/ Saffran/ vnd ein wenig Essig/ mach es eyn in die Pasteten. Hastu kein Weinbeer/ so nimm Agrastbeer oder Groselbeer/ saltz es gelindt/ und mach sie nicht grösser als dz du eine auff einmal kanst in das Maul schieben/ so seind sie gut vnd wolgeschmack.

Ein vom Menschen hergeleitetes Maß, die Mund- oder Bißgröße, bestimmt hier die Pastetengröße. Dem Wortlaut nach dürfte es sich um einen ordentlichen Bissen gehandelt haben.

S. XLII. Nr. 25r / Welsche Zurwananda vom Hirsch zu machen.
Nimm das breite Fleisch von dem hinterlauff/ schneidt es klein mit einem Messer/ nimm Schweinenfleisch von dem hinterlauff/ der feißt ist/ schneidt es klein vnter das Wildpret/ vnd nimm von dem hindersten Darm den grösten vnd stärcksten/ wasch in sauber auß/ vnd ehe du in vmbkehrest/ so klaub das Feißt gar hinweg vom Hirsch vnd laß nicht ein Mahnkorn groß daran/ denn es wirt sonst bald garstig/ Darnach kehr in vmb/ vnd schleim in auß/ vnnd trucke ihn wol auß mit einem Tuch/ dz kein tropffen Wasser darein kompt/ weder außwendig noch innwendig/ Nimm darnach Saltz/ thu es in ein Pfannen/ mach es trucken vnd warm/ thu es inMörsel/ vnnd stoß wol klein/ thu es darnach herauß/ nimm gantzen Pfeffer/ tu ihn in ein Mörsel/ zerklopff ihn nur ein wenig/ daß die Körner voneinander fallen/ nimm den Pfeffer/ vnd misch in vnter das Saltz/ reib das Fleisch/ das du klein geschnitten hast/ damit/ so wirts wol gesaltzen vnd gewürtzt. Gleichwol sihe/ daß du nicht gar zu viel Saltz darein thust/ daß du es nicht versaltzest. Die Welschen nemmen alles nach dem Gewicht/ es sihets einer aber sonst baldt/ obs zu viel oder zu wenig ist/ hett einer viel zu schaffen/ daß einer allweg Gewicht vnd Wagen solt bey im tragen …

Bezeichnend ist dieser Hinweis bezüglich der „Welschen" beim Wurstrezept. Für die Würste hat tatsächlich schon Apicius genaue Mengenangaben gemacht. Beim Säubern der Därme und beim Entfetten des Fleisches zeigt sich Rumpolt als äußerst sorgfältiger Koch, der wohl wußte, wovon er sprach.

S. XLIII, Nr. 30r / Eyngedämpfft Wildpret.
/… / laß widerumb darmit sieden/ versuch es wie es schmecket. Denn man muß ein Speiß kochen/ kosten/ unnd versuchen. Denn es kocht offt mancher Koch/ unnd versucht es nicht/ wie es auch schmeckt/ ob es süß oder saur sey/ Mancher Koch ist faul unnd treg/ weiß nicht obs gut oder böß sey/ was er kocht.

Deutliche Aufforderung zum PROBIEREN! Offensichtlich haben auch zu seiner Zeit nicht alle Köche probiert, was sie bereitet haben.

S. XLVIII.v
Am Ende des Kapitels über das Reh und das Wildbret schreibt er:
29. Ich hab offt aus dem Reh das Kalb geschnitten/ unnd hab es also gantz gebraten/ habs auch wol eyngemacht wie ein junges Lambfleisch/ es sey weiß oder gelb gewesen/ auch wol grün/ auff Ungerisch.

Auch ungeborenenes Leben wurde von den Köchen zu einer Speise verarbeitet, wenn Rumpolt auch weiter vorne vermerkte:

S. XLIII.v / 37. Laß dir das nicht seltzam seyn/ daß von einem stück Wildt/ daß gefangen ist worden/ vnd ein Kalb in ir gehabt/ daß auch nicht rechtzeitig ist gewesen/ ichs von stundt an hab herauß genommen/ vnnd flugs das Häutlein herab gezogen/ in einen kalten Wasser ausgewaschen/ außgeweidt vnd eyngesaltzen/ flugs angesteckt/ gebraten/ vnd also gantz auff ein Tisch geben. Also hab ichs vor die jungen Herrn von Oesterreich zugericht. Es würde so mancher Bauwr nicht darvon essen/ würde besorgen/ er freß den Todt daran. Ist aber eine gute herrliche Speise/ wenn man sie recht zurichtet/ kans einer fast mit Fleisch vnd Beinen essen/ so mürb ist es.

S. LI.v / 1. Ein Schweinskopff.
/… / Ein Schweinskopf kann man nicht versalzen … / denn ich will gern ein Koch ansehen/ der mir ein grossen Schweinskopff versaltzen würd/ und wenn er in schon in lauterm Saltz seudt/ so mag er auswendig eines halben Fingers dick wol gesaltzen seyn/ je weiter man aber hineinschneidt/ je süsser es ist. Denn der Wein und Essig muß im helffen/ daß das Saltz hineinkompt. Vnnd ist offt mancher Koch/ der nicht ein Schweinskopff recht sieden oder zurichten kan.

S. CIX.r/v
Bei den folgenden Fischrezepten trifft man sehr oft auf die Formulierung, versuchs. obs recht gesaltzen ist (Nr. 31, 32, 36)
31. Gelb Hecht in einer Gallrat …/ vnnd versuchs offt/obs recht gesaltzen ist/ pfeffers/ gelbs vnd zuckers doch nicht viel/ daß nur ein wenig nach dem Zucker schmeckt.

S. CXII.v / Von Karpffen seind fünff vnd zwantzigerley Speiß
1. Schwartz eingemacht Karpffen
/ … / Bist in einem Bierlandt/ so nim Bieressig vnd Bier zum schwartzen Karpffen/ so wirt es gut vnd wolgeschmack/ ist besser vnd wolgeschmacker als vom Wasser.

S. CXXIII.r / Von Grundel oder Schmerrling seind neunerley Speiß vnd Trachten zu machen.
1. Abgesotten fein blaw. Nimm die Grundel/ thu sie in ein Kessel oder hafen/ vnd geuß lautern wein darüber/ daß sie darinnen sterben/ vnd wenn sie gestorben seyn/ so geuß essig darüber/ so werden sie fein blaw/ schüt sie in ein Fischbadel wenns seudt/ vnd setzs auff Kolen/ laß gemach sieden/ vnnd schaw/ versaltz es nicht/ daß sie fein säurlicht seyn.

DAS KOCHBUCH DER PHILIPPINE WELSER

Die Augsburgerin PHILIPPINE WELSER lebte von 1527 bis 1580 und war die Gemahlin Erzherzog Ferdinands von Österreich. Die Entstehungszeit des handgeschriebenen Kochbuchs, das Original wird auf Schloß Ambras bei Innsbruck (Sign. PA 1473) aufbewahrt, dürfte in der Mitte der vierziger Jahre liegen. Die Autorschaft ist nicht geklärt, Hayer vermutet, daß Philippines Mutter die Rezepte für ihre Tochter zusammengetragen und abschreiben hat lassen. Nur wenige Blätter zeigen die Handschrift von Philippine. Es spiegeln sich demnach nicht primär die Eßgewohnheiten am Hofe des Tiroler Landesfürsten wider, sondern die einer Augsburger Patrizierfamilie.[430]

Der Schwerpunkt des Kochbuchs liegt auf den Fastenspeisen, den Torten und den Mehlspeisen. Dies schlägt sich auch in den Mengenangaben nieder, die sich überraschend oft an der Grundgröße des Eis messen; sei es an der Größe als Mengenmesser oder an der Garzeit eines hart- oder weichgekochten Eis oder an der konkret genannten Anzahl der Eier in bezug zu den Personen. Sehr genau bestimmt die Autorin auch die Gewürzverhältnisse unter steter Berücksichtigung der Speise. Die folgenden Rezepte oder Auszüge davon stammen aus der Transkription von G. Hayer.

> wilt du Ainen kitten saft machen (Quittensaft)
> Erstlich nym die kittin las schelen, schneidts bis auff den stan hitz jn ainem glassierten haffen guis ain schens saubers wasser darauff ain zwen finger under halb der khutten, Las als dan sieden, vnder ainer gutten glynetten feur sietz bis das die kittin wol waich werden, vnd die prie zimlich dick, darnach seichts durch ain Lyne duech truckh die kyttin zimlich wol, es schat nit wan die gleich trueb jst, es wirt nur dester schener, als dan mes den saft ab nim auff ain achterlin des safts ain pfundt zuchkir wilt dus aber syeser haben So magstu mer zuckher nemen … (S. 38 f.)

Bei Marmeladen und eingemachten Säften war der Zuckergehalt stets von Bedeutung, und es finden sich auch hier Hinweise, daß der Saft abgemessen und in ein Verhältnis zum Zucker gesetzt wurde.

Wilt du ain mandel dortt machenn so nim ain guttenn gaffenn fol mandel reyb sy klain so es klain gerybenn ist so dau ain wenig weynber vnnd zy wybenn dar ein dar nach so streych denn es auff denn bodenn vnnd dan so nim das gelb von aim ay vnnd bestreych denn dortten dar mit vnnd so er halb bachenn ist so vber sy hin wol mitt zucker vnnd sprenngenn jn mitt rosen waser dar nach las jn gnuog bachenn die fillin sol ains zwerenn fingers dick seinn. (S. 43)

Wenn du eine Mandeltorte machen willst, so nimm eine gute „Gauffe voll" Mandeln, reibe sie klein, sobald sie klein gerieben sind, gibst du ein wenig Weinbeeren und Zibeben dazu, dann streichst du (diese Fülle) auf einen Boden und bestreichst die Torte mit Eidotter. Nach halber Garzeit bestreue sie mit Zucker und besprenge sie mit Rosenwasser und laß sie fertig backen. Die Fülle soll so dick als ein zwercher Finger sein.

Eine Gauffe voll Mandeln ist so viel, wie zwei Hände zu einer Schüssel geformt fassen können. Die Fülle wird auf einen Tortenboden gestrichen, in der Dicke eines „zwerchen", d. h. eines schrägen (diagonalen oder nicht gerade hochgestellten) Fingers. Der „zwerche" Finger ist ein oft beschriebenes Körpermaß und zeigt, wie viele Abstufungen allein der Finger zum Messen bot. Die Fülle wurde vermutlich mit einem Deckel belegt.

Wilt du ain kes dorta machen so nim erstlich ain gouten siesen faysten kes der nit alt oder resch sey den reyb klain vnd dau den geriben kes jn ain schisel so fil du wilt vnd dau 2 mal so fil ayr vnd 4 mal so fil buder dar ein das es ain diner dayg wert vnd ain gar wenig mel dar ein vnd riers jn der schisel wol durch ain ander doch mach den dayg nit zu din das du jn auf dem boden er halten magst vnd dau ain der lasnen zucker auch jn dayg dar nach so bach jn fein langsam ab vnd so er bachen ist so se zucker dar auf weyl er hays ist so ist er recht vnd gout. (S. 63)

Wenn du eine Käsetorte machen willst, so nimmst du zuerst einen guten süßen fetten Käse, der noch nicht alt oder scharf ist, reibe ihn klein und gib diesen geriebenen Käse in eine Schüssel, soviel du möchtest, und gib 2 mal soviel Eier und 4 mal soviel Butter dazu, sodaß es ein dünner Teig (Masse) wird, und ein bißchen Mehl dazu und rühre es in der Schüssel gut durch. Mache aber den Teig nicht allzu dünn, er soll auf dem Tortenboden bleiben (nicht davonrinnen), und gib auch zerlassenen Zucker in den Teig. Dann backst du sie fein langsam, wenn sie fertig gebacken ist, bestreue mit Zukker, solange die Torte noch heiß ist. So ist sie recht und gut.

Die Köchin gibt hier das Verhältnis und die Konsistenz bekannt. Vom Käse nimmt sie soviel es braucht, d. h. so groß wie die Schüssel ist, (Anzahl der Personen), von den Eiern zweimal soviel und von der Butter viermal soviel. Das gibt in Zahlen ausgedrückt ein Verhältnis von Käse : Eier : Butter = 1 : 2 : 4. Ob die Köchin die Mengen abgewogen hat oder nach Augenmaß vorgegangen ist, bleibt unklar. Eine Hilfe bietet die Beschreibung der Konsistenz, welche als dünner Teig, der aber noch stehen soll, beschrieben wird.

> Wan du ain vysch bastete wylt machenn
> so nim ain fysch es say ain karpf oder ain andern fysch schyep jn dar nach schneytt jn durch ab auf ann allen bayden seytenn vnd dau jn auf den bauch vnd nim die gallenn her auß dar nach so nim das gwyrtz wie vor gemelt ist bey der Ersten koponen bastete <u>doch sol ma mer saltz zu dem fysch brauchen dau zu dem flesch</u> dar auff hab acht dan die fisch fyl syeser senndt … (S. 86)

Die Köchin verweist hier auf eine einmal bekanntgegebene Gewürzmischung, die auch hier Anwendung findet, unter Berücksichtigung des süßeren Fischfleisches aber mehr Salz verlange. Die Gewürzmischung im Rezept der Kapaunenpastete lautet:

> (…) nim das an gemischt gewirtzs wie her nach statt 8 lot jmber 4 lott pfefer 4 lot mußgatt 4 lot negala 3 lott rerlach das alles stays vnder ain ander vnd thu dar vnder ain dryttel saltzs das mach 8 halb lott so ists recht zu allen bastetten die waram solent sein … (S. 72)

Diese Gewürzmischung wird mit 8 Loth Ingwer, 4 Loth Pfeffer, 4 Loth Muskat, 4 Loth Nelken und 3 Loth Zimt bestimmt. Die ganze Mischung (= 23 Lot) wird miteinander im Mörser zerstoßen und soll im Verhältnis 3 : 1 zum Salz stehen, was abgerundet richtigerweise 8 halb Loth = 7 ½ Loth Salz beträgt. Welser empfiehlt diese Gewürzmischung für alle warmen Pasteten. Bei der Fischpastete soll die Salzmenge erhöht werden.

Mer ain ayr bastete
nim ain remige milych setz yber vnd dau ain syesenn buder dar ein <u>als groß als ain entten ay</u> vnd mach ain lens daygly an aus ayren vnd wan die milich da her seutt so geus das dayglin dar ein vnd las syedenn bys es zu ainem myeslin wirt daus dan jn schisel rer zimet zucker der ein las dan nach jn ainem bastetlin hafen bachenn. (S. 90)

Noch eine Eierpastete
Nimm eine nicht entrahmte Milch, setz sie mit einer süßen Butter in der Größe eines Enteneis auf und mache aus Eiern ein weiches Teiglein an. Und wenn die Milch „dahersiedet", gießt du das Teiglein hinein und läßt sieden, bis es ein Müslein wird. Gib es dann in eine Schüssel, rühre Zimtzucker dazu und laß es in einem Pastetenhafen backen.

Die Buttermenge wird hier über die Größe eines Enteneis beschrieben, die Konsistenz mit jener eines Müsleins verglichen.

Wilt du ain spritze baches machenn ryer den dayg mit ain kallten waser an der sol ain wenig dycker sein dan ain gemainer streybla dayg dau ain wenig schmalz jn ain pfanen vnd dau den dayg dar ein wan er wol ab drycknet ist so dau jn jn ain schysel vnd schlag jn wol vnnd leg <u>6 ayr oder 8 air jn ain waram waser darr nach fyl dayg ist</u> vnd schlag ains nach den andern jn dayg <u>bys er wyrtt das man durch die byx druckenn</u> kann dar nach sol ma den dayg ring weys jn pfanen vm her legenn das ain dryfacher ryng wertt vnd las fein syttig bachenn (S. 94)

Wenn du Spritzgebackenes machen willst,
rühre den Teig mit kaltem Wasser an, er soll etwas dicker als ein gewöhnlicher Straubenteig sein. Gib ein wenig Schmalz in eine Pfanne und gib den Teig hinein. Wenn er gut abgetrocknet ist, gibst du ihn in eine Schüssel und schlagst ihn wohl. Und leg 6 oder 8 Eier, je nach Teigmenge, in ein warmes Wasser und schlag eines nach dem anderen in den Teig, bis er so wird, daß man ihn durch die Büchse drücken kann. Danach soll man den Teig ringweise in die Pfanne hineinlegen, daß ein dreifacher Ring entsteht. Und laß fein sittlich backen.
Die Konsistenz dieses Teiges wird bestimmt vom Gerät, hier Büchse genannt, durch welches der Teig ringweise ins Schmalz gedrückt wird. Die Eier werden in warmem Wasser vorgewärmt.

> Wilt du welschen streybla bachenn
> so leg ayr jn ain waram waser dau ain waser jn ainer pfanen jber saltz vnd laß syeden geus an ain mel ber es fast ab wol ab vnd schlag die ayr dar ain vnd rier den dayg vnd mach jn glatt nim <u>ain drachterlin da das klain fingerlin ein kan byss zu halben glidt</u> dau den dayg dar ein las jn gemach dar durch jn ain hays schmaltz legs fein langsam ein so wirtt es <u>ainer ellen oder 2 lang</u> das nit an klept vnd nim 2 <u>scheyfalin 2 finger brott</u> kers dar mit vm vnnd nims dar mit aus. (S. 99)

In diesem Rezept wird deutlich, daß auch die Küchengeräte nach den Körpermaßen des Menschen gefertigt waren. Der Hinweis, daß die Strauben nicht ankleben sollen, wird in anderen Rezepten deutlicher umschrieben. Gemeint ist, daß sie einander nicht berühren sollen, also beim Backen im Schmalz genügend Platz haben.

> Wilt du mayrser kiechla bachenn (Mörserküchlein)
> (…) vnd dreybs vm bys der dayg gladt wirt <u>mit der hand ist beser dan sunst</u> (…) vnd mach den dayg fast glad vnnd zech <u>Mit der hand wie ain wax</u> vnd mach jn nit zu din wan du jn wilt ein legenn <u>so nayg die pfanen</u> vnd <u>wan der dayg rynt ain wenig so ist er recht</u> so nim dayg <u>alß gros als ain henen ay</u> jn ain eysen lefel vnnd legs jn ain hays schmaltz doch nit zu hays vnd las sy langsam bachen vnd wan sy auf kliebenn so ker sy vmauf die klufft <u>vnd ritla die pfane</u> setzs. (S. 102)

Hier empfiehlt die Köchin, einen zuvor gefertigten Brandteig mit der Hand zu rühren, er soll glatt und fest werden wie ein Wachs. Die zuletzt gewünschte Konsistenz beschreibt sie über die Gestik, denn bei geneigter Pfanne soll der Teig ein wenig rinnen. Auch während des Herausbackens der eigroßen Teigstücke soll die Pfanne bewegt, gerüttelt werden.

> Ain ander mayrser kiechla bachenn
> nim <u>vm ain pfenig milich</u> vnd <u>so fyl waser</u> las es syedenn vnd dau ain schmaltz dar ein <u>ainer welschenn nuß groß</u> (…) gest du also recht dar mit vm so werden sy gout vnd groß wie ain semel. (S. 103 f.)

Der Milchpreis bestimmt die Milchmenge, die Wassermenge richtet sich danach im Verhältnis 1 : 1. Die Schmalzmenge ist „walnußgroß", nach einer „welschen" Nuß, bemessen.

> wilt du schaub hiettla bachenn
> so nim auf aim disch 8 ayr detter vnd ain wenig mer rom dan detter sent vnnd gutte batzen schmaltz wie an ain geschmaltzes brott … (S. 104)

Für diese nach ihrem Aussehen, einem Strohhut benannte Süßspeise gibt die Köchin folgende Mengenangaben. Pro Schüssel oder „Disch" soll man 8 Eidotter und etwas mehr Rahm, als die Dottermasse ausmacht, nehmen. Vom Schmalz einen guten „Batzen", so viel, wie man für ein Schmalzbrot nimmt. Die Schüssel bezieht sich in ihrem Grundraster auf die Anzahl der Personen, die hier nach der Anzahl der Dotter für 8 Personen ausgelegt werden kann.

> wilt du ain sack kiechla bachenn
> so nim als fil da waser als ayr vnnd mach den dayg diner dan ain streybla dayg vnd dau jn jn ain secklin vnd leg jn jn ain hafen das er syede vnnd wan ain gutte halbenn fyerdel stundt gesoten hatt so dau das secklin auf vnd greyff mit aim finger jn den dayg vnnd wan er gesottenn ist das es ain finger dar ein stecken kan vnd mag so schneydt jn wie ma aber ainer semel schneydt jn der mit von ain ander vnnd legss jn ain kiels schmaltz rier die pfanen wol so kleubs auf vnnd bach sy gmach mach den sack vnden enng vnd oben weytt vnd stylb den sack yber so duß dus gantz her auss so kan kans du recht schneyttenn. (S. 106)

Die Ausgangsmenge sind die Eier, nach ihnen richtet sich die Menge Wasser, dann kommt das Mehl, welches von der gewünschten Konsistenz bestimmt ist. Der Finger prüft den richtigen Garpunkt.

> ain nieren berger baches
> Item nim zu 8 barschon en 10 ayr vnd schlag sy auf jn ain schisel sy myesenn nuy glegt sein klopf sy wol vnnd nim ain millich dar an ainss gutten zweren domen lang minder dan die ayr … (S. 107)

Für 8 Personen werden 10 frischgelegte Eier genommen. Die Milchmenge ist derart bemessen, daß sie „einen guten zwerchen Daumen" weniger als die Eiermasse ausmacht.

wilt du henen kiechla bachen so nim bredla von den henen oder koponen die vor gesotten sendt hack sy klain vnd dau gerybes brott dar ein vnd riers mit ayren an nym vn geforlich halb so fil brosen brot als der henen bredt ist vnd saltz ain wenig vnd legß mit aim lefel ein vnd bachs fein langsam legs reundt ein gros oder klein wie dus gerenn hast. (S. 111)

Wenn du Hühnerküchlein backen möchtest, so nimm Hühner- oder Kapaunenfleisch, welches zuvor gesotten wurde, verhacke es klein und gib Brotbrösel dazu, verrühre diese Masse mit Eier, von den Brotbröseln nimmst du ungefähr halb soviel als du Hühnerfleisch hast. Und salze ein wenig und lege sie (die Küchlein) mit einem Löffel in das Fett und backe sie fein langsam heraus, in einer runden Form, groß oder klein, wie du es gerne möchtest.

Das Verhältnis 2 : 1 von Fleisch zu Brot ist bei Farcen, Füllen, in diesem Fall für Laibchen, oft anzutreffen.

mer auf glaffen epfel zu bachenn so nim ain hays waser das dus kom leyden kanst am finger vnnd heb den dayg dar mit an alss ain schniten dayg leg die ayr jn ain hays waser mach den dayg nit diner wie ain kindts muß des din ist vnd mach den wein auch hays vnd dau jn daran vnd schneit die epfel aufs dinest vnd bachs resch her ab so solenn sy auff gon (S. 119)

Noch ein Rezept für Apfelküchlein Dafür nimmst du ein so heißes Wasser, daß du es mit deinem Finger kaum mehr ertragen kannst, und hebe den Teig damit an wie bei einem Schnittenteig. Lege die Eier in ein heißes Wasser, mache den Teig nicht dünner als ein dünnes Kindsmus und erhitze auch den Wein und gib ihn dazu und schneide die Äpfel sehr dünn auf und backe sie heiß (resch) heraus, so werden sie aufgehen.

Die Wassertemperatur wird mit dem Körper gemessen und die Beschreibung der Konsistenz geht vom geläufigen Kindsmus aus, soll aber dünner als der Standard sein. Parameter ist das Kindsmus, davon werden Abstufungen gemacht.

wilt du ain schisel muß machenn so nim 12 ayr vnd ain seydlin milich klopfs durch ain ander dau ain ay gros schmaltz jn ain schisel setz auff den rost dau ain glautt dar vnder vnd wan das schmaltz zergangen ist so schit die klopften ayr vnnd milich dar ein vnd ein wenig zucker dar ein vnd ain gloutt vndenn vnd obenn las lanngsam syedenn bys braun wirtt. (S. 129)

Für ein Schüsselmus nimmst du 12 Eier und ein Seidel Milch und klopfe (versprudle) es miteinander. In eine Schüssel gibst du ein eigroß Schmalz, setze sie auf den Rost und lege eine Glut darunter. Wenn das Schmalz zergangen ist, schüttest du die versprudelte Eiermilchmasse hinein und ein wenig Zucker dazu und eine Glut von unten und von oben und laß es langsam sieden, bis es braun wird.

wilt du ain muß auf ain disch machenn
so nim das weys von 12 ayrenn vnnd klopfs wol wie ain waser klopf dar nach ain milich rom daran vnnd seutz an ain ander als lang als 2 herrttenn ayr … (S. 130)

Die Garzeit wird an jener Dauer gemessen, die man für hartgekochte Eier kennt.

wie man ayn byber schmantz [schwantz] sol ein machenn
so nim den byber schwantz vnd die kloen vnd brye jn bys die ober haut her ab gatt so nim jn vnd dau die haut dar von vnd leg jn wider jns waser vnd seut jn vn gefor 3 stundt bis er weys wirt jm waser. vnd wan er die ander haut last so dau jn her ab vnd mach jn sauber vnd dau jn jn ain pfanen vnd geus ain gutten wein dar ein vnd las jn syedenn bys er lindt wirt als ain muß wan er schier gesotten ist so dau safern pfefer jmber rerlach ain wenig negala zucker daran vnd las jn wol syeden vnd ain drepflin esich vnd rycht jn mit brye vnd fisch an. (S. 153)

Wie man einen Biberschwanz einmacht. So nimm den Biberschwanz und die Klauen und überbrühe ihn, damit sich die obere Haut löst. Dann nimmst du ihn und ziehst die Haut ab und legst in wieder ins Wasser und siedest ihn ungefähr 3 Stunden lang, bis er weiß wird im Wasser. Und wenn sich die andere Haut löst, ziehst du sie herab und säuberst ihn und gibst ihn in eine Pfanne und gießt einen guten Wein dazu und läßt ihn so lange sieden, bis er weich wie ein Mus wird. Wenn er fast durch ist (kurz vor Ende der Garzeit) gibst du Safran, Pfeffeer, Ingwer, Zimt, etwas Nelken, Zucker dazu und läßt ihn mit einem Tropfen Essig noch einmal aufsieden. Richte ihn mit Brühe und Fisch an.

Ergänzt die quantitative Zeitangabe in Stunden um den qualitativen Hinweis, bis er eine weiße Farbe annimmt.

gutt zerschlagenn fisch zu machenn
so nim ain fisch vnd saltz jn vnd las jn ain stundt jn den saltz ligen dar nach wesch jn fein sauber mit ainem wein vnd leg jn jn ain pfanen vnd ain knolen schmaltz vnd ain wenig waser vnd esich vnd ain gesotten wein oder zucker vnd nim gestosen jmber pfefer vnd ain wenig kramett ber deck jn dan zu vnd setz jn auf ein rost vnd dau ain gutten gluat oben darauf las also bregla bys dus herst klinge als dan so thou die pfanen auf vnd dau safern dar ein decks dar nach wider zu vnd las noch ain weyl bregla den so se pfefer dar auf vnd drags fur. (S. 154)

Zum Süßen wird Zucker oder eingesottener Wein genommen. Am Geräusch, wenn es klingt, erkennt man den Zeitpunkt der Safranzugabe, welche erst gegen Ende der Garzeit erfolgt.

wilt du zwyfel fischla mache
so nim ain zwyfel schneyt jn nit zu klain vnd rest jn jm schmaltz das er lindt werdt vnd geuß dan ain gutten wein dar an vnd ain wenig esich vnd saltz vnnd versauch das recht am saltz sey vnd gilbs vnd dau ain jmber vnd dau ain jmber vnd rerla vnd negala dar an vnd zucker vnd las an ain ander syedenn ain gutte weyl das der zwyfel lindt wert den schit die fischla lebattig daran vnnd las syeden bys gnoug hautt (S. 155 f.)

Fische werden lebendig in den Kochsud getan. Der richtige Zeitpunkt ist einerseits über „eine gute Weile“, andererseits aber über die weiche Konsistenz der Zwiebel näher definiert.

Wie man auf etlich Monier guet Turten machen soll.
Weiss Turten zumachen.
Erstlich muß man nemen ain Seutel vol (wie die Seutln Inn diesem Lannd gepreuchig sein,) das weisse

von Ayrn ain Seutl mit Zugkher, ain halb Libertzen guete mandln, die selben aufs vleissegist vnnd klainist gestossen, Der gleichen ain Seutel von Gueter Millich, die vorberueten Stuckh alle miteinannder mit der Millich durch ain Sieb getrieben, vnnd alßdann ain Taiglein vonn Mehl, Zugkher, auch Rosenwasser gemacht, die Pfann Zuuor mit ainem wenig Schmaltz geschmirt, Zu uerhuetung des anprennens, den Taig gleich alß dinn wie ain Pappir gemacht, vber die Pfann gelegt, vnnd den Turten oder die vorgemellten Stuckh darauf gelegt, darauf ain Reuffelin gemacht, vor allen dinngenn, ain Rosen wasser auf die Torten gesprengt das weisse vonn Ay Zerschlagen, also mit ainem Federlein vber die Torten gestrichen, vnnd letzlich ainen Zugkher darauffer gesprengt, denselben Inn allweeg nit sparen die Pfannen vnnd Turten mit ainem überleg vleissig bedeckht, ain gluet nach notdurfft darauf gestellt, so begreifft, vnnd Zeucht sich das Rosen wasser, Ayer weiß vnnd Zuckher zusammen, als ain Renfftlin, vnnd die Turten wird guet als ain Marcipan. (S. 181/129r und 129v)

Das Bewußtsein für unterschiedlich große Maßeinheiten bei gleichem Namen wird hier zum Ausdruck gebracht. Dies setzt demnach in der zweiten Hälfte des 16. Jahrhunderts ein. Hayer setzt die Rezepte (125r – 136v) 30 Jahre später an, zudem hat Handschrift und Ausdrucksform gewechselt.

Ain Kraut Turten von gar iungen vnd frischen Peyssen zumachen.
Junge vnnd gar frische Peissen nemen vnnd dieselben also Roch, mit ainem Messer aufs klainist so muglich zerschneiden, die nach notdurfft saltzen, vnnd alßdan sollich kraut mit gar saubern hennden, wol zertruckhen vnd Reiben. Dergestallt das ain Wasser mit den henden daraus gedruckht wirdt, sollich wasser weg werffen, volgend ainen schotten nemen, gleicherweiß mit dem berurten Kraut wol mischen, so wil auch ein gueter waicher Taig vonnoten sein, auch auf jungst vnnd lieblichst der zufinden. darzue gethan. (…) Diese Turten seindt mit pester vnnd fuegleichister bequembigkhait Im Mertzen Zuberaiten. (S. 187) /S. 134r)

Diese Hand B hat eine eigentümliche Ausdrucksweise, scheint aber vom Kochen mehr zu verstehen als A, gibt nicht nur Anweisungen, sondern liefert auch Erklärungen, warum und wie man etwas auszuführen hat. Bei diesem Rezept ist die GESTIK des Einbringens von Salz in das zerschnittene Mangoldkraut anschaulich beschrieben. Noch wird mit den Händen gearbeitet, was mit der ausdrücklichen Forderung nach deren Sauberkeit verbunden wird. Die beste Zeit für die Zubereitung dieses Gerichts ist im März.

Das folgende Rezept wird Philippine Welser persönlich zugeschrieben.

Manschy plamby zu machen (Weißspeise oder Blanc-Manger)
Ersthlich ain Reys genumen den sauber lasen auss waschen vnd klauben daranch wan Er aus gewaschen vnd geklaupt jst so thue jn jn ain geschier oder auf ain pred vnd lans gegen dem fuyr vnd wan Er wol getruckhen jst so sol man jn wol jn ainem merser stesen vnd durch ain duech oder syb fehen das er wer wie ain melb Zum Anderen so nymb die prust von ainem kapaunen aus geschniden thues jn ainen Haffen oder kesl setz zum fuyr vnd las syeden bis sy gesotten jst nit gar zu vast darnach nym die prust her auss vnd las kalt werden darnach zerzopfs wie ain seyden darnach in ain saruet ein wickhlen das nit hart oder spisig werd zu tritten nymb des Reys melb Ain hand vol vnd thues jn ain sauber verzindt geschier Es sey ain verzindt peckh oder pfanen vnd guys ainen gutten milch Ram dar an vnd Rier das melb feyn das des mel gar dyn werd vnd secz jn ainem verzintten geschier auff ain kol fuir vnd Riers jmerzu damits nit an prin oder knolet wird so wirt Es bald dickhlet werden so mues man wider ain wenig ain milich Ram dar ain giesen vnd widerumb Rieren Vnd so es wider auff suyt die zerzopft prust dar ein werffen vnd ain wenig Rasen waser dar auff giesen vnd wen Es wider dickhlet wil werden nymb ainen schenen gestosen zuckher vnd thue in auch

> Darein das Es wol syes werd auch mues es gesalczen werden vnd auch frischen butter darein than als gros Als ain henen ay vnd vom fuyr hin weg than vnd an Richten wan man den zuckher darein wirft mues es wol dickh sein dan wan der zuckher dar ein kumpt wirt Es von stund an din vnd so auch nit lang mer syeden wan der zuckher darein kumpt dan Es wirt von stundan schwartz wil mans aber von fyschen machen nim ainen hechten vnd las jn sieden bis an die stat wie sunsten ainen hechten …
> (S. 189 /S. 135r und 135v)

Es fällt auf, daß diese Schreiberin oft ein Wort durchstreicht und neu schreibt. Das Rezept ist bis auf die andere Schreibweise völlig identisch mit jenem auf S. 177, in welchem die Hand B beginnt. Dort heißt es „ein Plamauschy". Die gewählten Formulierungen wie gegen das Feuer lehnen, die Brust wie eine Seide zerzupfen, den Zucker erst am Schluß beigeben (das Mus wird durch den Zucker dünner) sind sehr anschaulich. Philippine macht aus dem Ei ein Hühnerei, spezifiziert also die Aussage. Auch das nachfolgende Rezept, mit Fischen anstelle von Kapaunenfleisch bereitet, ist mit der Hand B identisch. Vermutlich war dieses Rezept derart erprobt und für die damalige Küche von so großer Bedeutung, daß Philippine es ohne Wissen wiederholte und dieselbe Vorlage verwendete.

DAS 17. JAHRHUNDERT IN FRANKREICH

Ab dem 17. Jahrhundert ist eng in Zusammenhang mit der Verbreitung von Rezepten über die gedruckten Kochbücher auch eine Internationalisierung der Speisen zu vermerken. Auffallend ist die vielfache Übernahme französischer Gerichte und Termini, was mit der Vormachtstellung der französischen Küche ab dem 18. Jahrhundert einhergeht. C. F. VON RUMOHR versuchte von dieser „Unsitte" in seinem 1822 erschienenen Werk „Geist der Kochkunst", wonach „die neueren deutschen Kochbücher leider meist bloße Nachäffungen der französischen sind, ..." abzugehen und wieder zur Quelle einer reinen Kochkunst zurückzufinden.[431]

La Varenne

Bezeichnend für diese Entwicklung ist die Übersetzung des „Le Cuisinier Françoys" von FRANÇOY PIERRE DE LA VARENNE (1651 in Paris erschienen) in die italienische Sprache mit dem Titel „II cuoco Francese", erschienen 1682 in Bologna, mit Neuauflagen bis in das 19. Jahrhundert.[432] Die französische Ausgabe erlebte 30 Auflagen.

La Varenne war noch sehr der Tradition verpflichtet, verwendete noch immer viel Speck zum Anbraten des Fleisches und nur in der Fastenzeit Butter, was ihm von eigenen Zeitgenossen vorgeworfen wird. So schreibt NICOLAS DE BONNEFONS im Vorwort seines 1654 erschienenen Kochbuchs „Les Delices de la campagne" von einer Zubereitungsart, nach welcher immer alles gleich schmecke. Der Weg für eine gastronomische Neuerung, die den Geschmack der einzelnen Produkte zur Geltung bringen wollte, war hier angelegt. Für das Abweichen von einer mittelalterlichen Kochtechnik kann vor allem das zunehmende Garen von Fisch in einem Wein-, Wasser- und Kräutersud (courtbouillon) gesehen werden. Entsprechende Aufmerksamkeit kommt hier auch dem Kräuterstrauß oder, wie de Lune es nennt, dem Gewürzpaket zu.

Vermehrt tauchen in den Rezepten wieder Gemüsegerichte auf, woraus jedoch keineswegs zu schließen ist, daß diese in den früheren Jahrhunderten nicht auf die Tafel gelangt sind. Platina widmete dem Gemüse noch ein eigenes Kapitel, beklagte aber bereits die Geringschätzung der Gemüsegerichte und der Gemüsepasteten, wo doch das Gemüse den Torten ihren Namen gab.[433] Wie schon früher erwähnt, legte die Klosterküche größten Wert auf Gemüse und Kräuter, nur hatte die allgemeine Kenntnis der Gemüsezubereitung – im besonderen beim weiblichen Geschlecht – ein schriftliches Festhalten verhindert. Viandier schreibt im Rezept Nr. 154 über das Gemüse: „femmes en sont maistresses et chascun le scait faire".[434] Er spart also die Wiedergabe dieser Rezeptgruppe aus, was schon, ohne Kenntnis dieser Erklärung, zur Fehlinterpretation der mittelalterlichen Eßgewohnheiten, nämlich kein Gemüse gegessen zu haben, führte. Mit dem Aufkommen der höfischen Bankette wird das Auftragen ganzer Braten und spektakulärer Schaugerichte – wie beim Meister Chiquart eindrücklich beschrieben – vorrangig behandelt. Bald kommt aber dem Federvieh und dem Obst jene Bedeutung zu, die Parallelen in der Hierarchie von Nahrungsmitteln und der Hierarchie der Menschen zieht. „Was das zwischen Mineral- und Tierreich angesiedelte Pflanzenreich anlangte, so betrachtete man Knollen und Wurzeln als auf der niedrigsten Stufe stehend, da sie mit dem Element der Erde am engsten verbunden waren und ihr eßbarer Teil im Boden wuchs; anschließend folgten die Kräuter, die Sträucher und schließlich die Bäume, deren Früchte mit Zweigen und Laubwerk in den Himmel ragten. Der größere Adel der Baumfrüchte im Vergleich zu den Knollen und Wurzeln war nicht bloß im metaphorischen Sinne mit Bezug auf die mehr oder weniger große Nähe zum Himmel gerechtfertigt oder aufgrund göttlicher Perfektion, sondern auch in wissenschaftlicher Hinsicht: Man dachte tatsächlich, daß die Verdauung der Nahrung bei den Pflanzen, das heißt, die Nahrungsaufnahme, um so intensiver sei, je höher die Pflanze wachse."[435]

Diese Auffassung spiegelte sich auch auf den Speisekarten jener Schichten wider, die es sich erlauben konnten, eine Wahl zu treffen. Federvieh und Obst nehmen daher bei Banketten des 16. Jahrhunderts plötzlich einen hohen Rang ein, vegetarische Speisen wie Knollen und Wurzeln, aber auch die niedrigsten und gewöhnlichsten Kräuter überließ man nun gerne den Bauern. Leidenschaft für das Obst wird zum spezifischen Zug herrschaftlicher Genußsucht. Auch im Kochbuch von La Varenne findet sich ein eigenes Kapitel für die Zubereitung von Kräutern, Gemüse, Erbsen und Bohnen.

Bezeichnend für die meisten Kochbücher dieses Jahrhunderts sind die den Kapiteln vorangestellten „Anweisungen für den Leser“, in welchen allgemeine Regeln ebenso wie einmalig gemachte Mengenangaben zusammengefaßt werden. So schreibt La Varenne im „Avviso al Lettore“[436]im Kapitel „Il confettoriere francese“ zu den Einkochgraden beim Zucker, daß diese präzis nach seinen Vorschriften einzuhalten seien. Erst wenn der Sirup beim Ausgießen in großen Tropfen vom Löffel falle und nicht mehr fließe wie beim normalen Sirup, sei dieser perfekt. Bezüglich der Zuckermengen hält er fest: „Ich habe nicht bei jedem einzelnen Marmeladen-Rezept die Menge des Zuckers angegeben, da das Buch dann zu umfangreich geworden wäre. Wenn Ihr aber richtig vorgehen möchtet, gebt Ihr soviel Zucker wie Ihr Früchte nehmt hinein, ausgenommen bei den Kirschen und den Quitten.“[437]

Für die Kirschen gilt: 12 Unzen Zucker für 1 Pfund Früchte. Daraus läßt sich schließen, daß er vom schweren Pfund sprach, das 16 Unzen und nicht 12 enthielt. Das Verhältnis für die Kirschenmarmelade lautete demnach 3 : 4 (Zucker : Früchte).

Für die Quitten: 1 Pfund und 4 Unzen Zucker für 1 Pfund Quitten = 5 : 4 (Zucker : Früchte)

Im Kapitel für den Fein- oder Pastetenbäcker hält er fest: „Beachtet, daß wenn wir vom Pfundgewicht sprechen, wir vom Butterpfund von 16 Unzen ausgehen und die anderen Gewichte sich dazu proportional verhalten.“[438] Er fährt fort: „Wenn wir von einem Boccale sprechen, versteht man darunter das Pariser Maß, welches dem Gewicht von 31 Unzen Wasser gleichkommt. Die foglietta beträgt die Hälfte des Pariser Boccale, und die halbe foglietta ist ein Viertel. Diese Maße haben an verschiedenen Orten verschiedene Namen, Ihr könnt jedoch nicht fehlgehen, wenn Ihr Euch an das Gewichtsmaß haltet, welches ich Euch vorschlage.“[439]

Ganz offensichtlich erkannte der Franzose im Zuge der allgemeinen Verbreitung von Kochbüchern auch die damit einhergehende Notwendigkeit, die örtlich unterschiedlichen Maße einem einheitlichen Gewichtsmaß zu unterstellen, um die exakte Proportionierung der Zutaten zu erhalten, was bei Philippine Welser schon angedeutet wurde.

Daß er diese Angaben erst im Kapitel über die Fein- und Pastetenbäckerei einfügt, weist auf die Bedeutung derselben beim Backen und Einmachen hin.

Pierre de Lune

Mit PIERRE DE LUNE, dem Küchenmeister des Herzogs Hercule de Rohan, tritt ein Koch auf die Bildfläche, den Revel ebenso wie den unbekannten Autor L.S.R. zu den Modernen zählt, die sich gegen die Routinierten (La Varenne) aufbäumten.[440] Imbisse in den Gärten zu servieren, die rohe Natur in Szene zu setzen und das Servieren auf Untersätzen gehörte zu den im 17. Jahrhundert aufkommenden Bemühungen. So finden bei Pierre de Lune auch viele Obst- und Gemüsesorten Aufnahme, die Fleischgerichte werden hingegen weniger. Zahlreich vertreten sind noch immer die „Tourtes“, Pasteten mit süßen Füllen oder Fisch, Käse und grünem Gemüse. Verändert hat sich allerdings die sprachliche Syntax. Pierre de Lune spricht den Leser in der 2. Person Mehrzahl an, der vorher geläufige vertrauliche Gesprächston fällt weg. Die Aufforderungen wie – legen und geben Sie, machen und passieren Sie, waschen Sie, spicken Sie, würzen Sie und garnieren Sie – machen das Lesen der Rezepte als Buch eintönig, die anschauliche Schilderung einer Tätigkeit fehlt.

Das Buch von de Lune ist nach den Jahreszeiten unterteilt, welchen er seine Menüvorschläge anpaßt. Zu den Maßangaben fällt auf, daß Mandeln und Pistazien oft mit dem „quarteron“ gemessen werden, die Eier und Champignons in Zahl genannt sind, hier das „douzaine“ für eine Schüssel, der Weißwein in Gläser, Butter und Käse in Pfund und Verhältnisse bei Farcen (Fett zu Fleisch) stets genau angegeben sind. Zeitmaße finden wir v. a. bei den Pasteten in halben und ganzen Stunden, einmal spricht er von zwei schwachen Stunden. Körpermaße sind noch immer bei Teigdicken oder -höhen zu finden. Nach wie vor sind zahlreiche Fastenspeisen angeführt. Die nun angeführten Rezepte sind der Ausgabe aus der zweiten Auflage „Le novveav CVISINIER“, Paris M.DC.LX., entnommen.

Im Vorwort richtet Pierre de Lune sein Wort an den jungen Koch zur Perfektionierung seiner Kenntnisse. Dabei möchte er für den Leser folgende Notwendigkeit festhalten:

> „Ich richte diese Worte an meinen Leser um Ihnen anzuzeigen, daß das Gewürzpaket, von welchem ich weiter unten sprechen werde, aus einer Speckschnitte, Schnittlauch, ein wenig Thymian, zwei Nägel, Kerbel und Petersilie zusammengestellt wird, und man diese mit einem Faden zusammenbindet.“

Für die mageren Tage empfiehlt er die Wegnahme des Specks.

> „Ich möchte Sie auch daran erinnern, die Zitronen, die Sie verwenden zu schälen und sie mit zwei oder drei Nelkennägeln zu spicken, diese beiden Gewürzformen sind stark genug für Potagen, Entrées, Entremets, Ragouts, Coullis, Marinades, Estuvées, Court Bouillons, & andere Sachen.“[441]

Es folgt eine ausführliche Beschreibung der Garnituren, die beim Auftragen als Dekoration einer Speise dienten.

> **Nr. 56 Artischocken mit weißer Sauce**
> Lassen Sie kleine Artischocken in Wasser mit ein wenig Salz kochen, wenn sie gekocht sind, geben Sie die Herzen mit Petersilie in die Pfanne, würzen Sie mit Salz, weißem Pfeffer und machen Sie aus Eidotter und einem dünnen Strahl Essig mit etwas Brühe eine Sauce. (S. 62)
>
> **Nr. 89 Krapfen mit Käse aus Mailand (Bonnets au fromage de Milan)**
> Machen Sie einen Teig mit einem halben Pfund Mehl, drei Eidotter, Salz, Weißwein, das Mehl soll etwas „clairette“ (hell?) sein, schneiden Sie dann Mailänder Käse <u>in Stücke so groß wie Feuersteine</u>, und backen Sie die Krapfen in reichlich Fett und servieren Sie sie <u>ohne Zucker</u>. (S. 72)

Bei den Bonnets handelte es sich vermutlich um Beignets, also Krapfen oder Kräpflein, gefüllt mit Käse. Die Angabe, die Käsestücke so groß wie Feuersteine zu schneiden, deutet auf das Umfeld. In der Picardie und Champagne war die Produktion von Feuersteinen bis ins 19. Jahrhundert ein blühender Industriezweig. Zudem handelte es sich um einen Gegenstand, welcher, solange man noch mit dem Feuer kochte, in jeder Küche gegenwärtig war.

Es folgen Auflistungen der verschiedenen Fleischsorten, wie sie je nach Jahreszeiten am besten aufzutragen sind. Nochmals beteuert Pierre de Lune, warum er diese Unterteilung macht. Obwohl alle diese Speisen natürlich das ganze Jahr über gut seien, „sind sie nichtsdestoweniger in ihrer Saison am besten. Und so kann ich viele Personen anführen, welche nicht die wahre Erfahrung haben und beim Einkauf vielen Fehlern unterliegen, mit meinen Unterteilungen und Ideen im Kopf aber leichter ihre Herren befriedigen werden können.“[442]

Im Kapitel der Fastenspeisen beschreibt er eine Königssuppe:

> **Nr. 7 Potage à la Reyne**
> Zerhacken Sie Aalfleisch, lassen Sie es mit ein wenig Butter und einem halben Glas Wein kochen, wenn es gekocht ist, stoßen Sie es im Mörser mit einem Quarteron Mandeln und treiben dies mit klarer Fischbrühe durch das Sieb, lassen es in einem kleinen Topf, gewürzt mit Salz, einem Paket, mit Nelken, einem Champignon kochen und rühren mit einem Kochlöffel um, geben Sie eine Scheibe grüne Zitrone bei und lassen Sie gebähtes Brot in der Fischbrühe mitköcheln. Bereiten Sie Ihre Garnitur mit den Fischmilchern, Champignons, Granatäpfeln, Zitronen- und Champignonsaft zu. (S. 96)

In diesem Rezept ist so ziemlich alles vereinigt, was mir für de Lune typisch erscheint. Die Weinmengen in Gläsern, die Mandeln in Gewicht, das Gewürzpaket, die Garnitur, und das für die Potagen typische Köcheln des gerösteten Brotes in der Bouillon.

> **21. Boeuf à la mode**
> Klopfen Sie es gut, spicken Sie mit dicken Speckstreifen, geben Sie es in die Pfanne und legen Sie es in eine Terrine mit einem Glas Weißwein, zwei Gläsern Wasser, einem Gewürzpaket, Salz, Pfeffer, Lorbeer, grüner Zitrone, einem halben Dutzend Champignons, und verschließen sie gut mit einer Terrine und Teig und lassen sie auf kleinem Feuer kochen. Wenn es fertig gekocht ist, geben Sie Mehl mit zerlassenem Speck in die Pfanne und geben es mit Zitronensaft in Ihre Terrine.

Nach Revel verdanken wir Pierre de Lune dieses erste Rezept für gedämpften Rinderbraten. Sollte dies so sein, so würden die hier konkreten Mengenangaben nicht überraschen, weil es sich eben um eine Neuigkeit handelte. Pierre de Lune gibt hier das erstemal auch die Menge des Wassers bekannt, welche zum Wein im Verhältnis 2 : 1 steht. Das Fleisch wird zusammen mit dem Gewürzpaket, einem halben Dutzend Champignons (hier als genaue Zahl) gut verschlossen bei schwachem Feuer gegart.

Bei den nun folgenden Rezepten für Pasteten und Torten gibt Pierre de Lune die Garzeiten in Stunden bekannt, so wie es auch in späteren deutschen Kochbüchern üblich wird. Für die Füllen und Farcen definiert er jeweils das Verhältnis von Fett zu Fleisch mit 1 : 3.

> **Nr. 5 Pasté de lievre**
> Verhacken Sie das Fleisch von einem Hasen und das Fleisch eines Hammels mit dem dritten Teil Speck … und lassen Sie diese (die Pastete) drei oder vier Stunden garen. (S. 243)

Das faschierte Fleisch wird bei Farcen meist mit einem Drittel der Menge Fett, dem Flomen, vermengt. Bei einem Kapaunen beträgt es 1 : 1.

DIE DEUTSCHEN KOCHBÜCHER DES 17. UND 18. JAHRHUNDERTS

Vollständiges Nürnbergisches Koch-Buch

1691 erschien in Nürnberg das „Nürnbergische Kochbuch“ mit dem nicht enden wollenden Titel „Der aus dem Parnasso ehmals entlauffenen vortrefflichenn Köchin/ Welche bey denen Göttinnen Ceres, Diana und Pomona viel Jahre gedienet / Hinterlassene und bißhero/ Bey unterschiedlichen der Löbl. Koch=Kunst beflissenen Frauen zu Nürnberg/ zerstreuet und in grosser Geheim gehalten gewesene Gemerck=Zettul“.[443]

Mit über 1500 Rezepten richtet sich die Autorin ausdrücklich an die Hausfrauen bzw. Köchinnen der städtisch-bürgerlichen Haushalte. Zudem wird das Kochbuch den noch Unerfahrenen „zur Lehr und Unterricht“ empfohlen, wofür sich die Autorin bei den geübten Künstlerinnen in der „Vor-Ansprach“ entschuldigt und um deren bescheidenes Urteil bittet, so sie Fehler finden. Die Bemühung antiker Gottheiten im Titel liegt ganz im Sinn der literarischen Gepflogenheiten des 17. Jahrhunderts, zudem war der Endter Verlag ein angesehener Literaturverlag in Nürnberg.

Ähnlich den im selben Jahrhundert in Frankreich erschienenen Kochbüchern von La Varenne und Pierre de Lune sind im Nürnberger Kochbuch zu Beginn eines Kapitels präzisere Angaben bezüglich Mengen und Procedere festgehalten. Was bei Philippine Welser oder auch Marx Rumpolt noch im Rahmen eines einzelnen Rezeptes an allgemeingültigen Erklärungen einfließt, wird nun einem Kapitel vorangestellt und für den neuen und unerfahrenen Leserkreis übersichtlich zusammengefaßt. So sind sämtliche Garzeiten für die diversen Pasteten in einer Tabelle erfaßt und die Herstellung des Pastetenteiges wird umfassend vor dem Kapitel der Pastetenrezepte beschrieben.

> I. Ein Teig / samt denen auf das deutlichste beschriebenen Handgriffen / zu allerley starcken Wild=Fleisch=und Fisch=Pasteten / wie auch eine hiezu taugliche Brüh. Man nehme erstlich das Mehl / schütte selbiges auf ein schön rein und sauberes Bret / mache einen Kreiß daraus / und drucke es rings herum fest zusammen; in der Mitten aber mache man eine Lucken oder Grüblein / thue ein gut theil Saltz und frisches Schmaltz hinein: hernach wird ein siedend Wasser oder Fleischbrüh fein gemach an das Schmaltz in das Mehl gegossen/ und mit einem Messer das Schmaltz so lang herum gerühret/ biß daß er zergehet, dann schlägt man Eyer dazu/ und zwar noch alles deutlicher zu machen/und eine gewisse Maas zu haben; so werden gemeiniglich zu einem Diethäufflein/ oder den achten Theil eines Nürnbergischen Metzen Mehls/ zwölff Loth Schmaltz/ 2. oder 3. Eyer/ und des Wassers oder der Fleischbrühe/ nach selbst gut beduncken/ genommen/ und zwar so viel als man vermeint nöthig zu seyn/ daß man den Teig zusammen bringen könne / dann er muß wol vest seyn/ absonderlich so was starckes darein geschlagen wird; solte er im zusammen wircken oder kneten gar zu trocken seyn/ kan man ihm allezeit noch mit ein wenig Wassr helffen; wann er nun zusamm gewircket ist/ werden zwey Plätze ausgewälchert/ und zwar der eine eines Fingers dick/ der andere Platz aber so zu dem Deckel gehöret/ muß etwas grossser und dinner seyn/ als der zu den Boden gewidmet ist: (…) / und dann das was man einschlagen will (…) darauf/ damit es ein wenig hol/ und nicht gleich auf den Boden auflige: (…) Wann nun die Pasteten verfertiget/ wird sie in den Ofen gesetzt/ und nach einer guten viertel oder halben Stund nachgesehen/ ob der Teig erhärtet ist; wann er sich nun also befindet/ machet man oben in dem Schlot mit etwas spitziges nur ein kleines Löchlein/ daß der meinste Dampff dadurch Lufft bekommt/ und zwar darum/ damit die Pasteten nicht so gern und bald zerspringen oder reissen: wie lang aber diese und andere Pasteten bachen sollen/ wird zu End dieses Theils besondere Nachricht ertheilet werden. (S. 198 ff.)

In einer Tabelle gibt die Autorin für jegliche Pastetenart in übersichtlicher Form die Garzeit in Stunden, die Mehlmenge in Diethäufflein und den Pasteteninhalt in Zahl oder Pfund bekannt:

> Kurtz = und Gründliche Anzeigung / wie lang die Pasteten bachen müssen / und wie viel Mehl man zu selbigen benöthiget seye.[444]

	Diethäufflein Mehl	Stund
Drey Fasanen	zwey	dritthalbe
Sechs Junge Hüner	drey	dritthalbe oder drey
Sechs Tauben	anderthalb	dritthalbe
Zwey Pfund Aal	anderthalb	dritthalbe
Drey Pfund Hecht	zwey	zwey

Eine dritthalb Stund ist soviel wie 2 ½ Stunden, ein Diethäufflein Mehl soviel wie ein Achtelmetzen.

Die Beschreibungen der einzelnen Rezepte sind noch sehr anschaulich und dürften von einer erfahrenen Köchin stammen oder geschrieben worden sein.

> **Nr. 21. Hüner gantz weiß zu braten.**
> Nach dem das Hun gewürgt worden / brühet und säubert es auf das allerschönste / wie schon zu öfftern bey andern Geflüg gedacht; dann nehmet ein viertel Pfund Butter / thut solches in eine Schüssel oder Näpfflein / werfft Saltz und Gewürtz dazu hinein / so viel zu einem Hun einwendig zum einsaltzen und würtzen vonnöthen / rühret und schlaget es wohl unter die Butter: wann nun das Hun sauber ausgewaschen / stecket man die mit Saltz und Gewürtz abgerührte Butter einwendig in das Hun heinein / saltzets auch auswendig / und stecket es an den Spieß / wie ein ander Hun / und die Füsse hinerwerts hinauf / wie an einem Rebhuh; wann nun das Hun angesteckt / vernehet es auf das beste / damit die Butter nit heraus laufen könne: dann nehmet ein kälbern Netz / oder aber zwey oder drey zusammen / nachdem das Hun groß ist / wickelt es über und über darein / und nehet es überal zusammen / daß nichts von dem Hun hervor siehet / es muß aber selbiges nicht drangs darüber seyn / sondern gleichsam nur schlottern / dann es schnorret im braten vorhin zusammen / und bratet also das Hun samt dem Netz schön allgemach ab; wann nun das Netz auswendig etwas braun wird / so ist das Hun fertig: dann schneidet das Netz herunter / so wird das Hun schön weiß / und doch auf das beste ausgebraten / und ein vortrefflich kräfftiges Essen seyn.
> (S. 262)

Die Salzmenge für die Fülle mißt sich an einer bekannten Größe, soviel man eben brauchte, um das Innere eines Hühnchens zu salzen.

> **Nr. 67 Ein Schwäbischer Braten**
> Man nimmt ein dickes fleischichtes Stuck von einem Kalb-Schlegel / wie zu denen Prisilln (…) wässert und wäschet man sauber / daß es fein weiß wird / legts hernach in eine Bratpfannen / saltzets zuvor ein wenig ein / doch nicht so viel / als sonsten ein ander Gebratens: Zu drey Pfunden Fleisch nimmt man ohngefehr nicht gar ein halb Pfund Speck / und eine geschählte Zwiebel / beede würfflicht geschnitten / und thut sie in die Bratpfannen zu den Fleisch / giesset ein gut Theil Wasser daran / und läst es in einem Oefelein mit

einander braten: … (S. 286)

Noch immer wird das Wässern des Fleisches der weißen Farbe wegen, wie es Rumpolt so oft empfiehlt, verlangt.

Verhältnis von Fleisch zu Speck 6 : 1.

> **Ein Span-Ferckelein zu braten**
> Nehmt ein junges Schweinlein / davon die / so nicht über vier Wochen alt / die besten sind / weil sie von der Mutter getruncken haben (…) bratets hernach am Spieß / oder an der Hand / doch werden sie von dem letzern schöner: (….)
> Man darff es aber ja nicht auswendig salzen / es wird sonst blässicht / und wann mans ansteckt / so muß man die Füßlein hinten und vornen mit einem Höltzlein von einander spreussen / so es aber angerichtet wird / den Bindfaden von den Füßlein herabschneiden. (S. 287)

Mit der Empfehlung, das Ferkel „an der Hand zu braten", dürfte vermutlich das Drehen des Spießes mit der Hand gemeint sein. Nach wie vor setzt diese aufwendige Methode die ständige Anwesenheit des Bratspießdrehers voraus und gewährleistet dadurch eine optimale Aufmerksamkeit während des Bratvorgangs.

> **Nr. 1. Einen wilden Schweins-Kopff zu zurichten.**
> Leget den wilden Schweins-Kopff / wann er zuvor gesengt und abgeputzet ist / in ein frisches Wasser / reibet ihn hernach mit einem saubern Ziegelstein wohl ab / damit das Schwartze und Unreine davon komme; waschet selbigen in einem reinen Waser aus / stecket ihm ein paar Hände voll Saltz ins Maul / und stopffet es wohl hinab; leget ihn alsdann in einen Hafen / giesset halb Wasser und halb Essig daran / werfft noch drey guter Händ voll Saltz / einen guten Theil gantzes Ingbers / Pfeffer-Körner / Muscaten-Blumen / auch Lorbeere / dergleichen Blätter und Roßmarin-Zweiglein darein; lasset ihn sechs oder sieben Stunden lang sieden / Nach dem er starck ist: Wann er nun eingesotten / giesset rothen Wein daran / damit das Fleisch schön roth werde / drehet den Kopf offt mit einem Löffel herum / daß er sich nicht anlege / und lasset ihn also gemach sieden / er bricht sonst gerne auf. So er nun weich ist / und ihr selbigen heraus nehmen wollet / seihet zuvor die Brühe davon / und stürtzet ihn dann heraus auf einen grossen Teller; dabey aber wohl in acht zu nehmen / daß man ihn ja nicht bey dem Rüssel in die Höhe hebe / weil solcher Gestalt die beede Kiefer ausreissen: Wann er dann über Nacht erkaltet / leget ihn in eine Schüssel / und gebet ihm eine Citronen oder Pomerantzen ins Maul / streuet Blumwerck und Citronen-Plätze darauf / hänget an die beeden Ohren Kräntzlein / und setzet ihm einen etwas grössern Krantz oben auf. (S. 371)

> **Schlepper-Käs-Küchlein / auf andere Art**
> Nimm Low / oder die saure Gier aus einem Kalbs-Magen / so viel als zwey Erbsen groß/ zerreibs mit einem Löffel / in einer Schüssel mit Milch; gieß in einen Hafen /darinnen ohngefehr drey Maas warme Milch sind / rühre alles wohl durch einander / laß sieden / biß man im Hafen ein Kreißlein oder Reifflein siehet / wie ein Wasser: dann lege ein reines Tüchlein in ein Wasser / und breite es in ein Sieblein / so groß du den Schlepper-Käß haben wilt; heb das gesottene mit einem eisernen Löffel ins Sieblein auf das Tuch / und laß es wohl vertropffen : Legs hernach auf einen Deller / schneide Stücklein daraus / nach belieben; streue Weitzen-Mehl darauf / schlage Eyer daran / reibs fein glatt mit einander ab / zu einem besonderen Teig; wircke und bache ihn wie gewollene Küchlein; es muß aber deß gesottenen Schlepper Käses weniger seyn / als deß Mehls. (S. 654)

Das richtige Verhältnis von Lab zu Milch für einen Schlepper-Käs lautet: auf 3 Maß Milch zwei erbsengroße

Labstücklein.

Die Milch soll bis zu jenem Grad erhitzt werden, der visuell wahrzunehmen ist, bis man eben diesen Kreis oder Reifen sieht, der wie Wasser ausschaut.

Nr. 66 Schart-Küchlein
Nehmet auf einen Tisch acht Eyer/ zerklopfft sie wohl/ schüttet so viel Eyerschalen voll Milch dazu/ rühret oder zerklopffets wohl unter einander; machet dann von dem schönsten Mehl einen Teig in einer Schüssel an/ in der Dicken wie den Strauben Teig/ saltzet ihn; machet in einer Pfannen die ein wenig weit ist/ oder aber in einem Schart/ ein Schmaltz heiß / schüttet den Teig darein/ und lasset ihn allgemach auf einer Glut abtrocknen/ daß er sich schneiden läst (man muß aber fleissig acht haben/ daß er sich nicht anbrennt) dann nehmet ihn heraus auf einen Deller/ schneidet lange Stücklein daraus/ fast wie die gewollene Küchlein: Lasset ein Schmalz in einer Pfannen heiß werden/ bachets/ und begiesset sie immerzu mit Schmalz (S. 669)

Unveröffentlichte Handschriften aus Innsbruck

Die Tendenz des Zusammenfassens ist auch in einem unveröffentlichten handgeschriebenen Kochbuch[445] aus einem Apothekerhaushalt in Innsbruck anzutreffen.

Marzipän zu machen,
Nimb geschalte Mandl, stoss in einen Mörser oder reibs, und due wol schmekkhets Rosen wasser daran. Darvon werdens weiss, und thue wohl Zuger darein, Riers fein klein ab. Dan nimb oblat, und se legs auf ein Popier nez die oblot an örteren, so kleben sie aneinander, die mach alß groß wie du wilst. Dor noch thu die Zuegerichten Mandl, auf die oblat Plötter aines Zwerchen fingers hoch, als dan bescheid den Marzipän gleich an orten, scheus in auf einer Pasteten Platen in ain Pochöfftele, laß den Ein wenig ob: truckhnen, leg ein Papier dariber, Poch den und schaug offt darzue, darmit Er nit Verprenn bestreich In abermallen mit Rosenwasser so gewint Er oben auf ein eiß und bestäckhs mit Confect hast khain oblat so nimb ain durten blat.

Im Anschluß an dieses Rezept findet sich ein „Noto“ zu den Mandeln.

Noto
Mandlen leg iber nacht in das frisch Prunen wasser, so lassen sie sich schällen
2. der merser muess stainen sein
3. weill man sie stosst so begies Immerzue ein wenig Rosenwasser, so werdens nit öllig,
4. sovill der mandl seindt, sovill an gewicht Zugger und stoss in letstlich unter die mandlen
5. Streich den Marzipän daig fein din auf dan wie tiner je pesser

Das folgende Kapitel der Straubenrezepte stellt die Autorin unter das Motto „Omnia Ad Maiorem Dei Gloriam“:

Spriz strauben zu machen
Erstlich ain frische milch ain Claines wenig ain schmalz darein woser siets und gieses in dos mel darein und ein druckhen doig machen und wohl auf den feir obriern Dernach schlag man die worben ayr doron der nach machs bis der doig recht ist

Eine etwas spätere Handschrift aus demselben Haushalt[446] belegt, daß sich die Praxis des Messens in den privaten Haushalten noch wenig verändert hat. Sehr wohl glaubt die Autorin noch Gründe ihres Handelns anführen zu müssen, wie das folgende Rezept für ein Marillenmus belegt.

Marillen Mueß zu Machen
Die Marillen geschöllet Und in ein Weissen Wein gesoten, daran Wohl ganzen Zimet Und Zugger, damit Sie nit Weinelen thain, laß sie lind gnueg sieden hernach mit einer gabl auf ein täller herauß gethan, mit ein mösser dos brät von den khern khlueg herab geschaben, thue soliches geschabich in ein schißl zusamben daran ein lemony Saft, Und etlich Ayr dotter sovil du bedarfts, auch Wohl Zugger, dises Untereinander Wohl abgeriert gieß es Widerumb in Ein Andere schißl, döckhe sie zue bach es aintweders in ein bach öfele oder Unten Und oben ein gluet gemacht, Und also gebachen biß es gnueg ist, dises mueß gehet Weiter nit auf sondern es bleibt Wie mans hinein giest Wan es gebachen, mit Zugger bestränet Und sez es auf den Tisch. (S. 16)

Das geschlossene Feuer im „bach öfele“ stellte bereits eine Alternative zum Pastetenhafen dar.

Ein Rothes krebs Koch Zumachen,
Nimb die lebendige Krebs Und stoß sye 5 oder 6 ayr Zerschlagen, Und mit Milch durchschlagen, man mueß die Prie ein Wenig Zuggeren, Und Ein wenig putter, Und 3 Vater, Unser lang sieden, Und hernach angericht. (S. 51)

Hier gibt die zerstoßene Schale des Krebses die rote Farbe.
Auch das während des Siedens praktizierte Beten ist in den privaten Haushalten noch nicht ausgestorben.

Die Bludenzer Kochbücher aus dem Kloster St. Peter

Im Vorarlberger Landesarchiv in Bregenz befinden sich zwei unveröffentlichte handgeschriebene Kochbücher, die in das 18. Jahrhundert zu datieren sind und von den Dominikanerinnen aus dem Kloster St. Peter in Bludenz stammen. Die im Laufe einiger Jahrzehnte niedergeschriebenen Rezepte lassen mehrere Handschriften erkennen, die, was die gastronomische Kompetenz anlangt, durchwegs ein hohes Niveau aufweisen.

Von allerhand Suppen zu machen.
Ein Suppen über ein gebrattenes zu machen.
Nim von 2. oder 3. Lemoni den Safft, nachdem mans machen will, nim auch die schöller, und schneid es schön langlet, überpren es daß die suppen nit händig wird und nim ein halbs seydl wein, zuckers, daß aber das saur ein wenig vorschlagt, gewürz es, gieß ein Rindsuppen daran, und reste semmel presel, daß ein wenig dick wird, Laß dieses untereinander wohl sieden, darnach gieß es über ein gebratenes, es sey Zehmer, Copauner, Kölbernes prätl, Haasen, oder Röbhändl, also ist es recht und guet gemacht. (Folio 3 f.)

Die geschmackliche Vorstellung der Köchin wird mitgeteilt, die Brühe soll leicht säuerlich schmecken. Weiters macht die Köchin Angaben, die man in vielen anderen Rezepten vermißt. Die in eine längliche Form geschnittene Zitronenschale soll kurz überbrüht werden, damit die zu Braten gereichte Sauce nicht bitter wird.

Ein guete Krebs Suppen zu machen.
Syede die krepsen und lese sye aus denen schären und den schwaif behalt, aus den schöllern mach ein Krepsbutter. Hernach von den lebendigen krepsen die schären, auch stoß in den Mörser, thue es in ein reindl, gieß fleisch oder arbes prye daran, und laß sieden, darnach treibs durch und seuch es wüderum in ein Häferl. Leg auch Muscablie und Zimet darein, also thue ein klein gefißleten Höchten, der gebachen ist darein, und schneid auch krepsen häßlen darein, auch ein guets stuckh putter darzue, darnach richt es über gebachene schnide an, ist köstlich. (Folio 7)

In diesem Rezept werden zuerst die Krebse gesotten und dann ausgelöst. Das Fleisch vom Schwanz wird zurückbehalten und aus den Schalen eine Krebsbutter gemacht. Im anschließend hergestellten Sud aus roh zerstoßenem Krebsfleisch und Fleisch- oder Erbsenbrühe wird vorgebackenes, mit den Händen klein zerblätterters Hechtfleisch und das zurückbehaltene Fleisch aus den Krebsschwänzen zusammen mit der Krebsbutter aufgekocht und über gerösteten Semmelschnitten angerichtet.

Ein Suppen von Kerblkrauth mit Tauben zu machen.
Dise Tauben werden auf allgemeine arth gepuzt, und zum sieden zugericht. Leg auch ein stickhl, mit nägl bestöckten spöckh, ein gueten gantzen zwifl und ein pischel Petersüll, darzue gieß auch ein guete Rindsupen daran, alsdan nim das kerblkrauth, klaubs und wasch sauber auß. Hackh es nach Belieben klein, leg ein stickhl Semelrindten, sambt ein gantzen Zwifl darzue, leg frischen putter in ein pfann, laß ihm auf der glueth schen liechtgelb werden, wirff den zwifel, sambt ein steublein mehl darein, auch das kerblkrauth, schwings etlichmall herüber, und gieß ein guete Fleischprye daran, darnach mach ayerdotter mit gerübener Muscatnuß und frischen putter in ein geschierlein förtig, gieß ein wenig von der Taubenprye daran, und riehre es geschwind an das kerblkrauth, darnach richte es über das gepähte Brod, aber vorhero truckh ein wenig Lemonisafft daran, nim auch in gleichen Kerblkrauth, und bach es gleich den Salbey mit einen Taigl aus haissen schmalz, und legs umb die suppen herum, darnach gibs warmer zur Tafl. (Folio 16 f.)

Gestik ist gut nachvollziehbar.

Die Gefuhlte Grundlen zu machen.
Nimb ein süsse obere Mihl, und schlag ayer daran, und sprittels wohl ab, darnach gieß auf ein zünnere Thäller, und würff die grundlen alß lebindiger darein, so ertrincken sie alle mit einander, und laß ein weil darinen ligen, darnach siede es, und mach ein butter Süpppel darüber, und schneid grien betersill darauf, und gib es auf die Taffel. (Folio 78)

Gefüllte Grundeln.
Nimm einen süßen Rahm und schlage Eier darunter, versprudle es gut. Gieße es dann in ein zinnernes Gefäß und wirf die lebendigen Grundeln hinein, so werden sie alle miteinander ersaufen, und lasse sie noch etwas darin liegen, und dann siedest du sie. Zum Anrichten gibst du eine Buttersauce darüber mit geschnittener grüner Petersilie darauf.
Eine raffinierte Fülle, welche die „Fischlein“ noch lebendig zu sich nehmen. Im Nürnberger Kochbuch heißt es vergleichsweise: „Darnach klopffe Eyerdottern in eine tieffe Schüssel oder Hafen/ saltze es ein klein wenig/ und würff die Grundeln auch hinein/ so schluckern sie dieselbige aus/ und füllen sich selbsten damit:“

Ein Kütten Koch mit ayrn, und Milchrämb auf ein grosse schüssel zu machen. Nimb 10. gleiche schene Kütten, und siede sie, daß sie sich greiffen lassen, und wann sie recht gesothen seynd, so nimb (sich) sie herauß, und schäb sie auf ein thäller, und wan sie geschaben seynd, so thue es in ein schüssel, und zuckers, daß süess genuog ist, schlag 6. ayr ganze, und 6. dotter daran, giess bey ein halben seitl Saurn Milchrämb daran, und rühre es so lang, biß es aufgehet, darnach Nimb ein halbs strüzerl butter in ein pfändl den laß zergehen, und gieß ihm auch daran, schneid auch Lemoni schöller klein, oder langlet nach belieben, und thue es auch darunter, und rührs widerumb ein wenig, und schmier ein schüssel mit butter, und leg ein Raif darauf, und schütte daß gerührte Koch darein, und bach es in einer dorttenpfann, so ist es recht, und Köstlich gemacht. (Folio 94)

Ein Quittenauflauf mit Eiern und Milchrahm für eine große Schüssel.
Nimm 10 Stück gleich große schöne Quitten und siede sie so lange, daß sie „sich greifen lassen". Und wenn sie richtig gesotten sind, nimmst du sie heraus und schabst sie auf einen Teller. Wenn sie abgeschabt sind, gibst du diese Masse in eine Schüssel und zuckerst sie, es soll süß genug sein, und schlagst 6 ganze Eier und 6 Dotter darunter. Gieße etwa ein halbes Seitel sauren Rahm dazu und rühre so lange, bis es aufgeht (hochkommt). Dann läßt du ein halbes Strützel Butter in der Pfanne zergehen und gießt die zerlassene Butter auch dazu. Schneide auch Zitronenschale klein, oder länglich, wie du beliebst, und gib sie auch darunter, und verrühre alles noch einmal ein wenig und schmiere die Schüssel mit Butter ein, lege einen Rand darauf und schütte das gerührte Mus hinein und backe es in einer Tortenform, so ist es recht und köstlich gemacht.

Ein Strützel war eine Modelform, die vermutlich auch für Butter im Gebrauch war. Die richtige Konsistenz der im Rohzustand sehr harten Quitten wird mit den Händen geprüft, sie sollen sich „greifen lassen", d. h. sie geben beim Angreifen etwas nach und sind nicht mehr hart. Die Quitten sollen immer in hartem Zustand verarbeitet werden, da der Pektingehalt mit dem Liegenbleiben abnehme und dadurch das Eingekochte trüb und nicht klar werde.

Die Lemoni Milch zu machen.
Nimb 2. Mass süess obers, siede es in ein Böck in besten Sud schütte 6. löffel voll Zucker darein, laß wider sieden, nimb von diser Siedenten Milch etlich löffelvoll und vermisch mit ayr dotter, darnach schütte es widerumb in die Siedente Milch, laß auf den feuer ein wenig dicklet werden, und Nimb von 6. Lemoni die gelbe Schöller klein geschnitten, und truck von 6. Lemoni den Safft in die Schöller, laß ein wenig stehen, trucks hernach starck durch ein Tuech auß, disen Safft vermisch in die Milch, die noch so warm muß sein, daß man keinen finger darein kan leyden, darnach gieß in ein geschier, und laß gestehen, ist Köstlich. (Folio 100)

Daß Pastöttl von geschwinden Butter taig zu machen.
Man Nimbt so vil butter, alß mehl, nur ein Vorschlag gibt man dem Mehl, her nach auf ein halb pfund butter nimbt man ein ganzes ayr, den butter groß brocket geschniden, und nit lang abgewürgt, bald zusamben gemacht, und mit ein kalten wein, oder wasser, was man nehmen will, den taig angemacht nicht zu föst, und 3. mahl über schlagen, und auf die schüssel verferttiget, so ist er recht. (Folio 119)

Für diesen schnellen Butterteig für eine Pastete lautet das Verhältnis grundsätzlich 1 : 1 (Butter : Mehl), vom Mehl etwas mehr. In der Musik ist dieser dezidierte Schritt einer Abweichung mit dem großen Ganzton (9 : 8) ausgedrückt. Auf ein halbes Pfund Butter rechnet die Köchin ein Ei.

Der Freywillig aufgesprungene Granat-Apffel

Im „Freywillig aufgesprungenen Granat-Apffel" der ELEONORA MARIA ROSALIA LIECHTENSTEIN, Hertzogin zu Troppau und Jägerndorff, sind Hausmittel und Kochrezepte vertreten. Dieses Werk ist 1697 das erste Mal in Wien erschienen, welchem im 18. Jahrhundert noch zahlreiche Auflagen folgen. Als populärmedizinisches Werk beherrschte der „Granatapfel" nahezu über zwei Jahrhunderte die Koch- und Arzneikunst im deutschen Sprachraum.

Die Kochrezepte zeugen nicht alle von großer Kochkenntnis. Beim Backwerk sind viele Rezepte unvollständig, die Angaben zu den Teigen sind vage und nicht immer von Verständnis geprägt.

Am Ende dieses Kapitels spricht die Autorin die Schwierigkeit der schriftlichen Wiedergabe in einem Noto an: „In diese obgeschriebene teige kanst du auch nach deinem belieben schlagen was du willst, doch daß du iedem seine rechte form gebest, welches man im druck nicht erklähren kan, sondern ein iedes durch öffteres exercitium erlernen wird."[447]

Hinsichtlich der Maßangaben macht Eleonora einerseits sehr präzise Angaben, was in Verbindung mit den vielen Arznei-Vorschriften steht, andererseits bedient sie sich noch vieler für das Mittelalter typischer Formulierungen, was wiederum auf die unterschiedlichen Vorlagen zurückzuführen sein dürfte.

Aus dem Koch- oder Rezeptbuch
485. Citronen-spalten einzumachen.
Die citronen muß man länglicht oder rund spalten und 9 tage im frischen wasser liegen lassen, alle tage in ein frisches wasser legen, mit der hand von einem geschirr in das andere legen, hernach setzt man in einem grossen becken ein wasser über, und laß es sieden, man saltze das wasser so viel, als man eine fleisch-suppe saltzt, und wann das wasser siedet, so legt man die citronen darein, und läst sie ziemlich wohl sieden, so viel man ihn weich oder hart haben will, und nachdem legt man ihn wieder in ein frisches wasser, (...) den zucker oder citronen haben wir nie gewogen, sondern nach geduncken genommen, daß nur der safft allzeit wohl darüber geht, den safft kan man so lange sieden, biß man siehet, daß er gar wohl in die citronen gegangen, hernach darf man ihn nicht mehr so offt sieden. (S. 576)

Aus dem Artzney-Buch:
Hier findet sich ein Merksatz zu den Gewichten:
Die gewichter zu wissen, die man in der apothecken braucht.
zwantzig gran, oder zwantzig pfeffer-körner schwer, macht einen scrupel, drey scrupel, oder sechtzig pfeffer-körner schwer, macht eine drachma. Eine drachma ist so viel als ein quintlein, vier drachmae, oder vier quintlein, macht ein loth, zwey loth macht eine medicinische untze, zwölff untzen macht ein medicinisches pfund. (S. 453)

Die Pflanzen und Wurzeln oder sonstigen Zutaten werden meist in Loth, Quintlein, die Flüssigkeitszugaben in Seidel und Maß, also sehr genau angegeben. Aber auch eine starke Handvoll, einen Löffelvoll, soviel vom einen wie vom anderen sind oft anzutreffende Formulierungen. Die Dreizahl in der Heilkunst ist zurückzuführen auf ihre symbolische Bedeutung, wonach ihr eine Veränderung erzeugende Kraft innewohnt.

Vor die krätze.
N. 1 Ein Wasser, so das unreine geblüt säubert, wie auch wider den bösen ausschlag.
Nimm die wurtzel von cronabeth- oder wacholder-stauden zwey loth, klettenwurtzel drey loth, die gehobelten scheiten oder späne vom eichen-holtz, ingleichen vom ferchenen-oder fichten-holtz, welches niemahl gebraucht ist worden, eines ieden anderthalb loth, (...), süß-holtz oder süß-wurtzel drey quintlein,

alles klein geschnitten, drey seidel siedheiß wasser darauf gegossen, tag und nacht weichen lassen, so denn kan ein solcher patient nüchtern ein halb seidel austrincken, und zwey stunden darauf schwitzen, wenn das wasser von den speciebus gar abgetruncken ist, kan man wieder zwey maaß wasser darauf giessen, und einen löffel voll gestossenen fenchel sieden lassen, daß es einer zwerch hand einsiedet, und es kalt bey dem essen, statt eines andern trancks gebrauchen; dieses schwitz-wasser kan man continuiren, so lang es vonnöthen ist, und allezeit wieder von neuen frisch machen, … (S. 338)

Die Flüssigkeit soll in der Höhe einer zwerchen, d. h. schräg gehaltenen Hand einsieden.

N. 24 Das schnecken-pflaster, wann der catarrh den kindern gar starck fällt.
Man nimmt eine gantze schnecke, wie sie ist, die nicht ausgekrochen, wischet sie sauber ab, und stösset sie gar klein mit sammt den häußlein, dann eine halbe muscatnuß, ein wenig weyhrauch einer bohnen groß, muscatnuß-sälblein zusammen wohl vermischt: Von diesen streicht man den halben theil auf ein leder eines halben thalers breit, … (S. 314)

N. 17 Wann denen kindern die catarrhe oder flüsse auf die brust fallen.
Man soll nehmen stärck- oder krafft-mehl so viel als zwey eyer groß. (…) geriebenen saffran, daß es ziemlich gelbe wird, … (S. 313)

N. 4 Ein bad, wenn man die schwindsucht im andern grad hat, für abnehmunge, auch für hectica des gantzen leibes,
(…) wieder der kräuter iedes ein starcke gauffen oder zwey hände voll, was ein grosser mann halten kann, … (S. 289)

Von den Kräutern für ein Heilbad gegen die Schwindsucht nimmt sie eine starke Gauffe voll, was dem Volumen der beiden Hände zu einer Schüssel gehalten, entspricht. In diesem Fall spezifiziert sie die Angabe noch mit dem Hinweis, „soviel wie ein großer Mann halten kann".
In anderen Rezepten beschreibt sie die Menge mit:

„soviel man zwischen 3 fingern auf einmal fassen kann" (S. 288) oder: „wilden saffran, was man zwischen zwey fingern fassen kan, …" (S. 230)

Nr. 5 Diese stücke seyn zu dem gesottenen wasser, darvon man in der hectica, oder abdörrenden leib zu trincken pfleget, wie auch die mandel-milch, wie hierinnen geschreiben stehet, abends zu trincken. Erstlichen bocks-hörnlein, kleine weinbeerlein, zibeben, feigen, iedes eine starcke hand voll, aniß, fenchel, iedes vier löffel voll, (….) und zu einem maaß wasser allzeit eine kleine zugethane hand voll wohl gefast ins wasser gethan, … und ein wenig gezuckert, daß sie nicht süsser werde, als eine kühe-milch, … (S. 290 f.)

Die Zuckermenge mißt sich am Zuckergehalt einer Kuhmilch, deren Geschmack als bekannt vorausgesetzt wird.

In den Arznei-Rezepten waren genauere Angaben gefordert. Wie die zitierten Rezepte belegen, ließen sich diese Messungen auch ohne Waage durchführen. Abstufungen von einer „zugethanen handvoll" bis zur starken Handvoll und der Gauffe eines großen Mannes zeigen die mannigfachen Möglichkeiten in diesem Bereich. Bohnengroß, halbnußgroß, eiergroß, einen halben Taler breit sind Angaben, die sich jener Größenvorbilder bedienen, die ständig im Umfeld des Autors vorzufinden sind.

N. 6 Das sälblein für die hectica
Nimm vier loth frauen-milch, die ein mägdlein säugt … (S. 291)
Muttermilch als Zusatz für eine Salbe, wobei offensichtlich auch das Geschlecht des Säuglings eine Rolle spielte.

N. 10 Die Saturey-suppe zu machen
Man nimmt eine hand voll saturey – es sey frische oder dürre, thut es in einen 3 seidel-oder nössel-topff … (S. 205)

Nössel war ein Hohlmaß, das vermutlich mit einem Seidel gleichzusetzen war.[448] In einem weiteren Rezept heißt es:

(…) nimm ein seidel oder nössel hüner- oder rindfleisch-suppe … (S. 315)

N. 1 Die Zeit zu treiben.
Nimm beyfuß 3 kreuzer schwer, (…) muscatennuß-blüthe, zimmet-rinden, galgant, jedes 1 kreutzer schwer, (…) dann nimm 1 pfund zucker, (…) thue in das wasser hernach beschriebene materien, laß sieden, so lange ein ey wohl gesotten hätte, … (S. 202)

DIE KOCHBUCHLITERATUR NACH DER FRANZÖSISCHEN REVOLUTION

Marie-Antoine Carême

Mit MARIE-ANTOINE CARÊME (1784 – 1833) beginnt in Frankreich eine neue Entwicklung. Steht Carême einerseits als Ausläufer einer Kochkunst, die es in seinen Augen bis dahin nur im „Embryonalzustand" gegeben habe, so setzt andererseits mit ihm eine Erneuerung ein. Carême schrieb zahlreiche Kochbücher, die er mit eigenen Illustrationen versah. Schon in jungen Jahren verbindet er die Konditorkunst mit der Architektur. Am Kupferstichkabinett hatte er in Drucken die Architektur studiert und abgezeichnet, um sie dann in der Küche als komplizierte Aufbauten, als „pièces montées" zu kopieren. Dieser architektonisch inspirierte Stil übertrug sich auch auf die anderen Bereiche seiner Kochkunst. Die Speisen wurden auf ornamentalen Sockeln angerichtet, und kunstvolle Skulpturen und Figuren aus Schmalz und aus Zuckerwatte waren wesentlicher, wenn auch nicht unbedingt eßbarer Bestandteil seiner großen Diners. Carême vertrat die Ansicht, seine Kunst biete Nahrung für Geist und Herz und fülle die Mußestunden des Gastronomen auf angenehme Weise aus.

Diesen „Firlefanz" wird AUGUSTE ESCOFFIER[449] (1849 – 1935) einige Jahrzehnte später abschaffen, für die Errichtung von Sockeln und Bordüren kann er aus Rücksicht auf die Forderung des Gastes nach schnellerer Bedienung keine Zeit mehr aufbringen.[450]

Carême war zudem, nicht nur um seinem Namen gerecht zu werden, ein Spezialist der Fastenküche, denn hier müsse man sich erfinderisch zeigen.

Zu seinen bedeutendsten Werken zählten der zweibändige „Le Pâtissier royal parisien" (versehen mit 41 Illustrationen), der „Pâtissier pittoresque", „Le maitre d'hôtel français", der „Cuisinier parisien" und schließlich das Monumentalwerk „L'art de la Cuisine au XIXe siècle". Mit dem Aufkommen der Restaurantküche ist Carêmes Werk von prägendem Einfluß auf die Berufsliteratur.

In seinen Rezepten spricht Carême noch meist von den Körpermaßen, die Handvoll, die Fingerspitze oder auch die richtige Farbe eines Gerichts sind die Maßstäbe. Gleichzeitig aber stoßen wir auf die ersten Formbeschreibungen in Linien – für eine englische Fischsuppe „Lady Morgan" schneidet er die Stücke zwei Linien dick –, auch setzt sich der „Man nehme"-Imperativ fort.

In einem Rezept für eine Montpellier-Butter heißt es:

> Man wasche sorgfältig mit frischem Wasser eine gute Handvoll Kerbel, etwa zwanzig Estragonzweige und ebensoviel Gartenbibernell, sowie eine Fingerspitze voll Schnittlauch. Man lasse die Kräuter abtropfen und blanchiere sie in kochendem Salzwasser, damit sie schön grün bleiben. Dann gebe man sie in eine große Küchenkasserolle, lasse sie fünf oder sechs Minuten aufkochen, schöpfe sie sodann mit der Schaumkelle heraus und lasse sie in frischem Wasser erkalten. In dem Wasser, das zum Blanchieren gedient hat, koche man acht Eier hart, sodann presse man alle Flüssigkeit aus den Kräutern. Diese werden völlig zerstampft, dann werden etwa zwanzig schöne, abgezogene und gut gewaschene Anchovis, zwei Eßlöffel feine Kapern, sechs Gürkchen, das Gelbe der hartgekochten Eier und eine kleine Knoblauchzehe hinzugegeben. Diese Mischung zerstampfe man gut zehn Minuten lang, sodann vermische man sie mit 8 Unzen feiner Butter, einer Fingerspitze Pfeffer und etwas Salz und füge schließlich ein ganzes Glas guten Öls aus Aix und ein Viertel Estragon-Essig hinzu. Auf diese Weise erhält man eine samtweiche, sämige Butter von köstlichstem Geschmack. Man kann sie noch appetitlicher machen, indem man etwas grünen Spinatsaft hinzugibt, sodaß die Butter eine schöne pistaziengrüne Färbung erhält. Man achte jedoch darauf, diesen grünen Saft in jeweils kleinen Quantitäten beizumischen, damit die Butter blaßgrün bleibt. Wenn man die Butter

abgeschmeckt und die Würze für gut befunden hat, passiere man sie mit Hilfe eines Holzlöffels durch ein feines Sieb, fülle sie in eine kleine Terrine, die auf Eis gestellt wird, sodaß die Butter fest werden kann, bevor sie serviert wird. Das Würzen dieser köstlichen Butter erfordert Kenntnisse, die allein durch Erfahrung erworben werden können. Denn man muß über eine feine Zunge verfügen, um zu erreichen, daß keine der verwendeten Zutaten oder Gewürze die anderen dominiert. Ein Übermaß an Essig ist jedoch mit etwas Öl zu mildern, desgleichen die Schalheit des Öls durch Essig oder Salz.[451]

Mit dem Zeitalter Carêmes verschwindet aus den offiziellen Kochbüchern auch die Aufforderung zum Probieren. Dies kann einerseits in Zusammenhang mit den aufkommenden Hygienevorschriften stehen, andererseits aber beginnt sich im 19. Jahrhundert unter den großen Berufsköchen in Frankreich auch jene ignorante Haltung durchzusetzen, die im Probieren eine mangelnde Kompetenz ortete. Dies war sozusagen Metier der Hausfrauen oder sonstigen Laien, die in Unkenntnis ihres Vorgehens auch noch abschmecken mußten. Ein professioneller Koch hingegen war sich über die Folgen seines Tuns auch ohne Überprüfung im klaren. Dies ist in Zusammenhang mit jener Entwicklung zu sehen, die Mennell wie folgt beschreibt: „Unter den Händen der berühmten Köche zur Zeit Napoleons und der Restauration, zu denen als berühmtester Vertreter Carême zählt, entwickelte sich etwas, was wir im nachhinein nicht nur als haute, sondern als grande cuisine bezeichnen. Die Kluft zwischen professioneller und häuslicher Kochkunst wurde größer, und im Zusammenhang damit wuchs der Unterschied im Prestige zwischen Koch und Köchin. Parallel zur Entstehung einer professionellen Kochkunst, die die Bedürfnisse einer öffentlichen Klientel befriedigte, bildete sich der bürgerliche Feinschmecker heraus – selbst kein Koch, aber ein Experte der kulinarischen Kunst, der die öffentliche Meinung in den Dingen des Geschmacks lenkte.“[452]

Hinzu kommt die mit der Französischen Revolution einsetzende Umstellung auf die metrischen Maße. Auch im Kochen wollte man sich mit der Wissenschaft vergleichen, wollten die Köche ihr Handwerk über die Wissenschaft zur Kunst erheben. Die unter Carême einsetzende Systematisierung des Gegenstandes und die gleichzeitige Erhebung zum Standardwerk für den ganzen Berufssstand bezeichnet Mennell als erstes Beispiel eines „Paradigmas“ für die professionelle französische Küche.[453]

Jules Gouffé

Ein Höhepunkt dieser Auffassung tritt mit JULES GOUFFÉ, einem Schüler von Carême, auf. Nun beginnt die exakte Beschreibung eines Stück Fleisches in Zentimetern und Millimetern (Neuzoll und Strich). Die Wiedergabe exakter Maße und Gewichte findet nun auch in den Rezepten ihren Niederschlag. In seinem Vorwort „Die feine Küche“ schreibt Gouffé: „Sehr lange Zeit habe ich geschwankt, bevor ich mich dafür entschied, das vorliegende Werk zu veröffentlichen, und, wie ich offen bekenne, lag der Grund darin, daß alle bis jetzt erschienenen Kochbücher fast – unnütz zu nennen waren, da sie, ziemlich alle, immer Eines von dem Andern abschrieben, nur die nämlichen unbestimmten und nicht selten falschen Vorschriften wiederholten, immer dieselben Verfahrungsarten, dieselben Irrthümer wiederkäuten, in ihren Vorschriften niemals weder Gewichte, Maße, oder andere bestimmte Mengenverhältnisse, noch die nöthige Dauer der Zubereitung angaben …“[454]

„Stets bin ich dabei von einem Gedanken geleitet worden, welcher überhaupt als Grundlage für dieses ‚Kochbuch‘ zu betrachten ist, und der hoffentlich schon allein hinreichend sein dürfte, ihn neben allen Kochbüchern, die etwa schon existieren, eine etwas hervorragende Stelle zu sichern: ich war nämlich stets bestrebt, alle Vorschriften zu Speisen so bestimmt als möglich zu geben. Man hat auch für die gewöhnliche

Küche so viel wie Nichts erklärt, wenn man nur annähernde Mengenverhältnisse, nur Alles ‚ungefähr' angibt, statt genaue Gewichte und Maße der Materialien und die erforderliche Zeit der Zubereitung zu bestimmen. Nicht eine einzige meiner Vorschriften ist aufgesetzt worden, ohne die Uhr vor den Augen und die Waage in der Hand zu haben, wenn ich auch gern zugebe, daß eine solche Genauigkeit in der Wirklichkeit nicht immer einzuhalten nöthig ist, wenigstens von der Zeit ab nicht mehr, wo man sich schon eine gewisse Erfahrung und Geschicklichkeit zu eigen gemacht hat. – Handelt es sich aber um Personen, welche dieser Eigenschaften noch entbehren, so bin ich der Meinung, daß man nach oben bezeichneter Richtung hin gar nicht streng genug verfahren kann; dies erscheint als wirksamstes Mittel, alle Ungenauigkeiten und Zweifel zu beseitigen, die thatsächlich und häufig genug auch über den einfachsten Zubereitungen schweben, und welche der Grund sind, daß so viele Personen von der bürgerlichen Kochkunst so wenig erbaut sind, …"[455]

Hatte Escoffier noch eine anschauliche Größe neben eine schwankende Gewichtsangabe (ca. 50 – 60) gestellt, so findet Gouffé sogar für die Prise Salz, die hohle Hand und das, was man zwischen drei Fingern fassen kann, ein exaktes metrisches Pendant: „In diesem Kochbuch ist das Gewicht einer hohlen Hand voll zu 1 Neuloth[456] und einer Prise zu 2 Gramm festgesetzt, und bei allen folgenden Rezepten nach dieser Norm genommen." Damit wurde den subjektiven, dem menschlichen Maß angepaßten Größen endgültig ihre Bedeutung abgesprochen.

In der Folge nennt Gouffé die Gewichte für das Wurzelwerk:

Eine Möhre von mittlerer Größe wiegt 5 Neuloth,
Eine mittlere Hauszwiebel wiegt 2½ Neuloth.
Eine Schnittlauchzwiebel wiegt 2½ Neuloth (ohne Blätter)
Ein mittlerer Selleriezweig wiegt 3½ Neuloth
Eine große Schalotte wiegt 1½ Neuloth.
Eine Knoblauchzwiebel wiegt 7 Gramm

Diese Angaben ergänzt er mit dem Hinweis:

„Es ist anzurathen, das Auge an die Größe der genannten Wurzeln so zu gewöhnen, daß man darnach das Gewicht anzugeben im Stande ist; überhaupt ist es gut, wenn man dies annähernd mit allen denjenigen Substanzen kann, die fortwährend im Gebrauch sind, da es ebenso aufhältlich als umständlich sein würde, bei jeder Gelegenheit seine Zuflucht zur Waage nehmen zu müssen. "[457]

Im ersten Teil des Kochbuches wiederholt Gouffé in jedem Rezept, auch wenn es sich nur um geringe Abweichungen ein und derselben Grundzutat handelt, alle diese Vorgänge stets Wort für Wort. Mit fortschreitender Lektüre der Rezepte ist dann doch auch der Verzicht auf diese Wiederholungen zu beobachten. Noch konnte sich Gouffé nicht eines Computers bedienen, und so wurden ihm vermutlich die ständigen Wiederholungen ein und derselben Sache zuviel.

Rührei mit feinen Kräutern.
Man giebt in ein Casserol von 2 Kannen Rauminhalt 10 Neuloth Butter; Schlägt 6 frische Eier hinein, schüttet 1/10 Schoppen Milch hinzu und streut 8/10 Neuloth Salz und 1 Prise Pfeffer darüber; Stellt das Casserol über das Feuer und schlägt die Eier kräftig mit der Schneeruthe; sobald sie gerinnen, nimmt man das Casserol vom Feuer und schlägt die Eier noch 2 Minuten, dann schüttet man einen halben Löffel gehackter Petersilie hinzu; Schüttet das Rührei auf eine Schüssel, garniert es mit gebratenen Weißbrotschnitten und trägt auf. (S. 334)

1 Kanne = 2 Schoppen, 1 Schoppen = 0,5 Liter
1 Neuloth = 10 g
1 Prise = 2 g

Zur Verdeutlichung führe ich diese Mengen in den heutigen Maßen an: in ein Gefäß mit zwei Liter Fassungsvermögen 10 g Butter, 6 Eier, 0,05 1 Milch, 8 g Salz und 2 g Pfeffer

> **Fricassé von harten Eiern.**
> Hierzu verwendet man 30 Neuloth gereinigte Zwiebeln; Schneidet jede Zwiebel in zwei Theile und entfernt die harten Theile, welche sich am Stengel und am Kopfe der Zwiebel befinden;
> Schneidet nunmehr die Zwiebeln in Scheiben von einen halben Neuzoll Dicke; Blanchirt sie 5 Minuten lang in siedendem Wasser, und läßt sie dann abtropfen; Giebt in ein Casserol von 2 Kannen Rauminhalt 4 Neuloth Butter; Schüttet die Zwiebeln hinzu und läßt sie unter fortwährendem Umrühren braten, bis sie eine schöne rothbräunliche Färbung angenommen haben; Sobald sie diese Farbe zeigen, schüttet man 2 ½ Neuloth Mehl, 6/10 Kanne Bouillon, 1 Neuloth Salz und 2 Gramm Pfeffer hinzu; Stellt es über sehr mildes Feuer und rührt während 20 Minuten um; Bereitet 6 harte Eier, schält sie, taucht sie in Wasser, schneidet sie in Scheiben von einem halben Neuzoll Stärke und mischt sie unter die Zwiebeln; Prüft, ob der gewünschte Geschmack vorhanden und trägt auf. (S. 337)

1 Neuzoll = 10 Strich oder 10 Millimeter

Es schleichen sich in seine Beschreibungen offensichtlich immer wieder alte Gewohnheiten ein; so rät er hier den Geschmack zu überprüfen, wovon sonst nie mehr die Rede ist.

Im Kapitel der Spießbraten findet sich noch ein Körpermaß, was aber in der nachfolgenden Beschreibung schon wieder korrigiert ist.

> **Spießbraten**
> Schöpskeule am Spieß gebraten
> Man nimmt eine Schöpskeule, putzt sie zu, sägt den Beinknochen 2 Finger breit oberhalb des Gelenkes durch, steckt sie an den Spieß und läßt sie gar werden; Schöpskeule mit gemischtem Gemüse
> Man wählt 2 Schöpskeulen aus und zwar die eine von der rechten und die andere von der linken Seite, entknocht sie und sägt den Beinknochen 4 Neuzoll über dem Gelenk ab … (S. 623)

Das „Livre de Cuisine“ von J. Gouffé war 1867 erstmals in Paris erschienen, sieben weitere Auflagen folgten. 1869 wurde es in die englische Sprache übersetzt und 1872 in Leipzig unter dem Titel „Die feine Küche“ in deutscher Sprache herausgegeben. Am 30. 7. 1791 hatte die französische Nationalversammlung die Einführung des „mètre“ als neue Maßeinheit beschlossen. 1840 wurde die Verwendung nichtmetrischer Maße in Frankreich verboten. Italien hatte sich 1861 dem metrischen System angeschlossen, Preußen 1868. 1871 folgte ein entsprechendes Gesetz für das frisch proklamierte Deutsche Reich, gleichzeitig schloß sich auch Österreich-Ungarn dem metrischen System an.

Diese Maßnahmen hatten sich ohne Zweifel auch in der Kochbuchliteratur niedergeschlagen. Aus der Tendenz zur Vereinheitlichung und Normierung ist ein abstraktes, objektiv verifizierbares Maß geworden.

„NICHT MEHR ALS 6 SCHÜSSELN“ VON F. G. ZENKER

Als abschließendes Beispiel einer Darstellung von Kochbüchern über nahezu zweitausend Jahre möchte ich „Nicht mehr als 6 Schüsseln“ des Wiener Autors F. G. ZENKER[458] behandeln. Zenker war erster Koch Seiner Durchlaucht des Fürsten Joseph zu Schwarzenberg, Herzog zu Krammau und schrieb 1817/18 seine „Theoretisch-praktische Anleitung zur Kochkunst“. Die zweite, vermehrte Auflage erschien 1824 unter dem Titel „Vollständige theoretisch-praktische Anleitung zur feineren Kochkunst“. Sie sind das „Resultat der von mir selbst, theils in Paris in der französischen, theils in Wien in der deutschen Küche gemachten Erfahrung, Versuche und Beobachtungen. (…) sie sind übrigens für die höhere Küche berechnet. Die Kunst selbst blieb ein Gegenstand der mündlichen Überlieferung und der mechanischen Übung; und doch ist die Kochkunst ein so unentbehrlicher und im geselligen Leben so weit verbreiteter Zweig der häuslichen Beschäftigung, sie hängt eng mit der Naturgeschichte, Technologie, Chemie und Ökonomie zusammen, daß sie gewiß eine größere Aufmerksamkeit und sorgfältigere Bearbeitung verdient, als sie bisher erhalten hat.“[459]

1820 erschien für die mittleren Stände „Nicht mehr als 6 Schüsseln“, eine Aufforderung zur Einschränkung der aufzutragenden Speisen (Gänge). Diesem Titel entsprechend ist das Kochbuch nach Schüsseln unterteilt. Der Ablauf eines Essens zur Zeit des Biedermeier läßt sich wie folgt rekonstruieren:

I. Schüssel	Die Suppen unter Einbeziehung des Rindfleisches und der dazugehörigen Tunken
II. Schüssel	Die Grünspeisen oder das Zugemüse (auch Eier und Salate)
III. Schüssel	Vom Eingemachten (Ragouts, Würste)
IV. Schüssel	Mehlspeisen (süß und mit Fleisch)
V. Schüssel	Die Braten
VI. Schüssel	Die Sulzen und Bäckereien

Zenker nimmt unter den zahlreichen Kochbüchern seiner Zeit hinsichtlich der Maßangaben insofern eine Sonderstellung ein, als er sehr wohl auf die neuen Maße Rücksicht zu nehmen bestrebt ist, als erfahrener und kompetenter Koch aber stets mit einer anschaulichen Beschreibung ergänzt. Ich hatte bei der Lektüre seiner Rezepte den Eindruck, daß er sich im Moment des Niederschreibens, des Festhaltens eines konkreten Maßes, der Relativität absoluter Angaben bewußt war und daher noch einer näheren Erläuterung zuführte. Zudem gibt er stets die geschmackliche Vorstellung bekannt, nach welcher sich jeder einzelne richten konnte. Hinsichtlich der Anzahl an Personen, für die die Rezepte gedacht sind, macht Zenker nur einmal bei den Milchnocken Angaben, welche für 12 Personen berechnet sind. Es taucht jedoch ständig die Zahl 12 auf, sei es bei den Eiergerichten, der Fettmenge mit 12 Loth oder bei anderen Zutaten. Franz Maier-Bruck schreibt in diesem Zusammenhang, daß zur Zeit Anna Dorns (Biedermeier) die Rezepte allgemein für zwölf Personen und mehr gerechnet wurden[460], und ich gehe daher von einer Berechnung für 12 Personen auch bei Zenker aus.

Die Angaben in Gewichtsmaßen sind in Pfund oder Loth, Hohlmaße werden in Maß oder Seidel genannt. Zurückzuführen auf die Gewichtssätze beim Loth zu 16, 12, 8, 4, 2 und 1 oder ½ Einheiten, sind diese Zahlen nahezu ausschließlich in Verwendung. Es taucht auch dritthalb Loth auf, was 2½ Loth entspricht. Das Maß unterteilt er in 2 halbe oder 4 Seidel, hier taucht auch das halbe Seidel oder das Viertelseidel auf. Pfunde werden in Viertel oder Halbe geteilt.

> **Fasten-Suppen**
> Man nimmt zwey Eyer großes Stück Butter in eine Reine, läßt sie zerfließen, und bedeckt nun den Boden mit zwey auf Scheiben geschnittenen Zwiebeln; über dieses kommen zwey Hände voll dünnblätterig geschnittene Petersilienwurzen, eben so viele gelbe Rüben, die Hälfte so viel Sellerie, zwey Hände voll dürre Erbsen, einige Körner Pfeffer, vier Gewürznelken, zwey Gliedchen Ingwer und zwei Lorbeerblätter. Dieses alles wird mit einem Löffel voll Salz bestäubt, mit dem gehörigen Deckel bedeckt, über starke Gluth gesetzt, der Deckel mit Gluth bestreut, und langsam bis zum lichten Gelbwerden der Ingredienzen gedünstet; es werden sonach zwey Eßlöffel voll feines, weißes Mehl darüber gestäubt, und noch eine Zeit lang gedünstet; endlich werden zwey Maß kochendes Wasser darüber gegossen, leicht durch einander gerührt, und anderthalb Stunden langsam gekocht … (S. 7)

Am Schluß verweist er nochmals auf das Salzen, dieses möge nie verfehlt werden. Die Zahl „zwey“ bestimmt als „Maßeinheit“ die Menge im Rezept.

> **Suppe mit Semmelknödeln, Markknödeln oder Leberknödeln**
> Zu Knödeln werden die weißesten Semmeln oder das so genannte Milchbrot weiß abgerieben, und auf feine Würfel geschnitten. Es werden dann 12 Loth Butter in einem Weidling weiß abgetrieben, und von einer Minute zur andern 5 ganze Eyer, unter beständigem Rühren hinein geschlagen; sonach kömmt eine Maß der würflich geschnittenen Semmel dazu. Es wird nun leicht gesalzen und genau abgerührt und vermengt. Nach einer halben Stunde wird ein Knödel versucht, es muß nach einigen Minuten etwas aufgelaufen, körnig, unter dem Druck des Fingers spröde weichen: wäre dieses nicht, so müßte man nachzuhelfen suchen.
> Im Falle es zu fest ist, kömmt noch ein Ey oder etwas Milch hinzu, im Falle es zu weich ist, kommt noch Semmel hinein, und wird auf's neue genau abgearbeitet. … (S. 10)

Beschreibt die Überprüfung der Konsistenz mittels Fingerdruck.

> Zu den Mark- und Leberknödeln bemerkt er:
> (…) Die Markknödel müssen noch leichter und flaumiger, selbst feinschmeckender seyn, als die Semmelknödel.
> Zu Leberknödeln wird ein Pfund weiße Kalbsleber fein geschabt und durch ein Sieb geschlagen; in diese Flüssigkeit kömmt ein Viertelpfund fein geschnittenes Mark, eine halbe Maß fein geriebene Semmel und 3 Eyerdotter. Es wird mit fein geschnittener grüner Petersilie, etwas Salz und geriebener Muskatnuß gewürzt, genau abgearbeitet, und bey Seite gesetzt. Nach einer Weile hat das Ganze angezogen, und man kocht sie in etwas größer gehalten, den vorhergehenden gleich, in drey halben Maß kochender gesalzener Brühe; nach 6 Minuten des Kochens wird das Fett noch einmahl sorgfältig abgenommen. Durch den Beytritt der Leber wird die Suppe kräftig schmeckend. (S. 11)

Alle drei Knödelarten werden in drei halben Maß gesalzener Brühe gekocht.

Suppe mit Pfanzel
Nach dem Begießen des Pfanzels mit Brühe
(…) muß es sogleich anschwellen und zartspröde unter dem Gaumen fühlbar seyn. (S. 12)

Semmel=Suppe, verkochte Semmel-Suppe, und Panadel
Eine Maß sehr feinblätterig geschnittene und gelbgedörrte Semmel, mit drey halber Maß reiner, frischer, gehörig gesalzener Brühe aufgekocht, gibt die bekannte Semmel-Suppe.
Wird das Kochen 5 Minuten länger fortgesetzt, so daß die Semmelschnitten in Flocken zerfallen, entsteht die verkochte Semmel-Suppe.
Durch ein noch verlängertes Kochen löst sich die Semmel völlig auf, welcher Auflösung noch dadurch nachgeholfen wird, daß man die Suppe mit einem Kochlöffel oder einer Schneeruthe sprudelt, und dieß gibt das bekannte Panadel.
Die Semmel statt des Dörrens in acht Loth Butter geröstet, dann mit kochendem Wasser genäßt, gehörig mit Salz und Muscatnuß gewürzt, endlich genau verkocht und abgeschlagen, gibt das Fasten-Panadel.
Dieses Panadel mit zwölf Loth Butter in zwey Maß Wasser aufgekocht, und mit fünf Viertelmaß frischen Semmelschnitten verkocht, und sonach mit einer Liéson von fünf Eyerdottern gebunden, gibt das französische Panadel. (S. 16 f.)

Das Verhältnis der Semmeln zur Brühe lautet 2 : 3, auch die Menge der Semmeln wurde mit dem Hohlmaß gemessen.

Das Verhältnis beim französischen Panadel von der Semmel zur Flüssigkeit: 5 : 8. Das grundlegende Verhältnis ist demnach bei beiden annähernd gleich, der Unterschied liegt in der Konsistenz. In der Wiener Variante hebt sich die Semmel im Biß von der Brühe ab, was, wie in der Brotsuppe bemerkt, auch „schöner für das Ansehen" sei und in der französischen Version als homophoner Brotsuppenbrei durch die Beigabe von Eidottern zur gebundenen Form mit lieblichem Geschmack mutiert.

Von den Tunken
Es ist bekannt, daß die Tunken (Sauces) in der Kochkunst zu den schwierigsten Aufgaben gehören, und daß ein Mann in dieser einzigen Branche berühmt werden kann; ich bitte meine Leserinnen hierüber nicht zu erschrecken, denn so weit wollen wir's nicht treiben; soll indessen jemand die Lust anwandeln, es weiter zu versuchen, als wir hier beschränkt seyn wollen, so wollen wir ihm die Anleitung zur Kochkunst anempfehlen. (S. 19)

Braune Tunke
Zu einer starken Schale voll Tunke wird ein Ey großes Stück Butter oder Schmalz, oder auch reines Fett in einer Reine (Fußhafen) über Gluth gesetzt, und nach dessen Schmelzen mit einem Eßlöffel voll reinem Mehl bestaubt, und langsam, unter oftmahligem Aufrühren, braun geröstet; diese Einbrenn wird dann mit kochender Brühe genäßt und genau abgerührt; das Aufgießen wird so lang fortgesetzt, bis die Tunke schnurdick vom Löffel fließt. Die Gluth wird verstärkt, bis dieselbe kocht. Nun wird sie mit etwas Salz und einem Lorbeerblatt gewürzt, mit etwas weißem Wein oder auch nur mit zwey Löffel voll starkem Weinessig gesäuert, und so eine Stunde lang gekocht; nach dieser Zeit wird das aufgestiegene Fett abgenommen, die Tunke durch ein feines Sieb oder Haartuch geseiht, und noch einmal versucht, um den angenehmen aber vielleicht noch schwachen Geschmack durch etwas mehr Salz, feinen Pfeffer und etwas Limonien-Saft zu heben.
Mit den Tunken zu Eingemachtem gebraucht, wird erstens in größerer Menge, zweytens etwas flüssiger gemacht, und drittens länger gekocht, damit das Fett besser aufsteigen und abgenommen, dann der eigenthümliche Geschmack der Tunke feiner werden kann. (S. 19 f.)

Sardellen-Tunke
Zu dieser Tunke werden vier bis sechs Sardellen rein gewaschen, und zwar so, daß ihre feinsten Schuppen und Häutchen weggehen; sie werden dann gespalten und die Gräten herausgenommen; das Fleisch wird sonach mit dem Messerrücken zu einem Teige fein geklopft, mit halbem Ey großen Stückchen Butter vermengt, und durch ein feines Sieb gestrichen; diese Sardellen-Butter wird nun in die abgeseihte, aber kochend heiße Tunke gethan, und mit einem Löffel so lange gerührt und gezogen, bis dieselbe genau vermengt, eine etwas verdickte Tunke bildet.
Bey Sardellen-Tunken, wo der Geschmack stärker seyn soll, werden acht bis zehn Sardellen ausgelöst, dann das feinste Fleisch auf feine Würfel geschnitten, das übrige auf Butter geklopft und nun beyde, das gewürfelte Fleisch sammt der Butter in die Tunke vermengt. (S. 21 f.)

Ein und dieselbe Zutat in unterschiedlichen Formen kombiniert.

Zwiebel-Tunke
Eine große spanische Zwiebel wird nach dem Abschälen auf zwey Messerrücken schmale und viermahl so lange Fäden geschnitten … (S. 22)

Der Messerrücken des eingesetzten Schneidewerkzeugs ist zugleich die Vorlage für die Dicke der Scheiben. Dies ist das naheliegendste Maß und kann am besten eingehalten werden.
Für ein gedämpftes Rindfleisch verwendet Zenker das Rindfleisch von der Schale, welches mit Fett nur sehr wenig oder gar nicht durchzogen ist, also ein sperres und trockenes Fleisch, welchem durch folgende Bereitung „vortheilhaft abgeholfen“ werde:

Gedämpftes Rindfleisch oder Boeuf à la mode.
Es wird ein Stück auf acht Pfund in langem Viereck und von einiger Dicke gehauen, ein Pfund Speck auf halben Finger dünne Speilchen geschnitten, mit einem Löffel voll Salz und etwas Pfeffer bestaubt, und durch einander gemengt; mit diesem Specke wird das Stück einen Finger breit auseinander, von oben zu unten, schief den Fasern nach, mittels einer dicken Spicknadel, die man eigens zu diesem Endzwecke hat, durchgezogen und mit Bindfaden gedrängt überbunden; von den Abfällen von Speck und Fett mit einigen Schnitten roher Schinken wird ein irdenes Becken oder Reine, wenn das Stück rund ist, gefüttert, und das Fleisch hineingethan, und eine halbe Stunde lang über starker Gluth von allen Seiten abgedünstet. Nach dieser Zeit wird daselbe mit einer halben Maß gutem Wein genäßt, mit sechs mittelgroßen spanischen Zwiebeln und zwölf Daumen kleinen gelben Rüben belegt, mit sechs Lorberblättern, sechs Gewürznelken, zwey Gliedchen Ingwer, zwölf Körnern Pfeffer und etwas Salz gewürzt. Der Rand des Beckens wird nun mit vierfach zusammen gepappten Papierstreifen, die noch an beyden Seiten mit Mehlpapp bestrichen sind, belegt, mit einem zweyten gleichgroßen Becken überdeckt, und nun die Fugen mit andern fünf- bis sechsmahl über einander liegenden Bändern Papier genau verklebt, so zwar, daß kein Dampf durchdringen kann; es wird endlich über Gluth gesetzt, und langsam, drey Stunden lang, über glühender Asche aber 4 bis 5 Stunden lang, ohne aller Sorge gedämpft. (…) Auf diese Weise muß das Fleisch jedes Mahl so mürbe seyn, daß man es mit dem Löffel stechen kann.
Wenn man, statt österreicher Wein, Porto, Maderasec, oder Malaga-Wein nehmen kann, so wird das Gericht um so viel köstlicher … (S. 24 f.)

Das Boeuf à la mode von Pierre de Lune erfährt hier eine gute Erklärung.

Lungenbraten auf englische Art oder Beefsteak

Ein (…) ausgelöster Lungenbraten, wird auf Daumen starke Stücke über den Faden geschnitten, und ein jedes Stück mit der flachen Haue Finger dünn geprackt, rein und rund zugeschnitten, mit feinem Salz und etwas wenigem weißen Pfeffer bestaubt, endlich in zerlassener Butter getunkt, nach einigem Abtropfen, eine an die andere über einen Rost gelegt, und über starker Gluth fünf Minuten hindurch an beyden Seiten schnell abgebraten.

Das Braten oder vielmehr der genau zu treffende Moment, in welchem das Fleisch mit Hitze durchdrungen, eine feine, gelbe Kruste bekömmt, von innen die rothe fleischrohe Farbe in's Weißgraue übergeht, und wo bey dem Durchschneiden gelbröthlicher Saft entquillt, ist das Schwierigste und Entscheidendste in der Bereitung; dem zu Folge kann die Dauer des Garbratens auch drey, vier bis sechs, acht und zehn Minuten seyn, je nachdem die Schnitten dünn oder dick gehalten werden, woraus zugleich das Maß zum Feuer entsteht; je dünner das Fleisch, je stärker die Gluth, und so umgekehrt. Ein gänzliches Mißlingen erfolgt alsdann, wenn sie zu lange über dem Feuer bleiben und zu stark ausgebraten werden, wodurch sie zum Ungenuß austrocknen.
Vorausgesetzt, daß man auf diesen Punct alle Sorge gewendet, und selbe trefflich gebraten sind, so werden die Schnitten vom Rost kommend, auf eine warme Schüssel rundlaufend eine über die andere angerichtet. Zwischen eine jede Schnitte wird ein Haselnuß großes Stückchen Butter, die mit Salz, etwas wenigem weißen Pfeffer, grüner, fein geschnittener Petersilie und dem Safte einer halben Limonie genau vermengt ist, gelegt, die geschmolzene Butter mit dem entquollenen Saft geben eine sehr lieblich schmeckende Tunke. (S. 31 f.)

II. Schüssel – die Grünspeisen, Zuspeisen oder Zugemüse enthaltend

Hier werden sämtliche Gemüse, Salate, Erdäpfel und Eiergerichte behandelt. Gleich beim ersten Gericht „Vom Spinat" fällt auf, daß das Überprüfen des richtigen Garpunktes meist mit den Fingern geschieht, Spinat oder Sauerampfer mit den Händen bemessen werden, wobei die Menge im gekochten Zustand etwa die Hälfte des Rohzustandes beträgt.

Vom Spinat
(…) Die feinen Spinatblätter werden in einem großen Gefäße und vielem Wasser nebst etwas Salz so lange gekocht, bis sie sich zwischen den Fingern leicht zermalmen lassen; dann werden sie abgeseiht, mit frischem Wasser übergossen, um sie abzukühlen; endlich theilweise mit beyden Händen ausgepreßt, fein geschnitten und mit dem sechsten Theil Butter eine Zeit lang über frischer Gluth geröstet; dann mit Salz und Muscath gewürzt. (S. 34)

Die in Gasthöfen verbreitete Praxis, den Spinat zu stäuben und mit Brühe zu nässen, bezwecke v. a. eine Streckung bis zur Verdoppelung des Gerichts. Beim „Süßen Spinat", der ebenfalls gestäubt, aber mit Obers aufgekocht und mit Zucker gewürzt wird, ist der Hinweis, diesen „endlich über eine tiefe Schüssel thürmend anzurichten" erwähnenswert, da Zenker die Form des Gefäßes beim Anrichten in eine Beziehung zur Speise bringt.

Beim Kohlrabi oder Kohlrüben schreibt er:
Die Kohlrüben über der Erde oder Kohlrabe setzen an dem Strunk einen runden Knollen, welcher von Farbe entweder grün oder blau ist. Beyde Sorten sind in der Güte und im Geschmacke gleich, und nur wenn sie die Größe eines mittelmäßigen Apfels haben, sind sie am zartesten und schmackhaftesten.
Sie werden zu diesem Ende auf dünne Blättchen in der Form des zunehmenden Mondes geschnitten,

durch welchen Schnitt zugleich die ungenießbare Schale wegkommt; dann werden sie in Butter (4 Loth auf eine Maß gerechnet) weich gedünstet, mit Salz und etwas wenigem weißen Pfeffer gewürzt, mit einigen Eßlöffel voll weißer Tunke vermengt und mit einem Belege von Cotletten aller Art, lämmernen Schultern, Bratwürsten, Pöckelzungen u. d. gl. aufgetischt. (S. 48)

Erdäpfel mit Butter-Tunke
Die Erdäpfel werden geschält, Eydotter klein gleich rund geschnitten und, den vorhergehenden gleich, in gesalzenem Wasser mit etwas Butter weich gekocht, während diesem wird eine Butter-Tunke gemacht (…), mit Limonien-Saft gesäuert, und über die abgeseihten, in einer Porcellain-Caserolle befindlichen Erdäpfel gegossen. Man kann sie ebenso gut blattweise schneiden, weil sie aber dadurch scharfe Kanten bekommen, und ihre Fleche zu groß wird, so zerfallen sie leichter, und verlieren ihr Ansehen. (S. 51)

FORM ist in der Zubereitungsart vorgegeben. Blattweise geschnittene Kartoffeln sind demnach besonders für Röstkartoffeln, wo sie eine Kruste bilden und nicht zerfallen können, geeignet.

Gemischte Grün=Speise
Die Zusammensetzungen mehrerer einfachen Gemüse geben unter einem gewissen Verhältnisse gegen einander, liebliche Gerichte, die unter der Benennung, Gemischt Grün-Speise erscheinen, und den höchsten Rang unter den Zuspeisen behaupten, die Zusammensetzung soll nicht weniger als zwei, die höchste aber nicht über sechs Gattungen fassen.
Die Bereitung geschieht auf folgende Weise:
Eine Maß halben Finger dünne, und dreymahl so lange ausgestochene gelbe Rüben werden mit einem kleinen Stückchen Butter, mit etwas Salz und Zucker gewürzt, genau bedeckt, über schwacher Gluth völlig weich gedünstet, welches zwar, da es nur langsam gehen muß, eine Zeit von 3 Stunden braucht. Eben so viel und so ausgestochener Kohlrabi werden ebenfalls so gedämpft. Diese beyden Theile werden zusammen gethan, mit sechs bis acht Löffel voll dick eingekochter Einmach-Sauce begossen und genau durch einander geschwungen, und so entsteht die einfachste Grün-Speise; die, mit einer Gattung Cotletten oder einem der gespickten Fleische, wie sie in der 3. Schüssel unter den Eingemachten erscheinen, ein liebliches Gerichte gibt. Diese Lieblichkeit wird erhöht, wenn man die Einmach-Tunke dick einkocht, sie mit der Hälfte so viel süßem Rahm verdünnet, und wieder einkocht, erst über die Rüben gibt, so, daß dieselben mittels des Schwingens dadurch verdickend gebunden werden.
Die erste Vermehrung geschieht durch den Spargel, der nach dem Abklauben der feinsten Blättchen, (…) auf Daumen breite Stückchen überschnitten, und in etwas gesalzenem Wasser weich gekocht wird. Zu diesem gesellt sich der Blumenkohl, der nach dem Weichkochen auf sehr kleine Röschen getheilt wird; wenn die gelben Rüben und Kohlrabe zwey Drittheile geben, so macht der Spargel und Blumenkohl den dritten Theil aus. Den Spargel ersetzen die grünen Erbsen. … (S. 59 f.)

Zu beachten ist die große Aufmerksamkeit, die Zenker der Gemüsezubereitung schenkt. Dabei ist das gestische Schwingen des Gemüses in der mit Rahm angereicherten und dadurch noch lieblicheren Tunke bezeichnend. Das Gemüse ist im einfachsten Fall im Verhältnis 1 : 1 aufgeteilt, in der Verbindung mit Spargel und Blumenkohl verhält sich das zartere Gemüse zu den festeren Rüben und Kohlrabi im Verhältnis 1 : 2. Weitere Vermehrungen sind noch mit grünen Fisolen und Schwämmen möglich.

Eyer im Schmalz
Es werden 12 bis 14 Eyer in ein Gefäß geschlagen, mit feinem Salz, etwas weißem Pfeffer und fein geschnittener grüner Petersilie bestaubt, und durch einander abgeschlagen; während diesem wird ein

Viertelpfund Schmalz in einer flachen Pfanne oder irdenem Reinchen bis zum Rauchen erhitzt, sonach die Eyer hinein gegossen, welches im ersten Augenblick kreischenden Lärm macht und aufbraust. Es fängt alsogleich an, sich zu einem Kuchen zu bilden; in einer Zeit von 3 Minuten ist dies so weit gediehen, daß nur mehr die Oberfläche naßklebrig scheint, und dann wird es sogleich über eine Schüssel gestürzt und aufgetischt. Bey dieser höchst einfachen Bereitung ist dennoch ein Kunstgriff sich eigen zu machen; nähmlich ein gewisses Schütteln, so z. B. wenn die Eyer in die Pfanne gegossen werden, wird mit derselben über dem mittelstarken Feuer schwingend geschüttelt, und mit dem Kochlöffel rund herum nachgeholfen, damit das Flüssige an dem Rand rinnen kann, wenn das Festgewordene in die Mitte geschoben wird; so verfahren ist das Gericht in einer Minute verfertigt. (…) Das Feuer muß jedoch nicht zu stark seyn, sonst kann die geschickteste Hand das Anbrennen nicht abhalten. (…) In einer Zeyt von drey Minuten längstens ist das Backen beendet; sie müssen nähmlich aber etwas flüssig seyn … (S. 61 f.)

In diesem Rezept sind viele Dinge angesprochen: die Anzahl der Personen, die Temperatur des Fettes, das Geräusch, die am Schluß nochmals betonte Konsistenz und die GESTIK während des Bratens. Versucht er einerseits, die Zeitdauer in Minuten exakt wiederzugeben, relativiert er diese Angaben immer wieder, da ihm dann eben doch die Beschreibung der richtigen Konsistenz am Ende des Garens die qualitativere zu sein scheint.

III. Schüssel

Von dem Eingemachten.
(…) Bey dem Serviren dieser Gerichte wird von dem Einfachen zu dem Zusammengesetzten, dann von dem Weißen zu dem Braunen, und in dieser Reihe immer die stärkeren nachfolgend fortgeschritten. Von der Nothwendigkeit dieser Regel würde man sich durch den Gegensatz überzeugen können: wenn man nähmlich das kräftigste vom Anfange genießen wollte, würde der Gaumen zu stark gereitzt, und man würde die folgenden und schwächeren Gerichte fad und geschmacklos finden. Dies Gesetz der Gradation ist in der Natur deutlich ausgesprochen, alles strebt empor, aber alles nur stufenweise und in den bemessenen Gränzen; in der Darstellung soll dieses beobachtet und von dem Einfachen zu dem Zusammengesetzten vorgeschritten werden.
Das Kalb gibt viele Gerichte, die stets unter die einfachen und angenehmen gezählt werden, mit diesen wollen wir den Anfang machen. (S. 71)
Eingemachter Kalbskopf
(…) handbreite Stücke von den Knochen gelöst, rund und nett zugeschnitten. (…) über Gluth bis zum körnichten Weichwerden gedämpft. Man muß hauptsächlich darauf sehen, daß der Kalbskopf nicht zu weich werde, denn dadurch erregt derselbe Ekel, indem man ihn bis zu einer schleimigen Substanz verkochen kann. (S. 71 f.)

In dieser Konsistenz wäre er als indifferente Masse in seiner Charakteristik nicht mehr lesbar. Der Kalbskopf verlöre seine Identität und somit seine Botschaft.

Kalbsrippen (Coteletten am Rost)

Bei der Zubereitung legt Zenker großen Wert auf das richtige Zerhacken der Rippen. Die in Butter getauchten und in Semmelbrösel gewendeten Rippen werden auf starker Glut auf dem Rost gebraten,

(…) nähmlich so lange, bis sie etwas spröde, dem Druck des Fingers weichen, welches 3 bis 4 Minuten dauern kann. (S. 85 f.)

Braune Kalbs-Cotletten
Bey diesem Gerichte könnte man füglich auf das vorhergehende weisen und fragen, ob nicht schon diese braune Cotletten sind. Der Ungeübte würde diese Frage unbefangen bejahen; der Feinesser wird aber den Unterschied sogleich gewahr und seine Antwort muß verneinend seyn. Die Bereitung weicht von der vorhergehenden bedeutend ab, folglich auch der Geschmack. Dieser eigenthümliche Geschmack ist indessen so allgemein bekannt und angenommen, daß der Nahme mit der Idee dessen, was man zu erwarten hat, genau übereinstimmt. … (S. 89)

Angesichts der heute kursierenden BSE-Seuche, ausgehend von den katastrophalen Fütterungsmethoden, sei diese von Zenker Anfang des 19. Jahrhunderts dem Rezept eines schöpsernen Schlegels vorangestellte Empfehlung zitiert:

Schöpserner Schlägel auf englische Art
Wenn die Veredlung der Schafe zu einem höchst wichtigen Gegenstande der Landwirthschaft gehört, und gute Zuchtschafe und gutes Futter als die vornehmsten Mittel hierzu anempfohlen werden; so sind der Köche Wünsche um gutes Fleisch zu bekommen, das nicht anders als durch das letztere Mittel erlangt werden kann, in dieser Anempfehlung mit einbegriffen. Englands und Niederlands kräuterreiche Triften geben Beyspiele hiervon, denn von dort her kömmt die große Anzahl Bereitungsarten, deren einfachstes Gericht eine köstliche Speise gibt, wogegen bey uns noch ein großer Aufwand der Kunst erfordert wird, diesen Gerichten einigen Werth zu verschaffen. (S. 105)

Schöpsen-Schlägel mit Kartoffeln
Am Ende diese Rezeptes heißt es:
(…) Auf diese Weise lassen sich alle Schultern und Rücken oder Lenden bereiten, nur daß die Zeit ihres Garwerdens im Verhältnis zu ihrem Volumen stehen muß." (S. 108)

Kapaun-Croketten.
Die Brüste der gebratenen und vollkommen ausgekühlten Kapaunen werden von dem Gerippe gelöst, dann Finger breit, der Länge nach, von einander gespalten, alle Masern und Haut herabgeschnitten, endlich mit einem scharfen Messer über den Faden Papier dünne geblättert; ein gehäuftes Teller voll solches Fleisch wird ungefähr mit der Hälfte so viel legierter Einmach-Tunke, welche sehr kräftig und dick gehalten worden ist (…), heiß begossen, mit etwas Salz und weißem Pfeffer bestaubt, behutsam durch einander gemengt und kalt gestellt. Durch das Kaltwerden sulzt die Masse zu einem ziemlich festen Kuchen, den man nun auf Finger lange Würstchen verarbeitet. Es wird nähmlich mit einem Löffel ein halb Ey großes Stückchen herab gestochen, und über eine mit feinen weißen Semmelbröseln bestaubte Tafel gelegt, und mit leichter Hand bis auf die Länge eines Fingers, ungefähr derselben Dicke, gerollt, und bey Seite gelegt, bis der ganze Kuchen aufgegangen ist. Man muß jedoch darauf sehen, daß sie alle gleich lang und gleich dick ausfallen, denn so etwas gewährt das Vergnügen der Accuratesse. Von da werden die Würstchen in wohl abgeschlagene Eyer, die etwas gesalzen sind, getunkt, und wieder mit Semmelbröseln aufgelegt; dann in recht heiß gemachtem Schmalz gebacken … (S. 145)

Gans mit Reis
(…) Der Reis, ungefähr ein Pfund, wird zu diesem Endzwecke, nach dem Reinklauben und Auswaschen, mit fetter Brühe, in Ermangelung dessen aber mit Wasser und einem halben Pfund sehr frischer Butter so viel genäßt, daß die Flüssigkeit denselben dreymahl so hoch übersteige, als sein Volumen betragen mag … (S. 156)

Blaugekochter Lachs
Am häufigsten und vortheilhaftesten erscheint der Lachs blau gekocht; denn nichts hebt den feinen Geschmack so richtig, als eine gute Salzbrühe, und nichts kömmt demselben an Schönheit gleich, als wenn er ungeschmückt in seinem natürlichen Bau, über einem eben so langen und schmalen, mit Servietten überwundenen Bretchen, anständig liegend, bloß nur mit einer leichten Einfassung von grüner abgezupfter Petersilie aufgetischt wird.
In der bescheidenen bürgerlichen Küche wird man sich schwerlich mit des Fisches möglichster Schönheit unterhalten, allein auch auf kleine Schnitten getheilt, bleibt das Fleisch köstlich, und dem zu Folge, nach der Ästhetik der Küche, auch schön. (S. 187 f.)

Noch immer wird das Tier in seiner ganzen Form als die vortrefflichste Art der Zubereitung gerühmt.

IV. Schüssel – Mehlspeisen betreffend

Milch-Nocken
Zu einem Gerichte für zwölf Personen werden zehn bis zwölf Loth Butter in einem Weidling flaumig weiß abgerührt, sonach mit sechs ganzen Eyern und acht bis zehn Löffel voll sehr feinem Mehl nach und nach vermengt, mit etwas feinem Salz und Zucker gewürzt, endlich in eine halbe Maß kochendes Obers (oder auch in kuhwarme Milch), das mit vier Loth Zucker gewürzt ist, in der Form eines Löffels, mittels desselben, eingelegt; … (S. 193)

(…) Bey Nocken von weniger feinem Gehalte werden nur 8 Loth Butter und zehn bis zwölf Löffel voll Mehl, endlich zu ganz gemeinen Nocken werden sechszehn Löffel voll Mehl, zwey bis drey Eyer und etwa vier Loth Schmalz; nebst soviel Wasser als der Teig braucht, um eine gewisse Flüssigkeit zu bekommen, abgeschlagen. Diese Flüssigkeit pflegt man wieder dadurch zu untersuchen, daß man mit dem Kochlöffel durch die etwa zwey Finger hoch liegende Masse bis auf den Boden der Reine fährt, und nun das Langsame Zusammenfließen beobachtet. Zwischen diesen beyden Extremen gibt es denn eine Menge Zwischensätze, die durch angestellte Versuche nach der gegebenen Weise ausgemittelt werden müssen. (S. 194)

Kirschen-Kuchen
Es werden ein halbes Pfund Butter, nebst eben so viel feingestoßenem Zucker, und so viel abgeschuppter und dann fein gestoßener Mandeln, mittels eines Kochlöffels, in einer tiefen Schüssel flaumigweiß abgetrieben, welches eine halbe Stunde lang dauern kann: dann werden von zwey zu zwey Minuten acht Eydotter hinein verrührt, welches, wenn man auf eine Minute einen Dotter rechnet, wieder acht Minuten beträgt, dann wird ein Stängchen Zimmet, vier Gewürznelken und ein Gliedchen Ingwer fein pulverisirt und als Würze hinzu gethan, endlich vier und zwanzig Loth fein geriebene und durchgesiebte weiße Semmelbrösel, und zuletzt das zu Schnee geschlagene Eyerklare; das alles zusammen gibt eine dickflüssige Masse. Während dieser Arbeit sind zwey Pfund schöner schwarzer Kirschen von den Stängchen gezupft und entkörnet, welches am schicklichsten geschieht, wenn man mit einem dünnen Hölzchen in die Kirsche sticht, und den Kern bey der Öffnung des Stängels gemach heraus schiebt. Jetzt wird ein glatter Model stark

> mit Schmalz bestrichen, und eben so stark mit weißen Semmelbröseln ausgestäubt; von der oben erwähnten Masse wird nun einen halben Finger hoch hinein gegossen, und diese dünne Schichte mit den ausgelösten Kirschen belegt, jedoch so, daß keine an die Wand des Models kömmt. Über die Kirschen kömmt wieder ein Finger hoch von der Masse, bis endlich beyde Theile aufgehend, den Model ganz füllen. Der Kuchen wird dann im abgekühlten Ofen anderthalb Stunden langsam gebacken (S. 206)

Hier haben wir es annähernd mit einem Gleichschwerkuchen zu tun, die Zutaten stehen bis auf die Semmelbrösel in einem Verhältnis von 1 : 1 : 1. Die erhöhte Menge der Brösel könnte auch mit einer gewünschten Streckung des Kuchens, d. h. ökonomischem Bestreben, einhergehen. Wenn ich die Anzahl der Eier, 8 Stück, mit einem Durchschnittsgewicht von 3 Lot berechne, so sind auch diese von demselben Gewicht.

Im Kapitel der VI. Schüssel sind die Bäckereien behandelt und werden sämtliche Teigarten in ihren Verhältnissen dargestellt. Zudem ist in diesem Kapitel im Rezept einer „Biscoten-Torte“ eine genaue Beschreibung des Schneeschlagens zu finden:

> Das Schneeschlagen ist eine eigene Verrichtung, die oft wiederhohlt werden will, denn das Gelingen hängt ganz allein von der gewohnten gleichen Bewegung der rechten Hand ab.
> Die Klare wird zu diesem Endzwecke in einen tiefen Weidling gethan, und mit der Schneeruthe von der Rechten zur Linken in gleich gemessenen Zügen geschlagen; der erste Schlag geht im leichten Bogen am Boden des Weidlings durch das Eyerklar, der Rückzug ebenfalls im leichten Bogen über demselben in schneller, immer gleicher Bewegung, wodurch so viel Luft hinein gebracht wird, daß sie, zu einem erstaunlichen Volumen anwachsend, sehr feinblasig, schneeweiß und locker wird. Ein zu langes Schlagen macht aber dieselbe wässerig und sie tritt in einen Zustand, den man durch das Wort verschlagen bezeichnet. Zwölf Eyerklar können in einer Zeit von zwey bis dritthalb Minuten und drey bis vierthalb hundert Schlägen ungefähr, zu dem vollkommensten Schnee verwandelt werden. (S. 280)

Das ergäbe für 12 Eiklar 300 – 350 Schläge in zwei bis zweieinhalb Minuten. Pro Minute ergibt das etwa 150 Schläge. Die von Maier-Bruck im Anhang Dorn[461] beschriebene Prozedur (vermutlich aus der Anleitung zur Kochkunst) verlangt in der ersten Minute 180 Schläge, in der zweiten 200, in der dritten 230, in der vierten 280 und in der fünften Minute gar 360 Schläge. Das ergibt eine Summe von 1250 Schlägen in fünf Minuten, pro Minute durchschnittlich 250 Schläge. Das weicht von der obigen Angabe um 100 Schläge pro Minute ab und ist vermutlich für den durchtrainierten Koch gedacht. Die Zunahme der Schläge von der ersten bis zur fünften Minute im zweiten Rezept kommt einer Fibonacci-Folge gleich: 20, 30, 50, 80. Im Vergleich zu dieser Beschreibung sind die damaligen Bemühungen in der Musik, die Dauer einer Note durch Zählen exakt festzulegen, zu sehen. Das Metronom, ein Taktmesser, wurde von Johann Nepomuk Mälzel 1816 patentiert.

Zenker bringt mit seinem Kochbuch „Nicht mehr als 6 Schüsseln“ die Multidimensionalität von Verhältnissen im Kochen am klarsten zum Ausdruck. Die Ausführlichkeit seiner Beschreibungen ist dem Umstand zuzuführen, daß der Kochbuchautor zu Beginn des 19. Jahrhunderts sich nicht mehr nur an seinesgleichen wandte, sondern auch Anfänger zu belehren hatte. Wer in der Kunst des Kochens noch höher steigen wollte, konnte sich an seine „Theoretisch-praktische Anleitung für die feinere Küche“ halten.

Schlägt man den Bogen in unser Jahrhundert und berücksichtigt, daß in privaten Haushalten kaum mehr handwerklich gekocht wird und dadurch die Geschmäcker aufgrund der standardisierten Fertiggerichte mehr und mehr verarmen, stellt sich die Frage, nach welchen Kriterien ein Kochbuch im ausgehenden 20. Jahrhundert erstellt werden sollte. Sicherlich wird das Streben nach möglichst exakten Mengenangaben, ohne Erläuterung ihres Sinnes oder Zweckes, die Möglichkeit einer Anpassung an Materialien und Gegebenheiten ausschließen.[462] Vielfach werden Kochbücher durch Koch-Sendungen im Fernsehen ersetzt, was den Gesten und Bewegungen zugute kommt. Nachdem aber die Sendezeit hinsichtlich ihrer Dauer einer Beschränkung unterliegt, können Kochvorgänge nicht 1 : 1 übertragen werden. Die gemachten Schnitte stehen dabei keineswegs im Verhältnis zur Gesamtzeit und vermitteln insofern ein falsches Bild der zeitlichen Abläufe.

Zum Abschluß des untersuchten Rezeptmaterials möchte ich aus dem Vortrag „Die eßbare Metapher" einen Merksatz für eine Mayonnaise von Peter Kubelka[463] stellen:

ANALYSE, METAPHER, SYNTHESE
TRENNUNG IN GUT UND BÖSE
VERDICHTEN DIE MAYONNAISE

ZUSAMMENFASSUNG

In einem zusammenfassenden Ergebnis läßt diese Untersuchung, die primär bislang wenig beachtete Maßangaben festhalten und auf deren Gehalt hinweisen möchte, folgende Schlüsse zu. Die aufgezeigten Parallelen künstlerischer Gestaltungsprinzipien mit anderen Kunstgattungen weisen auch dem Kochen seinen Platz in der Kunstgeschichte zu. Die oft formulierte Forderung nach dem „rechten Maß" im Sinne eines humoralpathologischen Temperierens und Ausgleichens beeinflußte die mittelalterliche Küche ebenso nachhaltig wie die nach elementaren Verhältnissen vorgenommenen Teilungen der Zutaten, die stets aus einem Ganzen heraus erfolgten. Als Hilfsmittel beim Messen und Wägen dienten die Glieder des menschlichen Körpers ebenso wie die sinnlichen Wahrnehmungen, überliefert in anschaulich geschilderten Beschreibungen. Nicht die exakten, auf quantitative Grundwerte reduzierten Dosierungen, sondern die ausführlichen Hinweise bezüglich der Farben, Formen, Gerüche, Geräusche, Konsistenzen, Bewegungen, Gestik und Rhythmik sowie die steten Forderungen nach geschmacklicher Überprüfung waren maßgebend. Der Koch sollte die angegebenen Mengen nach seinen Verhältnissen bemessen und die gegebene geschmackliche Vorstellung nach eigenem Gutdünken umsetzen. Das Spiel mit den Gegensätzen war sowohl auf geschmacklicher als auch auf formaler Ebene präsent, der sorgsame Umgang mit den Materialien unbedingte Voraussetzung. Zu den ungenauen, Spielraum schaffenden Zeit- und Mengenangaben des Mittelalters, dem Ermessen und der Erfahrung des einzelnen Kochs überlassen, gesellen sich im Laufe der Neuzeit, ausgehend von Italien, vermehrt die exakten Angaben, die anfangs noch parallel zu den anschaulichen Erklärungen stehen.

Noch zu Beginn des 19. Jahrhunderts begleiten anschauliche, an Gegenstand und Örtlichkeit gebundene Beschreibungen die immer präziser werdenden Mengen- und Zeitangaben. Die in einer Größe vereinigten, einander bedingenden Aspekte von Quantität und Qualität schlagen in der Folge eine Richtung ein, die dem rein quantifizierenden Messen mehr und mehr den Vorzug gibt. Nicht mehr der individuelle Mensch setzt über seine sinnliche Wahrnehmung und Erfahrung die Kriterien, sondern das standardisierte, objektive und vom Gegenstand abstrahierte Maß hält Einzug. Erkenntnisgewinnung über die Sinne spielt nur mehr eine dienende Nebenrolle.
Die Zäsur dieser Entwicklung kann in Zusammenhang mit den von Frankreich ausgehenden Bemühungen einer Rationalisierung, Gleichstellung und Objektivierung aller Errungenschaften, die in der Vereinheitlichung aller Maße und Gewichte gipfelten, gesehen werden. Hatte die seit der Erfindung des Buchdrucks florierende Kochbuchliteratur diesem Aspekt eines überregional gültigen Maßes noch nicht nachkommen können, so stand der Verbreitung genauester, im Zuge exakter Umrechnungen teils wahnwitziger Dosierungen nun nichts mehr im Wege. Die Komposition als Ganzes und die einfache Lesbarkeit von Proportionierungen geht dabei meist verloren.
Die Vernachlässigung der von den Sinnen gesteuerten Messungen beginnt bereits mit den zur Zeit der Aufklärung aufkommenden Zweifeln an der sinnlichen Wahrnehmung, als die Forscher feststellten, daß die realen Vorgänge in der Welt weit von den Sinneserlebnissen des Menschen entfernt sind. In der Folge nimmt die Forschung nicht mehr die Wahrnehmungen des Menschen als Maßstab, sondern die objektiven Ergebnisse der Technik und der Meßgeräte. Der Kochlöffel, über Jahrhunderte das Attribut des Kochs, ist aus der Mode gekommen, das Abschmecken und Probieren wird auf die häusliche Domäne der Hausfrau reduziert. Die zunehmende Professionalisierung der französischen Küche legte großen Wert auf die Trennung zwischen ihrer Kunst und der häuslichen Küche. Das Bemühen, dem Kochen mittels exakter und objektiver Mengenangaben einen quasi wissenschaftlichen Status zu verleihen, hat durch eine gleichzeitige Vernachlässigung der Sinne einen unschätzbaren Qualitätsverlust mit sich gebracht. Die Zurückführung aller qualitativen Eindrücke (Erfahrungen) auf unveränderliche quantitative Grundwerte, nach Spengler die geistige Besitzergreifung durch Messung, läßt der Phantasie und der sonst allseits geforderten Kreativität nur mehr wenig Spielraum. Das Maß ist ein Schlüssel in das Reich der Küche, welches mit verbundenen Augen und Ohren, ohne Berühren, Schmecken und Riechen, nur mit Stoppuhr und Waage, verschlossen bleibt.

ANHANG

BEMERKUNGEN ZUR ÜBERTRAGUNGSPRAXIS

Im Teil A sind Rezeptauszüge punktuell zitiert. Im Teil B sind die Rezepte großteils vollständig wiedergegeben und erfolgen wort- und buchstabengetreu nach den Originalvorlagen. Sie treten im Text einspaltig hervor. Die die Maße betreffenden Angaben sind von der Autorin durch Unterstreichung hervorgehoben. Allfällige Transkriptionen sind darunter kursiv angegeben. Paraphrasierungen und Kommentare befinden sich im Anschluß an die Rezepte. Die fremdsprachigen Vorlagen der von der Autorin übersetzten Rezepte sind nachstehend angeführt.

Die in den mittelalterlichen Handschriften von den Schreibern verwendeten Abkürzungen, Nasalstrich in der Bedeutung m oder n, hochgestelltes s in der Bedeutung von -er, wurden in der Übertragung aufgelöst. Auf die Wiedergabe des langen s wurde verzichtet. V wurde in seiner alten Schreibweise belassen und ist nicht nach dem heutigen Gebrauch wiedergegeben. Übergeschriebene e und o sind hinter den betreffenden Buchstaben gestellt worden.

Es folgen die von der Autorin im Text übersetzten Rezepte in der Originalsprache. Die Seitenzahl bezieht sich auf die Vorlage.

ORIGINALREZEPTE DER FREMDSPRACHIGEN VORLAGEN

DIE FRÜHEN HANDSCHRIFTEN

ZWEI ANGLO-NORMANNISCHE HANDSCHRIFTEN
HANDSCHRIFT A, MS B.L. (BRITISH LIBRARY, LONDON) 32085, HSG. VON C. B. HIEATT UND R. F. JONES, IN: SPECULUM, 61/4, 1986, S. 862–866

S. 863
6. (fol. 118r) A quire char saunz fu. E issi enseigne coment l'en quira char saunz fu. Pernez un petit pot de terre e la coverture de meimes la terre, e ke il seit lee cum le pot est; e puys pernez un autre pot, ke seit fet de meymes la terre cum l'autre, e la coverture cum l'autre, e ke il joyngnent bien au potz, e ke le pot seit plus profund ke l'autre de cync deis e en viron de treis; e puys pernez char de porc e de gelynes; e puys festes couper en beu mosseus, e pernez bons especes e metez dedenz, e du sel; e pernez le petit pot, en ki la char est, e le metez en le grant pot; e si metez debeu cel, si le coverrez od la coverture e estopez le de moille terre tenaunte, ke nule chose ne pusse isser; puys pernez de chauz nient esteynt, si metez en le grant pot ewe tut pleyn, mes gardez ke nule ewe ne entre en le petit pot; <u>si lessez estre en pees cinc lyuee de veie ou set</u>; e puys overez vos potz, e si troverez vostre viaunde bien e bel quyt.

HANDSCHRIFT B, MS B.L. (BRITISH LIBRARY, LONDON) ROYAL 12 C.XII, HSG. VON C. B. HIEATT UND R. F. JONES, IN: SPECULUM, 61/4, 1986, 866–868

S. 867
15. (fol. 11v) Browet d'Alemaigne. Pernez let d'alemaundes, trieez clous de gylofre, quibibes, oynouns fris; e doit estre chaud des clous e quibibes; colour, jaune.
17. (fol. 2r) Browet Sarasyneys blanc. Let de vache lyé ou eofs, gingyvre triee grant plenté; en temps de poumes neoves; colour, blaunk.
18. Browet salmenee. Vinegre, galyngal, canele, poudre de clous de gylofre grant plenté; des eofs moltz, e sucre grant plenté pur abatre la force de le especerie; lyé ou les especes de gyngyvre; colour, neyr ou vert.

S. 868
31. (fol. 12v) Hauseleamye. Grape de vigne, garette de motun; quant ces deus choses seient bien boylys ensemble, en poi de breo ou vertjus, donqe doit estre bien colee e nettement; donqe pernez poule de mars e le coupez, e metez en cel boiller; e quant il soit bien boillé, metez grant plenté de poudre de gyngyvre pur oster le amereté des grapes. Colour ert vert.

HANDSCHRIFT „DU FAIT DE CUISINE" PAR MAISTRE CHIQUART, IM ARCHIV DER KANTONSBIBLIOTHEK WALLIS IN SITTEN; HSG. VON T. SCULLY, IN: VALLESIA, 40, 1985, 101–231

S. 137
/19v/
1. Et pour ce, pour vous donner a entendre la potagerie dudit broet blanc comme elle se doibt faire, l'on doibt prendre ses beaux chappons, et bien nectoyer le grain que on doibt mectre pour mes – ou soit porc, capril ou veaul, ou tel grein comme s'y appartient – et soit mis cuire bien et nectement en chaudieres grandes selon que on vouldra faire; et ung pou de porc meigre pourboillir dedans qui soit par devant bien lavez et nectoiez; et, selon la quantité dudit potaige que vous vouldrés faire, prennés grant quantité d'amandres et soient plumees, lavees et bien broyés, et en broyant les pour les arousés si prennés du boullion dudit chappon; (…) prennés vostre boullon et si l'estaminés dedans une jalle ou cornue belle et necte en quoy il puisse estre; et puis prennés de bon vin blanc et de verjus et mectés dedans selon la quantité du boullon que / 20r / vous avés, et de gingibre blanc et granne de paradis selonc la quantité du boullon, (…) et selon la quantité dudit boullon, si prennés l'ayse (…) pour le boullir et, selon la quantité du boullon, si mectés du succre bullir dedans; et si advisés bien qui ne soit tropt ou pou salé; …
2. Encor plus, ung broet d'Alamaniz: et pour donner entendement a celluy qui le feraz, selon la quantité qu'il en doibt faire si prennés ces chappons et les apareilliés nectement, et fendés et mectés par cartiers; selon la quantité dudit potaige qui luy sera donné en charge, si prenne le grein a l'avenant de la dicte poullaille selon ce que s'ensuit de l'autre potagerie, ou de porcs ou d'aigneaulx, de caprilz ou de veau, / 20v / et telz grein soit depieciez a l'avenant du quartier de la dicte poullaille; et pour ce prennés des oygnions selon la quantité du greyn que

S. 138
vous ferés et les chapplés bien minuz, et me prennés du gras dou bacon et le fondés grandement; et mectés vostre grein selon la quantité que vous avés ou en chaudieres ou en olles belles et nectes, et puis mectés vos voz oygnions et le lard parmy vostre grein et soit frit tout ensemble; et, selon la quantité de vostre grein, prennés d'amendres et les fectes nestoyer qui n'y ait nulles croyses et les faictes laver tresbien en bonne eaue chaude, et puis les faictes tresbien broyer sans plumer et les faictes arrouser du broet du beuf; et puys prennés une belle

cornue et les estaminés avecques le broet du beuf selon la quantité que vous en voulés fayre, et sy advisés qu'il ne soit tropt salé; et puis prennés de bon vin blanc et de verjust selonc la quantité du boyllon / 21r / et mectés dedans, et de gingibre blanc, grane de paradix, du poyvre et non pas tropt, noix muscates, et de toutes minues espices comme giroffle et macit, et du saffran pour lui donner couleur – et de toutes cestes espices mectés en par actrempance; et, estre pisiés, mectés les dedans vostre boullon, et de celluy boullon parmi vostre grein souffrit, et du sucre dedans grant quantité selon la quantité du boullon. Et quant tout ce sera ensemble, sy goustés se yl y a de riens trop ou pou affin que vous y secourés, et vous advise du sel; et sy vous advisés du grein qu'il ne se cuise tropt, car le chevreaux et le veaul sont plus tendres que la poullaille. Et quant vostre grein sera cuit de bon point et on en vouldra drecier, …

3. Et encour plus, ung / 21v / aultre potaige, c'est assavoir ung broet de Savoye: pour donner entendement a celuy qui sera enchargié de ce broet cy, de prendre sa poullaille et le grein selon la quantité que on luy ordonnera que il en doibt faire, et appreste sa poullaille et mecte cuire nectement; et du grein selonc la quantité que on luy ordonnera faire de potaige, et mecte boullir avecque sa poullaille; et puis prenne une bonne piece de bacon meigre en bon endroit et les nectoiés bien et adroit, et puis le mectés cuire avecques la poullaille et grein dessusdit; et puis prennés de servi, pier rasi, ysope et margeleyne, et soient tresbien lavees et nectoyés, si s'en face une bugecte sans chapplez et tout ensemble, et puis se mecte boullir avecques ledit potaige et avecques le grein; et selon la quantité dudit boullon si prennés une grande quantité de persy bien

S. 139

nectoyé et lavé, et se broyent bien et adroit ou mortier; et, estre / 22r / bien broyés, advisés vostre grein affin qu 'il ne soit tropt ou pou cuit et salé, et puis selon la quantité du boullon se hait de gingibre blanc, de granne et de poivre ung pou, et mectés detramper de la mie du pain avecques ledit boullon tant que il en y ait assés pour le lier; et, estre destrampé appoint, et soit pilé et broyer avecques ledit persy et espices, et soit trait et estaminé avecques ledit boullon; et s'y mectés de vin et de verjust selon ce qui est necessayre. Et de toutes les choses dessus dictes si en mectés si appoint que il n'en y ait ne pou ne tropt. Et puis, ce fait, si mectés boullir en une grande, belle et necte oulle. Et se ainsy est que le potaige soit tropt vert, sy y mectés ung pou de saffran, si sera sur le verd gay. Et quant sera a drecier, / 22v / si mectés vostre grein par les platz et dudit boullon par dessus.

/ 27v / S. 143

8. Et pour faire le broet rossee (…) / 282 / et puis en mectés dedan vostre boullon en si bon point et avis que la coulleur dudit boullon soit plus sur la couleur rosee que de goules …

/ 34r / S. 149

12. Pour la tremollete … prennés du mons, des feies de la poullaylle selon la quantité qu'il en sera grant foyson, et les appareillés tresbien et nectement et les mectés en ung pot, et du boillon du beuf ou de mouston pour les reffaire; et puis les embrochiés en de petites broches des bos et puis les mestés roustir sur / 34v / belles brases. Puis prennés du pain selon la quantité de la sauce que devés faire et le trencher par belles charfees, et les mectés roustir sur le gril; et puis quant voz pain sera bien roustir si prennés du boillon du beuf ou de mouston la quantité que vous vouldrés, et soiés advisé du sel qu'il ne soit tropt salé; et puis prennés de bon vin et de verjust, et parmy le boullon mectés cela et le pain trampé dedans en une belle cornue ou selly. Et puis apprés prennés voz mons et feies et les mectés ou mortier et les broiés tres bien et les destrampés ou boullon en quoy vostre pain trempe (…) Et puis prennés des espices: gingibre blanc, cynamomy, granne de paradix, ung pou de poyvre – et que il ne passe pas tropt – noix muscates, maci et giroffle, et de cestes espices advisés bien que de chescunc vous n'y mectés que par mesure; et puis le mectrés boullier en une oulle belle et necte, et puis méctes dedans du succre et non pas tant qu 'il / 35r / oste le gust du verjust car il ne doibt pas estre sur le doulx. (…) et puis viennent les maistres d'ostel pour deviser quantes l'on en mestra en ung chescun plat pour servir roys, ducs,

contes – c'est assavoir six perdrix en ung plat, en l'autre v., en l'autre iiii., et en l'autre iii.; et par dedessus, de ladicte tremollete. …

/ 36r / S. 150
14. Pour le fait du saupiquet pour mectre sur le conin, selon la quantité que l'on en fera prennés deux onnions et les taillés prin, et prennés de bel lart de porc et fondre et souffrire vostre onnions, et pource que il ne se crement en suffrizant si mectés en ung pou de boullon dedans; et puis y mectés du vin blanc a grant foyson selon la quantité du saupiquet que vouldré faire pour lesdistz connins; et prennés vostres espices, bon gingibre, granne, ung pou de poyvre qui ne passe point, et du saffran pour luy donner couleur; et aguste le de vin aigre si pour mesure qu'il ne soit pas tropt poingnant ne pou; de sel aussy.

S. 154
19. Et encor ung gravé d'oysellés et de poullaille: (…) / 40v / Et prennés vostres espices: cynamomy, gingibre, granne, poyvre; minues espices: nois muscates, giroffle, macis, garinga, et de toutes espices – et soit advisé ledit maistre que de riens il n'y mecte pas tropt, mais hait la main trempee et seure de y mectre de ce que luy sem bleroit que eust faulte. (…) Et, estre coullé et mis boullir, se advise ledit maistre et gouste se il fault espices, vin aigre, sel ou autre chouse ou s'il y a de riens tropt; et si n'actendés point que vostre grein soit tropt cuit mais tirés arrieres sur ung pou de chilliens, si non tant que il soit temps de porter au dreceur …

DIE ITALIENISCHEN HANDSCHRIFTEN

HANDSCHRIFT „LVII RICETTE D'UN LIBRO DI CUCINA DEL BUON SECOLO DELLA LINGUA", BIBLIOTECA RICCARDIANA IN FLORENZ, SEGN. 1071, 56826 MISC., HG. VON S. MORPURGO, BOLOGNA 1890

S. 6
II. Se vuoli fare TORTA UNGANESCA per xii persone, togli uno cappone bene grasso, e togli uno lombo di porco bene, e togli due cipolle grosse, bene capitute, e togli meça libra di spetie dolci fini, e togli tre libre di sugnaccio frescho, sança sale; e togli tanta farina che sia tre pani, la miglore che ssi puote avere. Togli il cappone bene lavato, e fanne morsellini, come dado, delle polpe; e del lombo morselli come delle polpe; e delle due cipolle similemente fae morselli: e queste cose metti a sofrigere in sugnaccio fresco, quantità, e delle dette spetie dolci e çafferano assai, e quantitade di sale. E quando è sofritto una grande dotta, mettivi uno bicchiere d'acqua che si cuoca con essa a conpimento. Togli la farina, e intridi con acqua fredda, insalata con un poco di salina, e menela quanto puoi; e togli uno testo di rame bene stagnato, e ugnilo bene con questo lardo frescho che tu ai; e togli la pasta, e dividila e sotiglala col cannello l'una metà sottile: e siate due a tirare. E ugni a foglo a foglo con lardo, e fae in sino a XX o XVIII fogli; e poi tolgli questo battuto del cappone, e di queste cose fae uno suolo in su questa metade, e poni altretante fogle sopra fogle sopra questo suolo, e bene inafiato ciascuno per sé di lardo. E fa' una crosta di sopra per sé di lardo guardia. Questa torta vuole poco fuoco di sotto e piú di sopra: per piú persone o per meno, simiglante mente togli le cose.

S. 6 f.
III. Se vuoli fare TORTA D'ORMANIA per xii persone, togli sei pollastri e iiii casci freschi o passi, e xii huova, e xxx datteri, e una libra d'uve passe, e una libra d'avosine; e meça oncia di cenamo intero, e meça oncia di gengiore, meça quarro di garofani, e due once di pignocchi mondi, e quatro once di spetie dolci bene gialle. Togli questi pollastri ben lavati e svenbrati, e mettigli a sofrigere in lardo strutto assai e bene colato. E la prima

cosa che tu metti co'pollastri sia spetie dolci. Togli il cascio frescho che tu ai, e fanne raviuoli quanti n'escono, e lesagli in acqua; e quando sono cotti, polvereçagli di spetie fini. E quando i polli sono sofritti una gran dotta, mettivi uno grande bicchiere d'acqua. E quando è presso che cotto, mettivi uno cascio stritolato, e viii tuorla d'uova, e 'l cennamo rotto e 'l gengiovo taglato trito, e'garofani interi, e'pignocchi mondi, e l'uve passe bene lavate, e'datteri interi ben lavati e l'avosine bene lavate, e spetie assai e çafferano assai; e guarda queste cose da troppo fuoco tanto che siano bene cotte; e metti la crosta ben sottile in testo. E queste cose, e'raviuoli insieme, si vi si metta a suolo, e poni di sopra crosta sottile e bene gialla. Questa torta vuole poco fuoco, però che sono a cuocere pure le croste et incorporare il battuto. E 'l più e 'l meno, a quella medesima ragione togli le cose.

S. 9 f.
X. Se vuoli farre POLLASTRI A SCHIBECI per xii persone, togli sei pollastri, e meça libra di mandorle, e meça libra di uve passe e xxv datteri, e togli sei cipolle grosse capitute, o cipolle porraie, e togli iiii once di spetie dolci e forti mischiate, e bene gialle di çafferano. E togli i pollastri, e metigli a lesare interi; e quando sono cotti, togli una libra di lardo, o più, tanto che basti, bene battuto o distrutto e bene colato: dividi i pollastri per lungo, e mettigli a sofrigere in padella tanto che prendano colore di rosso, e poscia ne gle trai fuori, e polvereçali delle dette spetie e di çucchero. E togli le cipolle, taglate sottile quanto puoi, e mettile a sofrigere in questo lardo che è rimaso de' pollastri, e fae sofrigere le cipolle tanto che prendano colore di rosso; e quando sono cosi fritte, tra'ne fuori il lardo quantitade. La prima cosa che ttu vi metti siano spetie; e la seconda, metadella d'aceto e d'acqua, per metade ciascuno. E quando è presso che cotto, la prima cosa che ttu vi metti suso siano mandorle monde e bene lavate, la seconda datteri, bene lavati, fatto quattro parti dell'uno; e la terça uve passe ben lavate. E quando è cotto, togli una medolla di pane grande, o due di piccoli, e abruscialo sulla brascia tanto che fia rosso, e pestalo al mortaio, e macinalo bene, e distemperalo col buono vino, tanto che sia in quantitade d'una metadella, e colalo con istamigna; e quando è colato, mettivi spetie e çafferano assai stenperato, in su queste cose nella padella, e fae bollire. E quando è bollito, mettilo in su'pollastri. Questa vivanda vuol esere molto gialla, e agra e dolce di queste cose che vi si mettono. Se vuoli fare per piú persone o per meno, a questa ragione.

S. 15
XVIII. Se vuoli fare TORTA LAVAGNESE per xii persone, togli sei pollastri e sei casci freschi o passi, e togli xviii huova e ii libre di lardo e sei derrate di çafferano, e togli buona quantità di petrosemoli, e salvia poca, e menta poca. E togli i pollastri, e mettigli a lessare tanto che siano bene cotti, e isvembrali; e togli il cascio che tu ài, bene lavato, e pestalo grosso; e togli il lardo che tu ài, bene battuto, quanto puoi il piú; e togli l'uova che tu ài, e mettine in questo battuto, tanto che siano né troppo duro né troppo molle; e togli il çafferano, e stemperalo, e mettilo in questo battuto. E togli i pollastri e questo battuto, e metti queste cose tra due croste in uno testo, e fae gialla la crosta di sopra, e dàe fuoco di sotto e di sopra. Et questa torta vuol esere gialla e verde e molto grassa, sança spetie. Se vuoli fare per piú persone o per meno, a questa ragione togli le cose.

S. 17 f.
XXIV. Se vuoli fare BLASMANGIERE DI PESCE per xii persone, togli tre libre di mandorle, e togli meça libra di çucchero e meço quarro di garofani, e due once di pignocchi mondi et una libra di riso; e togli due peçi di luccio grosso et una peça di tincha. E togli le mandorle, bene monde e ebene lavate e bene macinate, et stemperate con acqua chiara, bene spessa e bene colata; e togli il riso, bene netto e bene lavato con acqua calda, e bene rasciutto con tovagla e bene pesto allo spetiale e bene stacciato; e togli il pesce che tu ài, bene lesso e bene colato, e fallo fredare, e sfilare il più sottile che tu puoi, a guisa di polpa di pollo. E togli il lacte delle mandorle che tu ài: le tre parti metti a fuoco in vasello netto; e quando è levato il bollore, stempera la farina del riso che tu ài con latte crudo che è rimaso, e fallo cuocere dalla lungia in sulla brascia; e mestalo spesso. E quando è presso che cotto, mettivi dentro le polpe del pesce e quantità di çucchero, e trai indietro per minestrare. E poni spetie

sopra scodella, e çucchero e garofani interi e pignocchi mondi. Questa vivanda vuol esere bianca quanto puoi il più, e dolce. Se vuoli fare per piú persone o per meno, a questa medesima ragione.

HANDSCHRIFT „LIBRO DELLA COCINA" DES ANONIMO TOSCANO, BIBLIOTECA UNIVERSITARIA BOLOGNA, NO. 158, IN: E. FACCIOLI, ARTE DELLA CUCINA, MILANO, BD. 1, 19–57

S. 31
De la gelatina di pesce. Togli buono vino con un poco d'aceto, e schiumato che fia quando bolle, mettivi dentro il pesce, e, cotto, cavalne, e fa bullire il vino tanto che torni a la terza parte: poi mettivi dentro zaffarano e altre spezie, con alloro: poi colato il vino, mettivi spico, e lassa che sia freddo; poi metti, sopra 'l pesce, nel catino.

S. 38 f.
De'blanmangieri. Togli petti di galline, cotti; e posti sopra una taola falli sfilare più sottili che puoi. Intanto lava il riso e sciugalo, e fanne farina e cernila con setaccio o stamigna; poi distempera la detta farina del riso con latte di capra o di pecora o d'amandole; e metti a bollire in una pentola ben lavata e netta; e quando comincia a bollire mettivi dentro i detti petti sfilati, con zuccaro bianco e lardo bianco fritto; e guardalo dal fumo, e fallo bullire temperatamente senza impeto di fuoco, sì che sia ispesso, come suole essere il riso. E quando ti menestratai, mettivi suso zuccaro trito o pesto, e lardo fritto.

S. 48
De sardamone di carne. Togli carne di castrone, del petto: taglia minuto e fa'bullire forte; e quando sirà bullita, acciò che non sappia di beccume, leva via l'acqua e friggi la carne col lardo: poi mettivi su abbastanza di quella acqua, in tanto che poco rimanga di quello brodo; e quando siranno cotte, mettivi su coriandoli e carote bene trite, con spezie e zaffarano abbastanza. E se non avessi coriandoli, mettivi del comino, e mangia.

S. 49
De le ova piene. Togli ova, lessali e mondali, e parti ciascuno per mezzo, e cava inde il tuorlo; e presa maggioranzia, zaffarano e garofani, distempera coi detti tuorla d'ova, e pesta forte, aggiontovi dentro cascio grattato: e per ciascuno otto ova distempera uno ovo crudo; e fatto questo, d'esso savore empi le pacche de l'ova e friggile con buono lardo; e mangia, aggiontovi il savore che si dice verzuzo francioso. De l'ova fritte, arrostite e sbattute è sì noto che non bisogna dire d'esse.

S. 52
Del savore con la grua. Togli il fegato de la grua e arrostilo sulla bragia; poi piglia bone spezie, maggiorana, zaffarano e il detto fegatello, e pesta bene ogni cosa insieme, e due tuorla d'ova metti con essi, e distempera con buono vino e un poco d'aceto; poi mettivi un poco di mosto cotto, acciò che sia acro dolce.

S. 52 f.
Savore per malardi et anatre. Fa' come detto è di sopra del savore de la grua; non ponere però zaffarano per tutti uccelli di rivera. Per queste cose che dette sono, il discreto cuoco potrà in tutte cose esser edotto, secondo la diversità dei regni; e potrà i mangiari variare e colorare, secondo che a lui parrà.

HANDSCHRIFT „LIBRO PER CUOCO“ DES ANONIMO VENEZIANO, CASANTENS, NO. 225, IN: E. FACCIOLI, ARTE DELLA CUCINA, MILANO 1966, BD. 1, 61–105

S. 64
V. Bramagere. … Quando è coto e tu manestra, mitige de l'acqua rosata per sopra le scutelle, e poy zucharo, e poy mandole sofrite bianche, e poy garofalli. Questa vivanda vole essere biancha como neve, e streta, e potente de specie.

S. 65
VII Bon savore da polastri. A fare bon savore a polastri, toy pome granate e fane vino a mane, e meti in quello vino ben specie dolze, e se ti parese tropo forte, mitige anexo pesto, altrimente aqua rosa. Altri usa fare vino de pome granate agre e vino de bona uva dolze, e meti questi doy vini insembre e spesie dolze assai. Se tu non avesti uva meti un pocho de melle, e fai bolire: li specie vole esser crude: non vole star fatto che se guasta.

S. 70
XXIII. Cisame de pesse quale tu voy. Toy lo pesse e frigello, toy zevolle e lessale un pocho e taiale menude, po' frizelle ben, poy toli aceto et aqua e mandole monde intriegi, et uva passa, e specie forte, e un pocho de miele, e fa bolire ogni cossa insema e meti sopra lo pesse.

S. 72
XXIX Fritelle de pome per Quaresima. Toy le pome e mondalle, po'taia a modo de hostie e fa sugolo de farina con sufran, e mitige uva passa, e miti queste pome in questo sugolo; po' le frige con olio zascuna per si, polverizali zucharo quando eno cocto, etc.

S. 74
XXXVI. Herbetella de Quaressima. Se tu voy fare herbette de Quaressima cum olio, toy li herbe, zoè spinace, e blide, petrosemolo, e mente, e maiorana poca ben monde e ben lavate, e fale alessare. Quando sono apres che cocte, cola fuora l'aqua e strucha ben fuora a mano, po' le batte con coltello, po' le bati con lo mazo, po' le miti in la pignata e sofrigeli con l'olio e con el sale tanto che basta; poy li miti quella lessadura sopra, e fay chosere sì che siano strette e poy tray in suso e lasalle ripossare. Quando vanno a tavola, menestra e polveriza sopra specie.

S. 85
LXXI. Sambugado zoè lacte con fior de sambuco. Se tu voy fare sambugato, toy lacte de pecora che sia chiara, toy fiore de sambugo e metilo a moglio in quello late e lasalo a moglio azay, poi lo cola. Per una quarta de late vole XII ove e batille insieme, poi mitillo a bolire e vardalo dal fumo.

S. 86
LXXIII. Specie fine a tutte cosse. Toy una onza de pevere e una de cinamo e una de zenzevro e mezo quarto de garofali e uno quarto de zaferanno.

S. 86
LXXIV. Specie dolce per assay cosse bone e fine. Le meior specie dolze fine che tu fay se vuoi per lampreda in crosta e per altri boni pessi d'aque dolze che se faga in crosto e per fare bono brodetto e bon savore. Toi uno quarto de garofali e una onza de bon zenzevro e toy una onza de cinamo leto e toy arquanto folio e tute queste specie fay pestare insiema caxa como te piaxe, e se ne vo' fare più, toy le cosse a questa medessima raxone et è meravigliosamente bona.

S. 86
LXXV. Specie negre e forte per assay savore. Specie negre e forte per fare savore; toy mezo quarto de garofali e do onze de pevere e toy arquanto pevere longo e do noce moscate e fa de tute specie.

S. 92
XCV. Torta de herbe. Se tu voy fare torta de herbe per xii persone, toy vi cassi grandi e toy grandi quantità de herbe zoè blede, petrosemolo, spinaze, menta, e do libre de lardo salato e octo ova; toy queste herbe ben necte e ben batute e ben spremute del sugo, toy il caxo e trialo con herbe bene grosso tagliato e toy lo lardo che tu hay ben batuto al più che tu poy e toy l'ova che tu ay e mescola queste cosse insema e miti dentro do croste in el testo e fay zalla la crosta de sovra, questa torta molto vole essere grasso e assay caxo e molte herbe e voy essere voa e se voy per men persone, toy le cosse a questa mesura.

HANDSCHRIFT „LIBRO DE ARTE COQUINARIA“ DES MAESTRO MARTINO, LIBRARY OF CONGRESS, WASHINGTON NO. 153, IN: E. FACCIOLI, ARTE DELLA CUCINA, MILANO 1966, BD. 1, 119–204

S. 122
Per fare brodo lardieri de salvaticina. Per far brodo lardiero de ogni carne salvacina: in prima lava la carne in bon vino bianco mescolato con altrectanto aqua, et passa la lavatura per la stamigna, con la quale ponirai a cocere la dicta carne, agiongendovi bona quantità de lardo, tagliato in pezoli piccoli come dadi da giucare, et ponigli etiamdio bona quantità de salvia rotta con mano in tre o in quattro pezi; et quando è presso che cotta, poneraili de bone spetie, come se dice de sopra. Et per far che 'l brodo sia un poco spesso, togli duo o tre rosci d'ova, secondo la quantità et altrettante fette di pane ben brusculate al foco, et non troppo o niente abrusciate, ma solamente secche, et fane polvere; poi togli un poco de brodo, et distempera queste chose inseme, et ponile nel brodo; et possendo haver del sangue overo la coratella de la salvacina, pestala bene, et ponila a cocere nel prefato brodo, el serrà assai migliore. Ma nota che se del dicto brodo tu vorrai fare piattelli, la carne vole esser tagliata in pezi grossi de una libra o di meza; et volendone fare minestre, vole esser tagliata minuta. Nota etiamdio che la carne da far peperata, et da far brodo lardiero, se coce in la lavatura per non perdere quel sangue che esce fuori lavandola.

S. 123
Per far pastello secco de cervo o capriolo. Per far pastello de carne de cervo o de capriolo: in prima taglia la carne in pezi grossi come due pugna, et fagli trare solamente un buglio in aqua mischiata con altrectanto aceto et con sale secondo il bisogno. Dopo cavala fore et ponila in luocho che l'humor del bruodo esca fuori et si scuicchi un pocho la dicta carne. Dopo togli pepero et cannella polverizata inseme, giognendoli del sale secondo la quantità de la carne, et togli de buon lardo et fanne lardoni, et avoltali ne le spetie predicte et inlarda bene per longo la dicta carne. Et habi de garofali sani, et piantane molti da ogni canto in la dicta carne, la quale etiamdio vole essere bene involtata in le dicte spetie. Dapoi togli de bona farina et fa' la crosta un pocho più grossa che quella de le lasangne. Et ad ogni pezzo di carne fa' la sua spoglia di tale crosta et ponila accocere nel forno ad agio ad agio et vole essere ben cotta; et simili pastelli se possono conservare quindici dì et etiamdio un mese.

S. 129 f.
Se tu vorrai fare bone salzicchie di carne di porcho o d'altra carne. Togli de la carne magra et grassa inseme senza nervi e tagliala ben menuta. Et se la carne è dece libre metteve una libra de sale, due oncie de finocchio ben necto et doi oncie di pepe pistato grossamente; et mescola bene queste cose inseme et lassale stare per un dì. Et dapoi togli di budelli ben necti et ben mondi et impieli de questa carne et poneli asciuccare al fumo.

S. 133
Per far structo de porco. Piglia assogna frescha, overo lardo frescho, et taglialo in pezzi como una castagna, et mettegli assai de sale. Da poi pistalo molto bene et lascialo stare un dì così pesto. Et da poi ponilo al focho in un caldaro. Et se serà cento libre ponevi dece, o dudici boccali d' acqua et lascialo bollire ad agio ad agio tanto che sia ben squagliato. Dapoi cola questo strutto per una stamegnia. Et da poi piglialo pian piano di sopra, acciò che tu non togli dell'acqua che starà di socto et ponilo in un vaso necto et tieni il dicto vaso in locho frescho. Et in questo modo durarà questo structo uno anno.

S. 134
Prosciutto cotto. Pianta il coltello in mezzo del presutto, et ponilo al naso; se 'l coltello ha bono odore il presutto è bono, et così per lo contrario. Et se tu lo voi cocere et che duri più tempo cotto, togli di bon vino biancho, overo aceto, et altrettanta acqua, ma meglio serrebe senza acqua; et nel dicto vino fa' bollire il presutto tanto che sia mezo cotto. Et dapoi levalo dal focho, et lassa el presutto nel brodo che sia fredo. Et dapoi caccialo fore, et in questo modo serà bono et durarà un bono tempo.

Per far un pastello de creste, ficatelli et testicule di galli. Taglia ciaschuna de le creste in tre parti et li figatelli in quattro, et li testicoli lasciali sani et togli un pocho di lardo et taglialo ben menuto, man non lo battere. Et togli doi, o tre once de bon grasso de vitello et battilo molto bene; et meglio farai con la medolla del bove overo de esso vitello; et habi trenta o quaranta cerase brusche et secche, et cannella et zenzevero, assai zucchero et rafiuoli pochi et meschia tutte queste cose inseme, et fa'un pastello et ponilo a cocere nel forne, o ne la padella. Et quando è mezo cotto togli un rosso d'ovo, et zafrano, et agresto, et batti inseme et mittele nel dicto pastello, et lassalo stare tanto che sia cotto.

S. 136
Per far XII menestre de bianco magiare a la catelana. Pigliadoi bocchiali di lacte de capra, et octo oncie di farina de riso ben fina, et ponila a boglire nel dicto lacte. Dapoi piglia il petto di un cappone morto quello medesimo di, et che sia mezo cotto, et deffila tutto questo pecto sottilmente come capegli, et dapoi mittilo nel mortale et non gli dare se no doi tracti del pistone. Dapoi quando lo lacte ha bollito meza hora, gectavi dentro lo dicto pecto cosi sfilato con una libra de zuccharo, et lassalo bollire per spatio de quattro hore vel circha; et questa cosa vole essere menata continuamente col cocchiaro dal principio infine a la fine. Et per cognoscere quando ella è cotta, tira el cocchiaro et parerà che sia vischio. Et dapoi ponegli dell'acqua rosata como è ditto di sopra; et fa' le menestre, sopra le quali metterai un pocho di zuccharo; et dapoi, andale ad tavola.

S. 137
[Per fare dece menestre di brodecto]. Per fare dece menestre di brodecto piglia trenta rossi d'ova, et bono agresto, et bono brodo di carne, o di cappone che serrà assai meglio, et un pocho di zafrano, et un poche di spetie dolci, et mescolale inseme, et passale per la stamegnia et ponile in una pignatta, et mitti la ditta pignatta sopra la brascia longi dal focho menando continuamente col cocchiaro; et como tu vedi che lo cocchiaro comincia ad imbrattarsi levala dal focho; et non lassare però di menare col cocchiaro tanto che dicessi doi paternostri. Dapoi fa' le menestre et mettegli un poche de spetie dulci di sopra; et fa' che scia dolce o agro secundo el comuno gusto.

S. 144
Ravioli in tempo di carne. Per farne dece menestre: togli meza libra di caso vecchio, et un pocho d'altro caso grasso et una libra di ventrescha di porcho grassa overo una tettha di vitella, et cocila allesso tanto che sia ben disfatta. Dapoi battila bene et togli di bone herbe ben battute, et pepe, garofoli, et zenzevero; et giongendovi il

petto d'un cappone pesto serebe bono migliori. Et tutte queste cose distemperale inseme. Dapoi fagli la pasta ben sottile, et liga questa materia ne la pasta como vole essere. Et questi ravioli non siano maiori d'una meza castagna, et ponili accocere in brodo di cappone, o di carne bona, facto giallo di zafrano quando bolle. Et lassali bollire per spatio de doi paternostri. Dapoi fanne menestre, et mettili di sopra caso gratto et spetie dolci mescolate inseme. Et simili raffioli si posson fare di petto di fasani et starne et altre volatile.

S. 150
Herbe con lacte d'amandole. Habi le herbe et falle bollire in prima un pocho in l'acqua, la qual deve bollire quando glille mitti. Et poi la cava fore, et ponile sopra una tavola, o un taglieri, et battile menute con un coltello, et nel mortale le macinarai molto bene; et poi le farai bollire ne lo lacte d'amandole mettendovi del zuccharo a sufficientia.

S. 154
Salsa verde. Piglia petrosillo et sarpillo, et una pocha de bieda, con qualche altra bona herbicina, con un pocho di pepe, et zenzevero, et sale. Et pista inseme molto bene ogni cosa distemperando con bono aceto forte, et passarailo per la stamegnia. Et se voi che senta dell' aglio vi poterai mettere a pistare inseme con le sopra ditte cose un pocho di fronde de aglietti. Et questo secundo il gusto a chi piace.

S. 155
Sapor de moroni. Habi dell' amandole monde et piste bene con un pocha di mollicha di pane biancho. Et piglia li ditti moroni, et macina con diligentia ogni cosa inseme. Et non gli dare colpo né pistare, per non rompere quelli granelli piccini che hanno dentro; poi gli mecti de la cannella, del zenzevero et un pocho di noce moscata. Et ogni cosa passa per la stamegnia.

S. 157
Agliata bianca. Piglia de le amandole monde molto bene et falle pistare, et quando sonno mezze piste metti dentro quella quantità d' aglio che ti pare, et inseme le farai molto bene pistare buttandolgi dentro un pocha d'acqua frescha perché non facciano olio. Poi pigliarai una mollicha di pane biancho et mettirala a mollo nel brodo magro di carne o di pesce secundo i tempi; et questa agliata poterai servire et accomodare a tutte le stagioni grasse et magre como ti piacerà.

Agliata pavonaza. Sequirai l'ordine del capitolo sopra scripto, excepto che non bisogna gli metti brodo, ma pigliarai dell' uva negra et con le mani la romperai molto bene in una pignatta, o altro vaso; et faralo bollire per meza hora; poi collerai questo mosto, col quale distemperarai l' agliata; et il simele si po fare con le cerase. Et questa agliata si pò dare al tempo di carne, o di pesce, como si vole.

S. 158 f.
Torta biancha. Piglia una libra et meza di bono cascio frescho, et taglialo menuto, et pistalo molto bene, et piglia dodici o quindici albume o bianchi d'ova, et macinali molto bene con questo cascio, agiongendovi meza libra di zuccharo, et meza oncia di zenzevero del più biancho che possi havere, similemente meza libra di strutto di porcho bello et biancho, o in loco di strutto altretanto botiro bono et frescho, item de lo lacte competentemente, quanto basti, che serà assai un terzo di bocchale. Poi farrai la pasta overo crosta in la padella, sottile come vole essere, et mectiraila a cocere dandoli il focho a bell' agio di sotto et di sopra; et farai che sia di sopra un pocho colorita per el caldo del focho; et quando ti pare cotta, cacciala fore de la padella, et di sopra vi metterai del zuccharo fino et di bona acqua rosata.

S. 162
[Torta di riso]. Lava il riso et nettalo molto bene, et fallo cocere in lacte o in bono brodo grasso tanto che sia ben cotto; et poi il cavarai fora sopra ad un tagliero et lassaralo asciucchare et pigliarai un pocho di bono cascio fresco pistato molto bene giungendovi dece bianchi d' ova, del zucchraro et dell 'acqua rosata. Et anchora piacendoti vi poterai mettere un pocho di lacte quanto tene un picchholo bicchieri. Et mescolato bene ogni cosa inseme la metterai bene a cocere in la padella observandoli quello ordine et modo che è ditto di sopra de la torta biancha. Et nota che questa richiede et vole minore quantità di cascio che l' altre torte sopra scripte.

S. 168 f.
Marzapane. Monda l'amandole molto bene, et pistale quanto più sia possibile perché non fanno a passare per la stamegna. Et nota per fare le ditte amandole più bianche, più gustose et più dolci a la bocca, se vogliono tenere a mollo nell'acqua frescha per un dì et una nocte o tanto più, che da se stesse premendole con le ditte se mondino. Et pistandole le bagnarai con un pocha d'acqua rosata, perché non facciano olio. Et se vol fare bona la ditta torta, metteragli a peso equale tanto zuccaro siano quanto amandole, cioè una libra dell'uno et una dell'altro, o più o mancho como ti piace, et metterali anchora una oncia o doi d'acqua rosata bona; et tutte queste cose incorporarai molto bene inseme. Poi pigliarai di cialdoni o nevole fatte col zuccaro, et bagnate prima con l'acqua rosata; distemperarla sopra el fondo de la padella, et dentro gli mettirai questa compositione o pieno sopra ditto. Et disteso et spianato che
l'haverai, un'altra volta si vole bagnare un pochetto con l'acqua rosata, sopragiognendogli ancora di sopra di bono zucchаro spolverizato. Et spianato bene per tutto con il zuccharo la farai cocere nel forno overo al focho como l'altre torte molto ad ascio, havendo bona avertenza a dargli il focho temperato et di rivederla spesso perché non s'abrusciasse. Ricordandoti che simele torta di marzapane più tosto vole essere un pocho bassetta et sottile, che troppo alta et spessa.

S. 172
Suppa de lacte de seme de canape. Farai bollire un pocho la semenza de la canipa tanto che s'incominci ad aprire la cortecce, et pistala molto bene nel mortale mettendo con essa un poche de amandole monde, et distemperandole con acqua frescha le passarai per la stamegna. Poi le mettirai a bollire un pocho, agiognendoli un pocho di sale et di zuccharo abastanza, item un poco di pepe si al gusto ti piace; et un'altra volta lo lassarai bollire per spatio quanto diresti un miserere, et haverai del pane tagliato in fette brusculate un poco, et per ordine a solo concerai in piattello o scudella le ditte fette di pane, buttandovi suso de quelle lacte de la ditta semenza di grado in grado secundo che andarai conciando il pane; et finalmente vota fora tutto il ditto lacte regendo il pane che non si sconci. Et un'altra volta lo remetterai di sopra, et questo farai doi o tre volte. Poi gli mettirai di sopra per tutto de bone spetie dolci, et mandala ad tavola.

S. 174
Suppa dorata. Habi de le fette di pane bianco mondato che non habia corteccia, et fa' le ditte fette siano quadre, un pocho brusculate tanto che da ogni parte siano colorite dal foco. Poi habi dell'ove battute inseme col succaro assai et un poca d'acqua rosata; et mettirali a mollare dentro le ditte fette di pane; et cavatile fora dextramente le mettirai a frigere un pochetto in una padella con un poco di butiro o de strutto, voltandole molto spesso che non si ardino. Poi le conciarai in un piattelo; et di sopra gli mettirai un pocha d'acqua rosata fatta gialla con un pocho zafrano, et del zuccaro habundantemente.

Frictelle de fior de sambuco. Habi de bono caso frescho, et un poco di bon caso vecchio, et fa' che siano molto bene pesti et con essi metti un poco di fior di farina et di bianchi d'ova secundo la quantità che vole fare, item un pocho di lacte et del zuccaro; et macinate molto bene tutte queste cose inseme, cavatele del mortare, vi giognirai di fiori di sambuco abastanza secundo che pare a la tua dicretione; et li ditti fiori non vogliono essere né pesti né rotti, facendo la ditta compositione né troppo chiara, cioè liquida, perché possi fare le frittelle tonde con mano overo in quale altra forma ti piace, mettendole a frigere in bono strutto o botiro, overo in bono olio; et calde calde le manda in taula.

S. 177
[Frittelle di pesce.] Fa allessare il pesce, et pista molto bene de la polpa sua più bianca, et haverai un pocho di lacte d'amandole bene stretto, et un pocho di fior di farina con del zuccharo; et queste cose distemperarai con un poca de acqua rosata o d'altra aqua comuna; poi fa' le frittelle in che forma di piace, et frigile in bono olio.

S. 179
Frictelle piene di vento. Togli del fiore di farina et d'acqua di sale et del zuccaro; distemperarai questa farina facendone una pasta che non sia troppo dura, et falla sottile a modo di far lasagne; et distesa la ditta pasta sopra ad una tavola, con una forma de ligno tonda overo con un bicchiero la tagliarai frigendola in bono oglio. Et guarda non ti vinisse bucata in niun loco, et a questo modo si gonfiaranno le frittelle, che pareranno piene, et seranno vote.

S. 182
Ova tuffate con la sua cortece. Metti le ova fresche in l'acqua freda, et falle bollire per spatio d'un paternostro o un poco più, et cavale fore.

S. 184
In che modo è meglio cocer lo storione. Sopra terrai lo storione che sia un poco passato, trito o frolo et non frescho; se vole che sia bono in perfectione habi di bon vino bianco o aceto mescolato con acqua pura che sia tanto l'uno quanto l'altro, et del sale a sofficentia; et qui lo farai molto bene allessare facendolo bollire per tanto spatio quanto faresti la carne de vitello o de manzo, secundo la sua grandeza tagliandolo in pezi grandi et grossi come pare a la tua discretione; ma chi per più magnificentia lo vole cotto integro faccia d'avere li vasi grandi et capaci a cocerlo sano como fa il mio Signore, perché ogni pesce è molto migliore integro che in pezi o altramente.

S. 187
Cefalo. Questo pesce per sua natura et qualitá vole essere rostito, ma quando è molto grosso se deve cocere allesso; et il sapore dell' arrosto è la salimora, et dello allesso è il sapore bianco.

S. 188
Bestino. Fallo allessare in mezo vino o aceto et mezo acqua, et per suo sapore vole un poco d'agliata fortissima, certificandoti che ogni bestino è velissimo, più conveniente a zappatori che ad homini da bene.

S. 190
Trutte grosse. Nettale molto bene et tagliale per traverso in pezi larghi una manu; et conciarai questi tal pezi per ordine nel caldaro o altro vaso dove li voli cocere, facendo che quello tagliato venga di sopra, et assettandole in questa forma assolo assolo gli buttarai del sale abundantemente. Et fatto questo de tutta la quantità che vole cocere, gli buttarai su dell'acqua pianamente con tale attentione che non mandi via quello sale posto sopra il pesce; agiognendoli ancora un poco di aceto, tanto che venga a stare il brodo sopra il pesce doi dita, et fallo bollire spiumandolo molto bene. Et como non fa più schiuma gli levarai di sotto quasi tutto il foco, per lasciarlo bollire quanto più ad ascio tu poterai, tanto che sia cotto. Dapoi cavalo fore sopra ad una tavola netta

ad ascuiccare, et di sopra gli metterai de le spetie dolci. Et con questa trutta darai il sapore bianco che habia zenzevero assai. Et quando è piccola nettarala molto bene et tagliala per lo longo da la schina dall'una parte et dall'altra. Et in quelli tagli mettirai del sale molto bene et simelemente ne gli mettirai in corpo. Poi lasarai stare in soprescia tra doi taglieri con qualche peso di sopra per spatio doi o tre hore. Et fatto questo la 'nfarinarai et frigerai et in bono olio bene ad ascio. Et a questo modo la poterai conservare tre o quattro dì se ti piace.

S. 193
Gambari. Falli allessare mettendoli un pocha d'acqua et d'aceto, equalmente tanta acqua quanto aceto, et del sale habundantemente, et perché fanno per loro stessi acqua non gli mettere troppo di questo brodo, facendoli bollire forte tanto che bottino fore per se stessi la schiuma sua. Et per conoscere quando seranno cotti poni cura quando serà uscito il brodo doi o tre volte sopra il caldaro, como è dicto; allora deveranno stare bene, ma per saperlo meglio ne poterai assaggiare et no serai gabato.

S. 197
Gelatina di pesce. Prendirai dell'acqua, del vino et dell'aceto, et perché più se conservi et duri gli mettirai poca acqua et molta spetiaria. Et perché sappi qual pesce è migliore et più substantioso da fare brodo per gelatina, ti dico che la tenca e 'l luccio e quanto più sonno grassi et grossi tanto sonno meglio. Et nota che questo tale pesce non vole essere raschiato, ma solamente aperto, et vole essere ben fresco, cocendole bene ad ascio in poco brodo tanto che solamente stia coperto, et questo perché 'l brodo prenda più substantia. Et quando ti pare che sia il pesce ben cotto, cavalo fora et scorticalo tutto et mettilo da parte, ma la sua pelle remettirai ancora a bollire nel brodo per un pezo. Et quando ti parerà che habia bollito abastanza, colerai molto bene il ditto brodo observando tutto l'ordine e 'l modo descripto nel capitolo de la gelatina de la carne, così in farla chiara et bella como in ogni altra cosa, ricordandoti che questa vole havere et sentire più di spetie: et poterai in questo tal brodo mettere in gelatina di pesci marini cotti da parte et separati, item d'ogni altra rascion di pesce che più ti piacerà.

S. 201
La tonnina. Falla stare a mollo in l'acqua tepida sei hore mutandoglilla doi o tre volte, et falla bollire un pochetto, cioè doi o tre bolli, poi cavala fuori et mettila nell'aceto.

Trutte salate o altro pesce salato de aqua dolce. Falle stare a mollo nell'acqua tepida quattro o cinque hore, et faralle bollire in acqua per spatio de una hora et più et manco secundo il bisogno e che seranno grande o piccole; et simelmente farai d'ogni altro pesce salato. Et nota che in tutte le qualitate et nature di pesci sempre si vole attaccare al più grosso, secundo il proverbio che si dice: Pesce vecchio, et carne giovene.

DIE ERSTEN GEDRUCKTEN KOCHBÜCHER

„DE HONESTA VOLUPTATE ET VALETUDINE" DES BARTOLOMEO PLATINA, HG. VON E. FACCIOLI: IL PIACERE ONESTO E LA BUONA SALUTE, TURIN 1985

S. 141 f.
Nr. 178. Biancomangiare alla catalana. Metti al fuoco in un tegame della farina di riso di prima scelta con due boccali di latte ci capra, a distanza dalla fiamma perché non prenda fumo. Poi taglia in filetti sottilissimi un petto di cappone appena ammazzato e portato a mezza cottura: mettili in un mortaio e pestali per due volte,

al massimo tre, con il pestello. Quando il latte avrà bollito per mezz'ora, aggiungivi il petto di cappone in filetti con una libbra di zucchero e fa bollire per quattro ore, mescolando senza sosta con un cucchiaio, al quale questo condimento, non appena sarà cotto, si attaccherà come resina. Da ultimo, come è detto per la pietanza precedente, aggiungerai dell'acqua di rose e farai i piatti. Non sarà male mettervi anche un po'di zucchero: nessuna vivanda, come si suol dire, rifiuta lo zucchero. Il nostro Galba ha offerto spesso questa pietanza a me a Rizione; c'era anche Tridentone, il quale affermò di non aver mai mangiato cibo piú squisito.

S. 142
Nr. 180 Intingolo giallo. Sbatti e mescola insieme in una casseruola trenta tuorli, agresto, brodo di vitello o di cappone, un po' di zafferano e un pizzico di cannella. Passa il tutto in una olla attraverso uno staccio da farina; poi fa cuocere sulle bracie, a distanza dalla fiamma perché non prenda il fumo, e continua a mescolare con un cucchiaio fino a quando comincia a diventare denso. Allora toglilo dal fuoco e servi in tavola: basta abbondantemente per dieci persone. Quando è nei piatti, questo intingolo richiede l'aggiunta di spezie in polvere.

S. 175
Nr. 262. Salsa verde. Trita il prezzemolo insieme con serpillo, bietole e altre erbe odorose, un po' di zenzero, cannella e sale; diluisci con aceto forte e passa in un recipiente attraverso lo staccio. Se ti piace l'aglio, mettine poco o molto, a tuo gusto. Anche questa è una salsa poco nutriente, infiamma lo stomaco e il fegato, si digerisce a fatica. Ha però il pregio di sciogliere le occlusioni e di stimolare l'appetito.

S. 176
Nr. 266. Salsa di more. Con mano leggera schiaccia delle more insieme con mandorle e mollica di pane già ben pestate; uniscivi cannella, zenzero e un po' di noce moscata; fa passare allo staccio mettendo poi il tutto in un recipiente. È una salsa che nutre poco e sosta a lungo nello stomaco provocando senso di nausea; fa bene tuttavia ai denti e alla bocca.

S. 186
Nr. 290. Torta di riso. Fa cuocere per bene il riso nel latte o in brodo grasso, stendilo sopra un tagliere perché si asciughi e poi mettilo in una casseruola aggiungendovi un po' di formaggio fresco ben tritato, dieci chiare d'uovo sbattute, zucchero, acqua rosata e, se vuoi, una tazza di latte. Metti il tutto in una padella e fallo cuocere osservando le prescrizioni date per la torta bianca. Quella di riso richiede tuttavia meno formaggio. Questa pietanza nutre molto, giova al fegato e fa aumentare lo sperma. Sosta tuttavia a lungo nello stomaco, indebolisce la vista e dà luogo a calcoli e a occulsioni.

S. 200
Nr. 320 Frittelle di sambuco. Pesta in un mortaio questi ingredienti: formaggio grattugiato, sia stagionato sia fresco, un po' di farina; qualche chiara d'uovo, un po' di latte e un po' piú di zucchero. Dal mortaio passa il tutto in una casseruola e immergivi dei fiori di sambuco interi. A piccole manciate o a cucchiaiate o in altro modo getta questo composto in una padella e fa cuocere in ottimo strutto oppure in burro o in olio bollente. Queste frittelle si devono mangiare calde. Potrai capire tu stesso se fanno male o bene.

PIERRE DE LUNE, „LE NOUVEAU CUISINIER", PARIS 1660

S. 62
Nr. 56 Artichaux à la sauce blanche. Faites cuire petits artichaux dans l' eau & un peu de sel, quand ils seront cuits passez les cus par la poësie avec persil, assaisonné de sel, poivre blanc, & faites sauce avec iaunes d'oeufs & vn filet de vinaigre & vn peu de bouillon.

S. 72
Nr. 89: Bonnets au fromage de Milan. Faites pastes avec demy liure de farine, trois iaunes d'oeufs, sel, vin blanc, la farin soit vn peu clairette, puis coupez fromage de Milan par morceaux comme pierre à fuzil, & faites bonnets en grande friture & les servez sans succre.

S. 96
Nr. 7 Potage à la Reyne. Hachez chair d'anguille, la faites cuire avec vn peu de beurre & demy verre de vin blanc, quand elle sera cuitte pillez la en vn mortier avec vn carteron d'amande, & la passez par l'estamine avec bouillon de poisson au naturel, la faites cuire dans vn petit pot assaisonné de sel, vn pacquet, auec cloux, vn champignon, & la mouvez avec vn roulleau, mettez un morceau de citron vert, & faites mitonner croutes avec bouillon de poisson, & mettez vostre coullis garny de laittance, champignons, grenade, jus de citrons & jus de champignons.

S. 194
Nr. 21 Boeuf à la mode. Battez le bien, lardez le de gros lard, le passez à la poelle, & le mettez dan vne terrine auec vn verre de vin blanc, deux verre d'eau, vn pacquet, sel, poivre, laurier, citron vert, demy douzaine de champignons. & le bouchez bien d'vne autre terrine avec paste, & le faite cuire à petit feu, quand il sera cuit passez farine à la poësle avec lard fondu & mettez dans vostre terrine, & ius de citron.

S. 243
Nr. 5. Hachez la chair d'vn liévre avec la chair d'vn membre de mouton, & avec la tierce partie de lard, assaisonnez de sel, … faites le cuire trois ou quatre heures, …

BIBLIOGRAPHIE

Die vorliegende Literatur stellt eine Auswahl der in den einzelnen Kapiteln behandelten Themen dar und erhebt keinen Anspruch auf Vollständigkeit. Zur besseren thematischen Orientierung wurde auch Material mit einbezogen, das im Text keine Erwähnung findet. Die Bibliographie ist nach der Art der Quellen in sachliche Gruppen (Glossare und Lexika, Rezeptsammlungen und kulinarische Quellen sowie weitere Literatur) gegliedert und alphabetisch nach Verfassernamen geordnet. Die im Text einbezogenen Handschriften sind separat erfaßt und chronologisch aufgelistet. Beim Erscheinungsjahr wurde nach Möglichkeit die erste Auflage angegeben.

GLOSSARE UND LEXIKA

Bächtold-Stäubli, Hanns: Handwörterbuch des deutschen Aberglaubens, 10 Bde., Berlin, Leipzig 1928–1942

Bames, E: Lebensmittel-Lexikon, Berlin 1935

Battisti, Carlo und Alessio, Giovanni: Dizionario etimologico italiano, 5 Bde., Florenz 1950–1957

Birlinger, Anton: Älteres Küchen- und Kellerdeutsch, in: Alemania, Bd. XVIII, 1890

Cappelli, Adriano: Lexicon Abbreviaturarum, Leipzig 1901

Castelli, Ignaz F.: Wörterbuch der Mundart in Österreich unter der Enns, Wien 1847

Duch, Karl: Handlexikon der Kochkunst, Linz 1961

Grimm, Jacob und Wilhelm: Deutsches Wörterbuch, 16 Bde., Leipzig 1854–1954

Habs, Robert und Rosner, L.: Appetit-Lexikon, Ein alphabetisches Hand- und Nachschlagebuch über alle Speisen und Getränke, Wien 1894

Hepp, Eva: Die Fachsprache der mittelalterlichen Küche. Ein Lexikon, in: H. Wiswe, Kulturgeschichte der Kochkunst, München 1970

Hoops, Johannes: Reallexikon der Germanischen Altertumskunde, 4 Bde., Straßburg 1911–1919

Jutz, Leo: Vorarlberger Wörterbuch, 2 Bde., Wien 1960

Klimpert, Richard: Lexikon der Münzen, Maße, Gewichte, Zählarten und Zeitgrößen aller Länder der Erde, Berlin 1896 (2. Aufl., Ndr. Graz 1972)

Larousse Gastronomique, Paris 1938

Lexer, Matthias: Mittelhochdeutsches Handwörterbuch, 3 Bde., Leipzig 1872–1878

Lexikon der Alten Welt, Zürich-Stuttgart 1965

Lexikon des Mittelalters, München-Zürich, 1993 f.

Liddell, Henry George/Scott, Robert: Greek-English Lexicon, Oxford 1940 (First Edition 1843)

Meyers Konversations-Lexikon, 21 Bde., Leipzig und Wien 1897–1901 (5. Auflage)

Pelzer, Auguste: Abbreviations Latines Médiévales (Ergänzung zu Cappelli), Brüssel 1982

Root, Waverley: Das Mundbuch. Eine Enzyklopädie alles Eßbaren, Frankfurt a. M. 1994

(Erstausgabe in Engl. New York 1980)

Schrader, O.: Reallexikon der indogermanischen Altertumskunde, Berlin-Leipzig 1929

Simon, André L.: A concise encyclopaedia of gastronomy, New York 1939

Thompson, Wentworth D'Arcy: A Glossary of Greek Fishes, London-Oxford 1947

Tobler, Adolph und Lommatzsch, Erhard: Altfranzösisches Wörterbuch, Berlin 1925

Vocabolario della Lingua Italiana, Firenze 1865

Zupko, Ronald Edward: Italian weights and measures from the middle ages to the nineteenth century, Philadelphia 1981

REZEPTSAMMLUNGEN UND ANDERE KULINARISCHE QUELLEN (INKL. STUDIEN)

Ahrens, Karl: Columella. Über Landwirtschaft. Ein Lehr- und Handbuch der gesamten Acker- und Viehwirtschaft aus dem 1. Jahrhundert u. Z., Berlin 1972 (erste lat. Ausgabe 1472)

André, Jacques (Hg.): Apicius. De re coquinaria – L'art culinaire, Paris 1965

Anonimo Toscano, Libro della Cocina, in: E. Faccioli, Arte della Cucina, Bd.1, 1966, 19–57

Anonimo Veneziano, Libro per Cuoco, in: E. Faccioli, Arte della Cucina, Bd. 1, 1966, 61–105

Anthus, Antonius, pseud. (Gustav Blumroeder): Vorlesungen über Esskunst, Leipzig 1838 (neu ediert 1962)

Arndt, Julius (Hg.): Sebastian, Koch- und Kellermeisterei, Frankfurt 1581, Ndr. Stuttgart 1964

Athenaeus, Deipnosophistae – The Deipnosophists, engl. Übersetzung von Charles Burton Gulick, 7 Bde., London, 1961–1969. (Erste griech. Ausgabe 1514, Venedig)

Ausst.Kat., Wohl bekomm's! Alte Bücher übers Kochen und Essen, zusammengestellt von Hans und Heidi Zotter, Universität Graz 1979

Ausst.Kat., Eßkultur vom Mittelalter bis zur Gegenwart, St. Pölten 1984

Ausst.Kat., Vom Essen und Trinken. Darstellungen in der Kunst der Gegenwart, Kunst- und

Museumsverein, Wuppertal 1987

Ausst.Kat., Kunst des Heilens. Aus der Geschichte der Medizin und Pharmazie, Niederösterr. Landesausstellung, Kartause Gaming 1991

Ausst.Kat., Die gute Form. Teigwaren aller Art, Museum für Gestaltung, Basel 1991

Ausst.Kat., 700 Jahre auf dem Tisch, Die Ernährung in der Schweiz vom Mittelalter bis zur Gegenwart, Alimentarium, Vevey 1992

Ausst.Kat., Die anständige Lust. Von Eßkultur und Tafelsitten, Stadtmuseum, München 1993

Ausst.Kat., Mäßig und gefräßig, Museum für angewandte Kunst, Wien 1996

Ausst.Kat., Götterspeisen, Hsg. Historisches Museum der Stadt Wien, Hermes-Villa, Wien 1997

Barber, Richard W.: Cooking and Recipes from Rome to the Renaissance, London 1973

Berthiaume, Guy: Les Rôles du Mágeiros. Étude sur la boucherie, la cuisine et le sacrifice dans la Grèce ancienne, Montréal 1982

Bitsch, Irmgard/Ehlert, Trude/von Ertzdorff, Xenja (Hg.): Essen und Trinken in Mittelalter und Neuzeit, Sigmaringen 1987 (2. Auflage 1990)

Bonardi, Giovanna (Hg.): Bockenheym Giovanni, La cucina di Papa Martino V, Milano 1995

Bonnefons, Nicolas de: Les délices de la campagne, Paris 1894 (Erstausgabe 1654)

Brandt, Edward: Untersuchungen zum Römischen Kochbuche. Versuch einer Lösung der Apicius-Frage, in: Philologus, Supplementband XIX, Heft III, Leipzig 1927

Breindl, Ellen: Hl. Hildegard. Das große Gesundheitsbuch, Augsburg 1992

Breuß, Renate: Die Klosterküche. Von der Strukturierung der Tage durch die Mahl-Zeiten, in: V#3. Mehrerau, Feldkirch 1999, 54–61

Brillat-Savarin, Anthelme: Physiologie du Goût ou Méditations de gastronomie transcendante, Paris 1826

Brillat-Savarin, Anthelme: Die Physiologie des Geschmacks, Braunschweig 1865

Burckhardt, Jacob: Über die Kochkunst der späten Griechen, in: Vorträge 1844–1887, hrsg. von E. Dürr, Basel 1919

Buxton, Moira: Medieval cooking today, Waddesdon, Buckinghamshire 1983

Carême, Antonin: L'art de la cuisine française au XIXème siècle, Paris 1833–35 (Ndr. 1981)

Cervio, Vincenzo: Il Trinciante, Roma 1593 (Ndr. Forni 1980)

Cogliati Arano, Luisa (Hg.): Tacuinum Sanitatis. Das Buch der Gesundheit. Einführung von H. Schipperges und W. Schmitt, München 1976

Cotta, Johanna Wilhelmine: Kochbuch 1792, Faksimile der Handschrift aus dem Cotta-Archiv in Marbach, mit Kommentar, Transkription und Glossar von Eva Beck, Leipzig 1984

Dalby, Andrew / Grainger, Sally: Küchengeheimnisse der Antike. Kulinarische Entdeckungen und Rezepte, Würzburg 1996

Dorn, Anna (Hg.): Großes Wiener-Kochbuch, Wien 1827 (Ndr. Wien 1975 mit einem Nachwort und Glossar von Franz Maier-Bruck)

Duft, Johannes: Notker der Arzt. Klostermedizin und Mönchsarzt im frühmittelalterlichen St. Gallen, St. Gallen 1975

Egli, I.: Ein st. gallischer Küchenzettel aus der Wende des ersten Jahrtausends n. Chr., Kulturhistorische Studie, in: Schweizer Rundschau, 5, 1908/09, 341–368

Ehnert, Rolf (Hg.): Kuchenmeysterey (nach dem Druck von 1486, Johann Petri, Passau), Göppingen 1981

Escoffier, Auguste: Le Guide Culinaire, Paris 1902 (Ndr. 1993)

Escoffier, Auguste: Der Kochkunstführer, Gießen 1923 (dt. Übersetzung nach der 5. franz. Auflage)

Escoffier, Auguste: Ma Cuisine, Paris 1934

Faccioli, Emilio (Hg.): Arte della Cucina, Libri di ricette, testi sopra lo scalco, il trinciante e i vini, dal XIV al XIX secolo, 2 Bde., Milano 1966

Feyl, Anita: Das Kochbuch Meister Eberhards, Phil. Diss. Freiburg 1963

Flandrin J. L. / Redon, O.: Les livres de cuisine italiens des XIVe et XVe siècles, in: Archeologia Medievale, 8, 1981, 393–408

Foster, Norman: Schlemmen hinter Klostermauern. Die unbekannten Quellen europäischer Kochkunst, Hamburg 1980

Franklin, Alfred: La vie privée d'autrefois, La Cuisine, Paris 1888, Ndr. Genf 1980

Frati, Ludovico: Libro di cucina del secolo XIV, Livorno 1899

Friedel, Claus: Grie Soß, Frankfurt 1974

Fuhrmann, Manfred: Aristophanes, Komödien, München 1976 (Neuauflage 1990)

(Gartler, Ignaz): Wienerisches bewährtes Kochbuch in sechs Absätze vertheilet, Wien 1783 (10. Aufl.), (Erstausgabe Bamberg-Würzburg 1772)

Giegher, Mattia: Li Tre Trattati, Padova 1639 (Ndr. Forni 1989)

Gollmer, Richard (Hg.): Das Apicius-Kochbuch aus der römischen Kaiserzeit, Rostock 1928 (Ndr. 1985)

Gouffé, Jules: Livre de Cuisine, Paris 1867

Gouffé, Jules: Die feine Küche, Leipzig 1872 (dt. Übersetzung nach der franz. Ausgabe 1867)

Guerrini, Olindo: Frammento di un libro di cucina del secolo XIV edito nel dì delle nozze Carducci-Gnaccarini, Bologna 1887

Gutkind, Curt S.: Das Buch der Tafelfreuden, Leipzig 1929

Hagger, Conrad: Neues Saltzburgisches Koch-Buch, Augsburg 1719 (Ndr. mit einem Nachwort und Glossar von M. Lemmer, Leipzig 1977)

Harcum, Cornelia Gaskins: Roman Cooks (Dissertation), Baltimore 1914

Hayer, Gerold (Hg.): Daz buoch von guoter spîse. Abbildungen zur Überlieferung des ältesten deutschen Kochbuches, Göppingen 1976

Helbok, Claudia: Die Küche und die volkstümlichen Speisen in Vorarlberg, Eine sprachgeschichtliche und volkskundliche Untersuchung, Dissertation, Wien 1931

Herr, Michael: Schachtafeln der Gesundheyt, Straßburg 1533 (Ndr. Darmstadt 1965)

Hieatt, Constance B./Jones, Robin F.: Two Anglo-Norman Culinary Collections, in: Speculum, 61, 1986, 859–882

Hikmann, Barbara: Wienerisches bewährtes Kochbuch in sechs Absätzen, anfangs hsg. von I. Gartler, verbessert und vermehrt von B. Hikmann, Wien 1803 (24. Aufl.)

Il cuoco piemontese perfezionato a Parigi, in: E. Faccioli, Arte della Cucina, Bd. 2, 1966, 259–272

Janssen, Walter: Essen und Trinken im frühen und hohen Mittelalter aus archäologischer Sicht, in: Liber castellorum, 298, 1981, 324–337

Joly, Robert (Hg.): Corpus Medicorum Graecorum, Hippokratis De Diaeta, Berlin 1984

Jutz, Gabriele/Tscherkassy, Peter (Hg.): Peter Kubelka, Wien 1995

Kolloquium vom 7. Februar 1987 des Instituts für Kunstgeschichte an der Universität Lausanne, anläßlich der gleichnamigen Ausstellung im Musée des arts décoratifs in Lausanne: À manger des yeux. L'Esthétique de la nourriture, Lausanne 1987

Kubelka, Peter: La cucina come forma d'arte/Kochen als Kunstgattung, in: Cibi e Riti, Essen und Ritual, Ergebnisse der Entwurfswoche im Internationalen Design Zentrum (IDZ), Crusinallo/Berlin 1981

Kubelka, Peter: Pasta. Architektur für den Mund, in: Ausst.Kat. Vom Essen und Trinken, 1987, 25–28

Kubelka, Peter: Was bedeutet essen und kochen für die Menschen, in: Nachlese zum Erdsegen, Begegnungen mit der Agrikultur, Salzburg 1987, 257–273

Kubelka, Peter: Schlag die Klar zu Schnee nach deinem Gedanken, in: Das Riegersburger Kochbuch, Wien 1988, o. S.

Kubelka, Peter: Die eßbare Metapher, in: Geschmacksache, 1996, 203–210

Latini, Antonio: Lo scalco alla moderna, in: E. Faccioli, Arte della Cucina, Bd. 2, 1966, 239–255

Lechner, Manfred: 1. Wiener Kinderkochbuch, illustr. von Linda Wolfsgruber, Wien 1994

La Varenne, François Pierre de: Le cuisinier françois, Paris 1651; erste ital. Ausgabe mit dem Titel Il cuoco francese, Bologna 1682 (Ndr. Forni 1989)

Lemmer, Manfred (Hg.): Das Kochbuch der Philippine Welser, Kommentar, Transkription und Glossar von Gerold Hayer, Innsbruck 1983

Liechtenstein, Eleonora Maria Rosalia, Hzg. zu Troppau u. Jägerndorf: Freywillig aufgesprungener Granat-Apffel, Wien 1697 (Ndr. Leipzig 1978 nach der Ausgabe von 1709)

Lune, Pierre de: Le nouveau cuisinier, Paris 1660 (Erstausgabe 1656)

Maier, Robert (Hg.): Das römische Kochbuch des Apicius, Stuttgart 1991

Maier-Bruck, Franz: Das große Sacherkochbuch, München 1975

Maier-Leibnitz, Heinz: Warum schreibt ein Physiker ein Kochbuch?, in: Kulturthema Essen, 1993, 62–74

Marperger, P. J.: Vollständiges Küch- und Keller-Dictionarium, Hamburg 1716

Martino, Maestro: Libro de arte coquinaria, in: E. Faccioli, Arte della Cucina, Bd. 1, 1966, 117–204

Le Ménagier de Paris, traité de morale et d'économie domestique composé vers 1393 par un bourgeois parisien. Ed. Jérôme Pichon, Paris 1847, 2 Bde., Ndr. Genf-Paris 1982

Mennell, Stephen: Die Kultivierung des Appetits, Geschichte des Essens vom Mittelalter bis heute, Frankfurt a. M. 1988

Messisbugo, Cristoforo: Banchetti compositioni di vivande et apparecchio generale, Ferrara 1549 (Ndr. Venedig 1960)

Montanari, Massimo: Alimentazione e cultura nel Medioevo, Bari 1992 (Erstausgabe 1988)

Montanari, Massimo: Der Hunger und der Überfluß. Kulturgeschichte der Ernährung in Europa, München 1993

Montanari, Ornella: Archestrato di Gela, Testimonianze e frammenti, Bologna 1983

Morpurgo, Salome: LVII Ricette d'un Libro di Cucina del buon secolo della lingua, Bologna 1890

Neunteufl, Herta: Haus-Arzneien im Barock, Graz 1978

Neunteufl, Herta: Das Erzherzog Johann Kochbuch, Graz 1990

Papa, Sebastiana: La cucina dei monasteri, Mailand 1978

Pawlik, Manfred (Hg.): Hl. Hildegard. Heilwissen. Von den Ursachen und der Behandlung von Krankheiten nach der hl. Hildegard von Bingen, Augsburg 1990 (2. Aufl.)

Peterson, Toby: The arab influence on western European Cooking, in: Journal of Medieval History, 6, 1980, 317–341

Platina, Bartolomeo (Bartolomeo Sacchi, detto il Platina): De honesta voluptate et Valetudine, Rom 1475; Erste italienische Ausgabe Venedig 1507 mit dem Titel Il piacere onesto e la buona salute; (Ndr. Turin 1985, Hg. E. Faccioli); Von der eerlichen, zimlichen, auch erlaubten Wollust des Leibs. Verteutscht durch M. Stephanum Vigilium Pacimontanum, Augsburg 1542 (Ndr. München 1979 mit einem Kommentar von Ursula Fabian)

Prato, Katharina, Edle von Scheiger: Die süddeutsche Küche, Graz-Wien 1911 (49. Aufl.), (Erstausgabe Graz 1858)

Ramkin, Edwin Moore: The Rôle of the Mageiroi in the life of the ancient Greeks, as depicted in greek literature and inscriptions, Chicago 1907

Redon, Odile/Sabban, Françoise/Serventi, Silvano: Die Kochkunst des Mittelalters, Frankfurt a. M. 1993 (Erstausgabe 1991, La gastronomie au moyen âge)

Revel, Jean-François: Erlesene Mahlzeiten. Mitteilungen aus der Geschichte der Kochkunst, Frankfurt-Berlin-Wien 1979

Das Riegersburger Kochbuch, Wien 1988 (Faksimile einer Handschrift von 1791 von Maria Koch und Karoline Fink, mit einem Vorwort von Peter Kubelka)

Romoli, Domenico (detto il Panunto): La singolar dottrina, in: E. Faccioli, Arte della Cucina, Bd. 1, 1966, 345–393

Rumohr, Karl Friedrich von: Geist der Kochkunst, München 1922 (Erstausgabe Stuttgart-Tübingen 1822)

Rumpolt, Marx: Ein new Kochbuch, Frankfurt 1581 (Ndr. Leipzig 1976, mit einem Nachwort von M. Lemmer)

Scappi, Bartolomeo: Opera di Bartolomeo Scappi, cuoco secreto di Papa Pio V., Venetia 1570 (Ndr. Forni 1981)

Schönberger, Otto (Hg.): Marcus Porcius Cato. Vom Landbau. Fragmente. München 1980

Schwarz, Irene: Diaita, Ernährung der Griechen und Römer im klassischen Altertum, Innsbruck 1995

Scully, Terence (Ed.): Du fait de cuisine par Maistre Chiquart (1420), in: Vallesia, 40, 1985, 101–231; engl. Übersetzung ders., On Cookery, A fifteenth-century Savoyard Culinary Treatise, New York 1986

Scully, Terence (Ed.): The Viandier of Taillevent, Ottawa 1988

Scully, Terence: The Art of Cookery in the Middle Ages, Woodbridge 1995

Seifert, Traudl/Sametschek, Ute: Die Kochkunst in zwei Jahrtausenden. Das große Buch der Kochbücher und Meisterköche. Mit Originalrezepten von der Antike bis 1900, München 1977

Staudinger, Anton: Hexeneier, Totentrompeten und Bärlauch. Eßbares aus den Wäldern in und um Wien, in: Das kulinarische Jahrbuch 1995, Wien 1994, 204–217

Stefani, Bartolomeo: L'Arte di ben cucinare, in: E. Faccioli, Arte della Cucina, Bd. 2, 1966, 183–208

Stopp, Hugo (Hg.): Aus Kochbüchern des 14. bis 19. Jahrhunderts. Quellen zur Geschichte einer Textart, Heidelberg 1980

Tannahill, Reay: Kulturgeschichte des Essens. Von der letzten Eiszeit bis heute, Wien-Berlin 1973

Thorndike, Lynn (Ed.): Maino de Maineri. A mediaeval Sauce-Book (Opusculum de saporibus), in: Speculum, 9, 1934, 183–190

Vaerst, Eugen von: Gastrosophie oder Lehre von den Freuden der Tafel, 2 Bde., München 1922 (Erstausgabe Leipzig 1851)

Vicaire, Georges: Bibliographie Gastronomique, Paris 1890 (Ndr. Genf-Paris 1993)

Vehling, Joseph D. (Ed.): Apicius. Cookery and dining in imperial Rome, Chicago 1936 (Ndr. New York 1977)

Vollenweider, Alice: Der Einfluß der italienischen auf die französische Kochkunst im Spiegel der Sprache, in: Vox Romanica 22, 1963, 59–88, 397–443

Vollständiges Nürnbergisches Kochbuch, mit einem Nachwort von Ingeborg Spriewald, Ndr. Hildesheim-New York 1979 (Erstausgabe 1691)

Weiss-Amer, Melitta: Food in the Middle Ages, New York 1995

Wierlacher, A./Neumann, G./Teuteberg, H. J. (Hg.): Kulturthema Essen. Ansichten und Problemfelder, Berlin 1993

Winter, Johanna Maria van: Kochen und Essen im Mittelalter, in: Mensch und Umwelt im Mittelalter, Stuttgart 1986, 88–100

Wiswe, Hans (Hg.): Ein mittelniederdeutsches Kochbuch des 15. Jahrhunderts, in: Braunschweigisches Jahrbuch, 37, 1956, 19–55

Wiswe, Hans: Nachlese zum ältesten mittelniederdeutschen Kochbuch, in: Braunschweigisches Jahrbuch, 39, 1958, 103–121

Wiswe, Hans: Kulturgeschichte der Kochkunst, Kochbücher und Rezepte aus zwei Jahrtausenden, München 1970

Zambrini, Francesco (Hg.): Il libro della cucina del sec. XIV., Bologna 1863

Zenker, F.G.: Theoretisch-praktische Anleitung zur Kochkunst, Wien 1817/18 (die zweite vermehrte Auflage erschien 1824 unter dem Titel „Vollständige theoretisch-praktische Anleitung zur feineren Kochkunst)

Zenker, F. G.: Nicht mehr als 6 Schüsseln! Ein Kochbuch für die mittleren Stände, Wien 1820

Zenker, F. G.: Allgemein bewährtes Wiener Kochbuch in 20 Abschnitten, Wien 1828 (34. Aufl. des zuvor von I. Gartler und B. Hikmann bearbeiteten Bewährten Wiener Kochbuchs)

HANDSCHRIFTENLISTE

LVII Ricette d'un libro di Cucina del buon secolo della lingua, Biblioteca Riccardiana Florenz, segn. 1071 (1. Hälfte 14. Jahrhundert)
Daz buoch von guoter spîse (Würzburger Kochbuch), Universitätsbibliothek München, 2° Cod. Ms. 731 (ca. 1345–1354)

Das Mondseer Kochbuch, Österreichische Nationalbibliothek Wien, Cod. 4995 (Mitte 15. Jahrhundert)

Das Wiener Kochbuch, Österreichische Nationalbibliothek Wien, Cod. 2897 (15. Jahrhundert)

Marx Rumpolt, Ein new Kochbuch, Österreichische Nationalbibliothek Wien, Cod. Vindob. 11445 (2. Hälfte 16. Jahrhundert)

Zyli, Wiborada: Kochbuch, 1640 zu St. Gallen, (Ms) Vadianische Sammlung der Kantonsbibliothek Vadiana, St. Gallen

Gonzenbach, Esther: Ein Koch Buch Von aller Gattung Sachen zu kochen und zu Machen, 1708, (Ms) Vadianische Sammlung der Kantonsbibliothek Vadiana, St. Gallen

J.F.g., Rezeptsammlung aus Innsbruck, Apotheke A. Winkler, unveröffentlicht (1690)

Rezeptsammlung aus Innsbruck, Apotheke A. Winkler, unveröffentlicht (1701)

Kochbuch (Süßspeisen) aus dem Kloster St. Peter in Bludenz, Vorarlberger Landesarchiv Bregenz, Nr. 114, unveröffentlicht (1. Hälfte 18. Jahrhundert)

Kochbuch (Von allerhand Suppen) aus dem Kloster St. Peter in Bludenz, Vorarlberger Landesarchiv Bregenz, Nr. 115, unveröffentlicht (18. Jahrhundert)

WEITERE LITERATUR

Achtner, Wolfgang / Kunz, Stefan / Walter, Thomas: Dimensionen der Zeit. Die Zeitstrukturen Gottes, der Welt und des Menschen, Darmstadt 1998

Ackermann, Diane: A natural history of the senses, London 1990

Alberti, Hans-Joachim von: Maß und Gewicht, Berlin 1957

André, Jean-Marie: Griechische Feste, Römische Spiele. Die Freizeitkultur der Antike, Stuttgart 1994

Archetti, Marcello (Ed.): Ordine Ritmo Misura. Le rappresentazioni culturali del tempo, Bergamo 1992

Archetti, Marcello: La regola benedettina, in: Ordine Ritmo Misura, 1992, 91–102

Archetti, Marcello: La scoperta dell'orologio meccanico, in: Ordine Ritmo Misura, 1992, 103–123

Assion, Peter: Altdeutsche Fachliteratur, in: Grundlagen der Germanistik, Berlin 1973, 111–151

Ausst.Kat., Waage und Maß – aus der Metallsammlung des Österreichischen Museums für Volkskunde, Schloßmuseum Gobelsburg, Wien 1991

Baumgartner, Hans Michael (Hg.): Zeitbegriffe und Zeiterfahrung, München 1994

Benker, Gertrud: In alten Küchen. Einrichtung – Gerät – Kochkunst, München 1987

Bourdieu, Pierre: Die feinen Unterschiede. Kritik der gesellschaftlichen Urteilskraft, Frankfurt a. M. 1982

Bracharz, Kurt: Ein Abend-Essen zu Fuß. Notizen zu Lichtenberg, Zürich 1987

Braunfels, Sigrid: Vom Mikrokosmos zum Meter, in: Der vermessene Mensch. Kunst und Anthropometrie in Kunst und Wissenschaft, München 1973, 43–73

Corbin, Alain: Pesthauch und Blütenduft. Eine Geschichte des Geruchs, Frankfurt a. M. 1993

Dexel, Thomas: Die Formen des Gebrauchsgeräts. Ein Typenkatalog der Gefäße aus Keramik, Metall und Glas in Mitteleuropa, München 1986

Dohrn-van Rossum, Gerhard: Die Geschichte der Stunde. Uhren und moderne Zeitordnungen, München 1992

Douglas, Mary: Deciphering a meal, in: Daedalus, Bd. 101/1, 1972, 61–81

Dubler, Anne-Marie: Maße und Gewichte im Staate Luzern, Luzern 1975

Eis, Gerhard: Mittelalterliche Fachliteratur, Stuttgart 1967 (2. Aufl.)

Flasch, Kurt: Was ist Zeit? Augustinus von Hippo. Das XI. Buch der Confessiones, Frankfurt a. M. 1993

Fourier, Charles: Eine neue Gastrosophie. Le Nouveau Monde Amoureux. Einführung von Simone Debout, Edition Anthropos, Paris 1967

Freeman, Walter J.: Physiologie und Simulation der Geruchswahrnehmung, in: Physiologie der Sinne, Heidelberg-Berlin-Oxford 1994

Gamerith, Anni: Feuerstättenbedingte Kochtechniken und Speisen, in: Ethnologia Scandinavica, 1971, 78–86

Haase, Rudolf: Proportionen in der Seele, Hommerich (Köln) 1960

Hatt, H.: Physiologie des Riechens und Schmeckens, in: A. Maelicke, Vom Reiz der Sinne, Weinheim 1990

Heinimann, Felix: Mass – Gewicht – Zahl, in: Museum Helveticum, 32, 1975, 183–196

Hultsch, Friedrich O.: Griechische und römische Metrologie, Berlin 1862, Graz 1971)

Kamper, Dietmar/Wulf, Christoph (Hg.): Die Wiederkehr des Körpers, Frankfurt a. M. 1982

Kleinspehn, Thomas: Schaulust und Scham: Zur Sexualisierung des Blicks, in: Kritische Berichte 3, 1989, 29–48

Kula, Witold: Le misure e gli uomini. Dall'Antichità a oggi, Bari 1987

Kunst- und Ausstellungshalle der BRD (Hg.): Das Riechen, Bd. 5, Göttingen 1995

Kunst- und Ausstellungshalle der BRD (Hg.): Geschmacksache, Bd. 6, Göttingen 1996

Kunst- und Ausstellungshalle der BRD (Hg.): Der Sinn der Sinne, Göttingen 1998

Kurz, Dietrich: Akpibeia. Das Ideal der Exaktheit bei den Griechen bis Aristoteles, Göppingen 1970

LeGoff, Jacques: Tempo della Chiesa e tempo del mercante, Torino 1977 (franz. Erstausgabe 1956)

Le Guérer, Annick: Die Macht der Gerüche. Eine Philosophie der Nase, Stuttgart 1994

Lindner, Ines: Blickwechsel. Konstruktionen von Männlichkeit und Weiblichkeit in Kunst und Geschichte, Berlin 1989

Loyola, Ignatius von: Die Exerzitien, Freiburg 1993 (11. Aufl.)

Meyer-Renschhausen, Elisabeth: Von der schwarzen zur weißen Küche. Versuche zum ambivalenten Zusammenhang von Leiblichkeit, Weiblichkeit und der Mahlzeit, Unveröffentlichte Habilitationsschrift, Berlin 1995

Miklautz, Elfie/Lachmayer, Herbert/Eisendle, Reinhard (Hg.): Die Küche. Zur Geschichte eines architektonischen, sozialen und imaginativen Raums, Wien 1999

Mürri, Walter: Der Maßgedanke bei griechischen Ärzten, in: Gymnasium 57, 1950, 183–201

Naredi-Rainer, Paul von: Architektur und Harmonie. Zahl, Maß und Proportion in der abendländischen Baukunst, Köln 1982

Nicklaus, Hans-Georg: Die Maschine des Himmels. Zur Kosmologie und Ästhetik des Klangs, München 1994

Panofsky, Erwin: Das Leben und die Kunst Albrecht Dürers, München 1977

Panofsky, Erwin: Sinn und Deutung in der bildenden Kunst, Köln 1978 (engl. Erstausgabe 1957)

Pieske, Christa: Volksanthropometrie – Messen und Magie, in: Der vermessene Mensch, Anthropometrie in Kunst und Wissenschaft, München 1973, 93–105

Proust, Marcel: Auf der Suche nach der verlorenen Zeit, Frankfurt 1981

Quinet, Marienne L.: Food as Art: The problem of function, in: British Journal of Aesthetics, 21/2, 1981, 159–171

Rehm, Walter: Rumohrs Geist der Kochkunst und der Geist der Goethezeit, in: Festschrift f. Eduard Berendt zum 75. Geburtstag, Weimar 1959, 210–234

Risak, Veith: Benedikt. Menschenführer und Gottsucher, Wien 1991

Rottleuthner, Wilhelm: Die alten Localmaße und Gewichte. Nebst den Aichungsvorschriften bis zur Einführung des metrischen Maß- und Gewichtssystems und der Staatsaichämter in Tirol und Vorarlberg, Innsbruck 1883

Schillinger, Joseph: Mathematical Basis of the Arts, New York 1948

Schneider, Helmuth: Einführung in die antike Technikgeschichte, Darmstadt 1992

Schneider, Norbert: Die Kunst des Teilens. Zeit, Rhythmus und Zahl, München 1991

Schwarzbauer, Georg F.: Kunst und Küche, in: Ausst. Kat. Vom Essen und Trinken, 1987, 8–24

Sonderegger, Stefan: Deutsche Sprache und Literatur in Sankt Gallen, in: Die Kultur der Abtei St. Gallen, Zürich 1993, 161–184

Terglane-Fuhrer, A.: Die Sprache der Speisezubereitung. Empirische Untersuchung zur vertikalen Variation, Frankfurt a. M.1996

Torsten, Gebhard: Zur Chronologie und Typologie einiger volkstümlicher Holz- und Metallgefäße, in: Bayerisches Jahrbuch für Volkskunde 1959, München 1959, 36–40

Vieweg, Richard: Maß und Messen in kulturgeschichtlicher Sicht, Wiesbaden 1962

Walcher, Helga: Zivilisation und das Schwinden der Sinne, Diplomarbeit, Innsbruck 1996

Winfree, A. T.: Biologische Uhren, Heidelberg 1986

Ziegler, Heinz: Der Mensch als Rechte Proportion in bezug auf den Homo-mensura-Satz des Protagoras, in: Humanismus und Technik-Jahrbuch 28, 1985, 94–132

Ziegler, Heinz: Die Zahl als Rechtes Verhältnis im Ternar: Maß, Zahl und Gewicht im Spätmittelalter, in: H. Witthöft (Hg.), Die historische Metrologie in den Wissenschaften, Siegener Symposion 1984, Ostfildern 1985, 226–239

Zimmermann, Gerd: Ordensleben und Lebensstandard. Die Cura Corporis in den Ordensvorschriften des abendländischen Hochmittelalters, Münster 1973

GLOSSAR

Die Erklärungen der hier angeführten Begriffe aus der Küchensprache basieren auf den in der Bibliographie genannten Lexika und Glossaren sowie auf dem Sinnzusammenhang der in den verschiedenen Sprachen untersuchten Rezepte.

abbereiten	zubereiten, vermischen, anrichten
abmachen	durcheinanderrühren
acker	altes Flächenmaß (Feldmaß); im Rezept für einen Metwein als Zeitmaß in Verwendung, „gein eime acker lanc hin vnd wider". Je nach Gebiet und Örtlichkeit schwankend zwischen 20 und 60 ar, d. h. 1 bis 2 Morgen Land. 1 Morgen (jugerum) entsprach ursprünglich jener Ackerfläche, die ein Joch Ochsen an einem Vormittag umpflügen konnte. Oft ein Rechteck von 240 Fuß Länge und 120 Fuß Breite = 2500 m2.
agras, agraz, agratz, agrest	säuerliche Würze (Brühe) aus unreifen Trauben oder unreifen Äpfeln; siehe auch verjus
alkanet, alkermes	rotfärbendes Mittel für Speisen (alkanna tinctoria – Frucht der Kermesbeere) von nicht so leuchtendem Rot wie jenes der Flechte Turnersol. Der Alkermessaft wird zum Rotfärben von Back- und Zuckerwerk verwendet.
alosa, laccia, cheppia	Alse oder Maifisch, in den Küstengewässern des Nordostatlantiks. Von Mai bis Juni ziehen die Maifische weit flußaufwärts (im Rhein bis Basel, in der Elbe bis Dresden, wo sie laichen). Sehr guter Speisefisch, heute fast ausgestorben durch die Zerstörung der Laichplätze. 35–40 cm, blaugrün
alzare il bollore	das Aufwallen oder Brodeln des Kochwassers; wenn sich das Wasser beginnt zu erheben, wenn es anfängt zu brodeln oder Blasen macht
ammoniaca	Backpulver
anderthalb	eineinhalb
Animelle	Bries
Arbaleste, Arboulaste	eine Kräuteromelette. Erbolato, herbetella oder herbolata de maio sind die italienischen Ausdrücke in diesem Zusammenhang.
arbeis(ß)en	Erbsen
bas, baß	unklar, kommt vor in der Kuchenmeysterey, „vnd ie bas vnd bas riech kolen dorumb" (Ehnert, S. 12). Auch auf S. 43 findet sich diese Formulierung wieder, was von Sebastian mit „je lenger/je neher" übertragen wird. Vermutlich war die Nähe des Gargutes zum Feuer gemeint, welches anfangs weit weg und mit der Zeit immer näher zum Feuer gerückt wird.
Baumöl	Olivenöl

Bertram, Bertramwurz Ringblume, Feuerwurzel	in Österreich als Estragon übersetzt. Bei Apicius pyrethrum, Vehling: pellitory (Bertramwurz, Speichelwurz, span. Kamille, Schafgarbe); bei Maier: Bertram. Neunteufl leitet österreichische Estragonübertragung von der dt. Bertramsgarbe ab, lat. Achillea Ptarmica, herb im Geschmack. Bei Hildegard ist Bertram die Bertramskamille. Der dt. Bertram (1-jährig) ausgestorben. Im Glossar Sebastian: Bertram = Sumpfgarbe.
bicarbonat, natron	lt. Larousse wird Bicarbonat in der Küche als Weichmacher verwendet. Speziell bei Gemüse, aber auch gut fürs Kaffeewasser. Kohlensäuresalz oder Natron findet auch Verwendung als Backpulver.
blad eysla, Bläd eysel, Blateisen	Plateise (Seefisch), lat. platisa
boccale	italienisches Hohlmaß, in Korsika, Nord- und Mittelitalien, hauptsächlich in der Toskana (fiasco), mit vielen lokalen Standards. Ein fiasco enthielt 2 boccale oder 4 mezzette; nach Zupko: in Florenz: 1 fiasco = 2,089 1 für Öl, 2,279 1 für Wein, 1 barril = 20 fiascos 1 Boccale in Mittelitalien = 4 fogliette (bei Faccioli 2 fogliette)
bon	Bohne „als groß als ain bon" bohnengroß
bracken, gebrackt	vermutlich klopfen, geklopftes Fleisch
bräckeln	sanft aufkochen; siehe auch preglen
Brühe, brouet, broth, Bouillon	Grundlage der Suppen, Saucen und Tunken. Im Unterschied zur Brühe ist die Soupe mit Brot angedickt, was die Italiener übernahmen und daraus die Zuppa machten. Die Suppe in unserem heutigen Sinne, eine Flüssigkeit mit etwas Festem darin, dem Korn oder in Italien den Teigwaren, wird in Italien zur Menestra.
butzen, botzen	Kerngehäuse beim Obst
calamari	Kalamare: gehört wie die Sepia zu den 10 armigen (8 Arme und zwei längere Fangarme) Tintenfischen, hat jedoch einen nackten, glatten und zylindrischen Körper und ist ein zartes Tier. Nach Aristoteles hat er eine gelbe Tinte. Die 10-armigen sind zahlreicher als die Achtarmer oder Oktopus (Polyp), welche eine rote Tinte haben.
calaminee	eine gekochte Sauce von gelber Farbe, als Begleitung zu Ferkel und Huhn. Normalerweise mit „s" geschrieben, d. h. salamine (Viandier), salemine (Ménagier), salomono (Veneziano), dessen Rezept aber erheblich abweicht.
calrabi, callarabi	Kohlrabi, siehe dazu cavolo rapa – Kohlrabi, cavolo ist der Kohl, rapa ist die Rübe, Kohlruben (Gartler)

cameline sauce, camelino	Kamelinsauce – Klassiker d. mittelalterlichen Tafel, ungekocht, vorzugsweise zu mäßigem Fleisch wie Fasane, Rebhühner, Spanferkel u. Hasen serviert, aufgrund ihrer mäßig warmen u. trockenen Qualitäten. Vgl. Jance – eine gekochte Sauce. Nachdem die Saucen gerne nach ihrer Farbe o. dem vorherrschenden Gewürz benannt wurden, bietet sich hier die Ableitung von Kaneel (Zimt) ebenso an wie kamelhaarfarben. Als Zutat steht Zimt immer im Mittelpunkt, Variationen mit Nelken (I), Ingwer (F), Muskat (E).
cannoli	knusprige Teigröhren, mit Ricotta, Schokolade und kandierten Früchten gefüllt
capilotade, capirotade, capirota, capirotada	Capirotade stammt aus der katalanischen Kochterminologie und gelangte über den Hof der aragonesischen Könige in Sizilien und Neapel in die italienische Küchensprache und von dort nach Frankreich. Dieses Gericht, bei sämtlichen italienischen Kochbuchautoren des 16. Jh. präsent (Messisbugo, Scappi, Stefani), hat sich, wie das bei volkstümlichen Gerichten häufig der Fall ist, im Laufe der Zeit sehr stark verändert.
cappe, cozze	Miesmuscheln; Faccioli überträgt cappe mit cozze. Cappe sind etwas größer als Miesmuscheln.
capponata, caponata	von lateinisch capo, al volgare cappo, cappone (Kapaun). Eine ehemals sehr populäre Speise, bestehend aus Gemüse, genannt magerer Kapaun oder Kräuterkapaun.
carpione, carpionare	Der Carpione ist ein mit Lachs u. Forelle verwandter Süßwasserfisch, kommt heute nur mehr im Gardasee vor. Das Verb carpionare bezeichnet die Art, diesen Süßwasserfisch (auch Felchen, Forellen oder andere Weißfische) zuzubereiten, d. h. zuerst wird er in einer Essig-Lake mariniert und anschließend gebraten. À la carpione ist die Umkehrung von „à l'escabèche", wo der Fisch zuerst gebraten und dann in saurer Flüssigkeit gebeizt wird. Im heutigen Sprachgebrauch haben sich die beiden Zubereitungsarten vermischt u. man sagt pesce carpione, auch wenn man zuerst brät u. dann erst beizt.
choenix (griech.)	Trockenmaß f. Getreide; Homer Od. 19, 28 erwähnt den choenix als Kornmaß; gilt als das gewöhnliche Maß d. Tagesration f. einen Menschen. So schätzt Herodot 7, 187 nach diesem Ansatze die Maße von Getreide ab, die das persische Heer unter Xerxes täglich verzehrte. 1 Choenix = 1,094 1, soviel wie 4 cotyle (1 cotyle = 0,274 1) o. 2 sextarien. Tabelle Hultsch, S. 305, die Beschreibung Hultsch, S. 82. Alberti gibt für 1 choenix 3 cotyle und 1 Sextarius, die Umrechnung für 1 cotyle lautet bei ihm ebenfalls 0,273 l
chopine	altes französisches Hohlmaß. 1 Pinte enthält 2 chopines, 1 chopine lt. Alberti 0,456 l. Im Italienischen vergleichbar mit der Foglietta, die nach La Varenne soviel wie ein halber Boccale, nach Zupko 0,456 1 enthielt.
ciboule, ciboulette	Bestandteil des Gewürzpaketes von Pierre de Lune (ciboulette) und von Revel mit einem Bund Schnittlauch übersetzt. Ciboule bezeichnet eine kleine Zwiebel oder Schalotte. Larousse: Verwandte der Zwiebel

claret, clairet, cleret	ein im Mittelalter sehr gebräuchlicher Gewürzwein (neben dem Hippokras), der auch von den Ärzten sehr geschätzt und empfohlen wurde
colris	im „Buch von guter Spîse“ eine süßliche Eierspeise, an sich ein ungeklärter Terminus
coratella	Innereien vom Lamm oder Kalb. Als Speise ein würziges Ragout aus unterschiedlichen Innereien, meist aus Herz und Leber
corvo, corvolo	Rabe, Kolkrabe, Krähe, auch Unke, im Zusammenhang mit dem Rezept von Martino vermutlich ein schwärzlicher Fisch. Es könnte sich auch um einen krötenähnlichen Fisch handeln, wenn man die Bezeichnung von Unke herleitet.
cotognata, mela cotogna	Quittenmarmelade. Meist aus Apfelquitten, gekocht und passiert, im Verhältnis 1 : 1 (Fruchtfleisch : Zucker) eingekocht. Für die Gelee im Verhältnis 4 : 3 (Fruchtsaft : Zucker). Etymologisch weist cotogna auf Cydonia, eine Stadt auf Kreta, die lateinisch Cotonea hieß. Plinius nennt diese Stadt im Hinblick auf die Herkunft der Quitte als auch auf den Quittenhandel.
cotignac	Quittenbrot
coulis, cullis	lt. Escoffier ist eine coulis eine Buttermischung, gemacht aus den Schalentieren, die der Sauce erst im letzten Moment beigefügt wird. Nach Larousse: früher die Bezeichnung für eine Sauce im allgemeinen. Im eigentlichen Sinn aber die beim Garen gewonnenen Fleischsäfte. Heute der Kalbsfond. Aber auch ein leicht flüssiges Püree von Geflügel, Wild, Fisch, Schalentieren und Gemüse, aufgetischt als gebundene Suppen. Bei Chiquart eine kräftige Hühnerbrühe für Kranke.
court-bouillon	mit Gewürzen aufgekochte Flüssigkeiten, in welchen man die Fische und Gemüse garen läßt. Erste Erwähnung bei den Franzosen des 17. Jh. (Pierre de Lune). Heute gewürzter Fischsud.
crispelli, crespelle	von incresparsi: sich kräuseln, runzelig werden, die crispelli backt man so lange, bis sie sich kräuseln.
crudo	roh, ungekocht; auch wenig gekocht
cyathus	antikes Hohlmaß; ein Zwölftel des Sextarius; der cyathus war das Maß für die kleine Schöpfkelle, mit welcher der Wein aus dem größeren Gefäß, dem crater, in die Trinkbecher gefüllt wurde. Nach Hultsch enthielt ein cyathus 0,0456 l. Vehling überträgt cyathus mit einem Glas voll.
daube, adobado, dobba, adobbo, dobbato	ein Gericht aus vorher in Essigbeize eingelegtem Fleisch. Hergeleitet vom spanischen adobar. In Italien zum ersten Mal bei Messisbugo, 1549. Dann auch bei Scappi, Stefani. Zweck ist Lockerung der Fleischfaser und Haltbarmachung. In einer zweiten Bedeutung auch Salzlake oder Pökelbrühe. Die Franzosen (La Varenne) machen aus daube, à la daube, ein geschmortes Gericht, wo dem Sud Essig oder Wein zugesetzt wird. Das Fleisch läßt man darin erkalten, es wird nicht heiß serviert.
defrutum	eingekochter Most aus Fruchtsaft von Trauben oder Kernobst; siehe Most

diethäufflein	siehe Metze, Nürnberger Kochbuch, wo 1 Diethäufflein mit einem Achtel Mehl oder einem Achtel Metzen gleichgesetzt wird.
diriola	Becherpasteten; kleine Metallformen mit sehr hohem Rand, in denen Milch- oder Mandelpudding gebacken wurde. Französisch: dariole; englisch: darials oder daryols (it means a small cheesecake). In Chaucer's time it was called Daryal, or Maid Royal, and has survived as Maid of Honour, a form of pastry still popular at City banquets.
dodine, daudine	eine Sauce, deren Basis das beim Braten abgetropfte Fett, der Saft und das Blut des Fleisches bilden. Sie wird meist mit einer Rinderbouillon angereichert.
dotta	Zeitabschnitt, unbestimmter Teil einer Stunde. Toskanisch, 13. Jh.
drachme	römisches Gewichtsmaß; ein Achtel einer Unze; nach Alberti 3,4 g.
drachter, drachterlin	Trichter, kleiner Trichter
driet, triett, trisaneth	Gewürzmischung, meist aus Zucker und Zimt (siehe Rumpolt: VI, 56). Bei Eleonora heißt es Trieset und ist ganz allgemein ein aus verschiedenen Gewürzen gemischtes Pulver.
dritthalb	zweieinhalb, (Jutz: Num.: 2½, verbreitet)
durchschlagen, Durchschlag	passieren, seihen; Sieb, Tuch
ehl, elle	Länge des Unterarms vom Ellbogen bis zur Spitze des Mittelfingers. Schwankt von 56 cm bis 70 cm. (ital. braccio, engl. arm, ell oder brace, franz. brasse)
eppich	Sellerie
escabèche, schibeci, schibezia	die Art einen Fisch zuzubereiten, d. h. einen Fisch oder auch ein anderes Nahrungsmittel (z. B. Huhn) in Bratfett garen und dann in einer sauren Flüssigkeit (Wasser/Wein/Essig) einlegen. Die Flüssigkeit ist mit Zwiebeln und diversen Gewürzen, häufig Safran, aromatisiert. Sie dient der Konservierung ebenso wie der Einwirkung auf die Faser oder Konsistenz und auf den Geschmack; siehe carpionare, ursprünglich genau die Umkehrung dieses Vorgangs, nämlich zuerst marinieren und dann braten
Estragon, Dragon	Artemisia dracunculus, Beifußgewächs, auch als Salzersatz in Verwendung
eydel, eytel (eitel)	bloß, nur, nichts als, rein (Kuchenmeystery: so strew eytel guten gestossen ingwer darauf)
feist, veisten	fett, Fett
ferhe, ferche, fehren	Forelle
filet	dünner Strahl; (un filet de vinaigre)
filo de la schina (schiena)	Rückgrat

foglietta	lt. Zupka in Mittelitalien und lt. Alberti im Kirchenstaat ist die Foglietta mit einem Viertel Boccale gleichzusetzen. Die Boccale ist örtlich unterschiedlich groß. Faccioli spricht aber von einer foglietta zu einer halben Boccale. Ebenso La Varenne, der sie zurückführt auf die Pariser Boccale, welche ein Gewicht von 31 Unzen Wasser habe und einer halben Boccale entspreche; siehe boccale.
fortl	Vorteil
fraggele	kleines Flüssigkeitsmaß, Tirol. Die Pazeide (im gewöhnlichen Verkehr gleich 4 ½ Wiener Maß = 6.366 Liter) wurde in den einzelnen Orten in 8, 7, 6, 5 ½ und 5 Ortsmaße unterteilt. Jedes Ortsmaß wurde wieder in 2 Halbe (Trinkl) oder 4 Seidl (Vierling), oder 8 Halbseidel (Pfiff, Fragl, Fraggerle, Fräckerle) unterteilt. Das Fraggele bewegte sich somit in etwa zwischen 0,1 und 0,16 Liter.
frictata	ein Omelett, das vollkommen weich und noch feucht sein soll. Es wird nur auf einer Seite gegart. Französisch: alumelles, woraus vermutlich unser Omelett entstanden ist.
frictella, frittelle	oder offelle in Backteig herausgebackene Küchlein (Salbeiblätter, Apfelscheiben, Holderblüten). Platina (S. 193) nennt die frittelle „offelle".
friggere, fritto	backen, braten, brutzeln, gebackenes Gericht
gäches Feuer	starke und schnelle Hitze; aufsteigende, steil in die Höhe fahrende Flammen; ein gächer Büchel ist ein steiler Hang (Lutz)
Galdrain	Gallerte aus Pflanzen- oder Tierstoff
galgant, galgan	Galganwurzel, gehört zur Familie der Ingwergewächse, nach Hepp sehr scharf und als Verfälschung des Pfeffers im Einsatz. Englisch: galingale; französisch: garingal, garingel
gappry, gabri, gappri, gäppri	vermutlich Kapern, ergibt sich aus dem Zusammenhang des Rezepts; durch kein Wörterbuch belegt; ev. bei Gartler: capri: Kapern
garum	nach Vehling der generelle Name für eine Fischessenz, ursprüngl. hergestellt aus dem Fisch Garus, dessen Blut und Eingeweide der Sonne ausgesetzt und dadurch zur Fermentierung gelangten. Zum Würzen sehr sparsam eingesetzt; siehe auch liquamen.
Gatzl	Schöpflöffel, für welchen als Einheit das Viertel-Maß gilt.
Gauffel	zwei Hände voll, siehe iummella
Gekröse	Bezeichnung für Magen, Darm und Netz von Schlachttieren, kleines Gedärm
Gescherb, gescherfft	geschnetzeltes, kleingeschnittenes Obst, vgl. Lasagne, was ursprünglich Kleingeschnittenes im allgemeinen bedeutete.
geschwungen	Zenker schreibt, daß das Prädikat geschwungen etwas Vornehmes, hauptsächlich in splendiden Küchen Einheimisches bezeichne. Z. B. geschwungene Koteletten. In diesem Zusammenhang fällt auch der Begriff Schwung-Casserolle, was er in der Klammer mit flacher Casserolle erklärt.

getrahte	Gericht
gioncata, ioncata	so wurde eine Sorte Frischkäse genannt, die man in Körben, aus Binsen oder Weidenzweigen geflochten, aufbewahrte. Kennzeichen einer gioncata ist ihre zittrige, schwabbelige Konsistenz, vergleichbar mit einem Pudding.
Gipfel	zwei kleine Hände voll, siehe iummella
guge(n)	Eierschale, Kappe, Kapuze; italienisch: coccia
handig, hendig, händig	bitter, scharf
hemina, emina	antikes Hohlmaß; ein halber sextarius oder ein Becher voll. Nach Alberti 0,274 1.
hocht, hochten	Hecht
hötsche(n)pötsch(en)	Hagebutten
Ingwer	Im Italien des 14. Jh. unterschieden die Händler grundsätzlich zwischen 3 Sorten: baladi, der arabische Name für den gemeinen Ingwer, colombino, Ingwer aus Kolumbum in Indien (Madras), und micchino, der über Mekka nach Europa gelangte. Der Ménagier schreibt: es gibt drei Unterschiede zwischen Mekka- und Kolombino-Ingwer: der Mekka-Ingwer hat eine dunklere Rinde, ist weicher zu schneiden und ist innen weißer als der andere. Er ist auch besser und teurer.
iummella, lat. gemella	eine ländliche Maßeinheit, die soviel, wie in zwei Hände hineinpaßt, bezeichnet. Gemeint ist eigentlich die mit zwei Händen geformte Schüssel. Auch bei Gartler finden wir im Glossar ein Maß, welches das Quantum von zwei vollen Händen benennt, eine Gauffel: beede Händ voll; im Vergleich dazu ist ein Gipfel soviel wie zwey kleine Hand voll. Eleonora: eine starke gauffen oder zwey hände voll; Welser: ain guttenn gaffenn
jance, jansse, jensse	eine sehr gebräuchliche Sauce im 14. und 15. Jh. (Chi-quart). Die Grundzutat war Ingwer, welcher der Sauce ihren Charakter verlieh. Doch existierten eine große Zahl von Abweichungen, je nachdem, was noch an weiteren Zutaten dazugemengt wurde.
Kästen, kesten, koesten	Kastanien
Kanne	Hohlmaß, 1 Kanne = 2 Schoppen, 1 Schoppen = 0,5 Liter
Keck, Käckh, ghäckl	Gehäcke(l), haché, Gehäck
klueg(e)	fein, gut; (siehe Würzburger Kochbuch Nr. IX – eine kluege spise); aber auch im Sinne von klein schneiden; lateinisch/italienisches Pendant minutal/minuto
Koppen	ein kleiner Fisch
korech	eine Speise aus dem Rogen des Karpfens
kres-, kros-, kroys ayr	schmalzgebackene Eier
Kubebe	Frucht des Kubebenpfeffers; auch getrocknete, große Kochrosine
kütten, kuten	Quitte

lab	Gerinnungsmittel
lab, lablecht, laulicht	lau, lauwarm
lacte di pesce	Fischmilcher; französisch: laitance; englisch: milt
lampreda, Lamprete	Lamprete, Neunauge – aalähnlicher Körper. Vorkommen in Flüssen und Mündungen; die adulten Neunaugen leben bis zum Eintritt der Geschlechtsreife im Salzwasser. Sie laichen in den Flüssen. Durch die Regulierung und Verschmutzung der Flüsse sind sie heute vom Aussterben bedroht: früher ein sehr beliebter Speisefisch.
lampredotto	Kälbermagen
langer Pfeffer	Redon beschreibt die Frucht des piper longum als äußerst scharfe schwarze Körner, die heute schwer erhältlich sind. Diese Aussage steht im Gegensatz zu Root, die Piper longum als milder und fader schmeckend beschreibt.
laser, laserpitium	Saft oder Destillat der gleichnamigen Pflanze, auch bekannt unter dem Namen silphium, silphion. In der Antike eine begehrte Heil- und Gewürzpflanze, aus deren Stengeln und Wurzeln ein kostbares Gummiharz gewonnen wurde. Heute nicht mehr bekannt.
lautern, gelautet	klären, z. B. geklärter Wein, reines Wasser
league	ein Längenmaß in Britannien von etwa 3 Meilen. Ein altgallisches Wegmaß war die Leuga, it. lega, altfrz. legue, agls. léowe, entsprach 1 1/2 römischen Meilen. Im Verhältnis von 2 : 1 entspricht die gallische leuga der germanischen rasta. Mit den Beziehungen zu Rom hat sich bei den Germanen das röm. Wegmaß, die Meile, verbreitet.
ligare, legare	legieren, binden, verdicken
lind, len	weich, schwach
liquamen	Nach Vehling ist liquamen jegliche Art kulinarischer Flüssigkeit, die zu einem bestimmten Gericht gehörte oder davon stammte. Es könnte demnach Brühe, Sauce, Suppengrundlage, Bratensaft, Tunke, ja sogar court bouillon sein. Es bleibt immer der Interpretation des erfahrenen Praktikers überlassen, wie er liquamen im Zusammenhang deutet, das ist Küchenpraxis. Garum kann auch liquamen sein, doch nicht jedes liquamen ist gleich garum.
loth, lot	altes Gewichtsmaß; meist 1/32 Pfund. Bei einem Pfund zu 0,56 kg entsprach das Loth einem Gewicht von 17,5 g. Nach Einführung des Dezimalgewichts führte man für 50 Gramm die Bezeichnung Neulot ein.
mageiroi	Künstlerkoch im antiken Griechenland, ein nicht auf eine Tätigkeit spezialisierter Koch

maquarons, macaron, Makrone, Macarone	Kommt bei de Lune immer wieder vor, soll zerstoßen werden. Vermutlich handelt es sich um jenes runde Mandelgebäck aus Mandeln, Zucker und Eiweiß, welches im 18. Jh. in ganz Frankreich unter dem Namen macaron so berühmt war, vermutlich nußgroß, ähnlich einem Busserl. Lune verwendet sie als Zugabe zu Saucen, Spinattorte, Specktorte, Nulles, Omeletten, Eier u. a. m. Habs: Makronen: Mandelbusserln, von Walnuß- und Aprikosengröße; Gartler: Macaronen: spanische Nudeln
Marro	ursprünglich eine Hacke aus Eisen, um den Boden zu bearbeiten, in zweiter, unklarer Bedeutung auch ein Gericht aus Lammeingeweiden, gefüllt mit allerlei Sachen wie hartgekochten Eiern, Käse, Kräutern, Salami und am Schluß mit Därmen zugeschnürt und im Ofen gegart. Ein typisches Ostergericht.
maseron	Majoran
Maß	Hohlmaß für Flüssigkeiten von unterschiedlicher Größe. 1 Wiener Maß faßte 1,41 Liter und enthielt 4 Seitel (Seidel). Das Seitel enthielt 2 Pfiff. In Böhmen und Mähren war das Maß in 4 Schoppen, z. T. auch Quart, aufgeteilt. Daneben existierten das Weinmaß, das Milchmaß (in bäuerlichen Regionen) sowie das Trockenmaß (zur Messung von trockenen Gegenständen – hauptsächlich für Getreide), unterteilt in Vierling oder Viertel.
Matriei	geröstete Gebärmutter vom Rind
metadella	italienisches Hohlmaß, 1 fiasco = 2 metadelle in Florenz: 1 fiasco = 2,089 l
Metze	altes deutsches Raummaß für trockene Waren schwankender Größe; in Bayern: 34 2/3 Maßkanne = 2 Viertel = 37,0596 lin Braunschweig: = 1/16 Himten = 1,9465 l in Hannover: 7,7 l in Hessen: 10,046 l Nach Alberti (S. 310) schwankte der Metzen demnach zwischen ca. 60 l in Wien und ca. 2 l in Braunschweig. Im Nürnberger Kochbuch wird 1 Diethäufflein mit 1/8 Metze gleichgesetzt.
Mirause, mirrause, mirrauste	Art Mandelsauce, in der halb gebratene, in Stücke zerteilte Tauben gargekocht und serviert werden. In Italien eine Sauce, die über gebratenes Fleisch und Geflügel angerichtet wurde. Bei Platina Geflügel, Kapaune oder Tauben.
mistrà	Anislikör, Anisschnaps
mitonner	ein Stück Brot in einer Brühe oder einer anderen Flüssigkeit einweichen oder leicht köcheln lassen.

morterel, morterieulx	stammt von mortarium und bedeutet soviel wie Mörser. Das Gericht „morterel“ bezeichnet eine Speise, die im Mörser zerstampft wurde. Es gibt jedoch auch Bezüge zu Fastenspeisen oder bei Beerdigungen aufgetischten Speisen.
mostaccioli, mostacciuolo	Nach Faccioli ist mostacciuolo eine Süßspeise (Gebäck) aus Mehl und Mosto
mostarda	in Meerrettich-Senfsauce eingelegte kandierte Früchte
Most, mosto	der durch Auspressen gewonnene Fruchtsaft, besonders der Trauben und des Kernobstes, bevor er in Gärung übergeht; siehe sapa
negala, negelein	Gewürznelken
Netz, netzlein	Teil des Bauchfells zum Umhüllen von Bratenstücken, Fleischgebäck und Würsten
netzen	nässen, naß machen
nözzelin, nössel, ösel	Hohlmaß; bei Eleonora mit einem Seidel gleichgesetzt; s. a. Alberti, S. 326, Hepp, S. 214, wo ein Nözzelin mit einer halben Kanne gleichgesetzt wird.
Nulle	eine Kreme. Nach Bonnefons von einem Italiener namens Nullio erfunden. Rezepte bei Pierre de Lune
offelle	siehe auch frittelle oder frictelle. In den Rezepten selbst handelt es sich bei den offelle um eine in Teig eingepackte Käse-, Eiweiß-, Rosinen- und Gewürzmasse, die in beliebiger Größe im Ofen gebacken wird. Platina hebt den geringeren Fettanteil zu den Frittelle hervor. Artusi gibt ein Rezept für offelle mit Marmelade, dabei handelt es sich um eine Art Linzer Augen mit Apfelmarmelade.
oglia potrida, olla potrida	Scappi erklärt: spanische Benennung einer Speise, bereitet in einem irdenen Topf, der spanisch oglia heiße. Potride bezeichne verschiedene gekochte Zutaten. Im weiteren Sinne bezeichnete die gewöhnliche „olla“ ein Mischgericht aus Fleisch und Gemüse.
Pagliata	gegrillte Darmschlingen von Milchkälbern
pallocte, pallottole	Kügelchen
Paradieskörner, Malaguettapfeffer	Chiquart verwendet dieses Gewürz sehr oft, es soll nach Redon im 14. Jahrhundert in Frankreich aufgetaucht sein, übernommen aus dem Orient. Das Gewürz ist ebenso scharf wie der Pfeffer, aber viel teurer und markierte somit auch eine soziale Hierarchie. Nach Chiquart sind die Paradieskörner feiner und nicht ganz so scharf wie schwarzer Pfeffer. Sie sind schwarz mit weißem Fleisch. Lt. Wiswe Amomum Melegueta, S. 117
Party dish	in gleiche Teile geteilte Speise. Das in vier Farben aufgeteilte Weißessen (Chiquart Nr. 33, Nr. 52) wird auch morterieulx oder potage party genannt. Auch faulx grenon oder faugrenon.
pesce sano	frischer Fisch; auch ganzer Fisch

peyssen, biesse	weißer Mangold, auch unter dem Namen Beißkohl bekannt
Pfeffer	Chiquart definiert Pfeffer niemals als weißen, schwarzen oder langen Pfeffer, sondern versteht unter dem Begriff Pfeffer stets schwarzen Pfeffer. Anscheinend hat er den zart schmeckenden Paradieskörnern den Vorzug gegeben, er zeigt eine regelrechte Vorliebe für die Paradieskörner, die den strengen Geschmack des Pfeffers, welcher vielleicht als eher vulgär eingestuft wurde, ersetzten. Nach Redon war Pfeffer vermutlich das billigste Gewürz, das sich fast jeder leisten konnte.
pferser	Pfirsich
Pfund	alte Gewichtseinheit, als Apothekergewicht in Unzen, als Krämergewicht in Loth unterteilt. Das Wiener Pfund hatte ein Gewicht von 0,5606 Gramm und beinhaltete 32 Lot zu 4 Quentchen. Das Wiener Pfund hatte 16 Unzen. Das leichtere Pfund, für wertvollere Güter wie Zucker oder Gewürze, hatte ein Gewicht von 0,42 kg zu 12 Unzen, eine Unze zu 2 Lot. 1 Lot = 17,5 g. Das Schokoladenpfund wog 0,49 kg. s. a. Göttmann, der 1 Zurzacher Pfund (Mitte zwischen leichtem u. schwerem) = 528 g = 36 Lot, 1 Lot = 14,3 – 14,7 g. Hier hat das schwerere Pfund 40 Lot, das leichtere 32. Somit bleibt das Gewicht für das Lot bei 14,7 g.
pobrat, pobratt, pobrott	soßiges, leichtgebundenes Gehacke
poelieren	in der Pfanne (poelle) oder einem verschlossenen Gefäß in Fett oder Butter schmoren oder dämpfen lassen
potage	Eine potage bezeichnete im Mittelalter eine Reihe unterschiedlicher in einem Topf gegarter Speisen. Kennzeichnend ist die Verbindung einer Flüssigkeit mit einem festen Teil (Brot, Gemüse, Vögel, Fleisch), woraus später die französische soupe entstand.
preglen, breglen, bräckeln, brecklen	das knisternde Geräusch beim Rösten und Braten. Auch: das beim Schütteln voll beladener Obstbäume entstehende prasselnde Geräusch (Lutz). Gartler: bräckeln: sanft aufkochen
prendere, rapprendere	gerinnen, stocken
prisel, brisl, prüssel	Bries, Kalbsmilch
Puppa	gekochter Kuheuter
Putsche, Butte	Milchkanne, Milchgefäß von unbekannter Größe
quagliare	erstarren, gerinnen
quart	der vierte Teil eines größeren Maßes; früher ein Flüssigkeitsmaß von schwankender Größe; siehe Viertel

quarteron	1 Viertel von einem Gewicht. Häufig ein Viertelpfund. Das Livre oder Pfund hatte 2 Marc, 16 Unzen oder once. Ein Quarteron kann aber auch soviel wie eine Handvoll oder ein Häuflein bedeuten. Ebenso der vierte Teil von 100, das sind 25 Stück.
quint, quintl, quentchen, quentlein	altes Gewichtsmaß. Der vierte Teil von einem Lot. 1 Wiener Quentchen = ¼ Lot = 4,15 Gramm
ranfft, ranft	Rand, Einfassung, Reif; bei Kuchen- und Pastetenformen; im Glossar Gartler: Reif: Rand, item: Deckel von Blech (Gartler)
Rechlinge	Eierschwämme, Pfifferlinge
Rein, Reinel	Tiegel, Topf mit drey Füssen (Gartler). Bei Zenker heißt es immer wieder Rein oder Fußhafen
rerlach, rerlein	Zimt
rissoles	Rissoles findet man in den meisten mittelalterlichen Rezeptsammlungen, allerdings in sehr unterschiedlichen Ausführungen. Stets in Teig gefüllte Sachen, die unterschiedlich groß und auch unterschiedlich gefüllt sind. Von Süßem über Fisch bis Fleisch, je nach Jahres- und Kirchenzeit. Die einen werden im Schmalz herausgebacken, die italienische Variante sind die ravioli, die in Brühe gegart werden.
Rombo	Steinbutt; Meerbutt: rombo liscio
säen, sän	bestreuen
särteln	Sardellen
salamoia, salamora, salamura, salimora	(Salz) Lake (mettere in salamoia – einpökeln). Heute würden wir vielleicht von Marinade sprechen. Etwas wird in eine gewürzte Tinktur eingelegt oder wie beim Spanferkel des öfteren mit einer Marinade während des Bratens bestrichen.
salières de pain	In den bürgerlichen Haushalten war der Salzbehälter im Normalfall nicht mehr als ein Stück ausgehöhltes Brot. (Ménagier)
salpa	ein Meeresfisch, nicht näher definiert, der sehr billig war. Nach Martino gehorte er zu jenen Fischen, die gebraten werden möchten, hier aber insofern eine Ausnahme darstelle, als er sehr wohl ausgenommen werden soll. Bei Athenaeus wird er als eine Art Stockfisch, französisch saupe, beschrieben. Auch unter dem Namen „Kuh" bekannt, da er ständig Seetang kaue. Archestratus nennt ihn einen „poor fish", der am schmackhaftesten zur Kornernte sei.
Sandelholz	Alternative zu Alkanet oder Tierblut zum Roteinfärben einer Sauce
sanguinaccio	ein Gericht aus Blut, meist verarbeitet zu einer Blutwurst, aber auch zu Pudding oder Auflauf. Im Kloster Montecassino zu einer süßen Kreme.

sapa, sabba	eingekochter neuer Wein von vermutlich süßem Geschmack, verwendet als Würze. In der Antike bezeichnete Sapa den Einkochgrad des Mostes; bei Plinius und Palladius bis auf ein Drittel eingekochter Most; bei Vehling neuer (unvergorener), eingekochter Wein (reduziert)
Sarazener-Brühe	in den mittelalterlichen Rezepten oft auftauchende Speise von unterschiedlicher Zubereitung. Offensichtlich ist der arabische Bezug, der sehr unterschiedlich interpretiert wird. Bei Hayer auch als heidenisch, sarazenisch (nach Lexer I, 1098) bezeichnet.
Sardamone, sartramone	eine Sauce, die aus jeglicher Art Fleisch zubereitet werden kann
saturey	Bohnenkraut
sauge froyde	es handelt sich um eine kalte, ungekochte und grüne Sauce, deren Hauptbestandteile Petersilie und Salbei sind. Wird zu Geflügel gegessen. Auch unter dem Namen savor verte, sauce verte (im Viandier und Menagier, allerdings hier ohne Salbei), une froide sauge
saupiquet	nach Chiquart eine scharfe Essigsauce, gerne zu Hase serviert, aber auch zu gebratenem fetten Schweinefleisch. Im Glossar Viandier schreibt Scully: eine Sauce für gebratene conie, gemacht aus Zwiebeln, Ingwer, Ver-juice und weißem Wein; im allgemeinen jede Art von Tartsauce (Cotgrave). Wie der Name schon sagt, ist der dominante Charakter der pikante Geschmack vom Essig. (Chiquart S. 40)
schellelen	Sellerie
Schienali	geröstetes Rindermark
schinden	schuppen, Haut abziehen
Schnepfendreck	lt. Zenker das Exkrement der Waldschnepfe, Bekasse, Holz- oder Bergschnepfe. Feinfaseriges Fleisch, schwarz, voll Saft und delikater Geschmack. Das Exkrement wird seiner feinen Würze wegen hoch geschätzt. Habs bezeichnet das Eingeweide der Schnepfe, vermengt mit Semmelbröseln, Eiern und Gewürzen als den Schnepfendreck.
schoppen	Hohlmaß, 1 Schoppen = 0,5 l, siehe Kanne
schwaysch	Schweiß, weidmännisch Blut
scorticare, scortecciare, siehe auch: spogliare	abschälen, schuppen, ablösen; die Haut abziehen, entkleiden. Platina übernimmt scorticare als spellare = häuten. Auch schinden (Rumpolt CIX – schindt ihn) im Zusammenhang mit Fischen, hauptsächlich Aal, vermutlich ist das Abziehen der Haut gemeint.
scripulum, scrupulum, Skrupel	römisches Gewichtsmaß; ein Vierundzwanzigstel einer Unze. Nach Alberti 1,137 g, ausgehend von einer libra zu 327,45 g
serpolet	wilder Thymian

sextarius	römisches Hohlmaß; ein Sechstel-Maß. Nach Hultsch enthielt 1 sextarius 2 hemina, 4 quartarius, 8 acetabulum und 12 cyathus; 1 sext. = 0,547 l
sinum	nach Ahrens ein weitbauchiges Gefäß aus Ton
silphium	dasselbe wie laserpitium oder laser, der Saft des gleichnamigen Krautes; teures Gewürz in der Antike; siehe laser
sorengue, soringue	Der Begriff soringue bezeichnet nach Grewe ein Gericht, bei dem das Fleisch zuerst gebraten wurde. In einer Endphase wird das Fleisch noch in eine gewürzte Brühe getaucht. Das Wort sor, das als Verb existiert, bezeichnet ein dunkles Rot oder eine dunkelbraune Farbe. Das in diesem Rezept verwendete Brot wird auch dunkelbraun geröstet.
spanne	Abstand zwischen den Spitzen von Daumen und kleinem Finger bei gespreizter Hand (ca. 22–28 cm). Die kleine Spanne ist der Abstand zwischen ausgestrecktem Daumen und Zeigefinger.
spanische Torte, Pastete	Aus der Beschreibung der entsprechenden Rezepte kann der Schluß gezogen werden, daß es sich bei einer spanischen Pastete stets um eine in mehreren Schichten aufgebaute Torte oder Pastete handelt. Meist sind 18 Blätter verlangt. S. a. Ungarische Torte, wo nach Bruck diese Zubereitungsart über die Türken und hier wieder über die Mauren herzuleiten sei.
spicken, larder, lardare	Meist werden die Streifen fingerdick, in der Länge des zu spickenden Fleischstückes geschnitten; wichtig ist, daß die Speckstreifen zuvor im Gewürz gewendet werden. Noch bei Zenker erwähnt. La Varenne beizt diese sogar bei einem Gericht à la daube vorher noch ein.
spognose, vermutlich spugnoso	schwammig. Es heißt z. B., die frittelle über Nacht stehen zu lassen, dann werden sie schwammiger (mit Hefe wohlgemerkt), d. h. sie gehen schön auf
sprittlen, sprättlen, abspritteln	mit dem Schneebesen (Gabel) versprudeln, (zer)quirlen. Gartler: abspritteln: querlen
Spikenarde, Spicknarde	ein Baldriangewächs
stagionare, stascionare	reifen, ablagern; stagionato: gereifter, alter Käse (z. B. Parmesan); beim Teig: abgestandener, geruhter Teig; bei Wein: trockener, abgelagerter Wein
stat, an die stat sieden lassen	Vermutlich ist der Begriff „stat“ von der Herdstatt herzuleiten, und wenn es heißt, an die stat sieden lassen, so könnte damit gemeint sein, den Topf neben das Feuer, an der Herdstatt, wo es eben nur mehr leise und gemach köchelt, zu stellen. Gartler: Stat: gemach, leise; Lexer: Ort, Stelle, Ufer, Rand; Grimm: langsam, sachte, leise, sanft aufsteigend
strugere, struggere	schmelzen, zerlassen, zergehen
strutto	Schmalz
suet	feines Fett von der Rinderniere

temperieren	vermischen, vermengen, auflösen; im Sinne der Humoralpathologie: mäßigen, in ein den Qualitäten entsprechendes Maß bringen
Tremollette, trimolette	Sauce zu gebratenem Rebhuhn, Steinhuhn, Waldhuhn, gemacht aus Geflügelmägen, Leber
turnersol, tornesoc (frz.),	Färbemittel für Speisen, gewonnen aus der Färberflechte. Rocella tinctoria: unter Verbindung mit Säure wird diese Flechtenart rot, mit Lauge aber blau. Dorn: Lackmus zur Rotfärbung von Speisen. Auffallend ist, daß erst etwa im 15. Jahrhundert dieses Färbemitel auftaucht, ebenso alkanet (Schminkwurz), auch ein Rotfärber. Der Ménagier und der Viandier (die Fassungen vor dem Vatikanexemplar) erwähnen dies noch nicht.
Umurcken	Gurken
Ungarische Torte	Rumpolts ungarische Torte ist eine Art Blätter- oder Strudelteig mit Äpfeln. Redon gibt die ungarische Torte vom Anonimo Veneziano wieder, die ebenfalls wie ein Strudel mit 18 Blättern, die Fülle aber mit Fleisch, bereitet ist. Rumpolt nennt eine spanische Torte, deren Fülle ein Manscho Blancko ist, gemacht mit viel Blättern. Bruck leitet den Strudelteig von den Ungarn her, ursprünglich von den Türken über die Mauren.
Unze	Gewichtsmaß, zugleich Feingewicht für Edelmetalle. Die alte deutsche Unze war 1/16 Pfund und entsprach 31,1 g. In Wien hatte das leichtere Pfund 12 Unzen, das schwerere 16 Unzen. In England entspricht die Handelsunze (ounce) 28,35 g; siehe Pfund
verd gay, vert gay, vergay	gelblichgrüne Farbe eines Gerichts, die unter Beimengung von Safran oder Eidotter mit zerstoßener Petersilie entsteht. Scully übersetzt mit hellgrün, es handelt sich aber vermutlich um ein sprießendes, gelbliches Grün. Sehr verbreitet in der mittelalterlichen Küche, in englisch „gawdy grene".
verjus, vert jus, verjuice	aus unreifen Weintrauben (auch Limonen, Pomeranzen, Äpfeln, Johannis- oder Stachelbeeren) gepreßter und durchgeseihter Saft; siehe auch agras
viertel, vierling	der vierte Teil eines Maßes, auch viertung oder mhd. vierdunc; beim Gewicht meist 1/4 Pfund, beim Hohlmaß das Seitel
viscioli, visciola	Weichselkirschen
Weißer Pfeffer	wie grüner u. schwarzer Pfeffer die Frucht der Art Piper nigrum; schwarze Pfefferkörner werden unreif gepflückt, ähnlich den grünen, doch etwas später, kurz bevor sich die Früchte röten. Der weiße hingegen wird reif geerntet u. von seiner Fruchtschale befreit. Im Gegensatz zum Piper nigrum gibt es noch den piper longum, den langen Pfeffer, der milder und fader schmecke als piper nigrum.
welisch, welsch	romanisch, italienisch, im weiteren Sinn fremdländisch (welsche nuß, welisch wein, welische weinber)
zagel	Schwanz

Zirbelnussen, Zirbennisl	Same der Arve, Zirm(e), Zirbe (pinus cembra)
zwerch(es), encweris	quer, schräg. Im Zusammenhang mit den Fingern (oder der zwerchen Hand) ist vermutlich der schräge oder diagonal hochgestellte Finger gemeint. Nach Lutz quer; etwas dazwischenkommen; in der Verwandtschaft bedeutet die zwerche Linie jene dritte Linie, „wann es weder hinunter noch hinauf, sondern von einem Bruder und Schwester zum anderen … gehet“; eine zwerche Rede bedeutet eine Querrede, verdrehte, böse Zwischenrede
zwespte, zwespe	Zwetschke
zwieren, czwieren, zweren	Beim Kuchenmeister heißt es noch zwirn, bedeutet aber stets gutes Untereinanderrühren, vermischen, vermengen. Meist einen Teig, einen Brei oder auch eine Suppe

REGISTER

Personenregister

Sachregister

ENDNOTEN

1 Zitat nach Athenaeus, Deipnosophistae – The Deipnosophists, engl. Übersetzung von Ch. B. Gulick, X Bücher in 7 Bänden, London 1961–1969, Buch IX., S. 339

2 P. Kubelka, Was bedeutet essen und kochen für die Menschen, in: B. Menne, I. Queteschiner, A. Seebacher (Hg.), Nachlese zum Erdsegen, Begegnungen mit der Agrikultur, Salzburg 1987, S. 266

3 Diskussion im Dissertantenseminar am Institut für Kunstgeschichte, Universität Innsbruck

4 siehe dazu J. da Pontormo, G. Rossini, C. Spitzweg, H. de Toulouse-Lautrec, E. T. Marinetti, S. Dali, J. Cage, H. Czibulka, H. Nitsch, P. Kubelka, B. Luginbühl, D. Spoerri

5 Auszug der veröffentlichten Texte von Peter Kubelka: Kochen als Kunstgattung, in: F. Burkhardt (Hg.), Cibi e Riti. Atti del seminario di progettazione svoltosi all'IDZ di Berlino, Crusinallo 1981, 1831; Pasta. Architekur für den Mund, in: Vom Essen und Trinken, Wuppertal 1987, 25–28; Was bedeutet essen und kochen für die Menschheit, 1987, 257–273 (zit. Anm. 2); Schlag die Klar zu Schnee nach deinem Gedanken, in: Das Riegersburger Kochbuch, Wien 1988; La theorie du cinema metrique, in: (Hg.) C. Lebrat, Peter Kubelka, Paris 1990, deutsche Übersetzung in: G. Jutz / P. Tscherkassy (Hg.), Peter Kubelka, Wien 1995; Die eßbare Metapher, in: Kunst- und Ausstellungshalle der Bundesrepublik Deutschland (Hg.), Geschmacksache, Bonn 1996, 203–210. Auszug der Vorträge: Musik und andere Sprachen, Linz 1992; Die eßbare Metapher, Kongreß „Geschmacksache", Bonn 1994; Die eßbare Metapher: Über das Kochen als Ursprung der Kunst, Zürich 1994; Stadtflucht ins virtuelle Leben, Zürich 1995; La metàfora mangiabile, Neapel 1996; The edible metaphor, Berkeley 1996

6 A. Wierlacher, G. Neumann, H. J. Teuteberg (Hg.), Kulturthema Essen. Ansichten und Problemfelder, Berlin 1993. Der Band möchte der wissenschaftlichen Beschäftigung mit Ernährung als Domäne der Agrar- und Naturwissenschaften die Komplexität des Kulturphänomens Essen einschließlich seiner kommunikativen und sozialen Funktionen in einer interdisziplinären Kulturwissenschaft des Essens gegenüberstellen. Die Universität Salzburg (Institut für Geschichte) veranstaltete im April 1999 ein internationales Symposion zu „Mahl und Repräsentation. Der Kult ums Essen". Ein Tagungsband ist in Vorbereitung, Erscheinungstermin in der ersten Hälfte 2000. Der Senatsarbeitskreis Wissenschaft und Verantwortlichkeit an der Universität Innsbruck führte im Sommersemester 1999 zahlreiche Veranstaltungen zum Schwerpunktthema „Essen und Gesellschaft – Die Politik der Ernährung" durch.

7 siehe dazu das Kapitel „Die Entstehung der Kochkunst" bei M. Montanari, Der Hunger und der Überfluß, Kulturgeschichte der Ernährung in Europa, München 1993, S. 75ff.

8 S. Leßmann, „'... was ich aus eigener Erfindung und Erfahrung geschrieben ...' – inventio und eigenes Sehen als Ausdruck des Selbstverständnisses von Köchinnen und Künstlerinnen", in: Kritische Berichte 4/1994, S. 87

9 J. L. Flandrin / O. Redon, Les livres de cuisine italiens des XIVe et XVe siècles, Archeologia Medievale, 8, 1981, S. 393–408; zu den Erforschungen des mittelalterlichen Alltags siehe J. Le Goff; zur Ernährung im Mittelalter: M. Montanari, Alimentazione e cultura nel Medioevo, Rom-Bari 1988; ders. 1993 (zit. Anm. 7); L. Kolmer, C. Rohr (Hg.), Mahl und Repräsentation. Der Kult ums Essen.

10 siehe dazu T. Scully, The Viandier of Taillevent, Ottawa 1988; ders,. The Art of Cookery in the Middle Ages, Woodbridge 1995; M. Weiss-Amer, Food in the Middle Ages, New York 1995

11 J. D. Vehling, Apicius, Cookery and dining in Imperial Rome, Chicago 1936, Ndr. New York 1977; zur Problematik der Übertragung durch reine Philologen siehe Anm. 246

12 meist mit erprobten Rezepten zum Nachkochen; siehe dazu: M. Buxton, Medieval Cooking Today. Waddesdon, Bucks. 1983; J. Bourin, Les recettes de Mathilde Brunel. Cuisine médiévale pour table d'aujourd'hui, Paris 1983; T. Ehlert, Das Kochbuch des Mittelalters, Rezepte aus alter Zeit, eingeleitet, erläutert und ausprobiert von T. Ehlert, Zürich und München 1990; O. Redon / F. Sabban / S. Serventi, Die Kochkunst des Mittelalters, Frankfurt 1993; I. Schwarz, Diaita: Ernährung der Griechen und Römer im klassischen Altertum, Innsbruck 1995; A. Dalby / S. Grainger, Küchengeheimnisse der Antike, Würzburg 1996

13 Die einzige deutsche Übersetzung des Platina aus dem Jahre 1542 „Von der eerlichen, zimlichen, auch erlaubten Wollust des Leibs durch Bap. Platinam. Verteutscht durch M. Stephanum Vigilium Pacimontanum", Augsburg 1542, ist nach U. Fabian teilweise gekürzt, an anderen Stellen weitschweifig paraphrasiert und „sicherlich nicht von einem Koch" durchgeführt worden, was vor allem bei der Übertragung von Speisenamen spürbar werde.

14 C. F. Rumohr, Geist der Kochkunst, München 1922; A. Vollenweider, Der Einfluß der italienischen auf die französische Kochkunst im Spiegel der Sprache, in: Vox Romanica 22, 1963, S. 5988, S. 397–443

15 Athen., XV. Bücher in 7 Bänden (zit. Anm. 1)

16 Vehling 1936 (zit. Anm. 11)

17 siehe dazu G. Hayer, Daz buoch von guoter spîse (Würzburger Kochbuch), Abbildungen zur Überlieferung des ältesten deutschen Kochbuches, Göppingen 1976, S. 9f.

18 Kubelka 1988 (zit. Anm. 5), S. 1

19 Vehling 1936 (zit. Anm. 11), S. 99

20 R. Maier, De re coquinaria, Über die Kochkunst, Stuttgart 1991, S. 51

21 siehe dazu A. Terglane-Fuhrer, Die Sprache der Speisezubereitung. Empirische Untersuchung zur vertikalen Variation. Frankfurt 1996

22 siehe dazu T. Ehlert, „Nehmet ein junges hun, ertraenckets mit Essig". Zur Syntax spätmittelalterlicher Kochbücher, in: I. Bitsch / T. Ehlert / X. Ertzdorff (Hg.), Essen und Trinken in Mittelalter und Neuzeit, Sigmaringen 1987, S. 261–276

23 siehe dazu C. Helbok, Die Küche und die volkstümlichen Speisen in Vorarlberg, Eine sprachgeschichtliche und volkskundliche Untersuchung, Diss. Wien 1931

24 Bei Apicius, Bockenheim, Rumpolt besonders deutlich

25 Von 1993 bis 1997 fand in der Kunst- und Ausstellungshalle der Bundesrepublik Deutschland in Bonn eine Kongreßreihe zum Thema „Die Zukunft der Sinne" statt. Nach den analytischen Untersuchungen der fünf Sinne schloß diese Reihe (vom 30. 1. bis 2. 2. 1997) mit dem Kongreß „Der Sinn der Sinne" ab, der gleichnamige Tagungsband ist 1998 in Göttingen erschienen.

26 W. J. Freeman, Physiologie und Simulation der Geruchswahrnehmung, in: Physiologie der Sinne, Heidelberg-Berlin-Oxford 1994, S. 140

27 ebenda, S. 140

28 T. Scully (Hg.), Du fait de cuisine par Maistre Chiquart (1420), in: Vallesia, 40, 1985; engl. Übersetzung „On cookery, A fifteenth-century Savoyard Culinary Treatise", New York 1986, S. 64f., Nr. 31

29 M. Rumpolt, Ein new Kochbuch, Frankfurt 1581, Ndr. mit einem Nachwort von M. Lemmer, Leipzig 1976, Nr. 22, S. XIIII

30 Der Glaube in die Kräfte wertvoller Steine und ihr therapeutischer Einsatz war im Mittelalter weit verbreitet. Die medizinischen Eigenschaften von Gold waren von den damaligen Ärzten hochgeschätzt. Das „Liber de Coquina" geht so weit, daß es dem Koch vorschlägt, daß er durch das Zutun von Gold bei Gerichten für kranke Reiche nie fehlschlagen könne. Siehe dazu Scully 1995 (zit. Anm. 10), S. 193f.; über die Verwendung von Pretiosen und Gold in Arzneibüchern siehe auch H. Neunteufl, Hausarzneien im Barock, Graz 1978, S. 51f.

31 So hat bspw. das Anbringen eines Goldgrundes in der frühmittelalterlichen Buchmalerei stets symbolische Bedeutung. Das kostbare Material Gold ist in der mittelalterlichen Vorstellung etwas Überirdisches, auch eine Art verdichtetes Sonnenlicht. Erst im Laufe des 15. Jh. wird

der Goldgrund in der Malerei durch Landschaftselemente abgelöst. Im Altertum diente das Gold als Symbol der höchsten Würde, der Allmacht und des Reichtums. Siehe dazu auch Scully 1995 (zit. Anm. 10), S. 148, wo er Arnaldus de Villanova zitiert, welcher einen Wein beschreibt, in welchem heißes Gold gelöscht wurde. Dadurch gehen dessen Qualitäten in den Wein über. „Dieses Getränk sei eine gute Medizin für das Herz, da gemäß den Astrologen Gold ein Metall sei, welches mit dem Herz und der Sonne in Beziehung stehe; und die Sonne – als Planet des Goldes – bestimmt über das Blut."

32 Scully 1995 (zit. Anm. 10), S. 116, siehe auch A. Latini, Lo scalco alla moderna, in: E. Faccioli, Arte della Cucina, Bd. 2, 1966, S. 243f.: „... un petto, dopo ripieno e cotto, si taglierà in fette sottili, infarinate e indorate, e si friggeranno in buono strutto."

33 Kochbuch aus dem Kloster St. Peter in Bludenz, Vorarlberger Landesarchiv Nr. 115, Folio 131f., unveröffentlichte Transkription bei der Autorin

34 Rumpolt (zit. Anm. 29), S. XXV, Nr. 13

35 siehe dazu Neunteufl 1978 (zit. Anm. 30), S. 37 und S. 69

36 Klosterkochbuch St. Peter (zit. Anm. 33), Folio 110

37 O. Schönberger (Hg.), Marcus Porcius Cato. Vom Landbau München 1980, S. 21

38 K. Ahrens, Columella, Über Landwirtschaft, Berlin 1972, S. 372

39 S. Morpurgo, LVII Ricette d'un Libro di Cucina del buon secolo della lingua, Bologna 1890, S. 22 (e mettile a bollire in uno vasello che bolla tanto che torni spesso)

40 Klosterkochbuch St. Peter (zit. Anm. 33), Folio 94

41 M. Lemmer (Hg.), Das Kochbuch der Philippine Welser, Kommentar, Transkription und Glossar von G. Hayer, Innsbruck 1983, S. 119 (67r)

42 F. G. Zenker, Nicht mehr als 6 Schüsseln!, Wien 1820, S. 5f.

43 ebenda, S. 10

44 Anno Christy 1609 in Nürnberg. Ein schön künstlich Kochbüchlein von vielen und manchen Richten, faksimilierte Ausgabe Frankfurt a. Main 1984, Folio 4

45 Athen., Buch VI. (zit. Anm. 1), S. 31

46 ebenda, Buch IX., S. 281

47 Hayer (zit. Anm. 17), Nr. XXVII, S. 30

48 C. Hagger, Neues Saltzburgisches Kochbuch, Augspurg 1719, Ndr. Leipzig 1977, II. Theil, 2. Buch, S. 46

49 Die Beschäftigung mit dem Geruch, als animalischer und „nicht-erhabener" Sinn lange von der Wissenschaft vernachlässigt, nimmt wieder zu. So ist Gert Kobal, Psychophysiologe am Geruchsforschungsinstitut an der Universität in Erlangen, seit den frühen achtziger Jahren mit der Entwicklung einer Methode zur Messung des Geruchssinns über die Reize beschäftigt. Über Duftforschungsinstitute wird heute auch der kommerzielle Einsatz von Düften betrieben. So wird bspw. einem Gummischuh ein Ledergeruch verpaßt, dem Brot der frische Brotgeruch zugesetzt oder von Unternehmensberatern der Einsatz ätherischer Öle und Duftstoffe als taktische Maßnahme bei Verhandlungen empfohlen. Friedrich C. Heller, Vorstand des Instituts für Musikgeschichte an der Hochschule für Musik und Darstellende Kunst in Wien, sammelt Bücher und Gerüche. „Eine Bibliothek ist gleichzeitig eine Sammlung von vielen verschiedenen Düften.", in: H. Janisch (Hg.), Salbei & Brot. Gerüche der Kindheit, Wien 1992, S. 172–175 Weitere Literatur: Kunst- und Ausstellungshalle der BRD (Hg.), Das Riechen, Schriftenreihe Forum/Bd. 5, Göttingen 1995; Alain Corbins, Pesthauch und Blütenduft. Eine Geschichte des Geruchs, Frankfurt a. M. 1993; H. de la Motte / C. Nauck-Börner, Hören – Riechen – Schmecken: Sinne und Emotionen, in: M. Putscher (Hg.), Die fünf Sinne, Beiträge zu einer medizinischen Psychologie, München 1978

50 Athen., Buch VI. (zit. Anm. 1), S. 17

51 siehe dazu Concept 2010. Faszinierende Küchen-Vision, in: Architektur & Bauforum. Das österreichische Magazin für Baukultur, No. 201, 4/1999, S. 22

52 100 moderne Fischrezepte. Fischschneidetechniken, Zubereitung ohne Geruch, München 1984

53 Hinweis von Franz Baur in seinem Vortrag „Verkostetes Wissen. Von der Milch der Weisheit zum philosophischen Brocken", Universität Innsbruck, 14. April 1999

54 Anton Staudinger, Univ.-Prof. am Institut für Zeitgeschichte an der Universität Wien, arbeitet an einer Kulturgeschichte des Geschmacks. Veröffentlicht: A. Staudinger, Hexeneier, Totentrompeten und Bärlauch. Eßbares aus den Wäldern in und um Wien, in: Österreich für Feinschmecker. Das kulinarische Jahrbuch 1995, S. 204–217. Eine ausführliche Bibliographie zum Geschmack findet sich in der anläßlich des Kongresses „Geschmacksache" (Bonn 1994) publizierten Schriftenreihe: Kunst- und Ausstellungshalle der BRD (Hg.), Geschmacksache, Schriftenreihe Forum/Band 6, Göttingen 1996

55 Japanische Wissenschaftler postulieren noch eine fünfte Geschmacksqualität, „umami", das japanische Wort für „köstlich". Es bezeichnet den Geschmack von Stoffen aus der Gruppe der Aminosäuren. Siehe dazu H. Hatt, Physiologie des Riechens und Schmeckens, Weinheim 1990, S. 94

56 Athen., Buch I. (zit. Anm. 1), S. 23

57 D. Ackermann, A natural history of the senses, London 1990

58 Rumpolt (zit. Anm. 29), S. XLIII, Nr. 30

59 Machon von Sicyon lebte zur Zeit des Apollodorus von Carystus und wird bei Athenaeus als guter Dichter beschrieben, bei welchem Aristophanes als junger Mann studiert haben soll; siehe Athen., Buch XIV. (zit. Anm. 1), S. 57

60 ebenda, Buch VIII., S. 67

61 Anonimo Veneziano, Libro per Cuoco, in: E. Faccioli, Arte della Cucina, Bd. 1, 1966, S. 80, Nr. LIV

62 Dieses Beispiel demonstrierte Peter Kubelka in seinem Seminar „Teigwaren und Architektur" an der Städel-Kunsthochschule in Frankfurt im Sommersemester 1991.

63 Zitat nach Ausst.Kat. Die gute Form. Teigwaren aller Art, Basel 1991, S. 18

64 Rumpolt (zit. Anm. 29), S. CIX, Nr. 31

65 Franz Maier-Bruck beschreibt diesen Vorgang, der sehr viel Routine und Erfahrung erfordere, wie folgt: „Fleisch noch weich und schwammig, innen noch roh: englisch (blutig) gebraten (engl.: rare; franz.: bleu). Fleisch bereits elastisch, immer noch rot, aber nicht mehr blutig: halbgebraten (underdone; saignant). Fingerdruck fester werdend, leicht rosa gebraten: rosa (medium well; à point). Fleisch fühlt sich fest an, darf innen nicht mehr rot sein: durchgebraten (well-done; bien cuit); in: ders., Das Sacher-Kochbuch, Wien, S. 234

66 siehe dazu D. Kamper / Ch. Wulf, Die Wiederkehr des Körpers, Frankfurt 1982, S. 13. Weiters H. Walcher, Zivilisation und das Schwinden der Sinne, Dipl.-Arbeit, Innsbruck 1996

67 Zitat nach I. Lindner, Blickwechsel, Konstruktionen von Männlichkeit und Weiblichkeit in Kunst und Geschichte, Berlin 1989, S. 318

68 siehe dazu Janisch 1992 (zit. Anm. 49)

69 M. Proust, Die Madeleine, in: M. P., Auf der Suche nach der verlorenen Zeit. Bd. I, Frankfurt 1981, siehe auch M. Proust, Jean Santeuil, Bd. 1, Frankfurt 1965, S. 202f.

70 G. F. Schwarzbauer, Kunst und Küche, in: Ausstkat. Vom Essen und Trinken, Wuppertal 1987, S. 17f.

71 siehe dazu P. v. Naredi-Rainer, Architektur und Harmonie. Zahl, Maß und Proportion in der abendländischen Baukunst, Köln 1982, S. 82ff.

72 siehe dazu H. J. Alberti, Maß und Gewicht, Berlin 1957, S. 7

73 siehe dazu N. Foster, Schlemmen hinter Klostermauern. Die unbekannten Quellen europäischer Kochkunst, Hamburg 1980, S. 66

74 siehe dazu C. Pieske, Volksanthropometrie – Messen und Magie, in: Anthropometrie in Kunst und Wissenschaft, München 1973, S. 97

75 ebenda, S. 3; siehe auch Naredi-Rainer (zit. Anm. 71), S. 104f.

76 Zitat nach Alberti (zit. Anm. 72), S. 7

77 siehe dazu F. Hultsch, Griechische und römische Metrologie, Berlin 1862, S. 2

78 überliefert von Herodot II. 149, siehe Naredi-Rainer (zit. Anm. 71), S. 104f.
79 siehe dazu Alberti 1957 (zit. Anm. 72), S. 11
80 Scully 1986 (zit. Anm. 28), S. 51, Nr. 21
81 Zitat nach Montanari 1993 (zit. Anm. 7), S. 101
82 Hayer 1976 (zit. Anm. 17), S. 26, Nr. XIII.
83 Zitat nach D. Rumm-Kreuter, Heizquellen, Kochgeschirre, Zubereitungstechniken und Garergebnisse mittelalterlicher Köche, in: I. Bitsch / T. Ehlert / X. Ertzdorff 1987 (zit. Anm. 22), S. 238
84 Rumpolt (zit. Anm. 29), S. XV., Nr. 24
85 vgl. Athen., Buch X. (zit. Anm. 1), S. 379
86 ebenda, S. 395
87 Rumohr (zit. Anm. 14), S. 95
88 E. v. Vaerst, Gastrosophie oder Lehre von den Freuden der Tafel, 2 Bde., München 1922, Zweiter Band, S. 214f.
89 N. Schneider, Die Kunst des Teilens. Zeit, Rhythmus und Zahl, München 1991, S. 78f.
90 Zitat nach ebenda, S. 79
91 Rumohr (zit. Anm. 14), S. 79
92 ebenda, S. 81
93 Hayer 1976 (zit. Anm. 17), Nr. XX., S. 28, S. 15 (Glossar nach Lexer II, 1334)
94 Vgl. H. Wiswe, Nachlese zum ältesten mittelniederdeutschen Kochbuch, in: Braunschweigisches Jahrbuch, 39, o. O. 1958, S. 120; er denkt an die Verwendung eines Gerätes in der Art eines elastischen, dünnen Brettes.
95 Rumpolt (zit. Anm. 29), S. XXXII., Nr. 22
96 Zenker (zit. Anm. 42), S. 15f.
97 Vollständiges Nürnbergisches Kochbuch, mit einem Nachwort von I. Spriewald, Hildesheim-New York 1979, Nr. 102, S. 537
98 Maier-Bruck (zit. Anm. 65), S. 270
99 Athen., Buch III. (zit. Anm. 1), S. 57
100 Scully 1986 (zit. Anm. 28), Nr. 40, S. 73
101 Hagger (zit. Anm. 48), II. Theil, 2. Buch, S. 25
102 In der Fotoserie „Teig" (30 SW-Fotos, 1992/94) dokumentiert die österreichische Künstlerin Franziska Wächtler die Handbewegungen beim Teigmachen und sensibilisiert somit die Lust an einer Tätigkeit, die heute kaum mehr ausgeübt wird.
103 Lemmer 1983 (zit. Anm. 41), S. 95 (46r)
104 Rezept aus dem Dominikanerinnenkloster Santa Catarina in Ripatranzone, in: Sebastiana Papa, La cucina dei monasteri, Milano o.J.
105 Naredi-Rainer (zit. Anm. 71), S. 91
106 siehe dazu ebenda, S. 90f.
107 Helbok (zit. Anm. 23), S. 117
108 siehe zu dieser Thematik M. Harris, Wohlgeschmack und Widerwillen, Die Rätsel der Nahrungstabus, Stuttgart 1985
109 Hayer 1976 (zit. Anm. 17), Nr. XLII., S. 33
110 ebenda, S. 13 (Glossar), vgl. M. Lexer, Mittelhochdeutsches Handwörterbuch, 3 Bde., Leipzig 1872–1878, Bd. 1, S. 423; s. a. Platina (zit. Anm. 13), Glossar: Tiech oder Diech = Schenkel, S. 32
111 Helbok (zit. Anm. 23), S. 139
112 siehe dazu Harris (zit. Anm. 108)
113 Naredi-Rainer (zit. Anm. 71), S. 33
114 siehe dazu Lexikon der alten Welt, „Zahlensysteme und Zahlzeichen", Zürich 1965, S. 3298
115 vgl. Schneider (zit. Anm. 84), S. 82
116 Triton war ein Meergott. Vgl. Athen., Buch X. (zit. Anm. 1), S. 415f.
117 H. Ziegler, Die Zahl als Rechtes Verhältnis im Ternar. Maß, Zahl und Gewicht im Spätmittelalter, in: H. Witthöft, Die historische Metrologie in den Wissenschaften, Siegener Symposion 1984, Ostfildern 1985, S. 226
118 Zitat nach J. Burckhardt, Über die Kochkunst der späten Griechen, in: Jacob Burckhardt, Vorträge 1844–1887, Basel 1919, S. 90
119 eine Mandel: bei stückweise verkäuflichen Gegenständen soviel wie 15 Stück; eine große Mandel = 16 Stück; 4 Mandeln = 1 Schock; eine Stiege entspricht einer Anzahl von 20 Stück; das Dutzend = 12, das Gros ein großes Dutzend = 144. Meyers Konversations-Lexikon, Leipzig und Wien 1897
120 siehe dazu A. M. Dubler, Masse und Gewichte im Staat Luzern und in der alten Eidgenossenschaft, Luzern 1975, S. 9
121 Wienerisches bewährtes Kochbuch in sechs Absätzen, anfangs hsg. von I. Gartler, verbessert und vermehrt von B. Hikmann, Wien 1803, S. 692 (693)
122 Zitat nach W. Kula, Le misure e gli uomini, Dall'Antichità a oggi, Bari 1987, S. 91
123 Zenker (zit. Anm. 42),
124 siehe dazu Ziegler (zit. Anm. 117), S. 231
125 siehe dazu Schneider (zit. Anm. 89), S. 180f.
126 siehe dazu Schönberger (zit. Anm. 37), S. 93
127 Schneider (zit. Anm. 89), S. 185f.
128 siehe dazu Athen., Buch VII. (zit. Anm. 1), S. 421
129 C. Friedel, Grie Soß, Frankfurt 1974
130 Schneider (zit. Anm. 89), S. 94f.
131 siehe dazu die Abb. 25.3.19, in: Ausst.Kat. Die anständige Lust, München 1993, S. 398
132 Dinner for One, Falken, o. O., o. J.
133 Hikmann (zit. Anm. 121), Vorrede
134 Domenico Romoli, La singolar dottrina, in: Faccioli (zit. Anm. 61), Bd. 1, S. 358
135 Mattia Giegher, Li Tre Trattati, Padova 1639, Reprint Forni 1989, S. 50
136 Zitat nach Montanari 1993 (zit. Anm. 7), S. 104. Viele Mißverständnisse in Übersetzungen sind durch die Verwechslung von Schüssel mit Teller entstanden. Die Schüssel enthielt stets eine Speise für mehrere Personen. In diesem Falle war die schwankende Größe der Inhalt der Schüssel und nicht die Anzahl der Personen, die von ein und derselben Schüssel zu bedienen waren.
137 Zitat nach J. M. André, Griechische Feste, Römische Spiele, Die Freizeitkultur der Antike, Stuttgart 1994, S. 14f.
138 siehe dazu Scully 1986 (zit. Anm. 28), S. 8f. und ders. 1985 (zit. Anm. 28), S. 131 (folio 13v)
139 siehe dazu: Vollständiges Nürnbergisches Kochbuch (zit. Anm. 97), Nr. 66, S. 669
140 Ausst.Kat. Waage und Maß – aus der Metallsammlung des Österreichischen Museums für Volkskunde, G. Hempel, Österreichisches Museum für Volkskunde, Schloßmuseum Gobelsburg, Wien 1991, S. 13, Abb. Nr. 3, S. 15; siehe auch die abgebildete Bilancia im Anhang bei: Bartolomeo Scappi, Opera dell'arte del cucinare, Reprint bei Arnaldo Forni, 1981
141 Klosterkochbuch St. Peter (zit. Anm. 33), Folio 112
142 Il cuoco piemontese perfezionato a Parigi, in: Faccioli (zit. Anm. 61), Bd. 2, S. 270
143 E. Panofsky, Sinn und Deutung in der bildenden Kunst, Köln 1978, S. 95f.
144 K. Prato, Die süddeutsche Küche, Graz u. Wien 1911, S. 2
145 Hikmann (zit. Anm. 121), S. 679
146 siehe dazu Naredi-Rainer (zit. Anm. 71), S. 139f.
147 S. Braunfels, Vom Mikrokosmos zum Meter, in: Der vermessene Mensch. Anthropometrie in Kunst und Wissenschaft, München 1973, S. 43
148 Zitat nach Naredi-Rainer (zit. Anm. 71), S. 138
149 Zitat nach E. Panofsky, Das Leben und die Kunst Albrecht Dürers, München 1977, S. 366
150 Zitat nach ebenda, S. 368
151 E. v. Vaerst (zit. Anm. 88), Bd. 1, S. 6f.
152 Zitat nach Panofsky 1977 (zit. Anm. 143), S. 370f.
153 Handschrift der Zyli Wiborada, von St. Gallen gehörig, 1640, aufbewahrt in der Bibliothek Vadiana, St. Gallen
154 Braunfels 1973 (zit. Anm. 147), S. 54

155 siehe dazu Naredi-Rainer (zit. Anm. 71), S. 196 und S. 102

156 Rumpolt (zit. Anm. 29), S. V., Nr. 49

157 Für diesen Hinweis danke ich dem Bildhauer Hellmut Bruch aus Hall/Tirol

158 Papa (zit. Anm. 104), S. 140

159 R. Haase, Proportionen in der Seele, Hommerich 1960, S. 18

160 H. Wiswe, Kulturgeschichte der Kochkunst, Kochbücher und Rezepte aus zwei Jahrtausenden, München 1970, S. 146

161 Rumohr (zit. Anm. 14), S. 155

162 ebenda, S. 96

163 siehe dazu: Des Anarchis Beschreibung eines athenischen Gastmahls, in: Vaerst (zit. Anm. 88), Bd. 2, S. 234ff.

164 siehe dazu Athen., Buch XIV. (zit. Anm. 1), S. 115

165 Zitat nach ebenda, Buch XI., S. 41

166 Zitat nach ebenda, Buch I., S. 145

167 Athen., Buch XI. (zit. Anm. 1), S. 250

168 siehe dazu ebenda, Buch XV., S. 212

169 siehe dazu G. Berthiaume, Les Rôles du Mágeiros, Études sur la boucherie, la cuisine et le sacrifice dans la Grèce ancienne, Leiden/Montréal 1982

170 siehe dazu E. Meyer-Renschhausen, Von der schwarzen zur weißen Küche. Versuche zum ambivalenten Zusammenhang von Leiblichkeit, Weiblichkeit und Mahlzeit, unveröffentlichte Habilitation, Berlin 1995, S. 131ff.

171 R. Ehnert (Hg.), Kuchenmeysterey nach dem Druck von 1486, Göppingen 1981, S. 41

172 ebenda, S. 64

173 Scully 1986 (zit. Anm. 28), Nr. 19, S. 46

174 Rumohr (zit. Anm. 14), S. 250

175 I. v. Loyola, Die Exerzitien, Freiburg 1993, S. 106

176 unveröffentlichte Handschrift (1699) aus einem Apothekerhaushalt in Innsbruck, Transkription bei der Autorin

177 Zitat nach Kula (zit. Anm. 122), S. 5

178 siehe Vehling 1936 (zit. Anm. 11), Rezept Nr. 471, S. 239f.

179 A. T. Winfree, Biologische Uhren, Heidelberg 1986, S. 17

180 Schneider (zit. Anm. 89), S. 41

181 Vgl. G. Dohrn-van Rossum, Die Geschichte der Stunde. Uhren und moderne Zeitordnungen, München, Wien 1995 (Erstausgabe 1992)

182 Zitat nach M. Archetti, La scoperta dell'orologio Meccanico, in: Ordine. Ritmo. Misura, Le rappresentazioni culturali del tempo, Bergamo 1992, S. 114f.

183 J. Pichon (Ed.), Le Ménagier de Paris, Paris 1847, Reprint Genf-Paris 1982, Bd. II, S. 257

184 Zitat nach Dohrn-van Rossum (zit. Anm. 181), S. 61

185 Loyola (zit. Anm. 175), S. 76

186 Zitat nach Schneider (zit. Anm. 89), S. 49

187 Zitat nach Athen., Buch VII. (zit. Anm. 1), S. 251

188 Zitat nach K. Flasch, Was ist Zeit? Augustinus von Hippo. Das XI. Buch der Confessiones. Frankfurt a. M. 1993, S. 255

189 Klosterkochbuch St. Peter (zit. Anm. 33), Folio 114

190 Anno Christy 1609 in Nürnberg (zit. Anm. 44), Folio 6

191 Gespräch im Februar 1997 mit der Köchin I. Grätzner, Bregenz

192 Montanari 1993 (zit. Anm. 7), S. 23

193 Liechtenstein, Eleonora Maria Rosalia, Freywillig aufgesprungener Granat-Apffel, Wien 1697 (Ndr. Leipzig 1978 nach der Ausgabe 1709), S. 290f.

194 siehe dazu Athen., Buch VII. (zit. Anm. 1), S. 287

195 Zitat nach ebenda, S. 443

196 Zitat nach T. Seiffert / U. Sametschek, Die Kochkunst in zwei Jahrtausenden, Das große Buch der Kochbücher und Meisterköche. Mit Originalrezepten von der Antike bis 1900, München 1977, S. 110

197 Ehnert (zit. Anm. 171), S. 61

198 Zitat nach Athen., Buch IV. (zit. Anm. 1), S. 157

199 ebenda, Buch. II., S. 281

200 Scully 1986 (zit. Anm 28), S. 24

201 Zitat nach Athen., Buch XIV. (zit. Anm. 1), S. 493

202 siehe dazu Zenker (zit. Anm. 42), S. 21f.

203 unveröffentlichte Handschrift (1701) aus einem Apothekerhaushalt in Innsbruck, Transkription bei der Autorin, S. 39

204 Anno Christy 1609 in Nürnberg (zit. Anm. 44), Folio 23

205 Athen., Buch II. (zit. Anm. 1), S. 247

206 H. Färber / M. Faltner (Hg.), Horaz. Sämtliche Werke, Satiren II. 4, München 1979, S. 101

207 siehe dazu Montanari 1993 (zit. Anm. 7), S. 76f.

208 Vollständiges Nürnbergisches Kochbuch (zit. Anm. 97), S. 170

209 ebenda, S. 170

210 Rumpolt (zit. Anm. 29), S. CXXIII, Nr. 1

211 Horaz (zit. Anm. 206), S. 101f., Sat. II. 4

212 Klosterkochbuch St. Peter (zit. Anm. 33), Folio 64

213 siehe dazu P. J. Marperger, Vollständiges Küch- und Keller-Dictionarium, Hamburg 1716, wiedergegeben in: Ausst.Kat. Wohl bekomm's!, Universität Graz 1979, S. 20

214 vgl. H. J. Poeckern, Das Arzneibuch der Eleonora Maria Rosalia, in: Freywillig aufgesprungener Granat-Apffel (zit. Anm. 193), S. 16f.

215 siehe dazu Athen., Buch IX. (zit. Anm. 1), S. 199f.

216 vgl. Vehling 1936 (zit. Anm. 11), S. 160, Rezept Nr. 251

217 Zitat nach Athen., Buch II. (zit. Anm. 1), S. 435

218 ebenda, S. 437

219 Ehnert (zit. Anm. 171), S. 24

220 Zitat nach dem Seminar „Teigwaren und Architektur" (zit. Anm. 62)

221 vgl. Lemmer 1983 (zit. Anm. 41), S. 86

222 unveröffentlichte Handschrift (1690) aus einem Apothekerhaushalt in Innsbruck, Transkription bei der Autorin, S. 28

223 Vollständiges Nürnbergisches Kochbuch (zit. Anm. 97), S. 386, Nr. 30

224 ebenda, S. 156

225 Zitat nach G. Benker, In alten Küchen, München 1987, S. 78

226 Rumohr (zit. Anm. 14), S. 250

227 vgl. Teil B im Kapitel Antike, hier ist bei Columella diese Art der Käsebereitung beschrieben.

228 Rumpolt (zit. Anm. 29), S. XI., Nr. 5

229 ebenda, S. IXr, Nr. 4

230 Maestro Martino, Libro de arte coquinaria, in: Faccioli (zit. Anm. 61), S. 121f.

231 siehe dazu Athen., Buch XI. (zit. Anm. 1), S. 10f.

232 ebenda, S. 251

233 ebenda, S. 25

234 siehe dazu Kula (zit. Anm. 122), S. 47

235 Reallexikon der indogermanischen Altertumskunde, Berlin u. Leipzig 1929, S. 43

236 siehe dazu Hempel (zit. Anm. 140), S. 9

237 Zitat nach Athen., Buch VII. (zit. Anm. 1), S. 317

238 Ehnert (zit. Anm. 171), S. 24

239 Maestro Martino (zit. Anm. 230), S. 120

240 Scully 1986 (zit. Anm. 28), S. 92, Nr. 60

241 H. Maier-Leibnitz, Warum schreibt ein Physiker ein Kochbuch?, in: Wierlacher, Neumann, Teuteberg 1993 (zit. Anm. 6), S. 65

242 Scully 1986 (zit. Anm. 28), S. 97, Nr. 64

243 siehe dazu die Abbildungen der Küchengeräte bei Scappi 1570 (zit. Anm. 140), Tafeln im Anhang, o. S.

244 Benker (zit. Anm. 225), S. 52

245 Vehling 1936 (zit. Anm. 11), S. 154, Nr. 248

246 ebenda, S. 152, Rezept Nr. 244, „Huhn mit Colocasium", Vehling überträgt richtig: „... daß das Huhn nicht zu voll gemacht wird, damit die Masse sich ausdehnen kann und das Huhn während des Kochens im Topf nicht platzt". Siehe auch R. Gollmer, Das Apicius-Kochbuch aus der röm. Kaiserzeit, Rostock 1928, S. 99, wo er den Rat gibt, das Huhn vor-

sichtig zu kochen und „damit der Topf nicht springt, lasse man genügend Spielraum und lege das Huhn in ein Körbchen, ...“; vgl. Maier (zit. Anm. 20), S. 97: Er überträgt unschlüssig: „Mache es so auch mit eingemachten Oliven, nicht zu viel, so daß noch Platz bleibt, damit es nicht zerplatzt, während es, in ein Körbchen gelegt, im Kessel kocht.“

247 unveröffentlichte Handschrift (1690) (zit. Anm. 222), S. 14

248 siehe dazu die Abbildung bei N. Schneider, Stilleben. Realität und Symbolik der Dinge, Köln 1989, S. 112

249 siehe dazu Hagger (zit. Anm. 48)

250 Vollständiges Nürnbergisches Kochbuch (zit. Anm. 97), S. 868

251 Ehnert (zit. Anm. 171), S. 37

252 siehe dazu A. Franklin, La vie privée d'autrefois, La cuisine, Paris 1888 (Ndr. Genf 1980), S. 57

253 siehe ebenda, S. 42: Der Meisterkoch des 14. Jahrhunderts verwendet den Löffel zum einen als Mittel zum Kosten der Potagen und Suppen und zum anderen, um die Kinder aus der Küche zu jagen: „.... Et doit avoir en sa main une grande louche de bois qui luy sert à deux fins, l'une pour essayer potaiges et brouets, et l'autre pour chasser les enfans hors de la cuisine.“

254 siehe dazu T. Gebhard, Zur Chronologie und Typologie einiger volkstümlicher Holz- und Metallgefäße, in: Bayerisches Jahrbuch für Volkskunde 1959, München 1959, S. 37; siehe auch Benker (zit. Anm. 225), S. 70

255 siehe dazu Helbok (zit. Anm. 23), S. 46

256 Lemmer 1983 (zit. Anm. 41), S. 99

257 siehe dazu die Abbildung bei Seiffert/Sametschek (zit. Anm. 196), S. 20

258 Anno Christy 1609 in Nürnberg (zit. Anm. 44), Folio 4

259 Wiswe 1970 (zit. Anm. 160), S. 134

260 Athen., Buch III. (zit. Anm. 1), S. 43

261 Gespräch mit Hermann Stemer, Schruns im Juni 1999

262 vgl. Scully 1995 (zit. Anm. 10), S. 244; siehe auch Franklin (zit. Anm. 252), S. 59 u. 63

263 Zitat nach Athen., Buch III. (zit. Anm. 1), S. 55

264 ebenda, Buch VII., S. 297

265 ebenda, S. 395

266 Das 1772 in Bamberg und Würzburg erschienene „Wienerisch bewährte Koch-Buch“ war zum besseren Verständnis der unbekannten „österreichischen Wörter“ mit einem Register ausgestattet. I. Gartler bearbeitet dieses Kochbuch 1779 neu, das Glossar erklärt hier den Begriff „Stat“ mit gemach, leise. I. Gartler, Wienerisch bewährtes Kochbuch, Wien 1783.

267 Rumohr (zit. Anm. 14), S. 224

268 siehe dazu Papa (zit. Anm. 104), S. 179f. u. S. 190

269 ebenda, S. 94f.

270 Hayer (zit. Anm. 17), S. 26, Nr. XIIII., Bl. 157v.

271 Zitat nach Wiswe 1970 (zit. Anm. 160), S. 24

272 siehe dazu Franklin (zit. Anm. 252), vgl. auch F. P. d. La Varenne, Il cuoco francese, Bologna 1682 (Ndr. 1989), S. 282

273 P. d. Lune, Le nouveau cuisinier, Paris 1660, S. 72, Nr. 89

274 siehe dazu Papa (zit. Anm. 104), S. 189

275 Zenker (zit. Anm. 42), S. 157

276 siehe dazu Pichon (zit. Anm. 183), Bd. II. S. 189f., und vgl. auch Scully 1995 (zit. Anm. 10), S. 233

277 Rumohr (zit. Anm. 14), S. 224

278 ebenda, S. 155

279 Rumpolt (zit. Anm. 29), S. CXIII., Nr. 1

280 Pieske (zit. Anm. 74), S. 94

281 siehe dazu Kula (zit. Anm. 122), S. 16

282 Kula (zit. Anm. 122), S. 3

283 siehe dazu Athen., Buch XII. (zit. Anm. 1), S. 89

284 siehe dazu S. Mennell, Die Kultivierung des Appetits, Geschichte des Essens vom Mittelalter bis heute, Frankfurt 1988, S. 181

285 temperare = mischen, mäßigen

286 siehe dazu Scully 1986 (zit. Anm. 28), S. XXI

287 A. Feyl, Das Kochbuch Meister Eberhards, Freiburg 1963

288 Ehnert (zit. Anm. 171), S. 49

289 ebenda, S. 60

290 Zitat Scully 1988 (zit. Anm. 10), S. 21f.

291 siehe dazu Scully 1995 (zit. Anm. 10), S. 244

292 Ehnert (zit. Anm. 171), S. 5

293 L. Thorndike (Ed.), A mediaeval Sauce-Book (Opusculum de saporibus), Maino de Maineri (14. Jh.), in: Speculum, 9, 1934, 183–190; S. 185

294 G. Bonardi (Ed.), G. Bockenheim, La cucina di Papa Martino V., Milano 1995, S. 5, Nr. 1

295 siehe dazu ebenda, S. 43, Nr. 41

296 Ehnert (zit. Anm. 171), S. 9

297 C. B. Hieatt / R. F. Jones (Ed.), Two Anglo-Norman Culinary Collections, in: Speculum 61/4, 1986, 859–882; S. 878

298 Hayer (zit. Anm. 17), S. 34, Nr. XLVIIII, Bl. 161v

299 Athen., Buch VII. (zit. Anm. 1), S. 307; nach Gulick ist unter Divergenzen ein astrologischer Terminus zu verstehen

300 Zitat nach Athen., Buch VII. (zit. Anm. 1), S. 251, vgl. auch Anm. 311

301 Zitat nach ebenda, Buch III., S. 439

302 siehe dazu R. Joly / S. Byl (Hg.), Hippokrates: Hippocratis De Diaeta – Du Régime, in: Corpus Medicorum Graecorum, Berlin, Akademie-Verlag 1984

303 André (zit. Anm. 137), S. 14f.

304 Homer, Ilias, Vierundzwanzigster Gesang, 621ff., Übertragung W. Schadewaldt, Frankfurt 1975, S. 419

305 Zitat nach Athen., Buch I. (zit. Anm. 1), S. 79

306 ebenda, Buch XIV., S. 35

307 Berthiaume (zit. Anm. 169); der Autor weist in dieser Studie die Unmöglichkeit einer Trennung des Schlachtens eines Tieres von der Opferung, wenn man vom antiken Griechenland spricht, nach.

308 siehe dazu Athen., Buch XIV. (zit. Anm. 1), S. 42

309 ebenda, S. 45

310 Lebte im 5. und 4. Jahrhundert vor Christus und galt als unangefochtener Experte in Fragen der Kochkunst. Athenaeus erwähnt die Werke „Gastronomy“, „High Living“, „Dinner Lore“ und „Dainty Dishes“; siehe auch die neue Bearbeitung von O. Montanari, Archestrato di Gela, Testimonianze e frammenti, Bologna 1983

311 Zur Übersetzung der Fischnamen siehe das Kapitel über die Fische aus Archestratos bei Schwarz 1995 (zit. Anm. 12), S. 77–102. Der Bonito, lat. pelamys thynnus, ist eine kleinere Art des Thunfisches mit weißem Fleisch und kommt im Mittelmeer, Atlantik, Pazifischen und Indischen Ozean vor, ist auch unter dem Namen Germon bekannt.

312 Zitat nach Athen., Buch VII. (zit. Anm. 1), S. 251

313 Viele von den bei Athenaeus zitierten Fischen sind heute nicht mehr bekannt. Siehe dazu Wentworth D'Arcy Thompson, A Glossary of Greek Fishes, London-Oxford 1947; vgl. Schwarz (zit. Anm. 12)

314 Zitat nach Schwarz (zit. Anm. 12), S. 107; Archestratos gibt eigene Anweisungen mit Abbildungen für das richtige Portionieren von Fisch und der entsprechenden Garmethode, siehe ebenda, S. 102f.

315 Zitat nach Athen., Buch VII. (zit. Anm. 1), S. 287

316 Gulick übersetzt den mit der Lyra in Zusammenhang gebrachten Fisch als Steinbutt, Schwarz als Rotbrasse.

317 Zitat nach Athen., Buch VII. (zit. Anm. 1), S. 375

318 Schwarz (zit. Anm. 12), S. 106

319 Athen., Buch VII. (zit. Anm. 1), S. 309

320 D. Kurz, Akpibeia, Das Ideal der Exaktheit bei den Griechen bis Aristoteles, Göppingen 1970, S. 11

321 Athen., Buch III. (zit. Anm. 1), S. 439–443; siehe auch Burckhardt (zit. Anm. 118), S. 90

322 M. Fuhrmann (Hg.), Aristophanes, Komödien, München 1990, S. 15f.

323 ebenda, S. 32

324 Horaz (zit. Anm. 206), S. 75, Sat. II. 2

325 Ahrens (zit. Anm. 38), S. 46

326 ebenda, S. 221

327 Kurz (zit. Anm. 320), S. 62ff.

328 Ahrens (zit. Anm. 38), S. 236

329 siehe dazu ebenda, S. 432; ein Sinum wird mit einem weitbauchigen Gefäß aus Ton gleichgesetzt, ein Silberdenar entspräche dem Gewicht 1/8 Unze = 3,41 g

330 ebenda, S. 432

331 ebenda, S. 344

332 Schönberger (zit. Anm. 37), S. 105

333 Ahrens (zit. Anm. 38), S. 343

334 ebenda, S. 364

335 vgl. dazu die Abbildungen im Pariser Tacuinum, die Darstellung eines Erwachsenen beim Treten des Weines im Bottich, in: Redon / Sabban / Serventi (zit. Anm. 12), Farbtafel VIII. Farben, Aromen und Düfte

336 Vehling (zit. Anm. 11), S. 50, Nr. 15

337 siehe dazu auch E. Brandt, Untersuchungen zum römischen Kochbuche. Versuch einer Lösung der Apicius-Frage, in: Philologus, Supplementband XIX, Heft III, Leipzig 1927, S. 54. Brandt sieht dieses erste Buch von einem landwirtschaftlichen Bearbeiter unter Einbezug einer medizinischen Schrift zusammengestellt und dem Apicius als Kapitel vorgesetzt. Zudem hält sich Brandt hier an Lister, der sich nach Vehling gegen Tacinius (Venedig 1503) und Torinus (Basel 1541) stellt; Vehling selbst sieht keinen allzu großen Unterschied zwischen uncia und nucia (wenig), glaubt aber eher der Interpretation von Tac. und Tor, da es für dieses Experiment mehr als einer Unze Laser bedürfe. Auch André (zit. Anm. 137) überträgt in seiner Apicius-Bearbeitung von 1965 mit „ut unciam laseris toto tempore utaris", S. 37

338 Vehling (zit. Anm. 11), S. 188, Nr. 348

339 ebenda, S. 67, Nr. 55; vgl. Maier (zit. Anm. 20), S. 27, Nr. 8, und Gollmer (zit. Anm. 246), S. 54, Nr. 58

340 Vehling (zit. Anm. 11), S. 75

341 Vgl. mit dem Rezept für Minuto in der frühen Neuzeit bei Morpurgo, Nr. XXXIV., das deutsche Pendant könnte die „kluege spise" im Würzburger Kochbuch, Nr. VI, sein, hier im Sinne von fein, gut. Unter Minutal oder Minuto verstand man eine Speise aus fein/klein geschnittenen Zutaten, die im weiteren Sinn auch eine feine Speise darstellte. Gollmer und Maier übertragen die Minutals des Apicius mit Ragout oder Frikassee.

342 Vehling (zit. Anm. 11), S. 115, Nr. 167

343 ebenda, S. 134, Nr. 197

344 ebenda, S. 109, Nr. 152

345 ebenda, S. 96, Nr. 131

346 Die Haselmäuse oder Siebenschläfer waren als Leckerbissen sehr geschätzt und wurden in eigenen Gärten gehalten und gezüchtet.

347 Vehling (zit. Anm. 11), S. 179f., Nr. 323

348 vgl. Brandt (zit. Anm. 337)

349 Vehling (zit. Anm. 11), S. 47, Nr. 4

350 ebenda, S. 46, Nr. 3

351 ebenda, S. 100, Nr. 138

352 siehe dazu ebenda, S. 155

353 genannt seien J. M. v. Winter, Kochen und Essen im Mittelalter, in: Mensch und Umwelt im Mittelalter, Stuttgart 1986; Maier (zit. Anm. 20)

354 Vehling (zit. Anm. 11), S. 2; siehe auch Schwarz (zit. Anm. 12), S. 146f.

355 siehe dazu J. Duft, Notker der Arzt, St. Gallen 1975, S. 35

356 J. Egli, Ein st. gallischer Küchenzettel aus der Wende des ersten Jahrtausends n. Chr., in: Schweizer Rundschau, Heft 5, 1908/09

357 Foster (zit. Anm. 73), S. 50

358 Zitat nach Winter (zit. Anm. 353), S. 91f.

359 siehe dazu Montanari (zit. Anm. 7), S. 46f.

360 ebenda, S. 49; siehe auch: R. Breuß, Die Klosterküche, in: Mehrerau, Feldkirch 1999, S. 54–61

361 siehe dazu Seiffert-Sametschek (zit. Anm. 196), S. 116

362 Zitat nach V. Risak, Benedikt. Menschenführer und Gottsucher, Wien 1991, S. 75

363 siehe dazu Montanari (zit. Anm. 7), S. 32

364 siehe dazu Foster (zit. Anm. 73), S. 32: „So konnte Alkuin, Abt des großen Wallfahrtsklosters bei Tours, im Jahre 799 zugleich zwanzigtausend Menschen versorgen."

365 Zitat nach ebenda, S. 119, vgl. Risak (zit. Anm. 362), S. 62

366 Zitat nach Foster (zit. Anm. 73), S. 68

367 Zitat nach Duft (zit. Anm. 355), S. 10

368 In der Stiftsbibliothek St. Gallen hat sich die im frühen 9. Jahrhundert übersetzte althochdeutsche Fassung erhalten, Cod. Sang. 916, siehe dazu S. Sonderegger, Deutsche Sprache und Literatur in St. Gallen, in: Die Kultur der Abtei St. Gallen, Zürich 1993

369 siehe dazu Duft (zit. Anm. 355), S. 46

370 siehe dazu ebenda, S. 51. Im Codex 752 findet sich das Rezept eines Paltgrim zur Herstellung von Räucherwerk.

371 Hl. Hildegard, Heilwissen, Von den Ursachen und der Behandlung von Krankheiten nach der Hl. Hildegard von Bingen, Augsburg 1990

372 ebenda, S. 240

373 E. Breindl, Hl. Hildegard, Das große Gesundheitsbuch, Augsburg 1992, S. 248

374 Hildegard (zit. Anm. 371), S. 258f.

375 ebenda, S. 260

376 siehe dazu ebenda, S. 247

377 H. Schipperges, Grundlagen und Grenzen einer Hildegard-Medizin, in: Ausst.Kat. Kunst des Heilens, Kartause Gaming 1991, S. 294

378 Thorndike (zit. Anm. 293)

379 ebenda, S. 184

380 Hieatt/Jones (zit. Anm. 297)

381 Eine league ist ein altes britisches Längenmaß von etwa 3 Meilen. Umgerechnet ergibt diese Wegstrecke jene Zeitspanne, die man braucht, um eine Strecke von 15 bis 21 Meilen, das sind etwa 24 bis 33 km, zurückzulegen.

382 Hayer (zit. Anm. 17)

383 R. Bergmann / H. Stopp (Hg.), Aus Kochbüchern des 14. bis 19. Jahrhunderts, Quellen zur Geschichte einer Textart, Heidelberg 1980

384 Pichon (zit. Anm. 183), Bd. II, S. 178

385 siehe Hayer (zit. Anm. 17), S. 6

386 siehe dazu ebenda, S. 10

387 Dasselbe Rezept findet sich im Kochbuch des Meister Hannsen, Handschrift von 1460, Universitätsbibliothek Basel AN.V.12

388 siehe dazu Hayer (zit. Anm. 17), S. 12

389 Scully 1986 (zit. Anm. 28), S. XXV

390 Chiquart ist nach Ansicht von Scully sehr vorsichtig im Umgang mit Pfeffer, den er im Gegensatz zu anderen Kochbüchern dieser Zeit niemals als weißen, schwarzen oder langen Pfeffer definiert, sondern stets den schwarzen Pfeffer meint. Anscheinend hat er den zart schmeckenden Paradieskörnern den Vorzug gegeben, er zeigt eine regelrechte Vorliebe für die Paradieskörner, die den effektiv strengen Geschmack des Pfeffers, welcher vielleicht sogar als eher vulgär eingestuft wurde, ersetzten. Siehe dazu Scully 1986 (zit. Anm. 28), S. 19

391 ebenda, S. 20; Scully nennt die grüne Farbe als Kennzeichen der Savoyer Brühe. Das würde die große Menge Petersilie erklären.

392 ebenda: Die hellgrüne Farbe heißt bei Chiquart und anderswo in der mittelalterlichen französischen Küche „verd gay". Dieses Blattgrün oder leuchtende Grün ist sehr verbreitet in der Kombination von Petersilie (mit oder ohne Salbei) und Safran (mit oder ohne Eigelb) im Gebrauch. In der englischen Küche dieser Zeit ist diese Farbe unter dem Begriff „gawdy grene" bekannt. Siehe auch Glossar.

393 vgl. Athen., II. Buch (zit. Anm. 1), S. 281; hier wurden ganze Schwärme von Vögeln als Appetizers aufgetragen.

394 Jance ist eine Art Ingwersauce, gekocht, aus Ingwer und Mandeln – mit Safran angefärbt.

395 Kamelinsauce: eine im Gegensatz zu Jance ungekochte, also rohe Sauce, ebenso aus humoralpathologischen Gründen eingesetzt. Sehr verbreitet, wie Jance. Hauptzutat ist Zimt, je nach Region in Verbindung mit Ingwer (F), Nelken (I) oder mit Muskat (E).
396 Saupiquet ist eine scharfe Essigsauce, die gerne zum Hasen serviert wurde.
397 Grütze, das französische Fromentee, wurde gerne zu Wild serviert. Auch sehr passend zu einem gut gewürzten Fleischragout.
398 ein weit verbreitetes Gericht im Mittelalter, vgl. mit Viandier Nr. 29, in: Scully 1988 (zit. Anm. 10), S. 80, und mit Menagier (zit. Anm. 183), § 116
399 Sauce zu gebratenem Rebhuhn, Steinhuhn, Waldhuhn, bestehend aus den Geflügelmägen und der Leber
400 Chiquart gebrauchte das Wort Chilliens oder vielleicht chillieus, was gleichbedeutend mit warmen Steinen sein könnte oder auch verwandt mit dem Wort tselle oder tsellen, was mit Asche gleichgesetzt wurde.
401 Morpurgo (zit. Anm. 39)
402 Maier-Bruck (zit. Anm. 65) schreibt die Verbreitung des Strudels den Ungarn zu, übernommen von den Türken, hergeleitet von den Mauren. Auch Rumpolt (zit. Anm. 29) beschreibt auf S. CLXXVII verso, im Rezept Nr. 25, eine aus mehreren Teigblättern gebildete „Ungarische Turte".
403 Vermutlich ein Schreibfehler, richtig „Torta Romania". Siehe dazu Vollenweider (zit. Anm. 14) und Anonimo Veneziano (zit. Anm. 61), das Rezept CXIV „Torta de romania", S. 98
404 „a schibeci" oder eine „escabèche" ist eine Zubereitungsart, in der Fleisch oder Fisch zuerst im Fett gegart und dann in eine saure Flüssigkeit eingelegt wird.
405 Eine metadella ist ein Hohlmaß, 1 fiasco enthielt 2 metadelle, in Florenz: 1 fiasco = 2,089 l
406 unbestimmte kleine Menge, vermutlich im Wert eines Denars. Siehe dazu Faccioli 1966 (zit. Anm. 61), S. 92, Bd. 1
407 F. Zambrini (Ed.), Il libro della cucina del sec. XIV. Testo di lingua non mai fin qui stampato, Bologna 1863
408 Faccioli 1966 (zit. Anm. 61), Bd. 1
409 Nach Faccioli handelt es sich bei einer sardamone um eine Art von Sauce, die man mit jedem Fleisch herstellen kann. Siehe ebenda, S. 91, Bd. 1
410 Der Hinweis, daß der Koriander nicht verfügbar sein könnte, legt nahe, daß es sich um den frischen Koriander, also vermutlich die Blätter, handelte. Das Korianderkraut oder „cilantro" ist in der asiatischen, chinesischen und mexikanischen Küche noch heute sehr beliebt. Die Verbindung mit der Karotte ist ebenso naheliegend, da es sich beim coriandrum sativum um ein Möhrengewächs handelt. Der Koriandersamen wird geschmacklich unterschiedlich beschrieben, er soll aber einer Mischung aus Kümmel und Kreuzkümmel ähnlich sein, was wiederum für die Verwendung der Samen sprechen würde.
411 ein in Leguminosen enthaltener Gummi
412 siehe dazu Faccioli 1966 (zit. Anm. 61), S. 61, Bd. 1
413 L. Frati (Ed.), Libro di cucina del secolo XIV, Livorno 1899
414 Faccioli 1966 (zit. Anm. 61), S. 61–105, Bd. 1
415 Cisame: eine süß-saure Sauce
416 Redon übernimmt dieses Rezept in seiner „Kochkunst des Mittelalters" (zit. Anm. 12, S. 349) und ist sich über die Bedeutung des Blatts, welches auch in französischen Rezepten vorkommt (la feuille), unklar. Als Hypothese schlägt er eine indische Minze vor, Faccioli geht von einem indischen Lorbeer aus.
417 In der Handschrift Riccardiana findet sich dasselbe Rezept (Nr. XIX) mit identischen Mengenangaben. Die Kräutermengen sind allerdings noch näher spezifiziert, von Mangold soll man viel, von der Minze wenig nehmen. Die beim Veneziano unklare Formulierung am Ende des Rezepts „e voy essere voa" lautet dort: „questa torta vuol esere molto grassa, e asai cascio e molte erbe, e poche ova."
418 Faccioli 1966 (zit. Anm. 61), S. 115–204, Bd. 1
419 ebenda, S. 117
420 Im vorhergehenden Rezept für ein Wildbret nennt er diese Gewürze beim Namen; es sind Pfeffer, Nelken und Zimt, was du für nötig hältst.
421 Ein Hohlmaß, hauptsächlich für Wein, in Nord- und Mittelitalien mit vielen lokalen Standards. Schwankt zwischen 0,663 l in der Lombardei und 1,139 l in Florenz bis zu 1,823 1 in Rom. Siehe R. Zupko, Italian weights and measures from the middle ages to the nineteenth century, Philadelphia 1981, S. 30ff.
422 Redon/Sabban/Serventi (zit. Anm. 12), S. 250
423 E. Faccioli (Ed.), Bartolomeo Platina, Il piacere onesto e la buona salute, Turin 1985
424 ebenda, S. 141
425 Bartolomeo Platina, Von der eerlichen, zimlichen, auch erlaubten Wollust des Leibs. Verteutscht durch M. Stephanum Vigilium Pacimontanum, Augsburg 1542, Ndr. München 1979
426 Ehnert (zit. Anm. 171)
427 Bergmann/Stopp (zit. Anm. 383), S. 27–45
428 J. Arndt (Hg.), Koch- und Kellermeisterey, Meister Sebastian, Frankfurt 1581, Ndr. Stuttgart 1964
429 Rumpolt (zit. Anm. 29)
430 siehe dazu Kommentar und Transkription von G. Hayer, in: Lemmer (zit. Anm. 41)
431 Rumohr (zit. Anm. 14), S. 30
432 La Varenne (zit. Anm. 272)
433 Platina (zit. Anm. 13) schreibt im Libro Ottavo, Nr. 281. Pietanze in torta: „Die Speisen, die man für gewöhnlich Torten nennt, leiten ihren Namen, so glaube ich, vom Faktum her, daß die normalerweise für ihre Zubereitung verwendeten Gemüse geschnitten und ausgewrungen, d. h. ausgepreßt (tòrte) werden. Unser glückliches Jahrhundert, welches alle von unseren Ahnen entdeckten Dinge auf den Kopf gestellt hat, hat es aufgrund unseres besonderen Wohlwollens für Gaumen und Magen soweit gebracht, daß das, was einmal völlig klar war, uns heute unklar erscheint. Die erlesenen Gaumen von heute verlangen Pasteten mit Fleisch von Vögeln und anderen Tieren und kein Gemüse aus dem Garten; sie geringschätzen den Mangold, den Kürbis, die Rübe, den Kohl und das Gurkenkraut (buglossa), indem sie diese zu Dienstbotenspeisen verurteilen und sie mir und meinem Freund Cornelius überlassen: (...) In den folgenden Rezepten werden wir daher 'torta' nennen, ob es nun pythagoräisch oder gallisch sei."
434 Scully 1988 (zit. Anm. 10), S. 217f.
435 Montanari 1993 (zit. Anm. 7), S. 108f.
436 siehe dazu Varenne (zit. Anm. 272), S. 267
437 ebenda, S. 268
438 ebenda, S. 142
439 ebenda, S. 143
440 siehe dazu J. F. Revel, Erlesene Mahlzeiten, Mitteilungen aus der Geschichte der Kochkunst, Frankfurt 1979, S. 118ff.
441 de Lune (zit. Anm. 273), Advis av Lectevr, o. S.; siehe auch S. 144, wo er noch einmal den Inhalt eines solchen Pakets ausführt und hier auch das Einrollen der Kräuter in der Speckschnitte erwähnt, daran möge man sich stets erinnern.
442 ebenda, S. 79f.
443 Vollständiges Nürnbergisches Kochbuch (zit. Anm. 97)
444 ebenda, S. 246
445 unveröffentlichte Handschrift 1699 (zit. Anm. 176)
446 unveröffentlichte Handschrift 1701 (zit. Anm. 203)
447 E. R. Liechtenstein (zit. Anm. 193), S. 528
448 Siehe auch Alberti (zit. Anm. 72), S. 326; vgl. Wiswe 1970 (zit. Anm. 160), S. 214, er setzt ein Nözzelin mit einer halben Kanne (eine Kanne ist etwa 1 Liter) gleich.
449 Wichtigste Werke von A. Escoffier: Le guide culinaire, Paris 1902, ders., Ma cuisine, Paris 1934
450 A. Escoffier, Kochkunstführer, Gießen 1923, Vorwort
451 Zitat nach Revel (zit. Anm. 440) S. 190f.

452 Mennell (zit. Anm. 284), S. 181. Zur bürgerlichen Feinschmeckerliteratur: Grimod de la Reynière, Manuel des Amphytrions, Paris 1808; ders., Le gastronome français, Paris 1828

453 siehe dazu ebenda, S. 199f.

454 J. Gouffé, Die feine Küche, Leipzig 1872, S. III.

455 ebenda, S. V

456 siehe ebenda, in der Tabelle im Anhang: 1 Neuloth = 10 g

457 ebenda, S. 38

458 Zenker (zit. Anm. 42)

459 Zitat nach Maier-Bruck (zit. Anm. 65), S. 28f.

460 siehe dazu A. Dorn (Hg.), Großes Wiener-Kochbuch, Wien 1827, Ndr. Wien 1975 mit einem Glossar und Nachwort von F. Maier-Bruck, S. 645

461 Dorn (zit. Anm. 460), S. 246

462 Ein gelungenes Beispiel ist bezeichnenderweise ein Kinderkochbuch. M. Lechner, 1. Wiener Kinderkochbuch, Wien 1994

463 Kubelka 1996 (zit. Anm. 5), S. 210